UN ETE SANS OISEAUX

*Han Suyin est née en Chine du Nord en 1917, de père chinois et de mère belge. Elle commence à Pékin des études de médecine qu'elle poursuit à Bruxelles (1935-1938). Revenue en Chine quand éclate le conflit sino-japonais, elle se marie, écrit son premier livre (*Destination Tchoungking*), adopte une petite fille (Yungmei), accompagne à Londres (1942) son mari nommé attaché militaire. Celui-ci, rappelé en Chine en 1945, trouve la mort en 1947 au cours de la lutte contre les communistes.*
Han Suyin achève ses études à Londres (1948) où elle exerce un an, puis réside à Hong-kong. Remariée en 1952, elle s'installe en Malaisie mais va chaque année en Chine populaire. Par la suite, elle se fixe à Singapour où elle poursuit une double carrière de médecin et d'écrivain. Depuis quelques années, le succès mondial de son œuvre l'oblige à se consacrer entièrement à son métier d'écrivain, préparant notamment une vie de Mao Tsé-toung dont elle vient de publier la première partie sous le titre : Le Déluge du matin *(1972).*

Le sentiment que tous ses enfants doivent aider la Chine en guerre contre le Japon est si puissant qu'en 1938 Rosalie Tchou quitte Bruxelles où elle étudie la médecine pour rentrer dans son pays natal. Sur le navire qui l'emporte, elle lie connaissance avec Tang Pao-houang, dont l'enthousiasme égale le sien. Ils s'éprennent l'un de l'autre et décident de se marier : ils travailleront côte à côte pour la Chine.
Du moins est-ce ainsi que Rosalie, âgée de vingt ans, voit se dessiner l'avenir. Les années qui vont faire d'elle le médecin et l'écrivain Han Suyin se dérouleront un peu différemment — et d'abord parce qu'elle s'est leurrée sur le caractère de Pao et sur son dévouement qui masque en réalité une ambition égoïste.
Le libéralisme de ses propos d'étudiant fréquentant les universités d'Europe n'est qu'un vernis. La jeune femme se retrouve en présence d'un mari chinois traditionaliste, opposé à ce qu'elle réalise son rêve : se rendre utile à son pays. Mais ce rêve, elle n'y renoncera pas. Les premiers temps difficiles dans la Chine en guerre, le départ du ménage Tang pour l'Angleterre et la lutte pour devenir médecin, voilà ce que raconte *Un Eté sans oiseaux*, histoire d'une jeune femme courageuse et aussi histoire de la Chine pendant les années 1938 à 1948. Ce volume fait suite à *L'Arbre blessé* et à *Une Fleur mortelle.*

ŒUVRES DE HAN SUYIN

Dans Le Livre de Poche :

DESTINATION TCHOUNGKING.
MULTIPLE SPLENDEUR.
LA MONTAGNE EST JEUNE.
... ET LA PLUIE POUR MA SOIF.
LES QUATRE VISAGES.
TON OMBRE EST LA MIENNE.
L'ARBRE BLESSÉ.
UNE FLEUR MORTELLE.
AMOUR D'HIVER.

HAN SUYIN

Un été sans oiseaux

LA CHINE : AUTOBIOGRAPHIE, HISTOIRE

TRADUIT DE L'ANGLAIS
PAR MARCELLE SIBON

STOCK

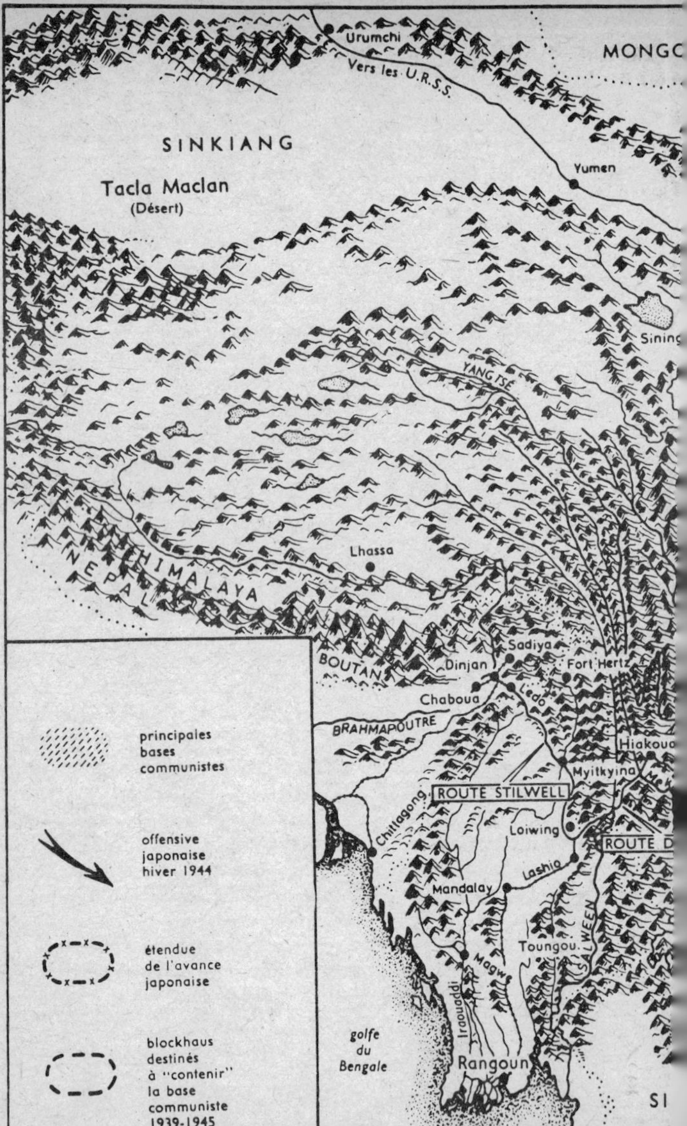

Urumchi
Vers les U.R.S.S.
MONGO
SINKIANG
Tacla Maclan
(Désert)
Yumen
Sining
YANGTSE
Lhassa
HIMALAYA
NEPAL
BOUTAN
Sadiya
Dinjan
Fort Hertz
Chaboua
Ledo
BRAHMAPOUTRE
Hiakoua
Myitkyina
ROUTE STILWELL
Chittagong
Loiwing
ROUTE D
Lashio
Mandalay
SALWEEN
Toungou.
Magwe
Iraouaddi
golfe
du
Bengale
Rangoun
SI
principales
bases
communistes
offensive
japonaise
hiver 1944
étendue
de l'avance
japonaise
blockhaus
destinés
à "contenir"
la base
communiste
1939-1945

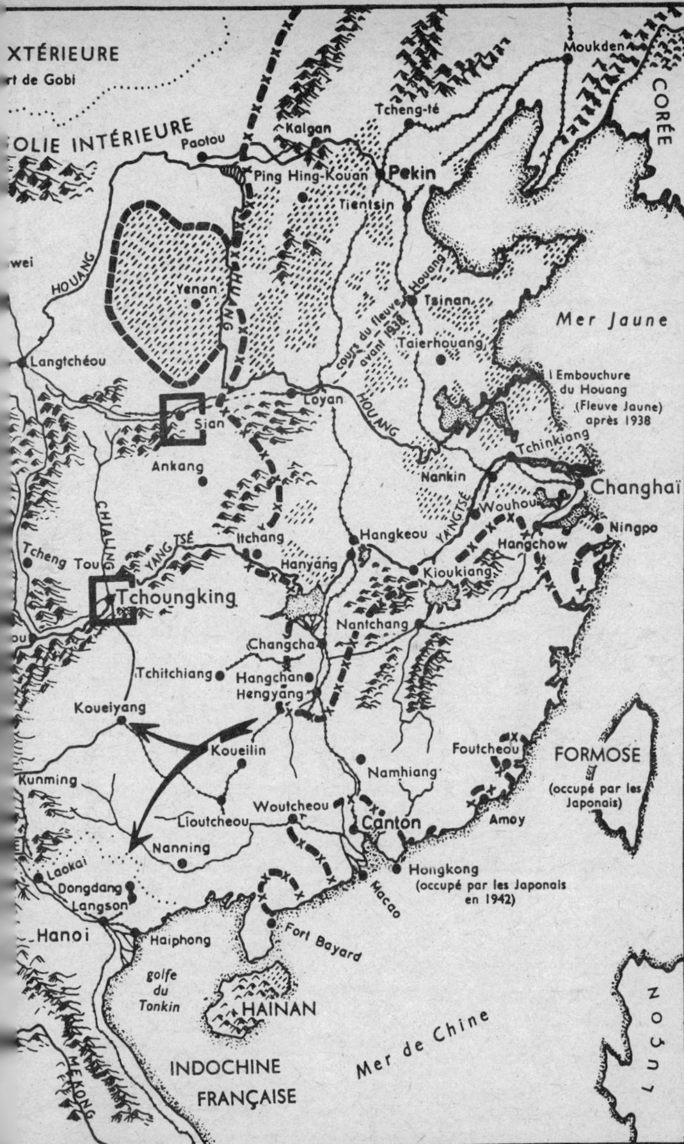

XTÉRIEURE
rt de Gobi
OLIE INTÉRIEURE
Paotou
Kalgan
Tcheng-té
Moukden
CORÉE
Ping Hing-Kouan
Pekin
Tientsin
HOUANG
Yenan
HOUANG
Houang
Tsinan
cours du fleuve avant 1938
Mer Jaune
Taierhouang
Langtchéou
Embouchure du Houang (Fleuve Jaune) après 1938
Loyan
HOUANG
Sian
Tchinkiang
Ankang
Nankin
Changhaï
CHIALING
Wouhou
YANGTSÉ
Ningpo
Itchang
Hangkeou
Hangchow
YANG TSÉ
Tcheng Tou
Hanyang
Kioukiang
Tchoungking
Nantchang
Changcha
Tchitchiang
Hangchan
Hengyang
Koueiyang
Koueilin
Foutcheou
FORMOSE
(occupé par les Japonais)
Namhiang
Kunming
Woutcheou
Amoy
Lioutcheou
Canton
Nanning
Hongkong
(occupé par les Japonais en 1942)
Laokai
Dongdang
Langson
Macao
Hanoi
Haiphong
Fort Bayard
golfe du Tonkin
HAINAN
Mer de Chine
MEKONG
INDOCHINE FRANÇAISE

PREMIÈRE PARTIE

1938-1942

I

Debout sur la Canebière à Marseille en 1967, je réintègre le corps de cette fille de vingt ans, égoïste, indifférente et d'une accablante ignorance, Rosalie Tchou, qui se dressait, exactement au même endroit en 1938, la figure inondée de larmes que fouettait un mistral sablonneux. Vent spectral, sanglots de fantôme d'un hier qui fait choix de son aujourd'hui, quand l'impérieux appétit d'une réalité, dépassant la bienveillante momerie du succès, retrouve son âpreté. Pour la seconde fois, au seuil d'une guerre à l'ampleur beaucoup plus vaste, choix encore plus rigoureux. Aujourd'hui l'Orient est Rouge, l'avenir a pénétré dans notre présent, l'a transformé longtemps avant son propre avènement. Le monde poursuit la tâche qui commença hier en Chine. Le mistral chante son nom et ce nom est Révolution, Révolution mondiale. Même le pape est au courant, et il exhorte les riches à endiguer, par les avares miettes dispensées par la charité, l'immense soif de justice pour laquelle les deux tiers de l'humanité se préparent à combattre. Aujourd'hui, le tonnerre du Vietnam entraîne l'Amérique latine à de nouveaux Vietnams, et les chansons de marche de trente millions de Gardes Rouges du séisme chinois sont l'ordre accepté dans la tumultueuse explosion de la jeunesse. Une fois encore, je suis montée sur de multiples estrades, aux Etats-Unis, en Europe, 100 tribunes au cours des deux dernières années, et j'ai parlé de ce que révèle et présage cette convulsion. Aujourd'hui, tandis que le mistral chante sa complainte, un nouveau recommencement guette, au tournant de la Canebière. Le temps a minimisé les larmes de mon désuet fantôme de 1938 pour en faire un crachin ridicule, parodie de la détresse humaine où le visage que sillonnent ces larmes devient la vitre aveugle d'une fenêtre.

Un autre fantôme, toutefois, surgit du fouillis de la rue marseillaise tandis que nous — Rosalie Tchou d'hier, Han Suyin d'aujourd'hui — demeurons pétrifiées, dans cette petite fissure du temps où rien ne commence et ne se termine. Un grand Chinois aux traits aquilins que je reconnais, Raymond Woo, jadis étudiant comme moi à l'université de Bruxelles, de 1935 à 1938. Je retrouve, dans son regard calme, cette étincelle de malice si astucieusement voilée que cet étudiant avait vécu pendant sept ans grâce à une bourse d'enseignement sans passer un seul examen. Je me rappelle que, fuyant perpétuellement sa propre insuffisance, il tombait dans un racisme à rebours qu'il exerçait sur sa victime naturelle, l'Eurasienne, moi.

Lorsqu'il flotte jusqu'à moi, porté par la foule, je n'en suis pas surprise; il n'est plus surprenant que je rencontre les personnages de mes livres. Il y a deux mois à peine, me trouvant aux Etats-Unis pour y faire des conférences, ne me suis-je pas trouvée, en entrant dans un restaurant chinois, nez à nez avec le propriétaire de l'établissement, Robert Pang, un de mes condisciples de l'université de Yen-tching, à Pékin, en 1933, lui aussi panégyriste du patriotisme moralisant et qui, maintenant, sert avec force sourires, aux G.Is quittant pour le Vietnam les cantonnements de Californie, leur *chop suey*, à Monterey ? N'ai-je pas rencontré, dans les rues de Pékin, de Paris, de Singapour, de Londres, tant de gens sortis du passé que les divers épisodes de ma vie finissent par se confondre avec les actes, les aventures, les existences des autres ?

Raymond Woo entame : « Bien sûr, vous êtes Rosalie Tchou, et que signifie ce nom de Han Suyin ?

— C'est un nom de plume.

— Est-ce vrai que vous retournez en Chine ?

— Oui, j'y suis retournée plusieurs fois.

— Et il ne vous est rien arrivé ?

— Rien. »

Il reste silencieux, incrédule. A mon tour de poser des questions.

« Mais vous, vous n'êtes pas retourné en Chine ?

— J'y ai songé plusieurs fois.

— Vous parliez tellement de patriotisme, de sauver le pays...

— Il semblait préférable d'attendre... la situation était confuse... puis les Allemands ont envahi la Belgique et von Falkenhausen, gouverneur militaire allemand de la Belgique, nous a tous mis à la porte, tous les étudiants chinois, c'était en 1940... je suis venu ici à Marseille, plusieurs autres se sont embarqués...

— Voulez-vous dire que vous êtes à Marseille depuis près de trente ans ?

— Je suis devenu négociant. Je pensais retourner en Chine... cette année... y faire un séjour. J'y partirai si vous me garantissez que je pourrai revenir ici, à Marseille. »

Je bats des paupières.

« Vous êtes absurde. Personne ne peut vous pistonner ni vous appuyer, c'est le gouvernement chinois qui décide.

— Mais si vous n'avez pas de relations avec eux, pas d'influence, pourquoi faites-vous des conférences sur la Chine ? Pourquoi, si cela ne vous rapporte rien... »

Je secoue la tête, furieuse et commence à m'éloigner, confondue une fois de plus par ce trait commun à tant de gens, leur impuissance à comprendre qu'on agisse par conviction personnelle, sans espoir d'être récompensé, couvert d'honneurs, ou simplement compris. Raymond Woo me poursuit, presque méprisant, maintenant qu'il a découvert à quel point je manque d'appuis.

« C'est très courageux... Je n'ai jamais entendu personne d'autre parler de la Chine, elle n'est pas bien vue ici, la Révolution culturelle non plus... les Occidentaux en ont tous peur... mais, entre nous, si vous n'êtes pas AVEC eux, pourquoi tendez-vous le cou à la corde ? D'ailleurs, ils vous attaquent. Il y a un mois à peine, dans un journal chinois, on critiquait violemment vos livres... Cette révolution culturelle que vous expliquez, elle critique ce que vous écrivez et vous attaque... elle vous condamne... »

Il me suit, pas à pas, derrière moi les pavés résonnent sous le choc de ses semelles...

« Donnez-moi votre adresse... je veux vous écrire... »

Je ne réponds pas, et il renonce à sa poursuite. Et maintenant, le passé fait monter en moi une nausée des tristesses d'autrefois : cela jaillit à gros bouillons, de mes pieds jusqu'à ma tête, et des flaques amères clapotent à chacun de mes pas.

Le lendemain, le soleil déverse son léger déluge sur la ville, lave les pentes des toits, ruisselle sur les façades jaunes. Le mistral ricoche sur les pavés de galets, fait claquer les tentes de toile. Les arbres tendent vers la terre leurs suppliantes ramures tordues par le vent du large. Révolution, révolution, le monde entier ploie dans le vent de l'avenir...

« Ils ne veulent pas de toi, ceux qui façonnent les lendemains dont tu rêves... ce lendemain n'est pas fait pour toi, tu appartiens à la classe des exploiteurs, tu n'y peux rien changer... » « Avance, avance ! » hurle le vent.

Je pense à ceux qui ont flanché, trahi, renoncé. Dans les journaux, le doucereux visage souriant de Svetlana Staline luit comme une lune, dans un halo doré... Un million de dollars pour un livre sur son père, le grand et terrible Staline...

Un autre spectre surgit du passé, cette fois à Bruxelles où je vais faire une conférence sur la Chine à ma vieille université, c'est Leila, ma condisciple autrefois communiste, et maintenant bourgeoisement respectable. Leila raillait alors mon ignorance en politique, et me reprochait mon absence d'« engagement ». « Tu es lâche. » Aujourd'hui, perle enchâssée dans la coquille d'huître de sa vie, elle critique mon absence d'ambiguïté : « Tu es une simple d'esprit en politique », me reproche d'avoir pris parti sur le Vietnam, la Chine, l'Asie. « Il faut, avant toute autre chose, que la paix règne. Nous ne voulons pas de la guerre... » Je réplique : « Mais nous sommes déjà en guerre, en Asie » et je me rends compte que son « nous » n'est pas le mien. Elle parle des gens opulents, moi des autres. Pour Leila, une guerre à laquelle elle n'est pas mêlée personnellement n'existe pas, le monde entier fût-il ensanglanté.

Leila déclare : « Je ne veux plus être prise au piège. »

Elle a été surprise en Belgique par les nazis et a passé deux ans dans le camp de concentration de Ravensbrück. Elle refuse de parler de ces années terribles. Peu de gens évoquent leur vie dans les camps de concentration, ils en fuient l'horreur. Aujourd'hui, Leila répudie le passé, elle m'abasourdit de sa sagesse toute neuve, et elle se montre aussi sûre maintenant de la sagesse de n'être pas engagée qu'elle était sûre du contraire voilà trente ans.

« Tu comprends, je vis dans cette société : j'en dépends... Il y est malséant d'avoir une activité politique... d'ailleurs tout a tellement changé... avec les armes nucléaires, la chose la plus importante c'est de rester bien tranquille... »

Peut-être, moi aussi, me donnerai-je un jour de bonnes raisons de rester tranquille. Après tout, je ne suis pas par nature révolutionnaire; je suis timorée, incertaine, facilement apeurée, hostile aux partis et n'aimant pas prendre parti, je n'appartiens à aucun clan politique; même aujourd'hui, je n'imagine pas la possibilité de m'enrôler... mais j'entends le vent, le Grand Vent de demain chanter sa prodigieuse chanson, et elle me dit qu'il faut nous remettre en route et faire un choix, Rosalie Tchou hier, Han Suyin aujourd'hui...

Cependant, le moi-Rosalie avait espéré que, je ne sais comment, je ne sais quand, à la fin du dernier voyage (quel voyage, vers quel port, ô voyageuse ?), elle se trouverait en sûreté, en sécurité, satisfaite, dans une maison, sa maison aux deux portes, la maison que Rosalie dessinait quand elle était petite.

Aujourd'hui, j'ai ouvert les deux portes verrouillées, et je sais qu'elles bâillent devant l'unique et formidable horizon. Derrière elles, ni repaire ni terrier, ni murs, ni fenêtre, ni toit qui vous donnent répit et repos; rien que le vent du large, hurlant sa mélopée : Révolution, Révolution; son nom est aujourd'hui Vietnam, demain Bolivie, Brésil ou Inde; personne ne peut y échapper, personne, même Leila, même si elle se tient tranquille et garde le silence...

Je chemine d'un pas plus las, plus circonspect, sachant que j'ai fait fausse route des centaines de milliers de fois, sachant que les étoiles sont aveugles; et que tant de gens, beaucoup plus doués que moi, se découragent ou perdent la tête; le sourire journalistique de Svetlana Staline devant les yeux, je ne puis répondre que ceci : « Comme elle est belle, Leila, la large avenue de tes habitudes de prudence, mais ni toi ni moi n'arriverons au bout de sa nuit. Tu me dis que je me prépare à labourer la mer et à ensemencer les vagues, tu énumères ceux qui sont morts, ceux qui pourrissent en prison depuis des dizaines d'années, ou ceux qui, comme toi, ont choisi la sagesse et s'imaginent qu'ils sont adultes parce qu'ils ont abdiqué. Mais il me faut repartir, car j'ai entendu chanter le vent, et les oiseaux de l'été ne sont plus un abri suffisant, ni la paresse ni la fatigue [1]. »

1. *Les oiseaux ne sont plus un abri suffisant*
Ni la paresse ni la fatigue.

Paul ÉLUARD.

Un dossier d'un orange criard contient les lettres que, du vapeur français *Jean-Laborde*, parti de Marseille et naviguant vers la Chine, j'écrivis, le regard tourné inévitablement vers la seule personne qui semblait alors me comprendre : « Joseph Hers, père suppléant, mentor de mon adolescence. » Il m'avait procuré une bourse d'étudiante en Belgique, contre son propre jugement; il m'avait donné de l'argent pour quitter la Belgique, en abandonnant mes études, mon grand-père, mon fiancé, la « brillante carrière » que tout le monde me prédisait, afin de retourner en Chine, parce qu'il y avait la guerre en Chine et parce que je ne pouvais pas supporter d'en être éloignée : il fallait que je rentre.

Ce fut en avril 1966 que ce dossier de carton usé me fut remis par le fils de Hers, au cours d'un week-end de Pâques passé à Bruxelles. Joseph Hers était mort en décembre 1965. Le conseil d'administration de la vaste corporation pour la prospérité de laquelle il avait travaillé depuis son arrivée en Chine en 1905, avait décidé en grande cérémonie de se passer des services de ce vieillard décharné de quatre-vingts ans, parce que, à cet âge, un homme doit se retirer et vivre de ses économies. « Je suis sans travail et sans pension de retraite, pourquoi ai-je vécu aussi longtemps ? Je subsiste en vendant mes livres et quelques bibelots d'art... Je n'ai pas fait d'économies. » Je possède la lettre pleine d'amertume où il raconte de quelle manière il démissionna. Je lui envoyai un peu d'argent, il tenta par une lettre circulaire d'en obtenir de ses amis. Au cours de ses dernières heures, à demi conscient, il se croyait de nouveau en Chine et murmurait : « Dépêchez-vous, nous allons rater le coucher du soleil. »

Le dossier que me donna son fils était un des nombreux dossiers de même modèle, concernant les étudiants, comme moi, que le « fonds d'indemnités Boxer » avait pourvus d'une bourse d'études; Hers conservait toutes nos lettres et la copie sur papier carbone de ses réponses.

Collé à la couverture intérieure du dossier, se trouvait un mémorandum dactylographié, daté de décembre 1952, écrit par Hers lui-même. Cela prétendait être un raccourci de ma biographie, mais c'en était un étrange résumé, plein d'erreurs et de dérobades :

« En 1934, le docteur J. Heng Lieou, président du Collège de l'Union Médicale à Pékin me dit : « J'ai « dans mon bureau une jeune employée, Miss Rosalie « Tchou, une fille extrêmement intelligente, pourriez-« vous lui procurer une bourse ? »

Ce fut en 1932, pas en 1934, sous le porche de l'église Saint-Michel, à Pékin, que Joseph Hers me rencontra pour la première fois... pourquoi donc faire intervenir le docteur J. Heng Lieou ?

Qu'est-ce qui le poussait à se justifier par ce mémorandum défensif, quand il n'y avait rien à défendre ? Pourquoi cette note fut-elle rédigée en décembre 1952 et pas avant ? Je savais qu'il songeait à écrire son autobiographie, et disait : « J'ai rassemblé quelques éléments », mais il ne se mit jamais à la rédiger, bien qu'il eût accumulé une masse énorme de notes. Son fils me montra aussi les lettres de son père à sa grand-mère, réunies et attachées dans plusieurs vastes chemises, datées de 1905 jusqu'à ce qu'elle mourût au cours des années 30.

Peut-être Joseph Hers obéissait-il à un motif banal : il se sentait responsable de ce qui m'arrivait et désirait se disculper. Mais le bruit et la fureur de toutes nos discussions, notre singulière amitié platonique deviennent soudain légèrement suspects, précisément parce qu'il ressentait le besoin de solidifier une attitude de respectabilité et de pondération. Et les erreurs bizarres dans les dates, les faits, continuent jusqu'au bout du mémorandum me concernant, en paragraphes écrits dans un esprit de vertueuse homélie qui font paraître ma véritable histoire imaginaire.

Le mémorandum continue :

« J'eus ensuite un entretien avec la jeune fille et son père. Son père était Mr. Tchou Yen-tong, né en 1886 à Tcheng-tou dans la province du Setchouan, en Chine, et dont la femme était belge. Tchou Yen-tong avait fait ses études d'ingénieur en Belgique, de 1904 à 1913, était revenu en Chine avec sa femme et travaillait dans les chemins de fer. Je lui avais procuré sa première place sur la ligne de Long-hai. Quatre enfants naquirent de ce mariage. L'aînée des filles désirait poursuivre des études supérieures, mais ses parents n'étaient pas enthousiastes. Ils voulaient lui faire épouser un sergent des U.S. Marines qui était alors à l'ambassade américaine à Pékin. »

Ainsi résumée dans cette dernière phrase l'ambition de ma mère pour ses filles, l'insoumise Rosalie (moi), l'adorable Tiza, la ravissante Marianne. « Un Américain, ce sera pour toi l'aisance... tous les Américains sont riches... » Je vois ma mère sourire, la gencive nue à l'endroit où les dents se sont cariées, ses yeux bruns que voile cette vision de bien-être et de sécurité : la pensée que ses filles épouseront des Américains... Aujourd'hui, ma mère repose dans un cimetière de l'Arizona : au-dessus de sa tête, la pierre ne porte pas gravée la marque de mon affliction : elle a été omise, car même au-delà de la mort la femme opiniâtre n'a jamais pardonné. J'ai payé la tombe, l'enterrement et les rites qui l'embellissent. C'est seulement depuis qu'elle est morte que je commence à évoquer, avec une affection presque filiale, cette femme aigrie et tragique, que je vois une tardive indulgence combler l'abîme d'aversion qui nous séparait. Sans en être troublée, je commence à retrouver en moi beaucoup d'elle : sa robustesse physique, son obstination... et aussi pas mal de sa stupidité.

« La jeune Miss Tchou s'obstina à vouloir étudier, et finalement ses parents donnèrent leur consentement. Comme sa connaissance du chinois était médiocre, elle passa deux ans à l'université de Yen-tching. En 1935, elle partit pour Bruxelles par le Transsibérien... »

1935. Eté à Pékin. Les Japonais déferlant sur la ville morne et résistante... dans la cour gravelée du Grand-Hôtel de Pékin, le général japonais chaussé de hautes bottes, son sabre gigantesque traînant sur le gravier, sortant de sa conduite intérieure, d'une minceur de loup famélique, tendant une main gantée de blanc à l'obèse général chinois, en bottes noires et gants blancs qui se tient au garde-à-vous...

« Je l'ai retrouvée en 1938 à Bruxelles... c'était une étudiante extrêmement brillante, mais passant beaucoup de son temps à faire des conférences patriotiques sous les auspices de l'Association de l'Amitié Sino-Belge. »

Je me rappelle Hers, disant railleusement : « Croyez-vous pouvoir arrêter une guerre en vous dressant sur une estrade pour débiter un flux de lieux communs ? Que savez-vous de la Chine ? Que savez-vous de la guerre ? »

Trente ans plus tard, me voici de nouveau sur une estrade, et je parle encore de la Chine; je ne crois pas que je puisse arrêter une guerre, car nous sommes déjà en guerre, mais je crois que rester tranquille est un crime, le crime du silence étant impardonnable du moment qu'on possède une voix pour s'exprimer.

« Elle songeait à épouser un jeune avocat belge, mais elle estima que son devoir était de rentrer en Chine. »

Ainsi, en une seule phrase, Louis est expédié, et Louis est un bon fantôme, car lui aussi s'est « engagé », il n'est pas resté tranquille...

« Sur le bateau qu'elle a pris pour retourner en Chine, elle a rencontré un jeune officier chinois... Ils se sont mariés à Wouhan... le ménage a connu des hauts et des bas. Elle était à peine arrivée en Chine que des étudiants chinois revenus d'Europe se mettaient à cancaner sur son compte. Elle en prit ombrage et nous écrivit à tous qu'elle ne voulait plus rien avoir à faire avec nous... »

Tout le tableau, avec ses charismes mouvants, se perd dans ce bagout de phrases toutes faites, de même que le vaste paysage, cette grande époque de dégradation et de ruine, de massacres et de désespoirs entre 1938 et 1948, qui fut aussi une époque de triomphe et d'espoir.

C'est au sujet de cette période que j'écris; de cette guerre, et de ce qui se passait en Chine. Tout ce que je pensais, ce que je ressentais alors devait être répudié, rejeté, abandonné, comme une pièce de théâtre ratée, tandis qu'un moment de vérité désabusée, ligne de démarcation semblable à une mort réelle inopinée sur la scène du théâtre, modifiait tout ce qui allait venir. Long été brûlant où nul oiseau ne chanta, et pourtant, derrière l'impénétrable masque de chaleur torride, l'on sentait déjà le premier souffle du vent océanique, apportant la pluie salvatrice...

Lettre à Joseph Hers.

Port-Saïd, 7 septembre 1938.

Cher oncle Joseph,

Me voici sur le Jean-Laborde. *La nourriture est bonne, le bateau est bondé, et il fait très chaud. Nous sommes une vingtaine à regagner la Chine. Beaucoup arrivent d'Allemagne, officiers dans l'armée et* tellement *vaniteux. Le docteur You qui est aussi à bord me dit qu'il vous a écrit de Marseille, et maintenant il vous envoie ses compliments... Il va à Changhaï voir son père.*

Eh bien, ceci est une grande aventure, mais je n'essaie pas de me mettre en avant. D'ailleurs, parmi tous les Chinois, sauf le docteur You, personne ne semble comprendre pourquoi la jeune fille que je suis retourne en Chine en ce moment... tous ont tendance à s'imaginer que c'est dans un dessein « bassement mercantile ». J'ai parfois le sentiment de commettre une erreur, surtout en compromettant ma carrière médicale, mais je suppose que, si les choses tournaient mal... je pourrais revenir, continuer mes études, et je vous rembourserais votre argent... J'ai plus confiance en vous qu'en n'importe qui, et j'aimerais penser que, vous aussi, vous avez un peu confiance en moi.

Oh! sordide sanctuaire, navire labourant une conquête aux arpents mesurés, je retrouve le spectacle de la mer tourmentée, des vagues agitées et sans cesse hérissées, je retrouve les effluves des plaines salées montant et retombant, la fraîche odeur du soir sur le pont, mêlée à celles de l'huile des machines, du goudron et de la sueur humaine. Car, lorsque toute autre mémoire nous fait défaut, il nous reste l'odorat qui, recréant le moment, nous le fait revivre avec une étonnante réalité. Dans la 3e classe, il y a 40 ouvriers chinois, à demi nus, entassés ensemble, de sorte qu'il n'y a pas d'intervalle entre eux quand ils sont étendus sur leurs planches. Dans la 2e classe, la mienne, nous sommes quatre par cabine, et l'odeur est aussi repoussante. Vient un coup de temps et j'ai le mal de mer. Le docteur You me rend visite, il ouvre la porte de la cabine sans frapper, précédé de ses yeux protubérants derrière leurs épaisses lunettes. Miss Moss, la vieille fille anglaise (elle porte des culottes qui lui descendent aux genoux, et les matins de beau temps, elle nous apprend à exécuter des « Morris dances [1] »

1. Danses populaires paysannes anglaises. (*N. d. T.*)

en agitant nos mouchoirs et en tapant du pied sur le plancher du pont), bondit hors de sa couchette, repousse le docteur You dans le couloir, puis d'un geste énergique lui claque la porte au nez. « Et cela suffit... Je ne veux pas que vos amoureux entrent dans ma cabine... ce n'est pas convenable... » Elle a les cheveux gris et marche à grands pas extraordinairement alertes, porte des sandales et des jupes paysannes à gros plis, en étoffe des Balkans tissée à la main : elle fait route vers les Indes où elle va enseigner les danses rustiques et l'orthographe anglaise. Il y a un groupe de juifs, ils sont seize et quotidiennement occupent la très petite piscine; ils viennent des ghettos d'Allemagne, de Tchécoslovaquie et de Pologne; ils se sont évadés et se rendent à Bombay; ils crient, rient et nagent tout le jour, et leurs corps huileux s'abandonnent à la pathétique joie d'être vivants. Il y a une autre jeune fille eurasienne, Hélène Gee, qui ne sait pas un mot de chinois, et qui va à Hong-Kong où l'attend son fiancé un certain docteur Houang. Hélène a dix-huit ans; elle est petite et potelée, avec une peau très blanche, des yeux obliques à la chinoise, mais verts, des cheveux bouclés; son père chinois tenait un restaurant en France et elle y est née d'une mère française; c'est en apprenant le métier d'infirmière dans un hôpital à Paris qu'elle a rencontré le docteur Houang. Elle ne parle pas du tout chinois et elle est amoureuse d'une Chine qu'elle n'a jamais vue mais que le docteur Houang lui a décrite. Le docteur You s'est constitué son protecteur (« elle est jeune et innocente, j'ai peur que les autres n'en profitent ») et, le matin, il enseigne à Hélène les caractères chinois dans un coin du salon des secondes classes.

Les sept Chinois des premières classes sont des cadets, élèves d'une école militaire, qui reviennent d'Allemagne ou d'Angleterre et parmi eux se trouve Tang Pao-houang. Il me reconnaît avant que je le reconnaisse, durant la première heure, alors que le *Jean-Laborde* transforme l'Europe en une masse grise floconneuse, et Louis, planté en faction sur le quai, en une tache anonyme, dépourvue de sens et de mouvement. Tang Pao-houang s'attarde lui aussi sur le pont, pour faire de grands signes d'adieu à des amis et, de tous les étudiants chinois, il est le seul à approuver ma décision. « Vous rentrez en Chine... c'est très bien, surtout de la part d'une femme. » Les jours suivants, je ne le vois pas, mais les autres rôdent autour de moi, descendent sur le pont de seconde classe et me demandent pourquoi je suis sur ce bateau. Je raconte mon histoire, et malgré ma naïveté, je vois qu'ils ne me croient pas et cela me blesse. Je comprends plus tard qu'ils s'attendent à ce que je leur rende plus agréables les heures de la traversée.

Les voyageurs de première sont autorisés à venir sur notre pont, mais nous ne pouvons pas monter chez eux sauf le docteur You qui, en tant que médecin, a obtenu ce privilège par la courtoisie du médecin de bord. En seconde, un négociant chinois, sa jeune femme et deux enfants forment un inséparable groupe de famille. Par mauvais temps, la jeune femme fait une fausse couche et m'appelle à son secours; son mari s'oppose à ce que le médecin du bord ou le docteur You lui donnent des soins parce que ce sont des hommes. Il y a aussi trois négociants chinois d'outre-mer qui retournent à Saigon et plusieurs Vietnamiens. Les classiques intrigues galantes des traversées se nouent : un officier du bord avec la blonde épouse d'un homme d'affaires français aux colonies, regagnant Saigon, le docteur avec quelqu'un d'autre. Le docteur You, agile et minuscule, les yeux perpétuellement indignés derrière les verres grossissants de ses lunettes, sait tout ce qui se passe et nous le raconte en détail, avec une onction moralisante, à Hélène et à moi. Il parle longuement de se sacrifier pour la Chine et promet de m'aider : « J'ai des relations partout en Chine : je vous aiderai à trouver du travail dans un hôpital. »

Il faut près d'une journée pour franchir le canal de Suez, où, sur les deux rives, des dunes de sable couleur pastel et beige sont accroupies comme des centaures aux aguets; des chameaux plus antiques que le sable du désert suivent des yeux notre bateau. A Port-Saïd, le docteur You nous accompagne à terre, Hélène et moi. Des femmes frappent sur des tambourins, d'autres, poussant des appels et des cris, se tortillent devant nous; de petits mendiants aux yeux couverts de mouches nous coincent pour demander des sous, des gens nous cramponnent par le bras pour nous faire entrer dans les bazars. Plus tard, le docteur You nous affirme que certains passagers chinois du bateau sont allés voir des femmes faire la danse du ventre, et pire. Il proclame sa répugnance personnelle : « Je respecte la femme. »

Notre navire traînasse dans la brûlante mer Rouge et je suis déçue de voir qu'elle n'est pas rouge. Le docteur You porte des shorts et, le matin, il arpente le pont en compagnie d'Hélène. Il y a deux prêtres à bord; l'un dit qu'il va à Tientsin, enseigner dans le collège où mon frère enseignait. Il me demande pourquoi je ne vais pas à Tientsin, retrouver ma famille. « Mais le Nord est occupé par les Japonais et naturellement je ne reviens pas dans mon pays pour être sous l'autorité japonaise. » Etendus sur des chaises de pont, nous parlons de la guerre et le prêtre dit : « Le Japon et la Chine arriveront à un accord, vous verrez », et à ce moment, un objet me tombe sur la tête. C'est un livre. Au-dessus de moi, sur le pont des premières, se tient Tang Pao-houang, la main tendue : « Excusez-moi, mon livre est tombé... » (Quelques semaines plus tard, il m'avoue qu'il l'a lancé afin d'attirer mon attention.) Je gravis les quelques marches pour lui rendre son livre, et tout commence. Pao me parle de notre rencontre à Londres, quand il était cadet à Sandhurst. « Vous rappelez-vous ce dîner où quelqu'un discutait sur la question de la paix ? — Oui, je me souviens que vous avez dit : « Nous pou- « vons aimer nos ennemis, mais il faut d'abord que « nous les combattions. » Pourtant, il ne faut pas jeter des livres à la tête des gens : les livres sont précieux. — Je vous entendais parler, parler à ce prêtre blanc : mieux vaut causer avec moi. »

Ce fut le commencement de ces rapports qui m'apportèrent plus de souffrances que je ne croyais pouvoir en ressentir; et pourtant aussi de la joie, des moments, des jours d'allégresse, comme en témoignent de souriantes photographies; photographies mensongères quand on fait le bilan des années, et pourtant bien fidèles quand ces moments ensoleillés sont extirpés de leur sombre arrière-plan; car n'y a-t-il pas toujours des photographies heureuses même chez les couples les plus tragiques ? L'ambivalence fondamentale de nos rapports, ses paroxysmes de véhémence et de haine, de colère, d'amour et de cruauté, sa force obsessionnelle, m'entravèrent très longtemps. De ces contradictions mélangées et fondues sont faits tous les liens émotifs, reflets des multiples facettes de notre propre personnalité, et il n'est pas de récit sincère qui puisse dire où l'amour a cessé d'exister en devenant la haine, ni à quel moment le remords a changé la rancune en dévouement, ou dans quelle proportion la tyrannie et l'abnégation ont contribué à ériger une surface lisse de sereine satisfaction domestique. Personne, en réalité, ne peut analyser le bariolage de quelque situation humaine que ce soit sans constater l'inconséquence de toute description.

La tension émotionnelle de ces années m'agrippe encore; elle provoque de hectiques retours à la banalité qui déclenchent un souvenir, une scène. C'est une infortune comparable à ce que ressentent les gens qui ont connu les camps de concentration et acquis certains réflexes conditionnés à certaines situations, difficiles à déraciner. Je me suis souvent demandé si ceux qui sont parvenus à raconter leur vie dans ces camps ont fait ce qu'a fait Hers dans son mémorandum; glissé sur certains passages, développé d'autres, oblitéré les outrages les plus intolérables, jusqu'à ce que l'ordre émerge de l'ambiguïté, et qu'un récit fait avec discernement ait paré et modelé l'irrésolu, le contradictoire et l'informe pour leur donner une cohérence et une continuité plastiques. Il y a sans doute eu des humiliations si insupportables qu'en faire le récit eût exigé un détachement transcendantal. Les souvenirs les plus harassants et les plus importuns doivent être, non pas les cruautés subies par les prisonniers, mais la lâcheté des survivants, leur servilité rampante, les petites et grandes trahisons des victimes elles-mêmes, trahisons qui, telles les vomissures, ne se régurgitent pas; les mauvais traitements infligés aux autres pour échapper soi-même aux mauvais traitements, l'acquiescement complice à un ordre du camp imposé par les gardes, le zèle obligatoire destiné à plaire aux geôliers, l'acceptation de l'horreur comme normale, de la bestialité comme une condition de survie... Seuls, les très héroïques, qui bravent tout, ou ceux qui sont dénués d'imagination et peuvent tout oublier, sont capables de survivre à un récit plus ou moins exact; nous pouvons ensevelir en nous-mêmes des crimes anonymes, mais leur donner un nom nous tue...

Tout commença sur le navire, le *Jean-Laborde*, au cours d'après-midi et de matinées suspendus entre ce qui avait été et ce qui viendrait. Tang Pao-houang et le docteur You, Hélène et moi faisions les cent pas sur le pont, riant, parlant, lancés vers les espérances que nous promettait un avenir inconnu. Pao débordait, comme le docteur You, de promesses d'aide; je sentais qu'il y pensait plus sérieusement que le docteur, et je me disais que la vie, ou Dieu, ou ce qui veillait à ma destinée, m'avait témoigné bien de la bonté en m'envoyant ainsi un ami sincère et agissant, qui ne se contentait pas de faire des suggestions mais me semblait intensément patriote, authentiquement chinois. C'est tout juste si je n'y voyais pas une prompte récompense de mes bonnes intentions. Même pendant ces premiers jours, Pao parlait de devoir et de son impatience d'aller sur le champ de bataille : « J'irai tout droit à Wouhan pour me présenter à mes chefs... Je suis prêt à mourir... celui qui n'est pas décidé au sacrifice suprême n'est ni un bon patriote, ni même un homme jeune... la plus grande gloire est de tomber en luttant pour son pays contre l'envahisseur... » J'entends encore ces paroles si merveilleuses lancées dans le vent qui montait de la mer diaprée, ces paroles qui m'exaltaient. J'espérais que Pao ne mourrait pas trop tôt, pas du moins avant que j'aie pu, moi aussi, accomplir quelque chose, prouver que j'étais utile, prouver surtout que j'étais chinoise, prête à mourir pour la Chine... malgré, parfois, le petit pincement, la petite douleur cuisante qui tout au fond de moi me rappelait que pour beaucoup de Chinois j'étais une eurasienne, donc pas toujours acceptable. Mais Pao ne semblait pas penser de même : « Votre sang est chinois, le sang vient du père, la mère n'est qu'un réceptacle. » Ses idées pré-scientifiques en embryologie me faisaient sourire, mais je lui étais reconnaissante de ne pas me mépriser parce que j'étais eurasienne...

Ainsi, portés par un rêve, nous filions comme la flèche sur l'océan Indien d'où jaillissaient près des flancs du navire des bandes de dauphins, et nous parlions de la Chine et de Pao.

C'est ainsi que Pao devint pour moi la personnification de la Chine.

A Saigon, Pao voulut que nous devenions fiancés, je refusai en lui expliquant que j'avais « presque » épousé un jeune Belge, mais que j'avais changé d'avis pour rentrer en Chine. Peut-être Pao ne comprit-il pas ce que je voulais lui apprendre : que je n'étais pas vierge. N'ayant pas compris (et j'ignorais alors qu'il ne pouvait pas comprendre), il hocha calmement la tête : « J'en suis bien content... aucune Chinoise ne devrait épouser un étranger... »

J'allai à la recherche du docteur You et lui demandai conseil. « Merveilleux, dit le docteur You. Il faut mettre le passé derrière vous, comme je l'ai fait, et ne regarder qu'en avant. Tang Pao-houang est un jeune homme très estimable, il appartient à une excellente famille, une excellente famille ! » Il m'attira ensuite un peu plus loin sur le pont, comme pour trouver un endroit discret, ou pour faire ressortir l'importance de sa confidence : c'était qu'Hélène Gee et lui étaient tombés amoureux l'un de l'autre, qu'ils étaient amants, qu'Hélène allait rompre ses fiançailles avec le docteur Houang, dès que le bateau entrerait à Hong-Kong. « Le docteur Houang est trop jeune pour la comprendre. En attendant, je voudrais que vous m'aidiez, Miss Tchou », me dit le docteur You.

28 septembre. — En mer sur le *Jean-Laborde.*

Cher oncle Joseph,

Nous avons quitté Saigon hier et sommes maintenant en route pour Hong-Kong. Je sais que vous pensez toutes sortes de choses sur moi au sujet de mon changement d'itinéraire. Vous m'aviez conseillé d'aller via Saigon à Hanoi, puis de là à Kunming, où vous aviez écrit à l'évêque de l'hôpital catholique afin qu'il veille sur moi. Je resterai probablement deux jours à Hong-Kong, et je gagnerai Wouhan par le chemin de fer. Je sais que vous suggériez Kunming parce que j'y serais en sûreté, mais je ne veux pas m'y perdre dans la foule des réfugiés. Les journaux chinois de Saigon signalent que des flots de réfugiés se déversent sur Kunming et qu'il n'y reste plus aucune place. Je désire être le plus près possible du front et c'est à Wouhan. Une grande bataille s'y livre en ce moment... et je veux y être...

Une autre chose que je veux vous raconter : il y a sur notre bateau une jeune fille, Hélène Gee, fiancée à un certain docteur Houang, revenu d'Europe à Hong-Kong l'année dernière. Pendant la traversée, Miss Gee a changé d'idée. Elle va à Changhai et épouse le docteur You. Elle annoncera au docteur Houang, en arrivant à Hong-Kong, qu'elle ne veut plus l'épouser, mais elle lui doit dix mille francs : l'argent du voyage. Le docteur You dit qu'il n'a pas d'argent pour rembourser le docteur Houang. Hélène n'en a pas non plus. Elle va probablement se créer des ennuis : elle est aussi naïve qu'un bébé; et You dit que la seule façon d'en sortir est que vous écriviez pour la recommander comme infirmière à l'hôpital français de Changhai, où vous avez de l'influence. Elle a près de dix-neuf ans, mais c'est un vrai bébé. J'ai peur pour elle, car le docteur You dit qu'il ne peut pas l'épouser avant quelques mois... Il n'est pas question maintenant qu'elle revienne sur sa décision. Le docteur paraît sincèrement amoureux d'elle. Quoi que vous pensiez du docteur You, Hélène est trop bébé pour qu'on la fasse souffrir... et elle ne sait pas un mot de chinois... Je vous en prie, restez en contact avec mon grand-père, dites-lui que je vais très bien...

Je relis ma lettre avec stupéfaction, et je me souviens que la première et dernière carte que j'envoyai à mon fiancé, Louis, en Belgique, partit de Port-Saïd. Après Port-Saïd, je cessai d'écrire à Louis, comme si le passage du canal de Suez avait rendu à jamais impossible de communiquer avec lui. Quant à mon grand-père, il reçut des lettres brèves ou des cartes postales disant que j'étais en bonne santé... Je ne pouvais supporter de m'asseoir à une table pour écrire de longues épîtres, parce que tout ce que représentait l'Europe m'était devenu vague, irréel, et il m'était devenu impossible d'expliquer ce qui se passait en moi ou autour de moi, car tout ce qui m'entourait était l'Asie; cela ne pouvait se décrire avec la verve emballée du touriste, et cela me touchait de trop près, trop intimement... Louis était devenu impalpable, je n'étais pas sûre de le reconnaître si nous nous rencontrions. Tandis que je restais pour lui celle qu'il connaissait, et que je continuerais de l'être, il n'était pour moi qu'une silhouette grise et floue, regardant partir mon bateau, perdu parmi d'autres ombres semblables à des arbres plantés çà et là sur les quais de Marseille...

Hélène n'était pas la seule qui eût changé; moi aussi j'avais changé, mais chez moi cela avait commencé avant que je quitte l'Europe. Ma dette envers mon grand-père était lourde, et je le sentais, mais lorsque je lui écrivis enfin pour lui annoncer que j'étais mariée et resterais en Chine, il me répondit en me rejetant définitivement. Et puis, la guerre éclata en Europe et grand-père mourut en 1940.

Quand nous entrâmes dans le port de Hong-Kong, une Hélène sanglotante se précipita dans ma cabine où je faisais mes valises. « Protégez-moi, protégez-moi ! » Depuis qu'elle était amoureuse de « papa You » comme elle appelait le docteur, Hélène s'était épanouie; elle ressemblait à une frissonnante gerbe d'anémones. Pendant que j'essayais de me dépêtrer de son étreinte mouillée de larmes, le docteur Houang, son ex-fiancé, qui était monté à bord pour l'accueillir, apparut aussi dans ma cabine (heureusement Miss Moss n'y était plus). Il essaya de détacher Hélène de moi, et me regarda d'un air furibond comme si j'étais le séducteur. « Miss Tchou, Miss Tchou, il faut que vous me le disiez : qu'est-il arrivé à Hélène ? — Docteur Houang, je suis désolée, mais je ne sais pas comment c'est arrivé... — Mais elle m'appartient, elle est ma fiancée, criait le docteur Houang dans son angoisse, il faut que vous me disiez comment cela s'est fait. » Hélène se mit alors à appeler d'une voix suraiguë : « Papa You, papa You ! » et, sanglotante, elle sortit en courant de la cabine. Je montai sur le pont, suivie du docteur Houang et trouvai le docteur You appuyé sur la rambarde, ses yeux pâles fixés sur les pentes couleur de papillon de nuit du pic de Hong-Kong. « Il faut donner des explications au docteur Houang, docteur You. — Oui, il est bien entendu que je suis le seul responsable. » Le docteur Houang alla trouver le docteur You et ils se saluèrent avec cérémonie. « Docteur Houang, docteur You... » Je les laissai s'expliquer. Plus tard, Pao m'assura que c'était la faute d'Hélène. « Une femme, une femme bien ne change pas d'avis. » Je ne soufflai mot, car moi aussi, j'avais changé d'avis.

J'eus, dans les années qui suivirent, l'occasion de revoir le docteur You, une seule fois, très brièvement, dans un restaurant de Tchoungking en 1940. Il était en uniforme, avec au bras l'insigne d'un service médical, et il me reconnut. Il me salua d'un mouvement de tête évasif et s'éclipsa, dès qu'il put, du restaurant, car il avait grand-peur, comme tous les civils, de l'entourage militaire de Tchiang Kai-shek, et surtout des officiers sortis comme Pao de l'Académie militaire de Whampoa, formant le corps d'élite de Tchiang Kai-shek, donc très puissants. You était terrifié que Pao pût se servir contre lui de l'histoire d'Hélène. Pour racheter la corruption et le népotisme de son gouvernement, Tchiang Kai-shek donnait l'ordre de déclencher une « mobilisation spirituelle », lançait des « campagnes de moralité », annonçait des « offensives de pureté » et c'était dans ce genre de mouvements que des gens, comme le docteur You qui n'avait ni influence ni fortune, se faisaient prendre...

Beaucoup plus tard, j'appris que l'amour du docteur You pour Hélène avait duré six mois; il possédait déjà une épouse dont il avait commodément oublié l'existence pendant quinze ans. Il s'enrôla dans la Croix-Rouge chinoise et vint à Tchoungking, mais j'ignore totalement comment il a fini. Il m'est difficile d'imaginer qu'il soit encore en Chine actuellement, mais tout est possible. Peut-être même est-il devenu un « cadre » communiste...

Quant à Hélène, elle s'attarda à Changhai, infirmière à l'hôpital français, jusqu'en 1942; elle reprit alors un bateau pour l'Europe, s'y maria, et jura, dans la suite, que si elle avait su que les Chinois traitaient aussi mal leurs femmes, elle n'aurait jamais quitté la France. Ma lettre demeure, testament éphémère du passé maître chanteur, parlant d'amour et de calcul, tout à fait défunt, et devenu le mensonge d'hier qui impose la vérité d'aujourd'hui autour de ma jeunesse épuisée.

II

A Hong-Kong, nous descendîmes dans un hôtel, Pao et moi, et tout nous fut facilité par le fait qu'il avait des amis. Partout où nous allions, il avait des amis, grâce aux liens de classe et de prérogatives familiales renforcés par les camaraderies d'école ou d'Académie militaire, formant une structure régnante cohésive à laquelle il appartenait. De tout temps, cette solidarité de caste, dont la soudure la plus ténébreuse se trouve dans les sociétés secrètes, a favorisé ses propres prises du pouvoir par le truchement de ses propres initiés. Forte, souple, d'une subtilité presque monstrueuse, la cohésion des élites dirigeantes transcende jusqu'aux révolutions, et permet à ces élites de se terrer jusqu'à ce que revienne leur heure.

Tang Pao-houang était un produit de la classe dominante des propriétaires — militaristes — féodaux. C'était l'élite féodale, qui par son administration — le mandarinat — régna en Chine jusqu'à la Révolution, en 1949. Dès le moment où il mit le pied dans Hong-Kong, Pao y fut réintégré : aidé, servi, protégé, traité avec déférence. Des amis vinrent à notre rencontre, des amis nous invitèrent à déjeuner ou à dîner, s'offrirent à lui prêter de l'argent, à nous emmener faire des achats. Moi qui n'avais jamais fait partie de rien, moi la solitaire, intraitable et à l'écart, je n'étais plus seule, plus sur la défensive. Aucune sensation n'est plus flatteuse que celle d'appartenir à un groupe, d'être *accepté*. Et cela m'arrivait grâce à Pao. Cessant d'être mise en question, cette sécurité lubrifiait ma conscience, apaisait l'inquiétude hérissée qui était l'accompagnement constant de mon existence. Et comme j'ignorais tout des structures de classe, j'imaginais toute la Chine semblable au groupe qui, à ce moment, à cause de Pao, semblait gentiment prêt à m'adopter. Aujourd'hui, je peux comprendre les tentations de ceux qui cherchent à s'arracher à un état d'infériorité, véritable ou supposé, et enfin « faire leur chemin », enfin « arriver ». Quelle douceur intérieure ils doivent ressentir quand, succombant à ces délices, ils peuvent s'écrier : « Des duchesses m'accorderont leur baiser », et savoir qu'ils ont « gagné » ! Combien de fois dans la Chine du passé, les fils astucieux des pauvres gens furent-ils recrutés ainsi pour renforcer l'influence hiérarchique du mandarinat souverain ! Et dans leur succès personnel gisait leur totale trahison, car — plus qu'aucun autre — le parvenu pratique les vices et les vertus du groupe auquel il a accédé et affermit l'autorité de ce groupe.

Pour moi aussi, qui l'ignorais à l'époque, c'était le fruit d'une machination implicite. Pao était chinois, en tant que sa fiancée j'étais enfin reconnue (ou je l'imaginais) par la Chine, et c'était pour la Chine, pas pour un homme, que j'avais quitté l'Europe. Ce fut ma grande illusion.

Nous arrivâmes à Hong-Kong le jour où les accords de Munich étaient proclamés en Europe, et tandis que les gros titres des journaux anglais de Hong-Kong trompettaient : « La paix pour notre temps. » — « Il y aura la guerre en Europe l'année prochaine », dis-je, et Pao fit un signe de tête affirmatif. Pao dit : « Nous ne resterons pas à Hong-Kong un jour de plus qu'il n'est nécessaire. Nous partirons pour Wouhan, et nous sauverons le pays... Le Chef y est, nous devons y aller, nous sacrifier. Nous résisterons jusqu'au bout... » Son jeune visage lisse pétrifié par une austère hardiesse, l'avenir en son profil, comme il me parut noble alors, infiniment héroïque et glorieux ! Pao était séduisant, sa foi sans réserve, son loyalisme semblaient en cette période de guerre l'attitude idéale pour résister à l'agression japonaise. Que son dévouement fanatique allât à une personne particulière, Tchiang Kai-shek, et non au peuple chinois, que ce fût le produit de son éducation et de sa classe sociale et non de son amour pour la patrie, son allégeance féodale à une clique, et non un véritable sacrifice, ne m'apparaissait pas alors. Il formait un tel contraste avec les hésitants, les non-engagés, ceux que leur timidité retenait en arrière ! Pao devait pendant longtemps personnifier, résumer à mes yeux le meilleur de la Chine, parce qu'il était revenu d'Europe afin de se battre pour la Chine; je tombai amoureuse de lui à cause de cela, et je l'aurais suivi partout, et d'abord à Wouhan où se livrait la plus grande bataille...

Pendant les quelques semaines suivantes, Pao entreprit mon éducation en « loyalisme ». Jusque-là, je n'avais de Tchiang Kai-shek qu'une idée vague; pas assez pour parler d'aversion, mais pas de sympathie spéciale non plus. Ce que j'avais entendu raconter de façon imprécise, dans mon enfance, au sujet de la façon dont Tchiang avait accédé au pouvoir à force de massacres me retenait dans le doute; mais ma crainte du communisme et, durant mes trois années à l'université de Bruxelles, le récit des méfaits de Staline m'avaient fortement influencée. Bien qu'il eût si longtemps refusé de le faire, Tchiang se battait maintenant contre le Japon, et était devenu le symbole de la Résistance. Pao me disait que, sans les communistes qui ne cessaient de fomenter des troubles, causes de dévastation et de misère, la Chine serait déjà forte et prospère; que les communistes essayaient de vendre notre pays à la Russie, qu'ils recevaient des ordres de Moscou, et que c'était pour cela que Tchiang avait dû les combattre pendant de longues années. C'était en raison de ces luttes intestines que Tchiang avait évité de se battre contre les Japonais, et c'était ainsi qu'on l'avait injustement accusé de céder au Japon, alors qu'il tentait seulement de gagner du temps pour mieux se défendre. La meilleure preuve en était, disait Pao, qu'en 1932, Tchiang avait adressé à l'Académie militaire de Whampoa un discours secret destiné à quelques élèves officiers sélectionnés, où il élaborait cette stratégie, justification de sa prévoyance. En fait, le discours tout entier n'était pas un manifeste antijaponais, mais le rappel qu'il battait en vue d'une nouvelle campagne anticommuniste, afin d'étouffer les murmures hostiles circulant parmi les propres membres du parti que comptait Tchiang, le Kouomintang, lesquels critiquaient sa nonchalante acceptation des assauts japonais, et ses massives campagnes d'annihilation des Rouges. Mais j'étais trop mal informée, je trouvais tout ce qui concernait la politique trop ennuyeux et hors de propos, pour ne pas absorber, sans réserve, ce que me disait alors Pao. « Nous résisterons au Japon jusqu'au bout... Le Grand Chef nous l'a dit. » Cela de sa voix jeune, singulièrement claire et parfaite, contribua grandement à me convaincre que Tchiang était le seul défenseur de la Chine contre l'agression japonaise. Il y avait dans cette vocation un frémissement d'émotion qui simplifiait tous les problèmes et créait un lien indissoluble. Pao me persuadait d'autant plus aisément que par lui, moi aussi, je réalisais une identité nationale. Je ne me rendais pas compte que je ne faisais que devenir un accessoire de la puissante clique militariste, le corps d'élite de Whampoa, soutien principal de la puissance de Tchiang.

« Wouhan ne capitulera pas », clamaient les journaux chinois de Hong-Kong. Après trois jours pendant lesquels nous courûmes les magasins de Hong-Kong, et fûmes reçus par les amis de Pao, quelqu'un nous procura des billets dans le Train Bleu, et nous nous préparâmes à partir pour Wouhan, avec l'espoir

Quand les premiers étudiants furent envoyés de Chine à l'étranger, dans la seconde moitié du XIXe siècle, ils reçurent l'ordre de tenir un journal, qui devait être présenté tous les mois à l'inspecteur de l'Education, personnage officiel attaché à l'ambassade de Chine dans le pays où l'étudiant recevait son instruction. Bien que cette pratique se fût relâchée parmi les étudiants à l'étranger après la Révolution de 1911, elle était appliquée strictement chez les cadets de l'Académie militaire de Whampoa. C'était pour chacun un moyen de concrétiser, à tout moment, son loyalisme envers une oligarchie, par l'expression écrite de ses sentiments conformistes, et de faire échec aux « influences pernicieuses » c'est-à-dire aux déviations politiques. Cela paralysait tout débat, interdisait toute discussion. La « sincérité » de chacun était mesurée à ce qu'il écrivait, sachant fort bien que ce serait lu, et combien Tchiang Kai-shek et les jeunes officiers adoraient ce mot de « sincérité » ! Cette pratique s'est maintenue, officieusement toutefois chez certains membres du Parti communiste chinois, et on la retrouvait encore dans les universités chinoises ces dernières années. Les « Journaux intimes » des nouveaux héros de l'Age Nouveau furent découverts, et cités longuement et avec admiration; cependant Mao Tsé-toung lui-même n'en tient pas, ayant probablement percé à jour tout ce qu'il y a de spécieux dans cette forme de comptabilité spirituelle. Et finalement, en 1966, avec la Révolution culturelle, cet hypocrite procédé issu de la tendance moralisatrice si fréquente en Chine (même aujourd'hui) à juger les gens sur leurs *paroles,* est en voie d'abandon. Pourtant, à l'automne de 1966, au cours d'une de mes visites en Chine, on me demandait encore de consigner par écrit dans le Livre des Visiteurs mes « sentiments spontanés ». Il était difficile de faire comprendre aux plus bureaucratiques des fonctionnaires que ces phrases élogieuses, tracées par les visiteurs à la gloire d'usines, de monuments funéraires ou d'endroits intéressants ne sont parfois que des coups d'encensoir, identiques à ces

« Journaux intimes » dans lesquels il est formellement interdit d'écrire autre chose que de hautes et nobles pensées.

Je trouvai fort peu de maximes « exaltantes » à inscrire dans le petit cahier à couverture bleue que Pao me remit. Je n'avais pas à l'esprit la moindre expression redondante et cette difficulté devint graduellement insurmontable. Combien de fois, au cours des mois qui suivirent, dans un effort désespéré destiné à pallier mes erreurs abyssales, Pao parcourut mon journal... et ne découvrit rien qui vaille, rien qui fût l'indice d'une qualité spirituelle méritant ses louanges, ou qui pût le convaincre que cette formation de mon caractère qu'il avait résolument prise en main fût une réussite. Car il s'était mis dans la tête qu'elle était ce dont j'avais besoin avant tout. Même à ces premières heures de nos relations, il avait décidé que ce qu'il y avait d'*étranger* en moi devait en être extirpé à tout jamais, et que dans mon cas le seul remède était le retour à toutes les traditions féodales confuciennes de la Chine.

Et quand, en 1966, au milieu de la Révolution culturelle, un communiste de mes amis se mit, lui aussi, à critiquer mon manque d'« autoculture » dans les termes, ou peu s'en faut, que j'avais entendu les bureaucrates du Kouo-min-tang employer, je me sentis catapultée dans le passé. Pendant deux jours, je ne pus dominer un sentiment de malaise, un vertige de terreur, en voyant (ou en croyant voir) l'oligarchie du passé, le fonctionnarisme mandarin-féodal, sous le déguisement d'un cadre communiste. Hallucinant de ressemblance, c'était le même ton péremptoire, la même attitude de vertu impeccable, la même onction édifiante; les mêmes expressions concernant la « face », les mêmes reproches sur mon « entêtement », mon manque de courtoisie rituelle, protocolaire, envers les « camarades-fonctionnaires », formules quasi cabalistiques, introduites en fraude comme théorie marxiste. Or, le sens de la Révolution culturelle déclenchée par Mao

Tsé-toung réside dans le fait que c'est justement cette sorte d'attitude, ce retour à l'hypocrite tradition confucéenne, présentée comme une autodidaxie, et qui n'est qu'une éducation de classe enseignant la meilleure façon de devenir bureaucrate, c'est justement cela qu'elle se propose de supprimer. Pendant deux mille ans, l'aristocratie avait emprisonné l'esprit des jeunes dans une tradition de sujétion et d'obéissance, et maintenant la jeunesse se révoltait, suscitait discussions et débats et refusait l'obéissance aveugle, refusait la soumission et la docilité envers les aînés, envers les maîtres d'école... et c'est la Révolution culturelle.

Dans mon Journal figuraient de sentencieuses formules, mornes, rabâchées à contrecœur, copiées sur celles de Pao; j'aspirais à sa foi sublime que ne troublait aucun doute, à ses maximes faciles, à ses phrases pompeuses : « L'obéissance est la vertu... Piété filiale avant tout... » Il faut que je lutte contre moi-même, que je me donne de bonnes raisons pour acquérir la même assurance devant ce qui est bien ou mal, surmonter cette éternelle tendance revêche au doute, qui fait partie de mon être même. Il faut que je parvienne à vaincre mes faiblesses, à corriger mes fautes... mais, sur des lambeaux de papier, je notais ce qui me touchait vraiment, la couleur du ciel, le bombardement aérien de la gare de Yochow, notre manque de nourriture, et je parlais du peuple, du peuple, de ce merveilleux peuple de Chine, indompté, dont les multitudes fuyaient les villes bombardées et abandonnées, emportant les enfants; patient et à jamais foulé aux pieds, qui semblait si parfaitement soumis et qui à la fin triompha de tout. « Il faut noter tes pensées au sujet de la guerre, au sujet de notre Chef. » Je proteste d'une voix faible. « Mais nous ne sommes pas encore à la guerre, et je n'ai pas rencontré le généralissime. » (J'évitais toujours le mot Chef, je lui trouvais un mauvais goût.) A quoi Pao réplique : « Tu es restée trop longtemps à l'étranger... il faut que tu ne soies plus que Chinoise maintenant, écris tes résolutions... écris ta volonté d'être une vertueuse, une vraie femme de Chine... »

J'écrivais. Je savais peu alors ce que comportaient les mots vertueuse, vraie femme de Chine, dans tout leur avilissement.

J'étais pleine de zèle, d'ardeur, et de volonté de bien faire... et naturellement je voulais être chinoise... comme mon frère avait voulu être chinois, bien des années auparavant... il y avait renoncé, moi je ne renoncerais pas. Naturellement, je voulais avoir des pensées nobles. Et voilà qu'un sentiment de culpabilité se glissa en moi. Renforcé par un sens catholique du péché, un sens moral confucéen du péché se mit à m'étrangler, et il m'emprisonna la tête pendant des années, avant que, dans un sursaut désespéré de tout mon être, je fusse parvenue à m'en libérer.

De cette époque d'étouffement, l'angoisse au goût de moisissure rôde encore autour de moi par les soirées trop longues, par les brusques réveils, devant un paysage ravissant. Une terreur fétide, molle, feutrée, fonce sur moi pour me saisir lorsque des incidents, des timbres de voix en se répétant me restituent le passé.

Tout cela, qui commença dans une si vaste ferveur ingénue, je fus incapable d'en parler pendant des années, et les illusions dont je me berçais moi-même, en ces jours terrorisés, devenaient les témoignages de ma propre démence.

Pourtant, nous étions de tous côtés entourés par cette merveilleuse grande terre, la terre de Chine, et par le peuple de Chine, robuste et malheureux, ruiné, dévoré de vermine et de pauvreté, traité avec tant de barbarie par sa propre classe dirigeante, et si magnifique que le cœur se gonflait devant sa grandeur, et qu'un transport, une grande bouffée d'amour me faisait trouver mes terreurs et mes souffrances sans importance, comparées à ces raz de marée de misère que je voyais endurer avec tant de stoïcisme autour de moi. Dans la grande tempête de cette vie qui déferlait et refluait, à travers les détritus, les décombres et le chaos de ces années, je survécus; et le baragouin talismanique de la « sagesse » traditionnelle, le loyalisme confucéen, vénéré par ceux qui préfèrent les momies aux hommes vivants, ne fut bientôt plus que du baragouin...

C'est dans le train roulant vers Wouhan que, brusquement et en dépit de mon absence de sentiments dignes du journal intime, je me sentis revenue, revenue dans l'odeur et la sensation de la Chine; tout était familier, tout m'était cher, et vivant, vivant, les gens, les gens du peuple, dans les gares que rendaient horribles les mendiants et les réfugiés, les soldats décharnés, jaunis par la malaria, affaiblis par la faim, traînant leurs lourds pieds de paysans, partant pour une guerre dans laquelle plus d'hommes mouraient de maladie ou de mauvais traitements que des coups de feu; d'un bout à l'autre de cette immensité, de cette énormité qu'est la Chine, ouvrant leur cœur, leurs yeux et leurs oreilles aussi, les gens; et puis, montant des champs, l'odeur de la grande terre et toute cette beauté retrouvée qui est de la terre, et si humaine que mon cœur en basculait : j'étais de retour.

Après six jours de train, nous arrivâmes à la Triple Cité de Wouhan : Hankeou-Hanyang-Woutchang; métropole en forme de triangle chevauchant le Grand Fleuve; célèbre cité, cité de la révolution de 1911 et de celle de 1926, cité de vaste soulèvement et de cruelle exploitation; bastion qui en octobre 1938 narguait l'envahisseur japonais. Quel choc de trouver cette cité héroïque, qui, d'après les journaux serait défendue à tout prix contre les Japonais, de la trouver tout entière gangrenée de pourriture et de sordide corruption ! J'écrivis une lettre à Hers, ma première vision, limpide et authentique, d'enfant. Plus tard, avec la prudence que m'imposait peu à peu la terreur, je refusai de voir ce que j'avais vu ce premier jour à Wouhan...

Wouhan, 9 octobre 1938

Cher oncle Joseph,

Suis enfin arrivée ici hier le 8, au soir, après avoir quitté Hong-Kong le 3. Nous avons été retenus une seule fois par un raid aérien. La vie à Hong-Kong était horriblement chère, comme elle l'est partout en Chine actuellement. Une chambre coûte 75 dollars par mois, complètement vide. Les hôtels étaient pleins, la Y.W.C.A. aussi, de réfugiés venant de Chine, surtout des riches. Il se peut que je reste ici, ou que j'aille travailler autre part, ce qui serait sans doute le mieux, car la plupart des hôpitaux ont déjà été déplacés. Wouhan est horrible, horrible, les gens ne pensent qu'à se donner du bon temps, on vend partout ouvertement des instruments anticonceptionnels... comme c'est la Fête de la Lune aujourd'hui, dimanche, demain le 10 octobre, tout le monde mange... tout de même, je suis contente d'être ici... en contact avec toutes sortes de gens... je m'instruis beaucoup, de tous les côtés.

Les 60 livres sterling que m'avait données Hers avant mon départ avaient été dépensées par Pao et moi à Hong-Kong pour payer l'hôtel et faire quelques achats; il nous restait à peu près 10 livres sterling quand nous arrivâmes à Wouhan. J'étais fermement décidée à ne rien coûter à Pao. J'allais travailler dans un hôpital, gagner ma subsistance.

Le soir de notre arrivée, nous nous promenâmes; c'était la pleine lune, la Grande Rivière scintillait, et de nombreuses familles circulaient, presque comme s'il n'y avait pas eu la guerre. Pao me parlait de son noble père; et plus tard, dans notre chambre d'hôtel, il me montra une photographie qu'il me dit être celle de sa mère. Je ne pus identifier cette image, mes souvenirs d'enfance étaient différents; et je sais maintenant que c'était un mensonge, ce n'était pas sa mère, c'est la photo d'une dame d'honneur de l'impératrice douairière Tsö-Hi qu'il m'avait montrée. Pao disait que son père avait été l'ami de Sun Yat-sen, et révolutionnaire. De même que son oncle, le général Tang, à qui nous devions rendre visite. Hélas son père avait succombé à la fortune et au pouvoir, il fumait l'opium, avait des concubines, tout en exhortant son fils à ne pas l'imiter.

Pao me raconta que, jeune étudiant, il faisait partie à l'école d'une cellule révolutionnaire, que la police avait fait une rafle, qu'il s'était enfui... il me parla d'un jeune professeur timide, modeste et bon, qui fut un jour arrêté parce qu'il était communiste (un vrai), et fusillé...

« C'est à cela que nous reconnaissons les communistes. Ils ont l'air honnêtes, ils sont paisibles, ils étudient beaucoup, ils sont toujours occupés à lire... même parmi nous, quand nous étions élèves officiers à l'académie militaire de Whampoa, si nous nous apercevions que quelqu'un lisait trop, et semblait sans défaut, nous le soupçonnions... c'était peut-être un communiste. Ils jouent cette comédie pour gagner le cœur des gens, mais en fait, ils travaillent pour l'étranger... Notre Chef dit que la Chine a deux ennemis héréditaires : l'Angleterre et la Russie... » Et Pao regardait la lune d'un air féroce comme si dans son opalescence brouillée, il apercevait ces deux ennemis prêts à foncer.

Je ne savais pas que cette allusion aux livres devait un jour se retourner contre moi; pendant plusieurs années, je dus me cacher pour lire des livres non « sélectionnés » par Pao pour ma rééducation morale. Mais à Wouhan, en octobre 1938, pendant le Festival de la Lune, tout ce que je savais, c'est que nous allions nous marier et travailler l'un et l'autre pour la Chine.

Sous le clair et frais soleil, de hauts bâtiments intacts, d'une architecture coloniale anglaise, dressaient leur brique arrogante sur le Bund dans l'ex-concession britannique. Bannières et banderoles tendues contre les murs, accrochées en travers des rues, proclamaient : WOUHAN SERA CERTAINEMENT DEFENDUE. Je me sentais rassurée par les foules traînant leurs enfants joyeux et babillards, par cette vaste sérénité et par le Grand Fleuve. Yangtsé aux vagues argentées par le clair de lune. Bien sûr, Wouhan résisterait à jamais à l'envahisseur. Le 10 octobre parades, bannières, trompettes, défilés de volontaires, apparition de Tchiang Kai-shek, avec acclamations, et formidables clameurs, parce que Wouhan allait être DEFENDUE JUSQU'AU BOUT. Cet ensemble enflammait mon enthousiasme toujours prêt. Tchiang Kai-shek était un héros ! Pao, partisan digne de lui, un autre héros ! Comme j'étais heureuse d'être à Wouhan, en cette fière époque d'une héroïque cité, de résister à l'agression, d'appartenir à cette multitude qui criait et s'égosillait, à proclamer sa ferveur patriotique et sa volonté de combattre jusqu'à la mort ! Je versais des larmes de joie, et je criais plus fort qu'eux.

Le soir, nous allions voir des amis de Pao; un certain commandant Wou, très mince, et sa femme qui avait à l'abdomen une fistule tuberculeuse sur laquelle elle gardait à demeure un emplâtre très sale; elle me demanda ce qu'il fallait faire pour en guérir; elle était originaire du Setchouan; elle me raconta que son mari lui avait transmis une maladie qui lui venait d'un excès de « cœur de fleur » (fréquentation des prostituées). Le commandant Wou m'assura qu'il pourrait me trouver du travail dans un hôpital « presque immédiatement »; en fait, il était directeur général des hôpitaux militaires de la région. Il s'agissait des hôpitaux pour soldats blessés du Kouomin-tang et le lendemain on me dissuada d'y aller. Dans ces hôpitaux, les infirmières étaient recrutées pour le délassement des officiers. « Ils n'existent pas, ces hôpitaux militaires », me dit un ingénieur chinois d'Outre-mer que je rencontrai quelques jours plus tard. Et il me donna d'autres informations au sujet de ces « hôpitaux ». « Mais ne le répétez pas : il y a une censure. Vous feriez mieux de travailler dans un des hôpitaux de missionnaires de la Croix-Rouge. Mais ne dites à personne que je vous l'ai conseillé. »

10 octobre : Lettre à Hers.

... Je vais bientôt avoir un emploi à l'hôpital. Il faut que je vous dise une chose : il y a ici des jeunes gens qui ont tout quitté pour venir travailler pour la Chine... des garçons d'Amérique, de Singapour, et ils sont eux aussi un peu étrangers mais, comme moi, ils veulent être chinois. Et il y a quelques Chinois tout à fait purs qui rendent des services gratuitement, mais ce n'est qu'un petit nombre. Je ne suis pas du tout déçue, je sais que j'ai eu raison de venir.

Je continuais la discussion avec Hers qui m'avait prédit que je serais dégoûtée : « Tous les Chinois ne pensent qu'à l'argent, l'argent, ils ne sont pas patriotes... votre patriotisme, ce n'est pas un trait chinois... » Toutes les fois que je rencontrais quelqu'un qui agissait vraiment par amour pour la patrie, le baromètre de mon enthousiasme montait. Et j'en rencontrais, même dans cet endroit pourri qu'était Wouhan.

11 octobre.

J'ai demandé du travail à la Croix-Rouge internationale, j'aurai une réponse demain. On m'offre d'entrer dans un hôpital purement chinois de blessés militaires mais pour une femme les conditions sont impossibles... il y a tellement d'histoires sexuelles, c'est terrible. D'ailleurs cet hôpital militaire n'est pas ici, il est à Hengshan en pleine campagne... mais il se peut qu'après deux mois d'apprentissage, on me prenne ici à la Croix-Rouge...

Ce fut l'administrateur de la Croix-Rouge lui-même,

le docteur R.K.S. Lim, qui me dissuada d'accepter du travail dans un hôpital militaire chinois. Je me rappelle la vive émotion avec laquelle je me rendis à son bureau, un après-midi. Je ne savais pas, à cette époque, combien cet énergique visage bronzé dissimulait de détresse mentale. Car le docteur Lim devait choisir entre sa carrière et l'obligation de dire la vérité au sujet de l'effroyable état de choses causé par la grivèlerie et la corruption courantes chez les officiers et les fonctionnaires des « hôpitaux » militaires. Mais critique était synonyme de trahison, et le docteur Lim était déjà accusé de « déloyauté », car — au cours d'une conversation privée — il avait murmuré que les soldats chinois mouraient plus souvent d'abandon ou de brutalités, aux mains de leurs officiers du Kouomin-tang, que sur le champ de bataille. Mais devant moi, il était le chef de la Croix-Rouge, plein d'assurance et compétent, celui qui coordonnait tous les hôpitaux de la Chine... « Vous voulez travailler? C'est merveilleux, mais nous allons transporter nos services à Tchang-sha, et ailleurs... » Puis il me suggéra l'hôpital de la Mission, de la Croix-Rouge internationale. « Il y a là beaucoup de travail à faire, si vous restez quelque temps ici... »

La Chine est en guerre, la Chine se bat pour ne pas mourir... comment peut-on critiquer en temps de guerre ? Ce fut aussi la question que se posaient les missionnaires de la Croix-Rouge internationale que j'allai voir ensuite... Comment *remarquer* les vices, écrire à leur propos, en temps de guerre ? La réponse concluante fut donnée par un missionnaire anglais : « Il est déjà assez dur d'obtenir de l'aide de l'étranger... toute aide cessera si nous ouvrons la bouche de travers... En outre, cela s'est toujours passé ainsi en Chine... le gâchis a toujours régné... »

Et Pao avait sa réponse prête, du moins le disait-il, quand je lui confiais mes doutes. Naturellement, le gâchis régnait, naturellement il y avait des gens malhonnêtes, des gens corrompus, et c'était précisément pour cela qu'il fallait suivre le Chef et tout ce gâchis serait balayé. Tchiang Kai-shek, le corps des officiers de Whampoa, jeunes hommes semblables à Pao, les étudiants d'élite de Tchiang nettoieraient tout cela. Cela rappelait le roi Arthur et ses Chevaliers de la Table Ronde... Détermination altière, exploits chevaleresques, noblesse et loyauté, fraternité de parfaits chevaliers qui pourfendent les méchants dragons. Le gâchis, la corruption, l'impureté, les hypocrisies étaient les produits du passé, qu'il fallait éliminer. En attendant, nous pataugions dedans. « Mais il faut que nous restions purs. » Pour rester pur, il fallait pratiquer les grandes et nobles vertus ancestrales. « Elles seules peuvent sauver la Chine. »

Cher oncle,

Comme je vous l'ai écrit, j'ai eu une offre de l'hôpital militaire gouvernemental pour les soldats blessés, mais pour une femme la vie y était tout à fait impossible...

Il n'y a pas d'infirmières, ce sont des prostituées, réservées aux officiers, interdites aux soldats. Les soldats meurent comme des mouches. Il n'y a pas de pharmacie, pas de docteurs, les malades ne reçoivent aucun soin.

J'aurais bien d'autres choses à vous raconter... voulez-vous rassurer mon grand-père, au sujet de ma vie ici, s'il vous plaît... C'est très bon pour mon éducation.

Dans les restaurants de Wouhan, le menu est automatiquement accompagné d'une autre carte de tarifs : c'est une feuille couverte de rangs serrés de photographies numérotées format passeport qui représentent toutes des visages de filles. Le client choisit celle qu'il veut, dit le numéro au garçon, et la fille vient s'asseoir à sa table. Plus tard, je trouvai ce même système à Tchoungking avec une description des charmes de chacune des filles, son nom, son prix...

Le soir du 11 octobre, nous apprîmes, Pao et moi, qu'en dépit des slogans, des marches, des discours patriotiques, de tout ce scintillement de porteurs de torches qui défilent, et des vaillantes acclamations que nous entendions hier soir encore, en dépit des déclarations solennelles du gouvernement, Wouhan ne serait pas défendue.

Je m'écrie : « Mais il faut, il *faut* défendre la ville ! Wouhan doit être défendue !... » n'ai-je pas vu, hier encore, les défilés, les bannières : GARDEZ WOUHAN RESISTEZ JUSQU'AU BOUT, et partout aujourd'hui : CEUX QUI ONT DE L'ARGENT DONNENT DE L'ARGENT, CEUX QUI SONT FORTS DONNENT LEUR FORCE. Et dans la procession, les enfants des écoles, les boutiquiers, les marchands qui défilent, les chars, les canons, les gens qui crient, et aujourd'hui les volontaires par centaines, partant pour le front... cela ne peut pas être pour rien... Mais c'est pour rien.

La personne qui nous l'apprend est l'oncle de Pao, le général Tang; homme paisible, ratatiné et réservé, au visage mince et aquilin; dans les années qui suivirent, il devait sombrer dans la tristesse, la neurasthénie, aller à son bureau à Tchoungking, s'asseoir à sa table, dans une attitude fixe et rigide, et fermer les yeux; car il n'est pas dans les bonnes grâces de Tchiang Kai-shek et on l'évite parce qu'il est honnête. Il a déjà renoncé, au fond de son cœur; il sait que le régime est condamné, mais il n'est pas prêt à vendre son pays pour de l'argent japonais, ce que font certains de ses supérieurs. Le désespoir l'habite, sans que vienne l'alléger la cupidité personnelle, et il ne réussit pas, parce qu'il est sans ruse. Sa carrière s'efface et graduellement s'évanouit jusqu'au moment où, accusé par la police secrète de Tchiang de « manque de loyauté », ce qui signifie simplement que quelqu'un veut prendre sa place, il est mis à pied. Vers 1941, Pao, son neveu, avait beaucoup plus d'influence que son oncle le général Tang qui n'était pas « dans le coup » pour les Chemises Bleues, pour la police secrète. Mal installé dans une époque disjointe, le général Tang disparaît... mais c'est pour reparaître en

1965, dans la Chine nouvelle, vice-gouverneur d'une province, car la valeur d'un homme ne se juge plus aux intrigues qu'il mène à bonne fin. Ce jour-là, à Wouhan, en octobre 1938, ce fut le général Tang qui murmura, en prenant délicatement un air lointain, qu'il « n'était peut-être pas très nécessaire de tenir Wouhan ».

Le 15 octobre, Pao et moi, nous nous mariâmes. La cérémonie fut célébrée par le révérend docteur Kent, clergyman, et membre de la Croix-Rouge. Un des témoins est un ingénieur de l'armée de l'air nommé Houang, Chinois d'outre-mer, qui, entre deux attaques de malaria, est notre garçon d'honneur. Un autre est un officier tout vêtu de noir et portant un chapeau de feutre : le colonel Pei, homme petit et replet, que j'apprends plus tard à détester car il appartient à la police secrète. Tous mes doutes sont submergés ce jour-là dans l'émotion que je ressens; du moins, au milieu de la dévastation, la corruption, l'atmosphère sinistre, nous allions résister ensemble, Pao et moi, nous lutterions côte à côte. Ce n'était que temporaire, une phase passagère, les effets de la guerre... Il y a aussi de braves gens, il faut avoir la foi... et puis j'apprends qu'il n'est pas non plus « nécessaire » de défendre Canton. De même que la guerre se poursuivra sans qu'il soit « nécessaire » de tenir Wouhan, Canton tombera...

L'offensive des Japonais contre Canton commença le 12 octobre; le 21, Canton était pris, malgré les 200 000 soldats chinois qui s'y trouvaient. Par ordre de Tchiang Kai-shek, il n'y eut pas de résistance, les troupes furent retirées.

Les Japonais attaquèrent sur terre et sur mer, 30 navires de guerre remontèrent le Bocca Tigris, 20 000 hommes débarquèrent. 43 000 volontaires cantonais s'engagèrent pour combattre dans leur propre ville, mais les fonctionnaires prenaient la fuite, personne ne voulait leur donner d'armes. Le pont qui enjambait le Fleuve des Perles à Canton fut bombardé en même temps que la cité; l'après-midi du 21, des unités japonaises motorisées entrèrent dans Canton. Par ce geste, le Japon mettait ses forces militaires en place pour la poussée qui s'exerça trois ans plus tard sur la colonie britannique de Hong-Kong.

Les journaux de Wouhan dénoncèrent cette manœuvre du Japon comme le pas initial d'une guerre contre l'Asie du Sud-Est, mais personne n'y prêta attention, les Britanniques moins que personne. Ils se sentaient en sécurité, ils représentaient une puissance, une Puissance Blanche, et le Japon avait assez de besogne avec les Chinois... il ne commettrait pas la folie d'attaquer l'Empire...

Il me semble maintenant bizarre que j'aie commencé à travailler à l'hôpital des Missions et continué pendant plusieurs jours, quand Pao eut quitté Wouhan. La confirmation de son affectation à l'état-major général était arrivée et il s'était embarqué le 16 octobre sur le bateau qui emportait l'état-major vers Tchang-cha. Beaucoup de formations sanitaires de la Croix-Rouge étaient déjà parties pour Tchang-cha le 15, pendant que nous étions en train de nous marier.

Le lendemain, Pao partit, je restai... encore aujourd'hui, cela me paraît incompréhensible. Peut-être parce que les bannières continuaient d'exhorter les habitants de Wouhan à se battre jusqu'à leur dernière goutte de sang; parce que les gens étaient toujours là, et comme je n'arrivais pas à croire que la ville serait abandonnée, je restai. L'état-major partait, Pao partait, mais des défilés de volontaires armés de bâtons (ils n'avaient pas de fusils, et ils furent envoyés au front pour être fauchés, sans défense) suivaient les rues et se rendaient au front... WOUHAN DOIT ETRE DEFENDUE JUSQU'AU BOUT flottait encore sous forme de grandes oriflammes accrochées aux maisons. Je me souviens de mes protestations. « Mais les gens ne savent pas que le Haut Commandement bat en retraite... le gouvernement ne peut pas abandonner les gens... pas sans avertissement... »

« On les a avertis », disait Pao. Mais ce n'était pas vrai. Certainement pas jusqu'au 18, et je restai donc, après le départ de Pao, pour travailler, parcourir les rues, regarder la ville qui commençait à se vider de ses véhicules. Tout ce qui restait des tombereaux, camions, charrettes ou brouettes était réquisitionné par les officiers de petit rang et les bureaucrates pour transporter leurs familles — et eux-mêmes — dans un endroit sûr. Chose fantastique qu'une ville qui se vide. Et le soir, les familles, avec les enfants, se promenaient toujours et respiraient l'air nocturne, en parlant et en riant. Le fleuve était haut; pendant le jour, sur un mille de long, l'énorme masse d'eau jaune et scintillante roulait et se déroulait, et les docks étaient encombrés de ballots, de caisses, de machines...

A l'hôpital, pendant ces quelques jours, je me mis à apprendre à soigner les blessés. Combien j'étais peu préparée à m'occuper d'eux, dans mon ignorance des soins à donner, du vrai métier d'infirmière ! Leurs visages me sont restés à la mémoire, surtout celui d'un homme dont je fis si mal le pansement que la bande se défit : la façon dont il me montra en riant son bras cassé brimbalant demeure encore distincte et vive dans mon souvenir.

Les journaux du 17 bâtissaient leurs éditoriaux autour de l'héroïque bataille de Tai-Erchouang gagnée sur les Japonais, au début du printemps de 1938, par le général Li Tsong-jen et prétendaient que Wouhan serait une nouvelle victoire de Tai-Erchouang...

« La Chine est finie... Elle ne peut durer plus de trois mois... Wouhan est la fin... » ainsi parlaient, en chuchotant, les missionnaires de l'hôpital de la Croix-Rouge... Nous nous réunissons pour prendre le thé; les gens du comité de la Croix-Rouge internationale d'ici n'ont en réalité aucun rapport avec la Croix-Rouge internationale de Genève, ils sont avant tout des missionnaires étrangers, britanniques, américains, canadiens, organisés en comités locaux. C'est pourquoi l'hôpital des Missions où je travaille est bien approvisionné, possède un bon stock de pharmacie et d'équipement. Toute l'aide étrangère est reçue par les hôpitaux des Missions chrétiennes; la Croix-Rouge chinoise et les hôpitaux militaires chinois ne reçoivent rien du tout...

La conversation est aimable, mesurée, prudente, personne ne critique. La malaria s'aggrave dans l'armée... elle est presque générale... « N'oubliez pas de fermer votre moustiquaire, Mrs. Tang » (c'est moi, je suis maintenant Mrs. Tang). La malaria décime les armées, de même la dysenterie, mais le pire est que les hommes n'ont « pas assez à manger ». « Encore un gâteau, Mrs. Tang ? » On vend la quinine au marché noir. Nous effleurons le problème, délicatement. Après tout, on peut à peine critiquer, en temps de guerre, ces choses arrivent... Le Congrès national indien a envoyé cinq docteurs indiens, et quelque part dans le Nord, il y a aussi un docteur canadien, Norman Béthune, mais tout le monde détourne la conversation, car Norman Béthune est communiste, il est avec l'Armée Rouge et les missions étrangères ne veulent pas envoyer d'approvisionnements à Norman Béthune qui est « Rouge »... il est dangereux de parler de cet autre côté, de cet autre front du Nord-Ouest... Il y a un Néo-Zélandais appelé Rewi Alley, naguère inspecteur d'usine à Changhai, qui est passé ici voilà quelque temps... « Il pense que l'avenir appartient aux coopératives industrielles à l'intérieur », dit quelqu'un, qui essaie de m'expliquer ce que sont ces coopératives... « et il y a aussi une femme appelée Agnès Smedley, elle était ici, elle est partie pour Tchang-cha il y a deux jours... le jour de votre mariage, Mrs. Tang ». Il n'y a qu'une douzaine de docteurs vraiment qualifiés dans l'ensemble des services médicaux de l'armée chinoise tout entière. Le docteur R. K. S. Lim fait de son mieux, il fait tout ce qu'il peut... mais il n'y a pas de remèdes et pas de nourriture; les soldats meurent comme des mouches...

Un des missionnaires pense que tout est fini maintenant qu'on renonce à défendre Wouhan. L'infirmière en chef continue à parler, placide, splendide, empesée, et elle réprouve d'une voix tranchante tout propos futile. « Allons, il faut que je retourne au travail. »

Je me promène de nouveau sur les quais et je regarde les interminables queues de gens qui attendent pour s'embarquer sur les bacs. Ils attendent toute la journée, toute la nuit, les gens. Les billets ont été vendus depuis des semaines... Maintenant, tous les véhicules motorisés sont réquisitionnés et les derniers camions s'éloignent à grand fracas, emportant de petites montagnes de meubles, biens personnels de fonctionnaires du gouvernement. Il n'y a pas de camions pour les pauvres gens, ils devront marcher. Le 18, commença l'exode populaire, des gens qui marchaient, marchaient pour s'éloigner de la cité, suivant des milles et des milles de route, pour s'éloigner. J'entends le cliquetis sec des volets de bois qu'on met en place, et le brusque silence nocturne qui tombe sur les rues en plein jour. Je fus saisie d'une certaine inquiétude... et si Wouhan tombait *vraiment ?* (Je ne pouvais pas encore y croire.) Alors que m'arriverait-il ? Je ne voulais pas passer ma vie dans une zone occupée par les Japonais... J'en touchai un mot, discrètement, à l'infirmière-chef. Elle me dit : « Prenez une seconde tasse de thé. » Elle n'était pas inquiète. L'Angleterre ne se battait pas contre le Japon...

J'allai dans la salle et vis deux jeunes filles, des soldats, l'une avait une jambe en lambeaux... elle souriait : son visage rond, ses yeux ronds étaient pleins de vie... Je me demande ce qui était arrivé à ces deux filles... Les Japonais criblaient de coups de baïonnette les soldats blessés qu'ils trouvaient. Ils l'avaient fait à Nankin, où ils avaient massacré tous les blessés des hôpitaux, les infirmières chinoises et les médecins chinois aussi...

Dans l'après-midi du 18, j'allai sur les quais et rencontrai Ah Houang, l'ingénieur de l'usine d'aviation, Chinois d'outre-mer, qui au mariage avait été notre garçon d'honneur; il surveillait le chargement de machines sur un vapeur du fleuve; on démantelait les usines et on en embarquait les fragments. « Où allez-vous ? — Yi-tchang, Tchoungking, province du Setchouan, et autres lieux à l'ouest. » Quand je lui appris que Pao était parti, et que je restais, il me dévisagea de ses yeux dont la malaria faisait des yeux d'oiseau, l'iris brun noyé dans une teinte jaunâtre étalée, en pensant probablement : « Qu'est-ce qu'elle s'imagine donc ? Elle s'est laissé rouler et voilà tout. » Mais il était poli. « Bien... moi, si j'avais une femme, je la garderais près de moi. Cette ville va être bigrement malsaine dans très peu de temps. »

J'achetai les journaux : le *Ta Kung Pao*, du 18 octobre 1938. Il contenait un vibrant message « aux soldats », leur promettant la « résistance jusqu'au bout ». En tournant la page, on lisait que les presses à imprimer étaient transportées à Tchoungking (Setchouan) et que ce numéro était le dernier qui sortait à Wouhan.

Je racontai cela à l'infirmière-chef et elle se mit presque en colère. « Le Généralissime et Mme Tchiang Kai-shek sont encore ici, dit-elle... J'ai pris le thé hier encore avec Madame, donc il n'y a rien à redouter... »

Je pense : « Rien à redouter pour eux. Ce sont des gros bonnets, ils peuvent réquisitionner un avion, n'importe quoi... et l'infirmière-chef est européenne : les Anglais ne sont pas en guerre, ni les Américains. Ils sont neutres. Leur sécurité est assurée, du moins pour le moment. Mais je suis chinoise. Je sais ce qui est arrivé à Nankin. Et je ne crois pas à la protection des Blancs. Je reviens tout juste d'Europe, et j'ai pu voir qu'on laissait l'Espagne sans aide. » Une chose qui provoque l'antagonisme des jeunes officiers comme Pao, c'est que les Anglais et les Américains font des affaires avec les Japonais, ouvertement.

Les Etats-Unis n'ont pas jugé utile d'arrêter la vente au Japon des armes, de la ferraille, du pétrole et de l'équipement mécanique, ni de se déclarer autre chose que pays « neutre » dans le conflit entre le Japon et la Chine... et, bien que Tchiang lui-même sans grand mystère, d'ailleurs, commerce avec les Japonais, les jeunes officiers sont furieux contre les étrangers.

« Un jour, nous deviendrons les amis des Japonais et nous chasserons tous les Blancs hors d'Asie. » — « Pourquoi nous battre contre le Japon, c'est contre l'Angleterre et la Russie qu'il faut nous battre... » C'est le genre de propos, que j'entends tenir par les officiers pendant les quelques jours que je passe à Wouhan.

Je vais voir le docteur Kent, le pasteur qui m'a mariée. « Je ne veux pas rester si les Japonais arrivent... Je ne suis pas revenue en Chine pour passer mon temps dans une ville occupée par les Japonais. »

Et le docteur Kent vient à mon aide. Il fait des démarches et finalement me loue une couchette sur le bateau de la Croix-Rouge internationale qui doit partir le 22 pour Tchang-cha. C'est le dernier bateau et, en fait, il a été réquisitionné par un service du gouvernement...

« Ce n'est qu'en voyant les édifices écrasés par les bombes ou dynamités afin qu'ils ne tombent pas entre les mains des Japonais que je croirai que c'est vrai, que Wouhan se rend... » Mais les édifices ne sautent pas. Les bombes ont été désamorcées par les hommes d'affaires britanniques et américains qui ne bougent pas et comptent bien faire des affaires avec les Japonais quand ceux-ci auront pris la ville.

Le soir du 21, à minuit passé, je suis réveillée dans ma chambre à l'hôpital. C'est Pao, qui est revenu me chercher. Il s'est brusquement rendu compte de ce qu'il avait fait, si étourdiment. « Mais tu es fou, Wouhan n'est pas défendu, les Japonais vont le prendre, c'est la débâcle », lui a dit son oncle le général Tang en le voyant sans moi, sur le bateau de l'Etat-Major emportant les officiers à Tchang-cha. Brusquement, il a compris qu'il m'avait laissée seule à Wouhan, et que, dans très peu de temps, les Japonais y seraient. Il criait : « Arrêtez le bateau ! » mais le bateau avait déjà quitté le rivage et ne pouvait s'arrêter. Deux jours après, au premier port fluvial où le bateau mouilla, il débarqua et par la route revint à Wouhan. Et cette folle imprudence — car c'en était une — qu'il avait commise pour moi, confirmait qu'il était splendide, merveilleux, qu'il était sans égal, d'une bravoure unique, risquant sa vie pour venir me chercher... Je n'en attendais pas autant... Je comptais me délivrer par mes propres moyens... Le 22, au soir nous partîmes ensemble, sur le bateau de la Croix-Rouge internationale, le dernier qui put partir avant la construction du barrage placé en travers du fleuve pour « arrêter les Japonais ». Mais qui n'arrêta pas les Japonais.

Le bateau de la Croix-Rouge avait été réquisitionné par l'organisation des Jeunes de la Société des Trois Principes du Peuple, groupement gouvernemental; et madame Tchiang en personne surveillait l'embarquement d'un groupe de jeunes filles. A ce moment-là, je la vénérai, elle était pour moi une héroïne... car nous étions en 1938. Et cette année, 1967, en Amérique, elle a fait des discours demandant aux Etats-Unis de lancer des bombes sur son propre pays, sur son propre peuple.

Le 25 octobre, les Japonais entrèrent dans Wouhan. Une foule bigarrée de renégats, de prostituées ou autres, les accueillit avec des fleurs et des bannières. Wouhan n'était pas une capitale détruite par les bombes : il était presque intact, et les Japonais se mirent aussitôt au travail, proclamèrent un « gouvernement » et entamèrent la chasse aux communistes.

Mais dans les campagnes, les guérillas de Rouges sortaient de leurs cachettes, déterraient leurs armes cachées, organisaient le peuple... et les campagnes entourant les cités déloyales, les enveloppèrent, et triomphèrent d'elles à la fin...

III

Lettre à Hers. Datée du 28 octobre 1938.

Nanyu, par Hengshan, province du Hounan.

Wouhan devint inhabitable le 21. J'y restai jusqu'au 22. Madame Tchiang Kai-shek fit évacuer le Bataillon des Jeunes des Trois Principes du Peuple le 22 au soir, et nous nous embarquâmes avec eux sur le bateau de la Croix-Rouge internationale, pour gagner Tchang-cha, dans la province du Hounan. Sur le bateau, pendant les deux derniers jours nous n'eûmes ni lumière ni nourriture. A Tchang-cha, les bombardements étaient quotidiens; nous n'y sommes pas restés longtemps et nous allons vivre ici peut-être un mois au plus, puis nous serons de nouveau évacués... L'état-major militaire s'est installé à Hengshan, et aussi à Nanyu... qui n'est qu'à quelques milles de Hengshan... petite ville, dans les montagnes, sans éclairage électrique, ni téléphone, sans chemin de fer, en pleine nature, mais quel beau paysage, merveilleux...

Le 22, jour où nous quittâmes Wouhan, des banderoles portant les slogans : TENEZ WOUHAN, JUREZ

DE DEFENDRE WOUHAN JUSQU'AU BOUT pendaient encore obstinément dans les rues sinistres et muettes, et le vent les faisait claquer, clic, clac, en un appel aux armes; des « volontaires » défilaient encore vers le « front », vers la mort; les blessés étaient encore dans leur lit, ils n'avaient pas été évacués sur le bateau de la Croix-Rouge internationale.

Le silence planait, soulignant le glissement des pieds, l'interminable glissement de quatre cent mille pieds qui s'éloignaient, en de longues, longues files myriapodes de porteurs transportant des balluchons à chaque extrémité de leur perche de bambou, et se balançant au rythme éternel du pas qu'ont en Chine tous les porteurs adaptant leur chair et leurs os à la montée et à la retombée de leurs fardeaux. Ils étaient comme l'eau des cours d'eau, fluides, acharnés, infatigables et intarissables. Il n'y avait pas de pousse-pousse. Les drapeaux flottant au faîte des édifices étaient ramenés, un à un.

Il fallait trois jours et demi pour aller en bateau jusqu'à Tchang-cha, capitale de la province du Hounan sur la rivière Hsiang. Au mouillage, on ne voyait sur les quais de débarquement que désordre et confusion. La perte de Wouhan avait causé une panique; les réfugiés qui étaient à Tchang-cha depuis quelque temps commençaient à en partir et se heurtaient aux réfugiés qui arrivaient de Wouhan. Ceux-ci s'arrêtaient et demandaient : « Que se passe-t-il ? » Les autres répondaient : « Tchang-cha pas sûr, allez plus loin, marchez encore, plus à l'ouest... » Des familles entières de gens épuisés à force de marcher gisaient avec leurs paquets dans les rues obstruées ou sur le bord du fleuve et s'épongeaient la figure en trempant dans l'eau courante des serviettes attachées au bout d'une perche; ils bordaient les routes et les berges, à perte de vue. Toutefois, au milieu de ce chaos, l'on pouvait discerner au bout d'un moment une direction, une pulsation. Un gigantesque serpent se déplaçait, avançait jour et nuit régulièrement, laissant en arrière ceux qui s'asseyaient, qui attendaient, qui s'arrêtaient, qui se couchaient pour mourir, ou simplement parce qu'ils étaient trop fatigués pour aller plus loin, à moins qu'ils ne se missent à courir dans des directions opposées. Par millions, les gens avaient pris la route et, fuyant la ville, ils se répandaient dans les campagnes, vers l'ouest.

Je crois qu'il devait y avoir une vingtaine de millions de réfugiés sur les routes des provinces du centre, et les Japonais les abattaient, les mitraillaient, exactement comme, en mai 1940, en France, les routes engorgées d'humains étaient bombardées par les Allemands.

Et partout, au milieu du roulement assourdissant des camions, des jeeps, des wagons de l'armée qui partaient, le persistant silence des gens, épaulant cette écrasante charge, une retraite gigantesque, et continuant, continuant de vivre et de résister. Car, si les généraux et les officiers avaient été (et seraient toujours) les premiers à fuir, réquisitionnant tout ce qui pouvait rouler afin de s'échapper, les petites gens étaient les derniers et ils allaient à pied, et derrière eux demeuraient encore des corps de volontaires qui poursuivaient la lutte...

Le soir, la poussière était si épaisse qu'on en avalait, elle pénétrait dans votre peau, votre bouche, vos cheveux. Nous prîmes des pousses pour aller du débarcadère à la gare du chemin de fer, mais le train spécial qui transportait l'état-major général dans ses nouveaux quartiers des montagnes à Nanyu et Hengshan, était parti dans l'après-midi. Pao aurait été dans ce train s'il n'était pas revenu me chercher, et il fallait maintenant qu'il rejoigne l'état-major par ses propres moyens. « Il y a un train ce soir », dit le chef de gare, mais l'on ne donnait pas de billets. La gare était un camp de réfugiés; des familles entières attendaient sur des quais variés, elles attendaient des trains depuis des jours, on avait la place de s'asseoir, pas de s'étendre, et le train d'avant-hier allait peut-être entrer en gare ce soir. Mais il n'y eut pas de train ce soir-là. Et après avoir attendu environ deux heures, nous revînmes — à minuit passé — jusqu'à la ville. Les routes n'étaient qu'ornières pleines de poussière ou de boue. On voyait passer des charrettes que des hommes tiraient, attelés par des cordes qui leur pénétraient dans les épaules, et où s'empilaient en hauteur literie, meubles, cuvettes dans des filets, balluchons enveloppés de toile cirée, tout cela roulant et basculant. Les autobus étaient si lourdement chargés qu'ils capotaient; et les gens, les gens cheminaient d'un pas lourd, portant leurs enfants, des torchons, des gobelets pour boire et une couverture. Mais naturellement, Pao avait un ami dans la ville; nous l'éveillâmes et il nous donna une recommandation pour un autre ami, qui dormait mais s'éveilla et nous parla d'un camion de l'Armée qui partait au petit jour.

Maintenant, j'imagine parfois que tous ces amis, tous ces « frères bénévoles » (comme les appelait Pao) étaient des agents clandestins des « Chemises Bleues », le service secret. Je ne le saurai jamais vraiment, et à cette époque, cela va de soi, je n'osais pas demander; et si j'avais interrogé Pao, il ne m'aurait rien dit de plus : c'étaient ses « frères », voulant dire ses condisciples, membres du même groupe... Mais Pao était pour moi un héros, qui était revenu, pour me chercher, en risquant sa vie par amour pour moi. Quand j'y pensais, les larmes me montaient aux yeux, personne n'en aurait fait autant... Aussi le suivais-je avec bonheur partout où les Frères de la clique de Whampoa, ou les Chemises Bleues du service secret de Tchiang nous trouvaient une voie. Plus tard, nombreux furent ceux qui restèrent en arrière pour essayer de saboter la Révolution de 1949, ils étaient presque 300 000.

Nos pousse-pousse nous emmenèrent dans un hôtel. Une petite chambre crasseuse, une énorme armoire, dans laquelle se dressait une jarre de terre brune vernissée avec un couvercle de bois qui était les cabinets. Il y avait un lit, avec un couvre-pieds de satin rose malpropre, une épaisse moustiquaire des plis de laquelle s'envola quand nous la secouâmes, de la poussière et des moustiques bourdonnants. A cinq heures du matin nos fûmes éveillés par la trompe d'un camion qui cornait devant l'hôtel, et par le garçon de l'hôtel qui nous appelait. C'était un camion de l'armée couvert d'une toile vert olive pour se protéger de l'insidieuse humidité; l'intérieur était rempli de munitions, de caisses de balles, de piles de grenades, en plus de quatre hommes énormes... Nous nous introduisîmes sous la bâche et c'est là que je commençai à abandonner une partie de nos bagages. J'avais déjà laissé des vêtements et des livres en Europe. Pao avait confié quatre malles de ses objets personnels à la Banque de Chine de Hong-Kong. J'avais deux valises. Mais rien de ce qu'elles contenaient ne s'adaptait à la nécessité de fuir devant une armée d'invasion japonaise. En tant que réfugiée, j'aurais dû transporter une petite cuvette émaillée, deux torchons, un morceau de savon, une petite couverture ouatée légère, de la toile cirée servant à la fois d'imperméable et d'emballage protecteur pour mes affaires personnelles, et que j'étendrais sur le sol pour m'y coucher, de la corde pour attacher le tout, ou un grand filet, des vêtements de rechange, deux paires de souliers de tennis, une timbale en fer-blanc (verre à boire et à dents) et naturellement un rouleau de papier hygiénique jaune en pâte de paille; tout cela en un colis qui, pesant dix kilos, pouvait être porté par une personne, par moi. Mais j'avais deux costumes de laine, une robe de coton légère, du linge (acheté à Hong-Kong), un costume de bain (pourquoi diable avais-je pris un costume de bain ?) une robe chinoise de Canton en tissu huilé achetée à Hong-Kong, la robe bleue de mon mariage, deux robes de cotonnade bleue fabriquées à Wouhan par un tailleur chinois qui faisait une robe en quatre heures; des bas, des chaussures de cuir... Une à une, j'abandonnai toutes ces choses sur les routes ou dans les hôtels au cours des quelques semaines qui suivirent. Je commençai par le maillot de bain que le garçon d'hôtel reçut avec un sourire somnolent et perplexe, car cela ne pouvait lui être d'aucune utilité. J'aurais pu aussi bien donner une paire d'escarpins à talons hauts à une paysanne mourant de faim ou distribuer des bonbons à des enfants brûlés par le napalm, geste imbécile inspiré par l'inconscience du cauchemar qui nous poursuit tous.

Il y a un grand nombre de temples sur toutes les montagnes de Nanyu. Certains de nos plus grands *chefs militaires y viennent* méditer... *La bourgade est surpeuplée. Par une chance inouïe, j'ai trouvé à l'hôtel une chambre pour soixante « cents » par jour. Il n'y a pas d'électricité, pas d'eau, mais du moment que quelqu'un de* très important *habite un temple, que des généraux se disputent une chambre à cinq dollars par mois dans un village, je me fais l'effet d'une aristocrate. C'est merveilleux, et vous ririez de voir tout cela en pensant : « c'est bien fait »; tous ces gens qui possédaient des maisons à Nankin et Changhai et ailleurs, courent çà et là; vivent grâce aux paysans, se chamaillent pour une chambre sordide... Et leurs épouses ? La plupart des femmes d'officiers supérieurs ne sont pas ici, parce qu'elles ne peuvent pas supporter ces façons de vivre, elles sont trop bien élevées, elles ne parviennent pas à « avaler la dragée ». Il n'y a donc ici que les femmes d'officiers subalternes et les concubines... Je m'arrange, moyennant un pourboire, pour avoir de l'eau très chaude deux fois par jour. Je me lave dans deux cuvettes. J'ai acheté de la toile blanche pour faire des draps et de la toile bleue comme dessus de lit, les tailleurs sont aussi à Nanyu. Cette vie me plaît... le climat est merveilleux, le paysage splendide...*

Oui, Nanyu était ravissant.

La grande Route impériale, pavée d'énormes blocs calcaires, traverse Nanyu du nord au sud, car c'est un excellent centre sur le chemin qui mène depuis Canton au sud jusqu'aux cités du fleuve Yangtsé, route que suivirent pendant des siècles la cavalerie des dynasties et les chars des fonctionnaires, et c'est un lieu de pèlerinage. Le beau pont de la dynastie des Sung qui enjambait la ravissante rivière, avec ses torrents, ses affluents, qui ruissellent à grands bonds de la montagne, avait vu passer les tributs de sel et de céréales, la soie envoyée aux Cours impériales de Pékin par les fertiles provinces du centre de la Chine; les guerriers et les réfugiés l'avaient maintes fois traversé, et il avait été utile aux cohortes des soulèvements paysans au temps des Taiping, ces soldats-paysans défilant sur la route, traversant Nanyu vers Tchang-cha et au-delà pour prendre Wouhan, il y a un siècle. Au-dessus de Nanyu s'élevaient les nombreux pics des monts de Hengshan, que domine le plus sacré des sommets saints du Sud : Tou-Yun Feng. Vastes temples bouddhistes aux murs rouges, aux toits d'or, aux proportions gracieuses, entourés d'arbres centenaires, étincelants de pourpre et d'ambre, leur magnificence, comparée au pauvre et minuscule village de Nanyu, était l'objet d'un étonnement perpétuel. Le temple niché au pied de la pente avait été restauré pendant la dynastie Ming et abritait un centre de préparation militaire. Hengshan, la ville principale, à quelques milles de là, avait un China Travel Service Hotel, blanc, propre, plein à ce moment-là de ministres, de chefs de service et de hauts fonctionnaires. Parmi les temples de la montagne résidaient celui que dans mes lettres à Hers je nommais le « Très Haut », voulant dire Tchiang Kai-shek, les dignitaires de son gouvernement et l'état-major général. Nous fûmes enchantés d'avoir une chambre au grand hôtel de Nanyu, qui se trouvait dans la vallée, au pied des montagnes, ribambelle de baraques branlantes près d'un cours d'eau, au-dessus desquelles étaient bâties les latrines, mais l'espiègle vent d'automne et l'eau écumante des torrents neutralisaient leur pollution. Notre chambre d'hôtel était sale; pendant les trois semaines que nous y passâmes je la nettoyai fréquemment, car il y a dans ma nature un maniaque souci de propreté qui me pousse toujours à livrer de ces batailles à la crasse, comme si l'imposition de mains ménagères pouvait faire du monde un endroit mieux ordonné; mais ainsi sont faites beaucoup de femmes, qui tirent une grande paix de l'esprit des gestes mécaniques consistant à lessiver et à astiquer. Les épouses secondaires et les concubines occupant les autres chambres de l'hôtel étaient d'ailleurs beaucoup moins obsédées; elles me contemplaient avec stupéfaction, moi, le phénomène, acharnée à faire mon ménage, et à décorer ma chambre de pots de fuchsia et de chrysanthèmes, quand tout le monde savait que bientôt, bientôt, la semaine prochaine peut-être, demain peut-être, nous serions forcés de partir. La réputation que je me faisais n'était pas flatteuse; on la qualifiait d'« exotique », d' « étrange ». Par surcroît, je me livrais à des travaux manuels, et le travail manuel déclasse... serais-je par hasard d'origine ancillaire ? Le respect de soi, chez beaucoup de ces femmes, résidait justement dans leur inépuisable talent de vivre dans une saleté repoussante. Elles laissaient traîner sur leur table des monceaux de carcasses de poulets et les pieuses chorales de mouches bourdonnant leurs litanies alentour ne les détournaient d'aucune manière du plaisir qu'elles prenaient à leurs réceptions amicales; elles jonchaient leur parquet de pelures d'oranges ou des fruits qu'elles mâchaient et recrachaient; elles habituaient leurs enfants à faire tous leurs besoins sur le balcon. Jamais elles ne levaient un doigt pour enlever les détritus, mais appelaient un domestique pour le faire. Et elles me voyaient occupée à laver jusqu'au rebord de la fenêtre et à coller des journaux à la place des vitres absentes. Les épouses m'épiaient, jouaient au mah-jong, expectoraient, et riaient en me montrant du doigt à leurs enfants. Mais le jeune domestique, qui avait souri au début en me voyant faire, était devenu mon ami, et il nous apportait de l'eau chaude et des œufs, et même, de temps en temps, il écrasait des mouches. Les rires ne me troublaient pas, je pensais qu'ils n'avaient pas d'importance et je continuais à en faire à ma tête, et à acheter des fleurs plutôt que de la nourriture. Mais Pao ne riait pas, et, très vite, je cessai moi-même de rire.

Lettre non datée envoyée de Nanyu.

Cher oncle,

Je comprends maintenant avec beaucoup d'amertume que nous avons perdu la guerre à force de bousillage, de lâcheté, de traîtrise, et que les bonnes volontés [sic] *comme la mienne n'y peuvent rien... Pas une jeune fille n'ose pénétrer dans un hôpital militaire. Il n'y a plus de femmes sur le front maintenant, excepté les communistes... Et il n'y a plus de soldats, rien que la populace... les soldats sont morts... il n'y a plus que des gens qui fuient... Aucun hôpital administré par des Chinois ne fonctionne correctement. La Croix-Rouge essaie de venir à l'aide des réfugiés, mais c'est une goutte d'eau dans le désert... La Chine a besoin de gens expérimentés, à la place qui leur convient... personne ne fait son vrai métier...*

Mais le lendemain, changement d'humeur.

Je croyais me sentir dépaysée après trois ans d'absence, mais je suis encore plus « chez moi », ici en pleine campagne, que je ne l'étais avant... Je suis en excellente santé... J'essaierai de revenir à temps pour ne pas perdre une année scolaire. Le travail le plus important que je puisse faire pour la Chine est de poursuivre mes études. Pao dit que Mme Tchiang a demandé à tous ceux qui le pouvaient de s'en aller... Adressez vos lettres à Mrs. Tang si vous écrivez. Il vaut mieux ne pas...

Si bizarres que paraissent ces contradictions, surtout dans les dernières phrases, ce n'était que le reflet de la confusion régnant à Nanyu.

Car ce fut ici que débuta la domesticité schizophrénique de ma vie avec Pao. Nous étions attablés devant un déjeuner fourni par l'hôtel. Je ne me rappelle pas le sujet de notre conversation, mais Pao dit brusquement : « Les femmes ne doivent pas discuter. Tu ne dois pas discuter avec moi. Tu dois m'écouter. Et ne pas riposter. » Je le regardai fixement. Avais-je réellement discuté ? Je ne le croyais pas...

Suivit alors un long monologue. J'étais trop européenne, il fallait que j'apprenne à devenir plus chinoise. Les gens se mettaient à jaser. On m'appelait « sang-mêlé ». Le pays ne pouvait être sauvé que par la pratique des antiques vertus. Tchiang Kai-shek l'avait dit. Il fallait que j'apprenne aussi ces antiques vertus, et l'une d'elles était l'obéissance. « Le talent ne fait pas une femme vertueuse. » Il fallait que je devienne « une femme vertueuse et une mère exemplaire ». Et par conséquent, je ne devais jamais le contredire lorsqu'il parlait. « Contredire son mari est une marque d'immoralité. » — « Immoralité ? Mais le commandant Untel, qui est venu nous voir hier était accompagné d'une nièce de seize ans... et tu m'as dit toi-même qu'elle était sa quatrième concubine; voilà ce que j'appelle l'immoralité... »

Tendue par-dessus la table, la main de Pao me frappe en plein visage. « Parle des autres, regarde-toi. Tu oses me répondre, me répliquer à moi. » Eperdue de surprise, je dis : « Tu m'as frappée, tu m'as fait mal... » Il répondit : « Toi aussi tu m'as fait mal, crois-tu que j'aie été heureux d'épouser une femme qui n'était pas vierge ? »

Je me mis alors en colère, tout en me sentant coupable et honteuse. C'est difficile pour une femme de ne pas se sentir coupable en un tel cas, en dépit de tout ce qui se dit sur la liberté sexuelle et l'égalité pour les femmes. Naturellement, je savais que se marier sans être vierge est chose honteuse, bien que cette règle ne s'applique pas aux ouvrières d'usine qu'on viole et qui sont à la merci des contremaîtres; ni aux bordels, comme ceux qui venaient de s'ouvrir à Hengshan et où des fillettes de huit ans avaient pour clients les généraux de l'état-major. Cette double mesure dans son absolutisme, chasteté pour les femmes, putasserie pour les hommes : voilà la vertu ancestrale.

Plus on prône la vertu d'une voix dolente, plus l'on ouvre de bordels. Et les petites esclaves achetées aux paysans, et les « épouses d'emprunt » servant aux officiers en garnison, celles-là n'avaient pas non plus comme qualités requises chasteté ou vertu.

« Mais tu le savais, Pao. Tu savais en m'épousant que je n'étais pas vierge. Nous avons vécu ensemble pendant des semaines avant de nous marier et je t'avais raconté...

— Tu m'avais raconté ! Oui, tu as eu l'audace de me parler de tout cela; à moi, comme si c'était une chose normale qu'une jeune fille *chinoise* ait des rapports avec un homme blanc, un étranger ! Regarde-toi, tu ne baisses pas les yeux devant un homme... Hier soir, le commandant Tchang et le capitaine Wang sont venus en visite, et tu as bavardé et ri avec eux, comme si tu ne savais pas la différence entre un homme et une femme...

— Mais ce sont tes amis...

— Mes amis, naturellement ce sont mes amis, mais leurs femmes ne se conduisent pas comme cela...

— C'est vrai... leurs femmes crient après les domestiques, hurlent, et vivent tout le jour dans la crasse, en jouant au mah-jong. (J'étais furibonde.) Et tu m'as dit toi-même que c'étaient des épouses temporaires, en location...

— Mais elles n'ont jamais eu de rapports avec un *étranger*, avec un *homme blanc*... Il me serait indifférent que tu aies des aventures avec dix ministres ou vingt hauts fonctionnaires, pourvu qu'ils soient chinois. Mais un étranger, un étranger... » La xénophobie en pleine crue, caractéristique des jeunes officiers de Whampoa, de Tchiang Kai-shek lui-même; de pair avec la notion de la femme-objet possédé; et ce passé d'humiliation, de spoliation et de massacres, qui était l'empreinte de l'Ouest en Asie, avait laissé dans la bureaucratie chinoise un complexe racial inverti qui se manifestait par cette violente rancune; surtout dans le domaine de la vie sexuelle où la femme est considérée comme un bien immobilier. Mais chez Pao, comme dans toute la clique des jeunes officiers, la xénophobie n'était pas seulement faite de rancune, c'était aussi une commodité, car elle leur permettait de trouver des boucs émissaires pour leurs propres trahisons, et de prêcher le « salut national » d'après les principes d'un racisme profond et morbide.

Dans la cour, une silencieuse floraison de femmes en promenade tendaient l'oreille. Les parois de bois de l'hôtel étaient si minces, les fissures, tant celles des murs que des planchers si larges, que l'on entendait tout. En dépit de mes grands efforts pour ressembler aux autres, je ne pourrais jamais être comme les femmes qui m'entouraient et cette dissemblance s'accusait; j'aimais trop nettoyer, j'aimais me promener seule, je lisais, je voulais travailler dans un hôpital. Ainsi s'ébaucha pour moi le dessin des sept années suivantes, et s'ajoutant au tourment de mes rapports avec Pao, les multiples petites malveillances, les perfidies furtives, cet incessant bourdonnement d'impitoyables moustiques, qui ne s'arrêtaient à peu près jamais, car dès que Pao lui-même eut déclenché ce flot de cruauté inépuisable et imprévisible, ce ne fut que trop volontiers, trop promptement, que beaucoup d'autres participèrent à ce harcèlement hargneux.

Ce ne fut qu'après que Pao eut commencé à m'injurier et à me maltraiter qu'un ou deux étudiants revenus d'Europe qui m'avaient vue avec Louis, ajoutèrent leur venimeuse touche de couleur. Qui aurait voulu, ou pu me plaindre ? Beaucoup devaient croire que j'avais à force de ruse amené Pao à m'épouser; je lui offris de le libérer, je le suppliai de me laisser partir, je ne réclamais rien, je ne demandais qu'à partir. Mais il n'y voulut jamais consentir. « Je ne te comprends pas, criai-je, si tu me trouves méprisable, pourquoi ne me laisses-tu pas partir ? » Mais c'était justement ce qu'il ne désirait pas.

Je me promenais alors dans le village de Nanyu, je gravissais les collines, regardais les gens travailler, loin des malveillants « frères bénévoles » et de leurs femmes provisoires. Il y avait des charpentiers, des tailleurs, des maçons et des portefaix, des porteurs d'eau, et des coltineurs; le jeune garçon d'hôtel qui faisait tant d'efforts pour notre bien-être et le vieil homme plus lourd qui balayait la cour et chantonnait entre ses dents :

Debout, vous qui refusez d'être esclaves,
Avec notre chair, notre sang,
Bâtissons notre Grande Muraille.

Et les hommes qui réparaient les routes, assis, faisaient des monticules de cailloux qu'ils concassaient et l'écho de leurs marteaux emplissait l'air chaud translucide. Ils ne se moquaient pas de moi, ils me lançaient un coup d'œil et continuaient leur travail, je n'avais pas le sentiment qu'ils étaient hostiles. Et ce qu'ils chantaient n'était pas le genre de chant qu'apprécieraient les amis bénévoles et les frères d'armes. Les femmes d'officiers jouaient au mah-jong et crachaient, me dévisageaient et ricanaient quand je revenais de mes promenades.

Le lendemain de cette violente scène, Pao fut charmant; c'était un samedi et nous allâmes nous promener en nous tenant la main, par cet après-midi doré. Il ne me restait qu'une très légère torpeur, puis mon élasticité naturelle reprit le dessus, étendant l'oubli, souple comme une peau neuve, sur la blessure de l'incident. Pas de longues méditations chagrines, je ne ruminais pas ma tristesse, il y a toujours tellement de choses à apprendre et à faire, et je voulais poursuivre, aller de l'avant, toujours. Mais, quelques jours après, tout recommença, en plus prolongé et en pire. Puis ce fut de nouveau le calme. Pao parlait avec mélancolie de la nécessité de me quitter, pour conduire les soldats à la bataille. Il parlait avec amertume de la défaite, de l'inévitable abandon. « Il n'y a plus de soldats. »

Une importance conférence militaire avait lieu à Nanyu... « d'un moment à l'autre, disait Pao, il serait sur le champ de bataille... », à tire-d'aile mon cœur volait vers lui, le héros, souffrant pour sa patrie vaincue et humiliée... Je pardonnais n'importe quoi à un homme si jeune, si bon, si déterminé. Qu'importait un peu de brusquerie ? Tant de gens avaient été malheureux pendant que je prenais du bon temps en Belgique... quant à la virginité, oui, c'était ma faute, et seulement ma faute. Mais bien sûr, pourquoi n'avais-je pas attendu que Pao arrive et m'épouse ? J'allais faire de grands efforts, réparer mes erreurs, être très gentille et ne jamais me plaindre.

Un autre jour, Pao me déclara qu'il vaudrait mieux que je rentre en Belgique, pour finir mes études. Mme Tchiang avait fait un discours, conseillant à ceux qui le pouvaient de quitter le pays pour étudier, pour se préparer à la « reconquête » du territoire, disait Pao. Et plusieurs membres de la famille de Mme Tchiang étaient déjà partis pour l'Amérique pour « étudier ». J'écrivis à Hers que je serais peut-être forcée de retourner à Bruxelles pour étudier, puisque la Chine était vaincue, et parce que Mme Tchiang conseillait à tous ceux qui pouvaient s'en aller s'instruire à l'étranger de se préparer. Pao lui-même serait peut-être envoyé à l'étranger maintenant, me dit-il, pour faire des plans et attendre la revanche... Mais le lendemain, ce n'était plus le cas. Nous restions tous, notre vie continuait... Ainsi, d'un jour à l'autre, les nouvelles changeaient à mesure que se déroulait la conférence du Haut Commandement militaire, et Pao, reflétant les rumeurs qui circulaient autour de l'état-major, me faisait tous les jours un discours différent...

Puis une autre crise se produisit après un pique-nique au Tou-Yun Feng, le pic le plus élevé et le plus sacré de ces montagnes sacrées. Par une journée ravissante, nous allâmes visiter le monastère construit au sommet et nous gravîmes l'escalier de pierre des pèlerins, aux marches creusées par l'usure et le temps. Le jour miroitant de clarté était si pur, si transparent que toute respiration était un chant. Nous avions emporté des oranges; le grand ciel bleu se teintait d'un bleu plus profond à mesure que les heures passaient, jusqu'à ce que la nuit violette descendît en dansant au long des pentes. Quand je me rappelle cette splendeur, mon cœur est encore illuminé par tant de beauté.

Nous avions des compagnons d'ascension : Miss Lou, son fiancé, un certain commandant Tchang, et d'autres amis qui travaillaient à l'état-major. Nous arrivâmes au monastère bouddhiste, où nous soupâmes — repas végétarien — tandis que l'abbé nous faisait des discours. Toute la nuit, nous entendîmes le vent gémir entre les crêtes; nous regardâmes le soleil se lever et, en redescendant, nous vîmes venir à nous le général Fong Yu-hiang, vice-président du Conseil militaire. Fong Yu-hiang était lui aussi à cette très importante conférence qui se tenait; accompagné de deux gardes du corps, il parcourait les montagnes entre les séances.

Alors Pao devint sombre et brusquement, il se remit à me reprocher ma conduite. Pourquoi avais-je parlé à l'abbé, aux autres hommes ? « Regarde Miss Lou, elle ne dit jamais un mot. Elle reste chaste. — Elle couche avec son fiancé, rétorquai-je. — Mais elle va l'épouser, elle n'aura pas d'autre homme dans sa vie », cria Pao. (L'avenir lui donna le démenti : le fiancé de Miss Lou changea d'idée, elle devint l'épouse d'un autre homme et ils furent très heureux.) Pao avait réussi à me faire pleurer par ses récriminations quand un bourdonnement, qui d'abord se confondit avec le murmure des eaux jaillissantes du torrent, fit vibrer l'air autour de nous et le ciel se parsema de bombardiers japonais. Nous courûmes en quête d'un endroit où nous cacher, tandis qu'ils lâchaient leur chargement argenté et que les montagnes répercutaient leur rugissement et le bruit sourd des explosions. Nous rampâmes à l'abri, un de nos camarades se cacha dans de petits lieux d'aisances publics. Quand les bombardements repartirent, nous aperçûmes le village de Nanyu sous un noir linceul de poussière et de fumée. Le vaste temple qui servait de centre d'entraînement pour les soldats avait été atteint de plein fouet : toits de tuiles jaunes brisés en miettes, arbres éclatés, cadavres d'hommes, avec la poussière qui assombrissait encore l'air sur une vaste surface, et les cris rauques, les hurlements montaient, ininterrompus, tandis que nous quittions le chemin en pente pour émerger devant le temple. Sans réfléchir, je dis : « Peut-être pouvons-nous aider à porter les blessés ? » Pao se retourna vers moi, blanc de fureur : « Tu es folle... une femme vertueuse ne se précipite pas comme ça... Aimes-tu donc à ce point les hommes ?... il faut absolument que tu les touches... tu veux leur courir après... ta place est avec moi, à préparer la nourriture de ton mari... ton mari. »

Nous rentrâmes à l'hôtel. Notre chambre était jonchée des débris causés par un éclatement de bombe qui avait secoué la maison. Je nettoyai, ayant trouvé le balai du domestique. Pao se jeta sur le lit. Plus tard, il sortit. Je mouchai la mèche de la lampe à huile : j'entendais dans les chambres le cliquetis sec du mah-jong, les exclamations et les rires des autres femmes...

Le lendemain, il n'était bruit que du départ de l'état-major général qui s'installait à Koueilin, dans la province du Kouangsi, parce qu'il n'était plus en sûreté à Nanyu. La conférence militaire de Nanyu était interrompue.

Le 12 novembre, la ville de Tchang-cha fut en grande partie détruite par l'incendie allumé, non par les Japonais mais par les membres du Kouo-min-tang eux-mêmes. Avec leur politique absurde et erronée de la « terre rase », saisis d'une folie furieuse d'inutile destruction, plus funeste pour leur propre peuple que pour l'ennemi, ils créèrent partout la dévastation et la détresse. Ainsi, au printemps 1938, sur l'ordre de Tchiang Kai-shek, une brèche fut ouverte dans les digues du fleuve Jaune, afin d'inonder le pays et d'arrêter les Japonais. Cela n'arrêta pas les Japonais, mais le pays fut inondé et un million de paysans furent noyés.

Et c'était, de nouveau, la « destruction stratégique », inutile et militairement incompréhensible. Tchiang donna l'ordre d'incendier la ville de Tchang-cha, qui fut presque entièrement détruite, et où des centaines de gens périrent, tandis que des milliers d'autres étaient sans abri. Plus tard, la responsabilité en fut attribuée à un homme appelé Sou Peiken; il avait commis une grave erreur; il avait aussi mis le feu aux réserves d'essence de l'aéroport qu'on n'avait pas déménagées. La colère de Tchiang Kai-shek éclata : l'essence nécessaire à l'avion qui le transportait partout était plus précieuse pour lui que la vie des hommes. Sou Peiken fut cassé, et ne s'en tira que parce qu'il était protégé par Tang Tsung le numéro deux des services secrets. Les officiers d'état-major tremblèrent, mais surtout à cause de la fureur de Tchiang; ils se demandaient s'il allait en fusiller quelques-uns comme « exemples », pour la perte de cette essence. Sou Peiken passa quelque temps en prison, mais je devais le rencontrer souvent à Tchoung-king, trapu, roulant les yeux et crachant bruyamment.

En fait, Tchang-cha fut brûlé parce qu'il y avait dans la ville un groupe communiste clandestin actif; le bruit courait que la police secrète voulait tuer Tchou En-lai qui à cette époque s'y trouvait. Toute la région grouillait de guérillas clandestines; Tchang-cha était depuis plusieurs années le quartier général du parti communiste clandestin. Et Mao Tsé-toung avait formé des équipes de cadres à Tchang-cha...

Je ne savais pas qu'à peu de distance de Nanyu, de l'autre côté du fleuve, se trouvait le comté de Tchaling où avait été créé par Mao Tsé-toung le premier gouvernement local Rouge. Au-delà de Tchaling, le massif de Tsin-kang-chan, la Crête des Puits [1] où la première Base Rouge avait été fondée en octobre 1927. Rien d'étonnant à ce que l'homme qui balayait la cour chantât :

1. Voyez Han Suyin, *Fleur mortelle.*

Je ne connaissais pas non plus alors l'entière portée de la conférence militaire qui avait eu lieu à Nanyu. Officiellement, on annonça que Tchiang avait pris alors la décision de « continuer à combattre », mais de vagues rumeurs soutenaient que des négociations de paix avec le Japon étaient toujours en cours.

La chute de Wouhan et de Canton, après celle de Changhai et de Nankin ne laissait au Kouo-min-tang que deux villes-bastions importantes : Tchoungking et Sian, en Chine occidentale. Les Japonais s'étaient installés sur toute la côte. Y aurait-il capitulation ? Négociation ?

Tchiang Kai-shek et son épouse, Fong Yu-hiang, T.V. Soong, H.H. Koung, Ho Ying-k'in, une douzaine de ministres et 60 généraux étaient à Nanyu et le seul écho clair qui se dégageât des rumeurs confuses était celui des incessantes chamailleries. Pourquoi Mme Tchiang Kai-shek poussait-elle tous ceux qui le pouvaient encore à « fuir et à s'instruire » ? Pourquoi Wouhan avait-il capitulé presque sans résistance, bien que 50 000 volontaires eussent été recrutés, et envoyés au front, sans armes et sans nourriture ? Etait-il vrai comme le suggéraient quelques « frères bénévoles » et comme le déclara un jour Pao en rentrant à la maison que « les Japonais valaient mieux que les communistes », et que nous avions entamé des négociations de paix avec le Japon ?

Pao refusait de me communiquer les nouvelles de manière cohérente, et se contentait de faire des déclarations d'un ordre général, telles que : « Nous devons tous mourir sur le champ de bataille, je suis prêt. » Cela voulait dire que les officiels, membres du parti Kouo-min-tang qui désiraient faire la paix avec le Japon n'avaient pas le dessus et que Fong Yu-hiang avait insisté avec force pour que la résistance continue. D'autre part, quand Pao disait : « Mieux vaut subir les Japonais que les communistes », c'était le signe que ceux qui désiraient négocier avec les Japonais gagnaient du terrain. Et les conditions imposées par le Japon menaient à la satellisation permanente de la Chine, sous le couvert d'une « alliance anti-communiste ». Je sentais que le peuple de Chine voulait continuer à se battre; qu'il ne songeait pas à accepter une « paix » avec le Japon et je le dis à Pao qui éclata de rire. « Qu'en sais-tu ? Pourquoi n'as-tu pas de préoccupations de femme au lieu de t'attaquer à des problèmes politiques ? » Puis, il me fit un sermon sur mon immoralité et mon manque de vertu. « Une femme sans talents est une femme vertueuse. Vois l'Histoire. Chaque fois qu'une femme a été au pouvoir, l'Empire s'est écroulé. »

Outre l'appareil militaire et gouvernemental du Kouo-min-tang, il y avait à Nanyu le brillant et perfide Wang K'ing-wei qui occupait la sinécure de la vice-présidence. Wang avait fait ses débuts comme étudiant révolutionnaire, en jetant une bombe sur le régent de la dynastie impériale Tsing en 1909; la révolution de 1911 se produisant, Wang K'ing-wei s'attacha à Sun Yat-sen; on lui attribuait la préparation et même la rédaction de certains des discours de Sun, et l'on disait que celui-ci lui avait dicté son testament, ce qui lui donna quand Sun Yat-sen mourut en 1925 l'importance du « disciple favori ». Il se dressa contre le pouvoir militaire grandissant de Tchiang Kai-shek, lui aussi disciple de Sun Yat-sen mais les motifs qui l'opposaient à Tchiang étaient issus de son ambition personnelle et non de ses principes. Pendant les années 20, il était considéré comme un homme de gauche pour avoir adhéré à l'aile gauche du gouvernement Kouo-min-tang à Wouhan, et s'être opposé au coup d'Etat militaire de Tchiang Kai-shek en mars et avril 1927. Peu après les massacres organisés par Tchiang à Changhai et dans d'autres villes, Wang capitula et, prenant part lui aussi au massacre des communistes, il finit par devenir plus anticommuniste, s'il était possible, que la plupart de ses collègues de la droite. Son ambition inquiète le plongeait dans des conspirations et machinations incessantes. Les cajoleries des Japonais qui se préparaient alors à conquérir la Chine le séduisirent; son humeur opportuniste le poussa à prétendre que Sun avait œuvré pour cette « entente ».

Le gouvernement japonais, en 1938 et 1939, exposa la doctrine d'une « sphère asiatique de co-prospérité » dans laquelle le Japon et la Chine « unis » gouverneraient l'Asie après en avoir chassé l'homme blanc. Wang accepta cette thèse, et vint à la conférence de Nanyu pour insister sur l'idée d'une alliance avec le Japon.

Après octobre 1938, les Japonais désiraient une suspension des combats sur l'étendue de leur front chinois pendant qu'ils se préparaient à la conquête du Sud-Est asiatique; après la chute de Wouhan et de Canton, ils étaient prêts à entreprendre la consolidation; si, durant cette période d'inaction, ils pouvaient manœuvrer pour attirer la Chine dans leurs rangs, leur rêve de conquérir l'Asie se rapprocherait infiniment plus de sa réalisation. Mais les militaires japonais exigeaient pour cette « paix » un prix bien trop élevé, si élevé qu'il équivalait à une reddition inconditionnelle, et bien que Wang K'ing-wei et Ho Ying-k'in et beaucoup d'autres en fussent d'ardents partisans, Tchiang Kai-shek se rendit compte que, s'il ratifiait de telles clauses, ce serait sa chute; jamais, lui affirma Fong Yu-hiang, le peuple de Chine n'accepterait les conditions imposées par le Japon.

Car la guerre de résistance au Japon fut une guerre que le peuple de Chine soutint de toutes ses forces. Même Tchiang dut le déclarer dans ses discours : « Cette guerre est celle du peuple chinois... c'est une guerre populaire », adaptant des phrases prononcées par Mao Tsé-toung. Les volontaires qui se présentaient dans les villes pour les défendre étaient authentiques : ils n'étaient pas suscités par le Kouo-min-tang mais par le Front uni d'inspiration communiste. Faire la paix en acceptant les termes fixés par le Japon équivalait à une division de la Chine en trois parties, c'est-à-dire : la Mandchourie (rebaptisée Mandchoukouo, et sous contrôle japonais depuis 1931), la Chine du Nord et la Chine du Sud; cela entraînait l'installation de troupes japonaises dans toutes les villes principales de la Chine, le contrôle de l'île de Hainan comme de Formose par les Japonais : « Mon nom en serait empuanti pendant dix mille ans, disait Tchiang. Les prétentions japonaises sont absolument déraisonnables. » Et certains de ses généraux étaient d'accord avec lui. Dans toutes ces négociations, Tchiang devait tenir compte de l'autre front, la résistance communiste organisée contre l'invasion japonaise, dont le centre et le cœur se trouvaient à Yenan.

Cette résistance continue, consistante et qui se doublait de réformes sociales groupait derrière elle la population. Si Tchiang semblait capituler devant le Japon, ce serait Mao Tsé-toung et nul autre qui émergerait aussitôt comme l'unique espoir, l'étoile et le salut chinois.

Les troupes régulières du Kouo-min-tang avaient subi une défaite totale. A Nankin, en décembre 1937, Tchiang avait donné l'ordre de résister et ce fut la seule fois qu'il lança dans la bataille ses propres divisions d'élite, qui furent massacrées. Après la chute de Nankin, il ne voulut plus employer ses propres troupes. A Wouhan, en octobre 1938, un nouvel ordre de tenir bon avait été proclamé, mais la ville s'était rendue... Maintenant, les Japonais tenaient tout le littoral, ainsi que tous les chemins de fer, et toutes les grandes villes de Chine, excepté les provinces de l'extrême-ouest, et les bases de l'Armée Rouge.

Sur le front communiste, la stratégie avait été différente; c'était surtout une guerre de guérillas, une guerre d'usure, la stratégie formulée par Mao Tsé-toung. Au nord-ouest, Lin Piao devait gagner la victoire la plus importante de cette première partie de la guerre, à Ping Hing-kouan, en automne 1937. La bataille de Ping Hing-kouan changea matériellement le cours de la guerre en Chine du Nord, car elle interdisait aux Japonais l'entrée dans le Nord-Ouest, sauvegardant ainsi une très vaste étendue; elle procurait en même temps une base au plan à long terme d'infiltrations derrière les lignes japonaises. La Mandchourie allait devenir la région clef stratégique de la guerre civile qui éclata ensuite en Chine à la fin de la seconde guerre mondiale en 1945.

A la fin de 1938, Yenan, la grande Base Rouge, était devenue plus qu'un simple avant-poste militaire. C'était un brillant fanal de patriotisme fervent qui attirait des étudiants, des intellectuels, de tous les coins de la Chine... Si Tchiang cédait aux Japonais, le prestige de Yenan entraînerait irrésistiblement toute la Chine.

Le 7 juillet 1937, les Japonais, qui constataient un raidissement dans la résistance, avaient lancé une attaque contre Lou-Kow-K'iao, à six milles de Pékin. La 29e Armée riposta, de son propre chef, tandis que pendant des jours, Tchiang hésitait, et dans une résidence montagnarde discutait avec ses hauts fonctionnaires civils et militaires, pour savoir s'il fallait se battre ou non. Mais à la Base Rouge de Yenan, tout le monde était mobilisé en vue de la guerre de résistance, et toute la Chine retentissait des voix exigeant une aide militaire massive pour la 29e Armée et réclamant un Front uni avec l'Armée Rouge de Yenan. Cette fois, les armées chinoises combattant le Japon ne se laisseraient plus saboter comme en 1931, 1932, 1933, par leur propre Chef Suprême, Tchiang Kai-shek. Le 17 juillet, Tchiang diffusa une proclamation en quatre points annonçant que la « phase finale » était atteinte, que la Chine devrait se « battre au maximum ou périr à jamais ». Cette proclamation fut décrite par Mao Tsé-toung comme étant « la première déclaration correcte en matière d'affaires étrangères » que Tchiang eût faite depuis de nombreuses années. Mais ce n'est que le 22 septembre que le principe du

Front uni fut ratifié, bien qu'il eût été suggéré par les communistes un an avant et fût soutenu par tout le peuple de Chine. En août 1937, l'Armée Rouge réorganisée devint la 8e Armée de marche et 30 000 sur ses 40 000 hommes quittèrent Yenan pour combattre les Japonais.

Ainsi deux forces intimement antagonistes étaient entrées en guerre contre le Japon. La première était l'Armée Rouge chinoise créée par Mao Tsé-toung, endurcie par la Longue Marche, et depuis l'invasion et la prise de la Mandchourie par le Japon en 1931, symbole grandissant de l'unité patriotique, de la résistance au Japon et du changement social.

L'autre force était le gouvernement de Tchiang Kai-shek, édifié sur un parti appelé le Kouo-min-tang. Une foule de banquiers, et de propriétaires, des groupes de militaires, soudés par les circonstances en une hégémonie qui disposait de vastes armées, et d'une police secrète devenant sans cesse plus formidable.

Il y eut dès le commencement deux fronts et deux champs de bataille. Les deux armées affrontèrent l'envahisseur japonais dans différentes parties du pays, opérant de différentes manières, dictées par leur composition distincte, leur tradition politique et leur expérience militaire. A la fin de la guerre, il y avait encore deux armées, deux fronts, et deux champs de bataille; mais l'équilibre du pouvoir s'était modifié en faveur des Armées Rouges et contre Tchiang Kai-shek.

Le slogan de la guérilla rouge était : « Pénétrer derrière l'ennemi, disloquer ses voies de communication, organiser les masses, les rendre politiquement conscientes, afin que la guérilla vive au milieu des gens comme les poissons dans l'eau et que l'ennemi n'ose plus se fier à personne. » Les *Essais sur la guerre prolongée et sur la guerre de résistance contre le Japon* écrits par Mao Tsé-toung donnèrent tous les éléments de la stratégie et de la tactique pratiquées contre les Japonais de 1937 à 1945.

La victoire de Lin Piao à Ping Hing-kouan ouvrit non seulement la porte aux infiltrations des guérillas et à la résistance populaire derrière les lignes japonaises, mais elle arrêta l'avance japonaise au nord-ouest, et conduisit en outre à une consolidation, du moins en apparence, du Front uni; il devint impossible au groupe pro-japonais qui entourait Tchiang d'insister pour qu'on négociât avec le Japon. Des cadres entraînés dans les camps communistes se déversèrent à l'arrière des ennemis, des organisateurs de masses venus de Yenan se répandirent dans les campagnes pour former des associations anti-japonaises de paysans, d'étudiants, de négociants, de femmes et d'enfants; pour créer des détachements de guérillas de jeunes hommes et des milices de défense personnelle composées d'hommes mûrs et d'adolescents; « comme des poissons nageant dans l'océan, nous circulons librement au milieu du peuple; en l'organisant et en l'entraînant, nous éliminons automatiquement les traîtres; nous nous appuyons sur le cœur des gens ».

Dès octobre 1938, la 8e Armée de Marche avait, au cours de ses opérations, immobilisé vingt divisions japonaises.

Mais le Front uni demeurait une chose précaire. Huit mois après sa fondation toutes les organisations de jeunesse progressistes furent obligées de se faire inscrire : en juillet 1938 beaucoup étaient de nouveau interdites; tous les étudiants furent versés d'office dans le Corps des jeunes anticommunistes des Trois Principes, créé le 16 juin. Tchiang fit une conférence sur les « Responsabilités de la jeunesse chinoise ». Le ministère de l'Education décida que les étudiants d'université étaient trop précieux pour être gaspillés à la guerre et devaient se « réserver pour la reconstruction nationale ». Ce fut en réalité une mobilisation de la jeunesse afin de parer à l'influence communiste.

A la mi-octobre 1938, Tchou Teh, qui commandait l'Armée Rouge avec Tchou En-lai, prit l'avion pour Wouhan « afin d'obtenir une meilleure mise en œuvre du projet de Front uni »; Tchiang demanda une extension du contrôle central de son Conseil militaire sur l'armée communiste, mais les pourparlers n'aboutirent pas.

En novembre 1938, Mao Tsé-toung, averti des projets de trahison du Kouo-min-tang qui ne permettait pas au Front uni de prendre une forme d'organisation susceptible de le rendre effectif, prononça son célèbre discours sur la nécessité d'une vigilance armée : « Depuis 1911, tous les Seigneurs de Guerre ont tenu à leur armée comme à leur vie, attachant un grand prix à ce principe : quiconque tient l'Armée tient le pouvoir. Tchiang Kai-shek fait de son armée aussi grand cas que de sa propre vie, il a créé une énorme armée centrale, dans un dessein contre-révolutionnaire... Il est resté fermement fidèle à cette notion vitale que quiconque a une armée a le pouvoir et que la guerre décide de tout... sur ce point, il nous donne une leçon... » C'était là le cœur même du problème : guerre civile contre les communistes ou poursuite de la résistance aux Japonais ? En novembre 1938 à Nanyu, beaucoup étaient partisans de lutter d'abord contre les communistes, de faire la paix avec le Japon, et conclure une magnifique alliance anticommuniste. « Dans cent ans, le Japon et la Chine ne feront qu'un pays, et nous pourrons être vraiment les maîtres de l'Asie », disaient Ho Ying-k'in et Wang K'ing-wei, écho des militaristes japonais.

Mais, pensait Tchiang, le Japon favoriserait certainement Wang K'ing-wei... D'autre part, Tchiang ne laisserait jamais Mao Tsé-toung devenir le seul champion de la résistance contre le Japon. Dans le dilemme qui confrontait Tchiang, une politique devrait être mise sur pied qui, extérieurement destinée à poursuivre la guerre de résistance, préparerait en réalité une internationalisation de la guerre, et lui assurerait à lui, Tchiang, les fruits de la victoire en complétant l'usure des Armées Rouges par la destruction de la base de Mao Tsé-toung à Yenan...

D'où le lancement de ce slogan « troquer l'espace contre le temps », c'est-à-dire continuer à combattre ostensiblement, sans abandonner complètement les négociations avec le Japon et en même temps, empêcher la puissance de l'Armée Rouge de grandir.

On arriva à cette décision le 12 novembre à Nanyu. Le 13 novembre, Tchiang et sa femme gagnèrent par avion le nouveau bastion, Tchoungking, « capitale de la Chine libre », accompagnés par les hauts fonctionnaires tandis que le grand état-major partait le 14 novembre par le train pour Koueilin d'où ils les rejoindraient à Tchoungking. Enivrée d'enthousiasme devant cette décision (semblait-il) de continuer à combattre, j'écrivis : « Tant qu'il reste une Chine en vie, pour dire comme Tchiang Kai-shek : nous ne céderons pas à la force armée, parce que nous refusons de reconnaître le pouvoir d'une telle force... rien ne peut nous vaincre... jusque-là, la Chine restera libre... »

Je ne savais pas que ce défi n'avait rien d'héroïque, mais au contraire, était composé de prudents calculs et de perfidies bien ordonnées... La joie que je ressentais était une illusion; une illusion que partageaient un grand nombre de gens qui croyaient honnêtement que Tchiang avait l'intention de se battre.

La proposition de paix de Wang K'ing-wei ayant apparemment échoué, ce dernier aussi partit pour Tchoungking. Il n'y avait pas de rôle pour lui à l'ombre de Tchiang Kai-shek. En décembre 1938, il fut invité à faire une conférence à l'académie militaire de Kounming; un avion fut mis à sa disposition. Tai Lee, chef de l'organisation des Chemises Bleues et éminence grise de Tchiang, vint à l'aéroport lui souhaiter bon voyage. Wang trouva sa fuite par les airs singulièrement facile. Il s'échappa de Kounming pour rejoindre Hanoi où Tchiang envoya un agent secret, ostensiblement chargé de l'assassiner, mais qui ne réussit qu'à tuer le secrétaire de Wang. D'Hanoi, Wang alla jusqu'à Changhai où il fut bien reçu par les Japonais, et, en 1940, il fut installé dans les fonctions de président d'un gouvernement de la Chine du Sud sous contrôle japonais et dont la capitale était Nankin. Les Japonais possédaient un autre homme de paille Ying Jou-keng, président d'un gouvernement de la Chine du Nord dont la capitale était Pékin; et la Mandchourie transformée par eux, en 1934, était devenue un Etat séparé appelé Mandchoukouo : là, Pou-Yi, dernier rejeton de la dernière dynastie impériale, détrôné par la révolution de 1911, régnait en empereur.

La « fuite » de Wang K'ing-wei fut regardée par quelques observateurs occidentaux comme un stratagème, une manœuvre de Tchiang pour faire passer Wang chez les Japonais en lui laissant l'opprobre de la « trahison ». Le chef de la police secrète, Tai Lee, était maintenant sûr de ces contacts à Nankin et Changhai, grâce à Wang et à ses amis... Telle fut la fin de Wang K'ing-wei, ce brillant opportuniste dénué de tout scrupule. Une photo le montre, reçu par le général japonais Toyama et recevant une épée de ses mains. Il portait pour cette cérémonie une jaquette européenne, un haut-de-forme luisant et des gants blancs.

Le front occupé par les armées de Tchiang Kai-shek était destiné à rester tranquille pendant les trois années qui suivirent; jusqu'en 1944, il n'y eut pas de grandes offensives japonaises, rien que des escarmouches contre des troupes provinciales et certainement jamais de rencontres entre les divisions soigneusement protégées de Tchiang et la moindre unité japonaise de quelque importance. L'effort militaire japonais se porta surtout sur l'autre front, le front communiste dont la grande base était Yenan.

En dépit de l'accord suivant lequel les armes, l'argent et toute autre fourniture seraient livrés à la 8e Armée de Marche, l'Armée Rouge, le Kouo-min-tang commença à cesser tout ravitaillement au début de 1939. Tchiang avait, en 1935, mis en poste l'officier qu'il considérait avoir le plus brillant avenir, Hou Tsong-nan, dans une province du Nord-Ouest, le Kansou. En 1937, Hou Tsong-nan fut chargé de l'administration de tout le Nord-Ouest, et de 1939 à 1945, Hou fit installer autour de Yenan un formidable blocus fait de tranchées, de fortifications, de fils barbelés, de blockhaus, véritable ligne Maginot. Le meilleur équipement, les meilleures divisions (500 000 hommes), le meilleur ravitaillement fourni dans la suite par la Russie soviétique puis par l'Amérique, étaient réservés à Hou Tsong-nan pour la seule guerre que Tchiang eût vraiment envie de livrer, la guerre contre Mao Tsé-toung. Les troupes de Hou Tsong-nan ne se battirent jamais contre les Japonais.

La conférence de Nanyu qui élabora ces projets à long terme devait aussi réduire le nombre d'échelons dans la hiérarchie des grades qui s'était révélée trop encombrante. Cela eut pour effet de faire accéder au pouvoir les jeunes officiers appartenant à la clique de Whampoa, des services secrets, et des Chemises Bleues, et transforma la carrière d'hommes comme Pao dont l'avancement fut beaucoup plus rapide qu'il ne l'aurait été normalement.

La campagne contre les progressistes reprit. Au début de 1939, le département politique du Conseil militaire national créé pour « unifier » tous les patriotes, avait été épuré; le Troisième Bureau, ou Bureau de propagande, qui employait quelques intellectuels de gauche parmi lesquels Kouo Mojo, l'écrivain, fut fermé. Tchou En-lai, délégué communiste assurant la liaison avec le Conseil militaire, fut privé de toute fonction réelle. On prépara des instructions secrètes sur les moyens d'isoler « les traîtres aux dangereuses pensées ». Les raids dans les librairies recommencèrent... En mars 1939, quelques officiers de la Nouvelle 4e Armée (communiste) furent arrêtés et enterrés vivants... Au Setchouan, des familles d'officiers communistes furent massacrées par des agents du service secret... La censure, de plus en plus étouffante, jugulait la presse. A partir de ce moment, le Front uni n'exista qu'en nom.

Deux perspectives commençaient à se dessiner pour la Chine, et leur fusion était impossible, car elles se détruisaient automatiquement l'une l'autre. L'une était la perspective d'une véritable résistance aux armées de l'invasion japonaise; abandonnant toute idée de la possibilité de vivre avec l'agresseur, dans une paix de soumission, mobilisation générale de tout le pays, des forces navales et aériennes, et du peuple tout entier pour une guerre du peuple en s'appuyant sur la puissance des Chinois eux-mêmes, jusqu'à la victoire finale.

La seconde était une politique de prévarication, de compromis, de concessions au Japon, dans l'espoir d'une aide fournie par les Puissances occidentales, maintien des groupes dirigeants dans leurs intérêts financiers immédiats, et guerre civile destinée à « extirper le communisme ». Telle fut la politique que suivit Tchiang Kai-shek.

En décembre 1938, les communistes avaient déjà établi quatre importantes bases anti-japonaises dans le Nord et deux bases secondaires, qui seraient plus tard développées en bases complètes ou, ailleurs, en zones libérées.

Dans la Chine du Nord, deux vastes bases, au Shensi, et dans les montagnes Tai Hong avaient suivi la victoire de Lin Piao à Ping Hing-kouan.

En Chine centrale, la base de la Nouvelle 4e Armée, qui prit plus tard dans la signification de la guerre un sens spécial, était déjà agissante.

Au sud, la chute de Canton en octobre 1938 entraîna une guérilla des forces anti-japonaises connue comme le détachement de la Rivière des Perles. Leur noyau était formé des guérillas de l'Armée Rouge qui avaient pris part, onze ans auparavant, en 1927, aux combats de la Commune de Canton, durant les journées héroïques où Tchou En-lai, Ye T'ing, Tchou Teh et d'autres s'étaient battus vaillamment contre des ennemis grandement supérieurs en nombre. Les représailles exercées par le Kouo-min-tang à Canton furent terribles et pourtant certains des combattants de Canton avaient pu s'échapper, s'étaient terrés, et avaient survécu. Maintenant, ils reparaissaient, aux côtés des étudiants, des ouvriers et des Chinois d'outre-mer venus de Hong-Kong, avec en outre des traînards de l'armée du Kouo-min-tang qui avaient abandonné Canton aux Japonais, et des volontaires de la ville elle-même. Ils déterrèrent des armes qu'ils avaient cachées, en prirent aux soldats qui battaient en retraite, et formèrent le détachement de la Rivière des Perles. Ils commencèrent avec huit fusils utilisables et ne cessèrent pas de harceler les Japonais. A la fin de 1938, ils comptaient 5 000 hommes. A la fin de 1939, ils avaient libéré un territoire occupé par 200 000 habitants.

Un noyau rouge se forma dans l'île de Hainan, et y fut maintenu pendant toute la guerre. Après l'invasion de cette île, le 10 février 1939, par les Japonais, ce groupe central fut décimé mais ne cessa jamais de se battre.

De 1939 à 1945, se disputa l'épreuve de force décisive entre deux idées, deux perspectives. Et le pouvoir formidable d'une guerre populaire, où le peuple mobilisé, éduqué, devenu politiquement conscient, accomplit spontanément des miracles; ce peuple se fit « eau » pour les poissons-guérillas, tous, hommes, femmes, enfants, étaient des guerriers, et ces partisans, mis à l'épreuve, triomphèrent.

Le chant des guérillas composé à cette époque célébra leur puissance :

Nous sommes tous tireurs experts,
Chaque balle touche un ennemi,
Nous sommes une armée ailée
Que n'effraie ni haute montagne ni eau pro-
[fonde.

Dans l'épaisse forêt, partout,
S'abritent nos camarades,
Sur les crêtes et les pics altiers
Sont nos innombrables frères.

Ni nourriture, ni vêtements,

Mais l'ennemi nous fournit les deux.
Pas de fusils, pas de munitions,
L'ennemi en fabrique, nous nous en servons.

Nous sommes le peuple né sur ce sol,
Chaque pouce de terre nous appartient.
Celui qui voudra l'envahir
Nous le combattrons jusqu'à la mort.

Mais on ne vit pas trace de guérillas quand, dans le chaos et les embarras habituels, chargés de matériel, de meubles, archives, vêtements, les membres de l'état-major de Tchiang Kai-shek avec leurs familles comprenant plusieurs centaines de femmes (j'étais l'une d'elles) quittèrent Nanyu : foule hoquetante, surchargée, désordonnée, fuyant à la débandade. Je pense encore aujourd'hui à ceux qui restèrent sur place, souvenir plus net que celui des colonels et des généraux, à notre jeune domestique, si serviable et si candide, et à l'homme moins candide qui balayait en chantant : « Debout... » Peut-être appartenaient-ils aux guérillas. J'espère qu'ils en faisaient partie lorsque, en 1944, les Japonais entrèrent enfin à Nanyu.

IV

25 novembre 1938.

Cher Joseph Hers,

Après quelques bombardements aériens des Japonais, nous avons quitté Nanyu le 16 novembre et sommes arrivés à Koueilin. Le voyage en chemin de fer a pris très longtemps; par une heureuse fortune, nous avons trouvé une petite pièce ici, à Koueilin. On dirait que tout le monde est ici. Les gens disent : « Consultez l'histoire de Chine et vous saurez ce qui va se passer. » Qu'est-ce que cela signifie ? En général, on pense à la province du Setchouan; le départ pour le Setchouan sera sans doute le prochain exode et cela signifie Tchoungking. ... Pas moyen de sortir d'ici, communications impossibles, mais je suis nourrie, ma santé est bonne, et je m'instruis sur ce qui concerne mon peuple et mon pays. Les bagages sont un problème, je jette quelques vêtements de plus, je passe mes heures de loisir à étudier...

Déprimant, le désordre infect du train, de Nanyu à Hengshan et de là à Koueilin, parmi les horreurs minimes dont l'accumulation causait notre médiocre détresse... Révoltant, l'énorme espace occupé par les bagages des officiers et de leur famille, tandis que les réfugiés étaient entassés sur le toit des wagons, sous la pluie, ou tombaient de là-haut dans l'hypnose de la fatigue — ou poussés par les autres parce qu'ils agonisaient de typhus ou de malaria, ou simplement parce qu'ils essayaient de se soulager, trop faibles pour se retenir. Dans chaque gare attendaient des réfugiés, un flot de têtes et de corps serrés l'un contre l'autre, un grouillement qui se répandait au-delà des barricades entourant les gares, avançant pour prendre les quais d'assaut et grimper dans les trains, et qu'on écartait à coups de bâton, refoulés, et qui continuaient de revenir à flots. Les processions de porteurs-mille-pattes emportant les dossiers et les papiers de l'état-major général dans de grands paniers accrochés à leurs balanciers de bambou défilaient interminablement. Le train rampait, s'arrêtait pendant des heures, des jours. Nous passâmes quatre jours et quatre nuits dans la grange d'un riche paysan (riche selon le niveau chinois qui n'est pas très élevé) où des rats trottaient sur nous pendant que nous dormions : détail insignifiant parmi des millions de semblables, et nous étions parmi les privilégiés qui ne mouraient pas sur les routes. Et la pluie, les dures rafales de pluie, bénédiction encore, car elles interrompaient les bombardements aériens à peu près quotidiens. Pendant ces quatre jours à la ferme, nous ne nous querellâmes pas, Pao et moi, mais nous n'avions pas passé une journée dans le train, qui arriva finalement, et où nous montâmes avec des milliers d'autres, prenant d'assaut toutes les voitures, usant griffes et ongles pour grimper sur le toit ou nous accrocher aux fenêtres, que Pao recommençait à m'injurier à grands cris, sans se soucier des gens qui l'entendaient. Comme nous étions assis sur une étroite banquette de bois, en face de deux autres personnes, dans une voiture de chemin de fer qui abritait quatre-vingt-sept voyageurs, et que cette absence totale d'intimité dura cinq jours, tout le monde entendit et vit tout. Pourquoi Pao me faisait-il des scènes à portée d'oreille et en vue de tant de gens ? Plus tard, il semblait choisir les restaurants, les parcs, et autres lieux publics pour crier après moi et même me battre. Il se plaignait, à tue-tête, de ce que mon immoralité, mon absence de chasteté, et le fait que j'étais eurasienne fissent grand tort à sa carrière, laquelle — expliquait-il aux quatre-vingt-cinq autres voyageurs — était compromise par ma présence. Il se mettait ensuite à récapituler toutes les vertus : Courtoisie, Droiture, Intégrité, Respect de soi, Loyauté, Fraternité qui devaient accomplir le Salut National de la Chine. C'était fantastique, et même sur le moment un peu comique, mais je n'avais pas le cœur à rire. Il déclarait ensuite que les gentilshommes comme lui étaient loyaux et qu'il en aurait fallu beaucoup de semblables en Chine, que j'avais « fait perdre la face » à la Chine, et que c'étaient les gens comme moi qui avaient précipité la Chine dans le péril où elle se trouvait.

Après quelques heures de ces extravagances, un réfugié perché sur le toit ayant uriné, l'urine suinta et tomba sur moi : « Vois, m'écriai-je, le voilà ton peuple, là sur le toit », et Pao pris de fureur monta sur le toit et frappa les gens. Alors, je me sentis vraiment criminelle.

Quand je me rappelle la météorique carrière ultérieure de Pao, je comprends maintenant combien cela était ridicule; mais j'étais tout ce qu'il craignait et désapprouvait, moi entière, corps et âme, et pourtant, en leur fascination, la haine et l'amour l'attachaient à moi et le torturaient, et il réagissait par des paroxysmes de passion et d'hostilité. Il souffrait ainsi horriblement; sincèrement, inutilement; sur un mode tragique victorien et confucéen, et comme le sens de l'humour lui manquait totalement, il demeurait immergé dans l'insondable tragédie de son amour et de sa haine. Quand après son excessive brutalité, ayant pleuré mon soûl, j'éclatais de rire, il se sentait profondément insulté. Et souvent, en dépit de mon chagrin, je pensais qu'après tout, il était pathétique, et que ma propre situation était fort ridicule. C'était le rire qui le blessait le plus.

Il avait un sens aigu des différences de races et je lui rappelais sans cesse une humiliation nationale qui cherchait maintenant à s'affirmer orgueilleusement par un racisme à l'envers. Je fournissais à Pao une admirable occasion de se délivrer de ses complexes en débitant les archaïques platitudes qui — selon les préceptes féodaux de Tchiang Kai-shek — sauveraient le pays. Il avait assumé la tâche de me réformer, de me remodeler, de me changer en un modèle de toutes ces larmoyantes vertus qui n'étaient réelles qu'en paroles, et pendant des années il tenta de m'inculquer ce moralisme, lié à l'ambition et à la politique dont il usait comme d'un exorcisme pour chasser de moi la perversité, l'immoralité, la tare d'être étrangère...

Fidélité au Chef, obéissance aveugle, « les rapports de mari à femme sont ceux d'un supérieur avec son inférieur, d'un maître avec son serviteur », ainsi parlait Confucius. Toutes ces puériles dégradations, érigées en vertus par le féodalisme patriarcal de la Chine, la sauveraient, si elles étaient dévotement pratiquées, des dangers qui la guettent. Et notre train roulait, roulait vers Koueilin, les heures fuyaient et fuyaient, et Pao parlait sans répit, créant peu à peu en lui ce délire oratoire autour de la vertu et de la tradition d'où seule l'extrême fatigue le faisait retomber.

Je n'étais alors qu'au début de cette navrante saison, et quand le train arriva cinq jours plus tard à Koueilin, nous en descendîmes en titubant, moi au bord de l'hébétement, Pao enfin silencieux, mais pas pour longtemps. Puis vinrent deux semaines dans ce beau Koueilin, capitale du Kouangsi, le plus ravissant paysage du monde, avec ses merveilleuses montagnes jaillissant verticalement du sol, creusées de grottes; son étonnant fleuve d'émeraude et de saphir bondissant par-dessus les rochers, ses cormorans pêcheurs; et ses tribus Miaos, les femmes, robustes travailleuses portant des bracelets et des colliers d'argent, les hommes beaux, dans leurs vestes garnies de boutons d'argent. La province du Kouangsi passait pour une province « modèle »; elle était administrée par Li Tsong-jen et Pai Tchong-hsi, deux seigneurs de guerre militaristes, souvent en désaccord avec Tchiang Kai-shek, mais qui le soutenaient à ce moment-là à cause de la guerre. Il y avait un grand nombre de Miaos, dont les femmes n'étaient pas aussi opprimées que chez les Chinois Han, parce qu'ils n'avaient pas Confucius à leurs trousses. Peu après notre arrivée, les Japonais firent un bombardement aérien à Koueilin et la foule en panique passant le pont pour se réfugier dans les grottes m'ayant bousculée, je tombai dans la rivière ou Pao me repêcha.

Du coup, je redevenais captive et repentante; liée par ma confusion naissante, enchaînée par les tortueux « raisonnements » de Pao, selon lesquels rien ne comptait que la pensée correcte, conforme aux préceptes de Tchiang Kai-shek, et j'étais unie à Pao par le patriotisme, la reconnaissance, le mariage et l'amour.

A Koueilin, j'errais, me promenais, achetais à la librairie de vieux livres que je rapportais à la maison; poésie, *Les Trois Royaumes* [1]... Je me mis à faire des exercices de calligraphie. J'écrivis à Hers : « Je commence à apprendre ma propre langue. » Pao me supprima les recueils de poèmes. « Ce n'est pas bon pour toi : tu es déjà trop romanesque », et il ne me laissa que *Les Trois Royaumes*, ouvrage qu'il connaissait naturellement bien, car il essayait souvent de s'identifier à l'un ou l'autre des héros du livre, particulièrement dans leur fidélité à leur suzerain.

A la fin de notre première semaine à Koueilin, nous commençâmes à subir tous les jours un raid des bombardiers japonais; les montagnes et leurs grottes nous fournissaient de bons abris naturels. Mais là, impossible d'échapper aux discours de Pao, à ses inexorables sermons et à sa naissante brutalité. Je se-

1. Ouvrage classique, vieux de plus de mille ans.

rais réformée et remodelée, que je le veuille ou non... et j'avais beau plier, céder, pleurer ou me montrer contrite, il s'obstinait à exposer ses doctrines, et à prêcher... haut-parleur infatigable dont je ne pouvais jamais fermer le bouton... finalement, il ne parvint pas à me changer.

Koueilin, 25 novembre.

Cher oncle.

J'ai écrit à mon grand-père, mais je n'écris pas à Louis, et je vais vous dire pourquoi. Je veux continuer à étudier et devenir docteur, et me rendre utile à la Chine, et j'ai eu tort d'avoir une intimité quelconque avec un étranger. En Chine, une femme seule n'a aucune possibilité, surtout en temps de guerre. Vous n'avez pas compris dans quel monde je pénétrais. J'ai maintenant l'occasion de refaire ma réputation, dit Pao. Pao n'est pas un jeune homme moderne. Il a fait ses études en Angleterre, à Woolwich et Sandhurst, et avant cela il a été élevé dans les vieilles traditions. Il croit à la vertu et il a une famille à l'ancienne mode, appartenant à une grande tradition morale. Il a de la volonté, et il a quitté l'Angleterre pour venir en Chine travailler à cette page de l'Histoire, contre la volonté, m'a-t-il dit, de tous ses supérieurs, ce qui est aussi mon cas... il fait de son mieux, moi aussi. Il connaît tout mon passé, mes erreurs, mes fautes. Nous pouvons travailler, nous sommes jeunes, la Chine a besoin de nous. Il dit que la Chine a besoin de nous, et que malgré nos fautes, nous avons le cœur pur. Il dit qu'il veut que je change et que j'apprenne... que je lise les vieux livres, et l'Histoire. Il n'a pas d'argent, mais il a beaucoup d'espoirs en perspective. Il dit qu'il faut que nous fassions des plans et que je dois être médecin, et que nous connaîtrons de durs moments, mais que nous gagnerons la partie. Il est ambitieux, en plus; il dit que si les choses ne changent pas, les gens comme nous seront écrasés en Chine, et que la situation sera sans espoir, mais que si nous nous tenons les coudes il y a un espoir... Il dit que la jeunesse chinoise cherche des chefs et qu'il peut en être un si on lui donne une chance de le devenir. Pao dit qu'il veut me renvoyer en Europe pour ma sécurité, mais je ne veux pas partir; j'ai trop de choses à apprendre sur mon propre pays... Naturellement, nous sommes sur le sable... nous vivons en commun avec un tas de gens, il n'y a pas de moyens de transport, nous serons peut-être obligés d'aller à pied jusqu'à Tchoungking, mais cela ne me fait pas peur. Je suis très solide. Pao dit qu'en Chine je n'ai aucune chance de me faire une situation, si personne ne me protège, parce que je suis une femme, avec ma figure et mon passé. Il est très amoureux de moi et désire me protéger. Je peux l'aider énormément parce que — dit-il — il aura besoin d'une femme qui parle des langues étrangères et qu'on peut emmener dans le monde... il dit qu'il a besoin de quelqu'un qui puisse l'aider à mettre sur pied la future armée de la Chine, et à donner du bien-être aux soldats et aux paysans chinois. Il faut que nous servions d'exemple... ce sera dur pour moi, très dur... J'ai écrit à mon grand-père, mais il ne m'a pas répondu... dites-moi s'il se porte bien...

Dans cette lettre désordonnée, réside le nœud même de l'ambition de Pao, les raisons pour lesquelles il me gardait, et une centaine de détails contradictoires mais qui se complétaient; en la relisant, je comprends la mentalité de Pao, mon propre effarement obnubilé, et la façon dont je devais servir ses ambitions, une fois qu'il m'aurait complètement remodelée pour faire de moi son obéissant et docile instrument.

Au début de décembre, nous quittâmes Koueilin, et poursuivîmes notre voyage, par autobus, suivant les routes de montagne, à travers les provinces du Kouangsi et du Koueitchéou, jusqu'au Setchouan. « Le

Setchouan est le pays de mon père, dis-je à Pao, j'ai de la famille au Setchouan. » Nous traversions alors les régions arriérées, comme on les appelait, l'intérieur de la Chine, que très peu de gens des cités côtières ont visité. Il y avait des districts entiers peuplés de « non-Han », classés dans les minorités nationales, les Miaos, les Hueis, les Yees et les Lolos qui vivent sur les hauts plateaux et sont souvent en guerre avec les gens de la plaine. Grands, rouges de teint, nourris de blé noir, le regard droit et dur, ce sont des chasseurs et des planteurs de riz; certains vivent à un niveau primitif, d'autres conservent des reliques du système matriarcal. Ainsi, nous traversâmes l'énorme sud-ouest de la Chine et, à mesure que nous avancions, la terrible pauvreté se faisait si proche, et si physiquement accablante, la dégradation si violente et manifeste, que même Pao en fit la remarque, mais en attribuant cet état de choses au « manque de vertu ». Des épaves humaines, des villages à l'abandon dans les montagnes brisées par d'impérieux torrents en cascades, et partout l'opium.

Ce fut pendant ce voyage que les amis de Pao se mirent à le taquiner à mon sujet. Quand nous nous arrêtions pour manger, le soir, ils faisaient à voix haute des commentaires sur mon physique... « elle a du sang étranger, cela se voit bien...

— Pas du tout, c'est une pure Chinoise », rétorquait Pao.

Comme si mon origine eurasienne n'était pas écrite sur mon visage ! Je me gardais bien alors de le contredire, mais il était furieux contre moi comme si j'étais responsable de ma figure ! « Mais pourquoi racontes-tu des mensonges, lui disais-je. Si tu leur demandais de s'occuper de leurs affaires, est-ce que ça ne vaudrait pas mieux ? » Mais il n'y avait rien à faire. Pao oubliait que c'étaient ses scènes publiques qui avaient donné le signal des persécutions corrosives qu'il me fallait endurer. Ma figure. Mon aspect. Mais le voyage était physiquement si épuisant que la seule nécessité de survivre sur cette route en lacet qui se tortillait en penchant sur le côté, par monts et par vaux, dans un autobus qui filait à toute allure, cahotant et oscillant, me fit vite oublier les insultes des autres voyageurs. Au lieu d'être de plus en plus exténuée, je commençais à revivre : j'étais jeune, et à cet âge, la tragédie ne laisse pas de rides, et après une bonne crise de larmes ma figure s'épanouissait de nouveau, et il y avait tant de choses à voir, et à apprendre... Une femme, en se forçant, me dit que j'avais une très jolie peau, et de jolis cheveux; et cela aussi donna lieu à des médisances.

Malgré tous leurs discours sur la fraternité, les « Frères bénévoles » de Pao rivalisaient tous afin d' « arriver », et s'évertuaient à démolir la réputation les uns des autres pour se faire valoir. « Il y a deux méthodes pour réussir : l'une consiste à édifier sa propre réputation, comme une montagne, et à se dresser au sommet; et l'autre à creuser des trappes pour que tous ses rivaux y tombent, afin d'apparaître comme le seul qui soit irréprochable. » C'était un propos répandu, « et la deuxième méthode est plus facile à appliquer que la première ». S'assurer une bonne réputation *(minyu)* à soi-même, ou en donner aux autres une mauvaise, ou leur faire perdre la face *(tiu-lien)* telle était l'essence de l'astuce sociale, la technique du pouvoir, la stratégie et la tactique de la guerre d'usure que chacun livrait pour sa propre réussite. Avec quelle délectation, les Frères bénévoles racontaient des anecdotes qui jetaient le discrédit sur des Frères absents ! Pao riait avec les autres, et je pensais : « Quand il n'est pas avec eux, ils médisent de lui et de moi... » Mes traits, le fait que j'étais étudiante « revenue d'Europe », que j'appartenais à Pao, encourageaient leurs attaques sournoises. A l'intérieur du camion, l'hypocrisie, telle une haleine fétide, nous enveloppait tout le temps, s'ajoutant à la stupidité bâillonnante, acceptables et acceptées l'une et l'autre, nourriture dont les contacts sociaux se repaissent. Cela me plongeait dans une sorte de stupeur qui me donnait la sensation d'être irréelle; seul le beau, le violent pays dévasté que défonçait notre camion était sans hargne.

Tandis que la méchanceté calculatrice construisait ses citadelles verbales de petites blessures, à l'intérieur du véhicule cahotant à grand fracas. Quand une bonne parole était lancée de mon côté, le soir, je m'y raccrochais. Je ne pouvais pas comprendre que nous ne nous aidions pas les uns les autres, mais déjà dans le train, notre inconfort était causé en partie par l'irresponsable égoïsme de tous, dans l'usage des toilettes, l'habitude de jeter les os, les épluchures de fruits sur le parquet, bref, de ne se soucier que de soi, jamais des autres. Ici aussi, c'était le cas. Rares étaient ceux qui aidaient leurs voisins. Mais ils passaient leur temps à se harceler l'un l'autre, à harceler Pao, et moi; aimablement, leurs épouses essayaient de m'entraîner dans leurs conversations. Je donnais mon opinion, on m'écoutait, apparemment avec sympathie, et puis venait le coup de massue astucieux, mortel... comment une femme pouvait-elle posséder une connaissance *aussi étrange*... et la phrase injurieuse, comme une claque sur une bougie, éteignait ma candeur et Pao parachevait.

Je sus ainsi ce que signifiait saper un esprit, et je conclus que c'était peu de chose, mais que l'effet en était disproportionné, comme la chute constante d'une goutte d'eau sur un front pendant des heures; comme la torture à coups de pointes d'épingles; et c'est ainsi qu'aujourd'hui je comprends les affreuses souffrances de ceux qui, soumis à de persistantes critiques répétées en masse, pendant des heures, des jours, des semaines de suite, finissent par se suicider. Au bout des quelques premiers jours, le manque de confort physique était si solidement établi que, dans le camion aucune crise émotionnelle n'aurait pu durer très longtemps. Pao devait tenir les yeux fermés pour lutter contre de violentes nausées. Mais le soir, dans les auberges, il monologuait, pendant des heures, et m'injuriait avant de s'endormir. Je pensais : « Cela ira mieux au Setchouan... au Setchouan, je retrouverai ma famille. »

Pendant ce voyage, il m'arriva de vomir par la fenêtre, mais je souffris surtout d'une sporadique hémorragie, qui depuis Nanyu m'avait accompagnée. Pourtant j'avais bonne mine et je contemplais le scintillement des montagnes dans le soleil matinal, m'émerveillant de la splendeur de la Chine, de sa richesse, et je pensais qu'un jour toutes les erreurs y seraient redressées. « Mais qui redresserait les erreurs ? »

Au cours de notre voyage vers Tchoungking, nous rencontrâmes un camion qui était devant nous, transportant de jeunes officiers avec leurs bagages personnels; nous les rattrapâmes à côté de leur camion renversé sur la chaussée. Le conducteur avait fait de la vitesse comme font tous les conducteurs en gravissant la route de montagne à une allure de cyclone ivre et tourbillonnant pour redescendre dans les villages de la vallée; à un tournant de la route rendu bourbeux par la bruine légère, ce chauffeur-ci avait fait capoter son véhicule dans un profond nid de poule. Il n'y avait pas de victimes : les jeunes officiers enfermés à l'intérieur avaient seulement été secoués; un peu de vaisselle s'était brisée : certains paniers crevés laissaient échapper leurs ustensiles de ménage... mais ils furent frappés de folie collective, ils étaient ulcérés d'avoir été bousculés physiquement et d'avoir ainsi perdu la face; c'en était trop pour leur querelleuse dignité. Ils s'étaient armés de cailloux et de morceaux de rocher que les intempéries avaient détachés de la falaise et avaient lapidé à mort le conducteur.

Son corps était demeuré là, tas inerte peu à peu desséché, et les pierres lui servaient d'oreiller et de literie; le camion était toujours les roues en l'air, comme un étrange monstre mort. Les jeunes officiers attendaient notre bus. Nous ne pûmes en embarquer que quelques-uns; le camion suivant en prendrait d'autres.

Heureusement, ce soir-là, nous trouvâmes un village à un mille ou deux en avant; un terrible village de fumeurs d'opium, de masures à l'abandon, de squelettes ambulants. Le cadavre de la montagne avait calmé

Pao, l'avait rendu pensif; il se tourna brusquement vers moi, ardent et tendre, mais fut interrompu par l'éclat de rire strident d'une femme qui nous espionnait. Et cela fut pour lui aussi humiliant que de perdre encore la face. Emanant de la pluie et des ténèbres, de la grande nuit des montagnes, flottait une blanche et nébuleuse brume. Je rêvai que le chauffeur lapidé flottait dans les fumées d'opium qui nous enveloppaient et ce cauchemar s'accordait bien avec la fantastique et sinistre ruée vers la destruction dans laquelle nous étions tous précipités. Il m'arrive maintenant encore de m'éveiller, ramenée en arrière par ce cauchemar, revenue sur cette pente de montagne sous la voûte froide de la nuit, avec les assassins idiots et béats qui ricanent. Comme une incantation, je me répétai à moi-même, les jours suivants : « Mais tout ira mieux quand nous serons à Tchoungking... tout ira mieux... »

Puis, un après-midi, cinq semaines après avoir quitté Koueilin, nous atteignîmes enfin le Grand Fleuve, Roi des Cours d'Eau, le Yangtsé, puissant, rapide, énorme, projetant son tumulte de bronze entre deux falaises rocheuses séparées par un kilomètre et demi de vide. Perché sur son rocher, là où les deux courants qui forment le Grand Fleuve convergent en une seule et formidable masse d'eau, se trouvait Tchoungking, Cité de la Joie Retrouvée, abrupte et arrogante sur sa falaise, et sur la face à peu près verticale de la roche, à deux cents pieds au-dessus de l'eau, grimpait une multitude de masures sombres et ternes, sur pilotis : colonie de coquillages collés à la falaise qu'enserraient les flots. Dans le brouillard de l'après-midi s'étendait la cité, fumée grise flottant dans son nid d'hiver; un mythe, un rêve; une énorme pierre sur le tombeau de quelque géant. « Nous sommes arrivés... nous sommes ici. » Tout le monde était joyeux, heureux. Des hommes chantaient, les femmes poussaient des soupirs de soulagement, bonnes l'une pour l'autre, s'essuyant le visage de leurs petites serviettes-éponges et allaitant leurs nourrissons, puis épongeant sur leurs vêtements les vomissures et les excréments du bébé. « Les choses iront mieux ici. » Moi aussi, je me nettoyai la figure, pour me purifier non seulement de la poussière et de la crasse mais de l'amertume accumulée dans mon cœur. Naturellement, tout irait mieux à présent. Il y aurait un hôpital, du travail à faire... Pao travaillerait, serait de meilleure humeur... Je retrouverais ma famille, ma grande famille du Setchouan... peut-être eux non plus ne voudraient plus m'accueillir... mais j'essaierais, j'essaierais très fort. Il y avait là un autre monde à conquérir et je savais combien ces conquêtes sont difficiles. Une fois encore, j'essaierais...

Dans la nuit, Tchoungking paraissait vaste et noble, tandis que nous gravissions la falaise, quatre cent quatre-vingts marches de pierre jusqu'à l'endroit où commençaient les rues; il y avait un nouveau courage dans les pierres. Donc nous étions ici au centre de la résistance contre le Japon, dans cette noble ville assiégée. Je montai, pleine d'espoir, et aussi les mâchoires serrées. « Je supporterai n'importe quoi et j'irai jusqu'au bout. » Car j'étais jeune alors, j'étais pleine de vie, et j'apprenais à tenir, simplement tenir, solidement comme ces masures accrochées au rocher presque à la verticale. Je ne lâcherais pas.

Aujourd'hui, à cinquante ans, sachant comme j'ai été bernée et comme je me suis bernée moi-même pendant toutes ces années, je ne regrette pourtant pas de m'être accrochée comme le coquillage, ou comme ces mornes masures sans espoir accrochées au rocher.

Tchoungking était fantasmagorique, une chimère à la rudesse de monstre, une bizarrerie totale, irréelle; une forteresse où les arbres n'arrivaient pas à pousser sur le doigt de terre qui recouvrait le rocher. Cité crasseuse et sordide, et dont le climat est l'un des plus durs qui soient sur terre; en été, une fournaise, en hiver engloutie dans un brouillard implacable; et cependant, malgré son aspect sordide, ses rats, sa misère, sa désolation, ses impossibles cruautés, il y régnait en même temps une vie rauque et magnifique palpitant du pesant triomphe de son million d'habitants dont les souffrances semblaient interminables, dont le courage et la ténacité, la longanimité en face d'une injustice grossière, étaient le masque de cendres où couve la flamme qui dévorera un jour toute cette diabolique structure.

Nous y arrivâmes le 2 janvier au plus profond de l'hiver. Un épais brouillard engloutissait les grotesques proliférations de masures qui illustraient la progression de tout ce qui s'obstine : champignons, griffes, mousses; qui macéraient et s'effilochaient dans la ruine et la crasse. Le Grand Fleuve était au plus bas du reflux d'hiver, le long banc de sable du milieu, nommé Shouang-hupa, qui servait aux avions de piste d'atterrissage durant la moitié de l'année, gisait, d'un jaune pâle sous l'étouffant brouillard au milieu du fleuve étale. Le soleil n'existait plus dans l'air feutré d'un gris jaunâtre qui rognait le rocher. Nous passâmes les premiers jours à ignorer à quel moment nous devions nous lever, dans l'impossibilité de voir où en était le jour, tous les deux épuisés par le voyage, et moi, en outre, à force de pleurer de désarroi. Une humidité grasse s'attachait perpétuellement à nos cheveux et à notre peau. Je n'avais pas les vêtements qu'il fallait et je frissonnais presque sans cesse, car je m'étais débarrassée de mes bagages tout le long du chemin. Mes hémorragies avaient fait leur effet qui était d'endormir les douleurs aiguës de ma détresse, mais elles m'avaient rendue incapable de lutter contre le froid.

Nous passâmes les deux premières semaines dans un hôtel où, la nuit, des hordes de rats piétinaient dans l'escalier au grand galop, et que les prostituées fréquentaient en troupes jour et nuit. Les bruits de crachements, de graillonnements, les cris enroués, les rires, les appels, les vagissements des bébés, l'incessant cliquetis des pions de mah-jong, les chocs des seaux d'ordures devant les portes, à tout cela, je m'habituai au bout d'un jour ou deux. Mais la saleté des jarres employées comme cabinets par les femmes, ces gros pots de terre cuite vernissée aux couvercles de bois, un par palier, m'inquiétaient beaucoup, car les prostituées s'en servaient; or, la syphilis et la blennorragie sévissaient à Tchoungking, en raison de la « vertu » dominante de l'air.

Je préférais les latrines publiques, moins étouffantes parce que le brouillard circulait entre les paillassons de leur toit pourrissant, et que leurs murs perméables étaient en argile barbouillée sur des écrans de tiges de bambou fendues et tressées. On n'y était pas isolé, mais on ne l'était pas non plus à l'hôtel. Un état de semi-diarrhée, dû en partie à la nourriture, en partie à la tension nerveuse que m'imposaient les explosions de colère de Pao, me faisait souffrir. J'étais parfois forcée d'y courir vingt fois ou plus en une matinée, et cela m'affaiblissait tellement qu'en m'accroupissant j'avais peur de glisser sur le sol boueux des latrines et de tomber dans la fosse du cloaque.

Vers le cinquième jour de notre installation à Tchoungking, Pao avait réussi à me frapper deux fois en public, une fois dans le Parc, une autre fois dans un restaurant.

La scène du restaurant fut affreuse, même les garçons essayèrent d'intervenir mais cela ne dura pas, car Pao se retourna vers eux et leur cria : « Je vous ferai fusiller ! » ce qui les renvoya à leurs affaires, d'un air distrait. Celle qui eut lieu dans le Parc, qui n'était qu'une succession d'escaliers raides aux marches exiguës avec un monument ridicule au milieu, nous attira une foule de curieux, qui se dispersèrent dare-dare en remarquant l'uniforme de Pao; les mères criaient à leurs enfants : « Que regardez-vous ? Rien à voir, rien à voir... » en poussant, tirant, et réduisant au silence leur progéniture qu'elles éloignaient.

Tchoungking, 3 janvier 1939.

Cher oncle,

J'espère que vous avez reçu ma dernière lettre... le mariage est merveilleux et terrible aussi... Pao connaissait mon passé en m'épousant, mais maintenant cela fait de notre vie un enfer sur la terre, il dit qu'il se sent frustré à jamais et qu'il en a perdu tout élan d'énergie (c'est ce qu'il dit)... je suis désolée, je voudrais que cela ne fût pas arrivé... la famille de Pao est extrêmement vertueuse (dit-il), lui-même a un avenir brillant, de l'énergie, de l'intelligence, mais il affirme que tout cela est détruit par le fait que j'ai eu une liaison avec un étranger avant mon mariage. Il ne peut pas se débarrasser de cette idée. D'autre part, il ne veut pas divorcer. Je lui ai offert de partir, de me suicider, mais il dit que cela n'y changerait rien. Il ajoute que si jamais il devient un très grand homme, mon passé pourra toujours lui être reproché. Cela n'aurait eu aucune importance si l'homme avait été chinois, mais un étranger, comme Louis, Pao dit que c'est pire que tout...

Cher oncle, je ne vais pas retourner en Europe. Pao dit qu'il veut me punir et que le meilleur châtiment pour moi c'est d'être clouée à la maison par un bébé et que tout travail me soit interdit. Il dit que j'ai détruit la face de la Chine. Mais il connaissait ma vie avant de m'épouser, et il dit maintenant qu'il va tomber malade et mourir de tristesse parce qu'il ne peut pas chasser cette idée de son esprit. Le moins que je puisse faire est donc d'essayer de replâtrer les morceaux. Il dit que je ne serai jamais capable de gagner ma vie par mon travail, d'avoir de l'argent. Mais je n'ai jamais voulu gagner d'argent. Je veux travailler pour mon pays et Pao dit que pour cela il faut travailler avec lui. Naturellement c'est dur, mais j'essaierai si c'est le seul moyen. En même temps, j'ai tellement de choses à apprendre sur la Chine...

Il faut que je choisisse à présent, et je choisis la

Chine en dépit de tout cela. Mais j'ai étudié en Europe et écouté de la musique; j'ai lu là-bas et je me suis fait des amis, et je sais qu'ici j'aurai parfois des heures noires, mais il faut que je poursuive ma tâche. Peut-être ce sacrifice, servir mon pays avec des mains propres, aidera-t-il la Chine un jour... Peut-être mon sort était-il de souffrir, comme en ce moment, pour qu'à la fin je puisse apporter une aide plus grande... Je ne sais pas. Je ne sais pas. Peut-être aurai-je un enfant qui sera capable de faire tout ce que je n'aurai pas pu accomplir. Notre vie sera misérable, parce que c'est une vie de soldat, dit Pao, mais je n'ai jamais considéré la nourriture ou les vêtements comme choses très importantes. Je sais que vous comprendrez...

Pao dit que personne ne doit savoir que j'ai en moi une goutte de sang étranger. Sans doute la Chine a-t-elle commis de graves erreurs, mais pour le bien de la jeunesse et à côté des souffrances, des innombrables vies qui ont été perdues, qu'est-ce que ce petit sacrifice ? Du moins, ma vie aura peut-être contenu quelque rectitude de conduite.

Je relis cette lettre écrite par moi, et qui m'a été rendue en 1965, et j'éprouve une sensation de lassitude et de nausée devant ce chantage, chantage exercé contre moi. Pao exploitait mon amour de la Chine, le fait que j'étais eurasienne; et il me battait, me terrifiait, et me soumettait à des lavages de cerveau, tout cela sans raison ni logique; et cet hermétique et stupide martyre dont le simple récit me paraît oiseux et odieux me tint longtemps enchaînée, emprisonnée par de banales souffrances tandis que, tout autour de nous, il y avait tant à faire. On peut supporter bien des choses pour une cause que l'on juge noble, soutenu par la dignité de sa conviction, soutenu par une solidarité de groupe. Mais toute cette sombre fureur, l'écume aux lèvres, ne servait à rien de valable. « Comment peux-tu, demandai-je à Pao, déplorer le gâchis où se trouve le pays, répéter que nous devons tous nous allier et travailler pour la Chine, et puis passer des heures et des jours assis ici, à te lamenter sur ton propre malheur de m'avoir épousée, à me battre et à me sermonner ? » Mais cela ne faisait que provoquer une crise de fureur plus prolongée, aussi renonçai-je à parler, et je demeurais muette, morne, obstinée, à recevoir des coups, et je sentais encore les effets de cette violence trente ans plus tard, lorsque, quelques semaines avant la Grande Révolution culturelle prolétarienne, j'entendis de nouveau les accents d'un moralisme hyperfrénétique, j'en reconnus le ton et me trouvai au bord de la dépression nerveuse.

Je rêve souvent actuellement de cet été de ma vie qui fut sans oiseaux; et j'entends les cris que j'entendais alors... les hurlements des hommes enrôlés de force dans des camps de conscrits, ceux qu'on bat à mort; le halètement des poursuivants, lancés aux trousses des soldats fugitifs, qui hurlent « *t'ao pin, t'ao pin* » (soldat évadé, soldat évadé !), en écrasant les buissons de leurs grosses bottes, leurs projecteurs fouillant la monstrueuse nuit, le cadavre du chauffeur lapidé soulevé par une étrange lévitation, et tant d'autres, et je suis contente que cette révolution se soit produite, et je crois que cet Himalaya de souffrance supporté par le peuple, au milieu de laquelle ma propre peine n'était qu'un grain de poussière (qui ne valait d'ailleurs pas grand-chose), que toute cette souffrance ne fut pas vaine. Mais profondes et tenaces sont les racines du passé et même dans la nouvelle Chine, avant que la Révolution culturelle eût dénoncé ce système de vertueux charlatanisme, j'entendis souvent, tout déguisés qu'ils fussent, des accents qui exprimaient les attitudes morales du mandarin féodal; bien que les maximes apparussent symétriquement opposées, le ton était le même, l'absolutisme confucéen moralisant était le même. Et je suis contente qu'une révolution tente de refaire l'Homme, en commençant par l'homme chinois, pour le libérer de ces pensées millénaires qui se maintiennent dans la même ornière depuis l'âge du bronze. Ce sera difficile, car récemment encore en Chine un « cadre » communiste s'est retourné sur moi et m'a crié : « Avec une figure comme la vôtre, vous feriez peur à n'importe quel enfant *chinois !* » Et un ami, me critiquant : « Vous êtes trop têtue, vous manquez de souplesse, il faut apprendre à plier », a employé les mêmes paroles, la même inflexion de voix que celles qu'employait Pao, il y a bien longtemps. Je retrouve alors le pays du cauchemar, la nuit du bord de la route, les heures et les jours où rien n'était réel, si ce n'est la vision de la cité lointaine, dans un nuage de fumée, et la vision d'un cadavre sur la route.

Je revois le colonel Pang, un de nos « Frères bénévoles », grand, beau, notre voisin à l'hôtel de Koueilin, assis dans le bus avec nous, tout au long de ce trajet vers Tchoungking. Il avait une femme timide, muette, boulotte, hébétée qui lui avait fait quatre enfants mâles; pourtant il la battait à coups de poing et de pied, la laissant évanouie presque chaque semaine. Nous entendions le bruit, on eût dit qu'il battait un matelas, sauf que le matelas gémissait de temps en temps. Il nous en parle lui-même, net et soigné, assis dans un fauteuil, et portant un uniforme (fait en Allemagne) de coupe impeccable.

« Je ne sais pas pourquoi je fais cela. C'est une excellente épouse, elle m'a donné quatre fils, elle ne me réplique jamais; elle attend toujours mon retour pour manger, même si j'ai dîné en ville et rentre très tard. Pourtant, je sens parfois une bouffée de fureur qui me suffoque... et il faut que je la batte. Elle ne rend jamais les coups. »

Je l'écoute; la nuance de sa voix est agréable; il boit du thé; son beau front est légèrement froncé, un peu troublé par ce défaut mineur de son caractère.

Pao rit. Il me montre du doigt.

« Frère Pang, pourquoi te tourmenter ? J'en fais autant à celle-là. Elle ne riposte pas non plus. »

Et il y a l'histoire de l'autre Frère bénévole, que Pao me racontait si souvent et avec une telle délectation que je ne l'oubliai jamais... Sa femme avait un enfant et elle était partie pendant quelques jours avec son bébé pour rendre visite à sa propre famille. Pendant cette visite, elle alla au théâtre avec une cousine, le mari de cette cousine et leurs trois enfants. Pendant l'entracte, la cousine emmena les enfants à la toilette, laissant son mari avec sa parente, seuls dans un théâtre plein de monde, pendant quelques minutes.

Une version de l'histoire voulut que cette femme fût allée seule au théâtre avec un homme. Il fallut quelques semaines pour que le racontar atteignît aux dimensions d'un véritable scandale.

Un soir, en jouant au mah-jong avec ses Frères bénévoles, l'officier en question gagna beaucoup. « Sans doute êtes-vous heureux au jeu, mais savez-vous que vous portez le chapeau vert [1] ? » lui dit un de ses « amis ». « Que voulez-vous dire ? — Comment, il ne sait pas à quel point sa femme aime le théâtre ? » Gros rires.

L'officier rentre chez lui, arrache les cheveux de sa femme, lui casse les dents et la met toute nue dans une cage. Ces cages de bois, faites de bambou et de fil de fer barbelé étaient tout juste assez grandes pour qu'on s'y tienne debout. On y enfermait les communistes dans les camps de concentration, et les Seigneurs de Guerre s'en servaient pour torturer les paysans qui ne pouvaient pas payer leurs loyers. Si l'on s'appuyait contre les barreaux, le fil de fer barbelé entourant les tiges verticales de bambou vous entrait dans la chair. L'officier enferma sa femme dans cette cage, et la mit dehors, pour que tout le monde la vît. Il fallut quelques jours à la femme pour mourir de faim; en attendant, personne n'osa lui venir en aide, elle ne put voir son bébé enfermé dans la maison avec sa nourrice. Sa famille tenta de faire intervenir la justice mais elle n'était ni riche ni influente. « Ce n'est qu'une épouse empruntée, dit l'officier, et elle m'a infligé une grande humiliation. »

Pendant les trois années qui suivirent, je devais endurer cette terreur grandissante, ces mauvais traite-

1. Porter le chapeau vert signifie être « coiffé de cornes ». (*N.d.T.*)

ments corporels de plus en plus violents qui se déchaînaient en trombes. J'appris à faire passer les heures de brutalité, en comptant, avec des respirations profondes, en comptant : « Il y a quatre cents millions d'habitants en Chine : 1, 2, 3, 4, 5... Il va se fatiguer... Il va se fatiguer de cela. » Même si cela se prolonge, continue pendant six, sept, dix heures ou presque, je ne peux ni manger, ni boire, mais je dois rester assise pelotonnée sur le plancher, à attendre les coups, ma seule terreur étant d'être aveuglée ou défigurée, ne parvenant qu'à rassembler tout ce qui reste de moi en une petite boule, une très petite boule intérieure, et à répéter tout bas comme une litanie : « Il va s'en fatiguer... il va s'en fatiguer... rien qu'un petit peu plus... rien qu'une heure, deux heures de plus... il faut qu'il s'en fatigue... » Quelquefois, je me sens tout affaiblie, surtout quand je ne mange pas, mais ne pas manger est un avantage, car alors je flotte, oubliant la voix forte qui donne la liste des vertus qui me manquent de si scandaleuse manière, énumère les fantasmagoriques « probités morales » de la Chine féodale qui — le Chef, Tchiang Kai-shek, l'affirme — peuvent seules sauver la Chine de tous les maux... (et, plus tard, toutes les fois que Pao disait « le Chef », il claquait des talons).

Je me rappelle nettement un incident. C'était en 1940, un an après notre arrivée à Tchoungking. Pao rentra à la maison à midi et je vis que quelque chose n'allait pas. « Viens ici », dit-il. (J'allai près de lui.) Il était affalé sur le lit. « Ta mère est-elle juive ?

— Juive ? Non, ma mère n'est pas juive. Elle est flamande et catholique. » La seule pensée que maman pût être juive me fit éclater de rire; avec l'élasticité qu'engendre le rire, et qui fournit sa propre légèreté de cœur, je continuai, oublieuse du danger. « Je regrette quelquefois de ne pas être juive, je serais tellement plus brillante...

— Qu'est-ce que tu as dit ? »

Les yeux écarquillés, le col de chemise ouvert, Pao se souleva, en un de ses mouvements brusques qu'il cultivait et qui me terrifiaient.

« Tu regrettes de ne pas être juive ? Objet minable que tu es, tu n'as pas de dignité à perdre, tu n'as pas de face à sauver, tu voudrais être juive ? »

Il se mit à rouler ses manches de chemise.

« Quel mal y a-t-il à être juif ? Ce sont des gens comme...

— Ferme ta bouche, ou je vais te battre à mort. Toi, la femme d'un officier chinois, tu oses dire que tu voudrais être juive ? »

Et cela continua... irrépétable. Les juifs étaient répugnants, vicieux, sexuellement pervertis... ils cherchaient toujours à déflorer les jeunes filles de bonne famille... J'avais certainement connu de près beaucoup de juifs... C'était atroce, incroyable, et ridicule. Je respirais avec beaucoup de difficulté. J'étais terrifiée.

« Aujourd'hui quelqu'un m'a dit que tu étais juive, que ta mère est juive polonaise.

— Elle n'est pas juive. »

Le lendemain, il me rapporta un exemplaire de *Mein Kampf*, qui était avec les discours de Tchiang une lecture recommandée aux officiers de l'Armée et aux organisations de jeunes.

« Lis ça... Tu apprendras tout ce qu'il faut savoir sur les juifs. Il faut que tu le lises. »

Et parce que je n'aimais pas voir profaner les livres, je répondis :

« Je ne le lirai pas. Tu peux me tuer, mais je ne lirai pas le livre d'un monstre. Je pense que Hitler est un monstre et un être perverti. »

Ce fut ma première petite, pitoyable, victoire et elle me coûta cher; pendant des mois, Pao me jeta ce livre à la figure. « J'arriverai à mes fins, criait-il, tu ne te moqueras pas de moi, je te briserai. » Mais je ne lus pas *Mein Kampf*. Alors, soir après soir, Pao m'en lut tout haut des passages; cela alternait avec des discours du Chef et des textes moralisateurs de Ts'eng Kouo-fan, ainsi que des extraits d'un livre intitulé *Les Mille Vertueuses et Chastes Veuves*. C'était une compilation de mille histoires de femmes qui s'étaient pendues, laissées mourir d'inanition ou avaient mis fin à leur vie d'une autre façon, afin de fuir un séducteur, échapper à un remariage ou à un viol, et l'on ne faisait pas de différence entre ces trois dangers. Leur mort avait donné à leur famille et au district un grand prestige, et l'on avait érigé des arches commémoratives, parce qu'elles avaient préféré la mort au déshonneur. Tandis que moi, non seulement je ne l'avais pas fait, mais j'avais *délibérément* fait l'amour et avec des *étrangers*...

Cet incident fut rappelé à mon souvenir bien des années plus tard, en 1954 en Malaisie, à une réception. Je fus accostée par Mr. Fenner, officier des services spéciaux britanniques qui devint ensuite préfet de police de la Malaisie. Lui et un autre officier du même service m'attirèrent habilement dans un coin, puis se mirent à me questionner.

« Etes-vous jamais allée en Russie ?

— En Russie, moi, jamais... oh ! si, attendez : à dix-neuf ans, j'ai traversé la Russie par le Transsibérien...

— Ah, ah ! »

Les deux policiers se regardèrent d'un air significatif, puis l'un dit :

« Et vous êtes-vous arrêtée à Varsovie ?

— A Varsovie, pourquoi ? Pourquoi m'y serais-je arrêtée ? »

Je n'y comprenais rien.

Quelques mois plus tard, j'eus la réponse; dans mes fiches, au service d'information, ma mère était classée comme juive polonaise; et moi, par conséquent, suspecte à cause des origines de ma mère... ce qui prouve simplement que les services spéciaux britanniques, du moins en Malaisie, se servaient des vieilles fiches (erronées) de la police secrète du Kouomin-tang.

7 janvier 1939.

Cher oncle,

J'ai fait « perdre la face » à la Chine (moi qui suis l'un des meilleurs éléments d'avenir pour la Chine, moi qui devrais être un modèle et fixer un précédent) en ayant une liaison avec un étranger... Jamais je ne pourrai gagner ma vie en travaillant comme je le veux; je désirais servir mon pays, mais je ne peux le faire qu'en travaillant pour Pao... si jamais il devient un grand homme, mon passé, dit-il, pourra le détruire entièrement; pas un Chinois, mais un étranger ce qui est le pire de tout... il faut que je rachète ma jeunesse souillée...

Le cri : « Tu as humilié la Chine par ta conduite » me blessait cruellement, cela me faisait mal, le plus mal. Et j'écrivais : « Il faut que je rachète ma jeunesse souillée, comme si j'avais eu quarante et un ans au lieu de vingt et un seulement, et comme si c'était ma faute si je n'avais pas eu une adolescence abritée, protégée... comme si le chaos qui régnait en Chine était mon œuvre... »

Et il n'y avait pas d'issue; moins à Tchoungking qu'ailleurs. Entre les cris et les coups, j'avais la tête légère à force de souffrance physique, de faim, de crampes d'estomac; je parcourais les rues de la ville, aussi à pic que des échelles, du haut en bas, de bas en haut, dans un état d'hébétude, chancelante et engourdie par le brouillard. Autour des falaises sur lesquelles se dressait la cité, tournaient les routes principales empruntées par les voitures officielles, quelques autobus branlants et les *huakan*, ces fauteuils de bambou ou d'osier portés sur les épaules de deux hommes, un en avant l'autre en arrière. Et tout cela était ma faute, c'était uniquement ma faute si tout semblait être dans un aussi horrible gâchis...

Partout, la saleté, la brutalité, la mendicité, le constant : Ha, ha, hi, hi, des coolies, manœuvres portant, tirant, traînant, coltinant sur leur dos la guerre et la pourrissante corruption de leurs maîtres, leur chair desséchée, leurs muscles et leurs yeux que faisait saillir le labeur animal dévorant leur vie, le souffle haletant, ha, ha, hi, hi, baignant dans la sueur impitoyable du brouillard cannibale, et dans leur propre sueur emportant leur vie en son suintement. Et leurs haillons pleins de vermine étaient si effroyables que même si l'on était, comme moi, habitué aux haillons, on était frappé de stupeur à la vue de ces loques effilochées, qui bien souvent laissaient voir leurs fesses, grouillantes de poux, cette plaie de leurs plaies, comme si ces haillons étaient leur peau même qui se desquamait. Et lorsqu'on les emprisonnait pour « indécence » pendant les campagnes de « mobilisation spirituelle », la pure imbécillité de tout le système vous épuisait à force de fureur refoulée. Je n'ai jamais vu pendant toutes ces années, un seul coolie portant des vêtements entiers, je ne vis que faces décharnées, dents gâtées et brisées, corps difformes, épaisses jambes torses, stigmates de toute une vie de misère, et aussi tares du fumeur d'opium, gestes lents et gourds, flancs haletants, car l'opium apaisait leurs souffrances, les rebuts d'opium qu'ils fumaient avidement, dans d'épaisses pipes de bambou.

Quand un important visiteur était de passage, la police établissait des cordons dans les rues afin d'en chasser les mendiants, car il fallait que les rues principales fussent propres; et les enfants, échappés des taudis rampaient dans les tunnels de fange ou se cherchaient l'un à l'autre les poux; ils étaient aussi gris que les rats qui la nuit s'aggloméraient sur les trottoirs, et les rats mangeaient les bébés, les quelques chats pelés et mordaient souvent les adultes.

Et pourtant, en dépit de tout cela, en dépit de tout, quel immense sentiment de pouvoir se dégage de cette vie grise et grouillante, laborieuse, laborieuse; même au cours des deux premières semaines, même en dépit de Pao, je sentais cela, l'ardeur acharnée du peuple, l'obstination de la ville, une force refoulée semblable à la puissance du formidable fleuve, actuellement placide et aplati par l'hiver, mais qui monterait, monterait, monterait, de 40, 60, 70 mètres, pour sauter, bondir et emporter sur son flot toutes les jonques aux grandes voiles déguenillées et les lancer vers les plaines d'aval ! Balayés par le tourbillon les taudis sordides, avec les monceaux d'ordures et de gadoue accumulés sous les murailles de la cité, emportés par le fleuve au printemps ! Il me semblait alors que les gens aussi attendaient ce moment, et sur moi pesait la résignation, dans l'espoir de ce pouvoir intangible et tangible, qui aux moments de lucidité semblait n'être qu'un songe mais qui, même alors, m'étreignait jusqu'aux entrailles à travers d'épaisses couches d'ignorance, de peur et d'illusion. Et je dis un jour à Pao : « Il va arriver quelque chose qui nettoiera tout cela », mais ma voix était si lointaine qu'il ne l'entendit peut-être pas.

Escaladant, escaladant les marches de Tchoungking, Cité de la Joie Retrouvée, ils montaient, ces abatteurs de besogne qu'on appelle coolies, en un douloureux effort. Douloureux effort, défilé incessant de pieds plats à force de souffrance, souffles haletants, bêtes de somme, portant, portant, d'inhumaine façon, tout sur leurs humaines épaules, balles de coton, bidons d'essence, meubles, paniers pleins de légumes, et fumier, fumier, fumier humain pour engraisser les champs, et portant aussi d'autres hommes, les officiels, les officiers, les diplomates, ceux qui ont la tête épaisse et le ventre lourd, tous sont portés sur des épaules humaines, montant, montant, descendant, descendant, les rues de Tchoungking en escaliers. Sur ces épaules poussaient d'énormes bosses, calleuses, grosses comme le poing, et beaucoup des porteurs traînaient de grandes hernies maintenues par des bouchons de paille à l'intérieur des loques qui leur servaient de pantalons, attachées par des ficelles.

Nous étions destinés, Pao et moi, à faire partie du régime, du gouvernement de Tchiang Kai-shek à Tchoungking, pendant les trois années suivantes. Et il est impossible de comprendre les événements qui s'y déroulèrent sans expliquer le type d'organisation que c'était.

Deux noms personnifient les deux piliers de la puissance de Tchiang : Hou Tson-nan leader de la clique de jeunes officiers de Whampoa et Tai Lee, chef de la police secrète. Ensemble, ces deux hommes composaient l'armature de l'organisation intégralement fasciste appelée les Chemises Bleues, sous leurs déguisements, noms et activités de toutes sortes, en secret ou au grand jour, politiques et militaires.

La philosophie morale de ce corps d'élite fasciste est habituellement attribuée à Tchen Li-fu, homme d'extrême droite, en 1938 ministre de l'Education et « philosophe » du parti Kouo-min-tang dont les idées sur le personnalisme devaient plus tard être empruntées par Ngo Din Diem. La création de l'organisation des Chemises Bleues remontait au 1er avril 1932, où son noyau composé de 13 des collaborateurs les plus proches de Tchiang Kai-shek avec Tchen Li-fu et son frère Tchen Kouo-fu se réunirent pour fonder un organisme de « rénovation spirituelle ». Parmi les 13 se trouvaient des officiers de l'académie de Whampoa, membres en 1926-1927 d'une société de jeunesse révolutionnaire qui était devenue contre-révolutionnaire plus tard. Tai Lee était lui-même ancien élève de Whampoa et l'un des 13.

En se développant, le mouvement fasciste des Chemises Bleues prit les multiples formes d'instruments, organisations, corps, institutions, mais le Haut Commandement était de plus en plus assuré par Tai Lee qui venait immédiatement après Tchiang Kai-shek et n'avait de comptes à rendre qu'à lui.

La clique des jeunes officiers de Whampoa, bien qu'elle ne dépendît pas officiellement de Tai Lee, était la base militaire du mouvement des Chemises Bleues et s'appuyait sur lui et ses organisations dans les « épurations politiques » pratiquées dans les groupes militaires et para-militaires, surtout à la suite de la décision prise à Nanyu de combattre les communistes. Vers 1942, les deux tiers et en 1945 les trois quarts de tous les emplois dans l'énorme administration militaire étaient tenus par la clique des jeunes officiers de Whampoa.

Trois « cercles » se distinguaient dans l'organisation des Chemises Bleues. Au noyau ou centre, les 13 le clan militaire de Whampoa ou cercle intérieur; et un cercle extérieur appelé de Fou-Hing ou Société de la Résurrection. Le Fou-Hing était surtout occupé à enrôler des étudiants et des intellectuels et à recruter un nombre important de membres variés parmi lesquels on pourrait choisir des hommes capables d'exercer les fonctions de chef. C'était la société Fou-Hing qui recrutait des étudiants dans les universités d'Europe, et beaucoup furent ainsi enrôlés sous divers prétextes; très souvent, sans savoir même qu'on les enrôlait. Les agents des Chemises Bleues s'infiltraient dans toutes les écoles moyennes, toutes les universités; les étudiants étaient emmenés en camions jusqu'à une salle de réunion où ils étaient inscrits de force dans la société Fou-Hing. En 1943 elle comptait cinq millions de « membres ».

Une autre de ces organisations à faces multiples était le Corps des Trois Principes du Peuple pour la jeunesse, qui pratiquait un mode plus direct de recrutement et de manipulation des jeunes (de moins de dix-neuf ans) dans les écoles. Le Corps des jeunes fut créé par Tchiang à Hankeou, en juin 1938; les jeunes gens s'étaient enthousiasmés pour l'Armée Rouge et des bandes d'entre eux avaient quitté l'école pour aller à pied à Yenan, aussi une contre-association fut-elle mise sur pied afin de les tenir en échec. A partir de 1939, Tai Lee ne cessa pas d'organiser des réseaux spéciaux afin d'empêcher les jeunes étudiants de partir pour Yenan. Et comme la route de Yenan passait par Sian, quartier général de Hou Tson-nan, le gouverneur militaire chargé du blocus de la base rouge, c'était à Sian qu'ils passaient par les baguettes à la fois des agents militaires et de la police : le plus grand nombre de camps de concentration pour les jeunes (baptisés « écoles » ou « instituts ») se trouvait à Sian.

Pendant tout le développement du mouvement Chemises Bleues, l'influence idéologique du fascisme, des sections d'assaut de Hitler, les chemises brunes, était au centre de leur édifice. *Mein Kampf* devint une lecture obligatoire pour les gens du « cercle intérieur », la garde d'élite assurant la sécurité de Tchiang Kai-shek. Après 1943, le propre ouvrage de Tchiang, *La Destinée de la Chine*, devint leur *Mein Kampf*.

En ce qui concernait le clan des jeunes officiers de Whampoa, l'endoctrinement direct au fascisme pour ceux qui « promettaient » le plus, sélectionnés en vue de devenir des chefs, consistait en séjours dans l'Allemagne de Hitler. Le fils cadet de Tchiang Kai-shek, Tchiang Wei-kouo, passa plusieurs mois en Allemagne, et parmi les jeunes officiers qui y passèrent six semaines de « vacances », il y avait Pao. Un instantané de Pao avec Tchiang Wei-kouo, à Berlin, resta plusieurs années collé dans l'album de photographies de Pao. Soixante cadets militaires au moins furent de 1934 à 1938 instruits de la doctrine et des méthodes nazies. Rien d'étonnant à ce qu'ils fussent des admirateurs de Hitler; mais cette admiration fut partagée par une grande partie de la « démocratie bourgeoise » en Europe avant 1939.

Le bon rendement, la propreté, l'hyper-nationalisme strident des Allemands, attiraient ces jeunes officiers blessés dans leur orgueil et leur chauvinisme humilié; leur antisémitisme emprunté directement à *Mein Kampf* et qui n'avait pas place en Chine (où la dernière communauté juive de Kaifeng, datant du VIe siècle, était depuis longtemps assimilée) n'était qu'un reflet de leur culture hitlérienne.

Nombreuses et stupéfiantes étaient les ramifications de l'organisation Chemises Bleues. Tai Lee et Tchiang Kai-shek, ainsi que les frères Tchen Li-fu et Tchen Kouo-fu, appartenaient aussi à des sociétés secrètes chinoises telle la Triade. Pendant sa jeunesse à Changhai, Tchiang était devenu le petit-fils adoptif du chef de la plus grande société secrète de Changhai; il était admis dans les bas-fonds de Changhai grâce au père des deux Tchen qui était lui-même chef d'une importance société secrète. Tchiang pouvait ainsi compter sur l'appui d'une armée de gangsters; Tai Lee, lui aussi membre de sociétés secrètes, resta pendant toute la guerre en contact avec la Triade dans la ville de Changhai occupée par les Japonais. Tchiang s'était servi des gangsters de la Triade pendant les massacres d'ouvriers de Changhai, en avril 1927, et de nouveau durant les massacres de la commune de Canton en décembre de la même année. Le chef des gangsters de Changhai, Tou Yue-sheng, en remerciement de son aide dans les massacres d'ouvriers, fut sacré philanthrope, décoré, et installé au Comité de la Croix-Rouge internationale, fonction qui lui permettait de se livrer à des marchés importants et lucratifs de fournitures pharmaceutiques comme la quinine, en même temps qu'au trafic de l'opium et de l'héroïne. Pendant que l'armée était décimée par la malaria, la quinine s'entassait dans les entrepôts... avant d'être vendue au marché noir par les gangsters de Tou Yue-sheng, et ces entrepôts avec ces transactions bénéficiaient de la protection de la police secrète de Tai Lee. Tou Yue-sheng accompagna Tchiang à Tchoungking et travailla à l'infiltration des Chemises Bleues dans la société secrète locale, le Kelao ou société des « Frères Aînés », hostiles aux nouveaux venus parce qu'ils créaient la compétition sur leurs propres terrains de chasse, au Setchouan, dans le commerce de l'opium et le contrôle des maisons de prostitution.

Une synthèse des rites de fraternité dans les sociétés secrètes, du loyalisme confucéen de disciple à maître, et d'une philosophie fasciste fondée sur la pureté raciale, telle était la conception de Tchiang d'un organisme personnel sur lequel lui-même le Grand Chef gardait l'autorité suprême. Tai Lee était chargé de la solidité de la structure.

A l'inverse de Hitler, Tchiang ne voulut jamais reconnaître officiellement les organisations de Chemises Bleues puisqu'il s'agissait d'une fraternité « secrète ». Mais afin de progresser rapidement dans la hiérarchie du pouvoir, il *fallait* être Chemise Bleue, protégé par Tai Lee, et pour beaucoup de jeunes officiers — Pao par exemple — le chemin conduisant à Tai Lee passait par Hou Tson-nan, à Sian.

Hou Tson-nan était le Chef reconnu du cercle intérieur des jeunes officiers de Whampoa. Beaucoup de gens croyaient qu'il serait l'héritier de la dictature militaire de Tchiang. C'est ainsi que ses sycophantes le nommaient souvent : le jeune Chevalier du Pouvoir. Suivre la « route de Hou » était faire l'escalade du pouvoir.

Tai Lee et Hou Tson-nan s'aimaient plus tendrement que des frères. Bien qu'on ne pût accuser Tai Lee d'être homosexuel (ses nombreuses liaisons étaient bien connues, y compris son habitude d'employer les maris de ses maîtresses dans ses affaires de marché noir), Hou Tson-nan passe pour l'avoir été. Lorsqu'ils se rencontraient, Tai et Hou passaient la nuit à discuter en se promenant de long en large. Ils s'écrivaient très fréquemment. Personne n'osait troubler cette amitié ni s'interposer entre eux. Quand le bruit courut d'un mariage entre Hou Tson-nan et la deuxième fille du ministre des Finances, H.H. Kung, Tai Lee pleura et se précipita en avion à Sian pour dissuader Hou. La deuxième Miss Kung était bien connue à Tchoungking pour ses prouesses dans le maniement du pistolet. Elle s'habillait en garçon, fouet à la main, pistolet sur la hanche, accompagnée de chiens-loups. Elle manifestait très directement sa colère aux gens qui ne lui plaisaient pas. Beaucoup avaient peur de la rencontrer, parcourant à grandes enjambées les routes qui mènent aux imposantes demeures de la Rive Sud de Tchoungking où habitaient les ministres, les ambassadeurs, les officiers supérieurs, et Tchiang Kai-shek.

Tai Lee jugeait ce mariage désastreux, en dépit des millions de dollars des Kung et même en dépit du fait qu'il faisait pénétrer Hou dans le cercle de famille de Tchiang (puisque H.H. Kung, ministre des Finances, était le beau-frère de Tchiang). On dit que, en conséquence, il recruta une certaine Miss Yeh, starlette, qui travaillait pour le service de renseignements et signalait les étudiants progressistes de l'université de Tcheng-tou, en se faisant passer pour une étudiante progressiste de la branche des sciences politiques. Il envoya à Miss Yeh à Sian en cadeau à Hou Tson-nan. Bien qu'on ignore si Miss Yeh ait réussi dans sa mission, Hou Tson-nan n'épousa pas Miss Kung.

Bien que le mouvement des Chemises Bleues les comptât parmi ses initiateurs, Tai Lee et Hou Tson-nan s'allièrent contre l'influence des frères Tchen et de leurs partisans. Tchiang maintenait l'équilibre entre ces éléments en présence et soutenait en même temps le ministre de la Défense, pro-japonais, Ho Ying-K'in, que Tai et Hou détestaient. De cette façon, Tchiang restait le maître en opposant un subalterne à un autre; même Hou Tson-nan, le général auquel Tchiang accordait la plus grande confiance, ne pouvait rien faire contre Ho Ying-k'in.

Afin de payer les 600 000 (ou environ) agents de l'organisation des Chemises Bleues, Tai Lee, par le truchement de 50 000 « spéciaux », se livrait à un commerce actif de narcotiques, opium et héroïne, avec les Japonais. Les usines d'héroïne, à Changhai, Tien-Tsin et Nankin, tombées aux mains des Japonais, trouvaient des débouchés pour leurs produits dans le reste de la Chine et l'opium pur nécessaire en tant que matière première leur était fourni par Tai Lee.

Après la chute de Wouhan, la province du Setchouan, devenue le bastion du pouvoir de Tchiang, vit arriver en foule les Chemises Bleues. Les denrées de consommation quotidienne, produits d'alimentation compris, passèrent sous leur contrôle, en même temps que les moyens de transport, par air, fleuve et terre.

Pour rivaliser de pouvoir et d'influence avec Tai Lee, Ho Ying-k'in, ministre de la Défense, avait aussi ses escroqueries personnelles : les fournitures à l'armée. De nombreuses divisions furent fauchées par la famine, les hommes mouraient de faim et de maladie pendant que leurs officiers revendaient leur nourriture et leurs vêtements à des tarifs de marché noir. Ho amassa une fortune considérable en vendant des postes de commandement, en faisant des rapports sur des divisions inexistantes, pour lesquelles il recevait ravitaillement et soldes, et en vendant au marché noir du drap, du riz, du cuir, de l'essence, en même temps que les produits pharmaceutiques destinés aux troupes.

Quand Tchoungking devint la capitale de Tchiang, les troupes de Chemises Bleues se heurtèrent à la société secrète du Kelao et aux Seigneurs de Guerre locaux. Des batailles rangées furent livrées par les bandes de Tai Lee contre le Kelao, et Tai Lee fit du chantage auprès des propriétaires féodaux et de la gentry du Setchouan. En 1939, Tchiang proclamait l'ouverture d'une campagne de lutte « contre l'opium » au Setchouan; et, en outre, à des intervalles réguliers, des campagnes pour « l'amélioration morale de la nation ». Cela permettait à Tai Lee de s'attribuer la vente de l'opium dans certains districts où régnaient les Seigneurs de Guerre setchouanais, et de les soumettre à un chantage concernant la moralité de leur vie privée. Les membres du Kelao furent si furieux qu'ils menacèrent les agents de Tai Lee de leur couper le foie et de le manger, si on les obligeait à céder l'opium, mais en 1943 une grande partie du commerce de l'opium avait été arrachée aux Setchouanais et était contrôlée par les Chemises Bleues.

Tchiang savait que pour conserver le pouvoir, il fallait s'assurer l'appui de la jeunesse. Les universités et les écoles moyennes étaient envahies par les recruteurs des Chemises Bleues. En 1940, on organisa des cours d'entraînement pour les professeurs dans toutes les universités et écoles du Setchouan en vue de leur « élévation morale ». Les sujets qu'il leur était interdit d'aborder avec leurs élèves étaient non seulement le communisme, mais aussi l'inflation, toute étude de « pratiques corrompues », ou de la « misère des paysans ». Des camps de concentration, appelés « pensions familiales de redressement », furent installés et administrés par des Chemises Bleues à l'intention des étudiants et intellectuels progressistes qu'on surprenait sur le chemin de Yenan. On leur administrait des « corrections paternelles », on les endoctrinait, la culture physique alternait avec les coups de bâton. Les convertis étaient envoyés comme agents pour espionner les autres.

A partir de 1937, les Chemises Bleues assumèrent la surveillance des ambassades à l'étranger, et en 1939 chaque ambassade avait son représentant de Tai Lee qui envoyait des rapports sur les « pensées » de l'ambassadeur et de son personnel. Lorsque le clan des jeunes officiers de Whampoa eut été renforcé après la conférence de Nanyu, toutes les nominations d'attachés militaires à l'étranger durent être sanctionnées par Tai Lee.

La fine fleur du régime, le « gratin » de la pyramide de contrôle de Tchiang était le service « Obéir et Servir », un microcosme de gouvernement possédant un pouvoir presque absolu. Sa structure était fondée sur le « cercle intérieur » des jeunes officiers, mais pas entièrement car, même là, Tchiang entretenait en vie quelques rivalités en distribuant des postes à la clique de Ho Ying-k'in ainsi qu'au groupe américain de T.V. Soong et H.H. Kung; ostensiblement, c'était pour demeurer impartial, en réalité, c'était un perfectionnement de ses services de contrôle et d'information.

« Obéir et Servir » était fondamentalement pro-Axe et pro-Allemand, et quand l'Allemagne envahit la Russie soviétique en été 1941, le service fut ravi. Après Pearl Harbour, ils devinrent ostensiblement pro-américains et de nombreux Américains arrivèrent en Chine, nantis de missions militaires : ainsi Tchiang dépendait-il de plus en plus des Etats-Unis.

Ce fut en 1942 que l'Office des Services stratégiques (O.S.S.) organisa une branche à Tchoungking, sous les ordres du commandant Miles, officier du service de contre-espionnage dans la marine américaine; cela engendra vite un Office de coopération sino-américaine (S.A.C.O.) dont Tai Lee était le chef et Miles le « premier conseiller ». C'était le noyau asiatique de la C.I.A.[1] d'aujourd'hui; des agents formés par Tai Lee travaillaient au S.A.C.O., et le personnel chinois recevait les renseignements concernant les Américains suspects de libéralisme et en échange fournissait des renseignements sur les Chinois suspects. Ainsi beaucoup de procédés et de raffinements dus à l'organisation des Chemises Bleues furent-ils utilisés par les officiers « spéciaux » américains, qui contribuèrent plus tard à mettre sur pied la C.I.A.

Le budget du S.A.C.O., comme ceux des Chemises Bleues et de la C.I.A. n'était soumis à la vérification d'aucune autorité constituée. La C.I.A. ne doit de comptes qu'au président des Etats-Unis, les Chemises Bleues de Tai Lee ne devaient de comptes qu'à Tchiang Kai-shek seul.

En raison de ce type d'organisation qui trouvait sa plus haute expression exécutoire dans le service « Obéir et Servir », les décisions de ce dernier prévalaient contre l'opinion de tous les ministères; à mesure que la guerre se prolongeait, le pouvoir de « Obéir et Servir » et de Tai Lee était renforcé dans l'armée où ses agents figuraient dans tous les états-majors divisionnaires.

Les contrats d'importation et d'exportation d'huile d'abrasin, de coton, de produits d'alimentation et de minéraux furent, à partir de 1944, placés sous l'autorité de « Obéir et Servir » ainsi que tous les transports. Seul un nombre restreint de fonctionnaires de ce service avaient eu la possibilité d'étudier à l'étranger et pour cette raison étaient considérés comme capables d'occuper les postes très convoités d'attachés militaires à l'étranger, et de devenir les « yeux et les oreilles » de Tai Lee dans le monde extérieur.

La fonction des membres d' « Obéir et Servir »

1. C.I.A. : Central Intelligence Agency (Service du contre-espionnage américain). (*N.d.T.*)

était de recueillir les informations intérieures contre la « subversion communiste », traiter avec les services de renseignements étrangers et les missions étrangères, dépister les « intellectuels aux pensées dangereuses ». Ils protégeaient tous les gens désignés à un emploi par Tchiang Kai-shek et tous les matériaux à lui destinés; ils s'occupaient de fiches concernant les milliers de professeurs, d'étudiants, d'intellectuels, etc., enfermés dans les camps de concentration; ils surveillaient les activités de tout le personnel des ambassades à l'étranger et celui des divers services civils de Chine. Ils espionnaient tous les ministres, chefs de service, généraux et officiers supérieurs, correspondants étrangers et missionnaires. Ils avaient en réserve un corps d'agents pour les « services spéciaux », tel l'assassinat des indésirables. Ils formaient la garde prétorienne de Tchiang Kai-shek, ils connaissaient la « façon de penser du Chef » avant qu'elle devînt publique.

Aux conférences militaires, où Tchiang haranguait les officiers de Whampoa, le personnel de « Obéir et Servir » assistait en ordre de bataille, bloc-notes en main pour noter les paroles du « Chef ». Tirés à quatre épingles dans leur uniforme et gantés de blanc, ils avaient l'air de ce qu'ils étaient : la garde prétorienne d'un tyran.

L'idée que se faisait Tchiang Kai-shek du salut de la Chine étant un retour aux principes moraux du Moyen Age, le charabia des préceptes de vertu usurpait toute pensée positive au sujet de la conduite des affaires du pays.

« Les rapports père-fils, mari-femme, frère aîné-frère cadet, et amis; les notions de haut et bas, supérieur et inférieur, homme et femme, vieux et jeune. » Une hiérarchie naturelle exigeant l'obéissance aveugle. Retour à l'autoritarisme absolu dans la vie privée et publique; « loyalisme » féodal, aux puissants relents de nazisme. Rien d'étonnant à ce que, comme en Allemagne et en Italie, en ce qui concernait les femmes, les préceptes « d'obéissance absolue au père lorsqu'elles sont jeunes, au mari après le mariage; et si elles deviennent veuves, le suicide comme preuve de fidélité et de chasteté », fussent érigés en idéaux à atteindre.

J'avais cru qu'après notre arrivée à Tchoungking tout irait bien, que les querelles n'avaient pour cause que l'extrême inconfort de notre voyage, qu'une fois dans la ville, nous nous installerions, et que nous pourrions nous livrer à un travail utile. Je m'aperçus bientôt que mon erreur était grande.

Car Pao était uniquement attaché à l'idée de faire son chemin jusqu'au sommet de l'échelle; le vernis de Sandhurst s'écailla dès qu'il fut en Chine; le système corrompu dans lequel il était pris le détruisait en tant que personne, et tout ce qu'il disait était complètement faux, tandis que lui-même devenait engagé plus activement par son « loyalisme » envers Tchiang. Son ambition le porterait très très haut, jusqu'au Cercle intérieur, jusqu'à « Obéir et Servir », jusqu'au faîte...

Je ne savais pas alors ce que je sais à présent : que j'étais du mauvais côté, sur le mauvais front; qu'il me serait impossible (qu'il serait impossible à n'importe qui) de faire quoi que ce fût d'utile ou de valable dans ce système; et pourtant — comme moi — beaucoup de gens, pendant des années, demeurèrent attachés à l'idée erronée que, d'une manière ou d'une autre, de ce gâchis, de ce sordide chaos qu'était la Chine de Tchiang Kai-shek, qu'était le Tchoungking de Tchiang Kai-shek, pourrait sortir un jour quelque chose de bien.

V

Le 12 janvier 1939, me parvint une lettre de mes parents qui étaient à Tien-Tsin. Je leur avais écrit de Koueilin, pour leur annoncer que nous allions partir pour le Setchouan, et leur donner l'adresse postale de Pao : Boîte 132 Tchoungking; chaque bureau des services de l'Armée avait sa boîte postale avec un numéro. Je leur écrivis que j'étais mariée, et je demandai à mon père l'adresse de nos parents du Setchouan. Mon père correspondait régulièrement avec sa famille de Tchengtou, mais nous en parlait fort peu. Il dissociait ce segment de sa vie de ce qu'il endurait avec nous à Pékin; tout ce qui concernait la famille Tchou du Setchouan déplaisait à ma mère : elle avait peur que mon père ne retournât dans sa province.

Mes parents passèrent la guerre sous l'occupation japonaise à Tien-Tsin, puis à Pékin. Mon père fut arrêté par les Japonais en 1937, retenu en prison pendant quelques jours, puis relâché et renvoyé par ordre travailler au chemin de fer. J'ai trouvé dans ses papiers un calepin couvert de mots japonais, car les Japonais forçaient le personnel des chemins de fer à apprendre leur langue. Le courrier entre la zone occupée par les Japonais et Tchoungking ne cessa jamais d'être distribué d'un bout à l'autre de la guerre; les postiers d'une zone déposaient dans certaines villes spécifiées le courrier destiné à l'autre zone qui était ensuite ramassé par les postiers du régime « ennemi », et cet accord n'était pas surprenant, étant donné l'intense trafic libre de marchandises de toutes sortes et aussi de narcotiques qui se livrait entre les deux zones, et les contacts entre les plus hauts fonctionnaires de Tchoungking et les Japonais durant toutes ces années de guerre.

Au total, 42 généraux, 70 officiers supérieurs et hauts fonctionnaires, et 500 000 hommes de troupe du Kouo-min-tang passèrent aux Japonais pendant la guerre, avec l'accord tacite de Tchiang Kai-shek et selon les dispositions prises par lui et par le chef de sa police secrète, Tai Lee. Cela faisait partie du double jeu qui se jouait, et c'était conforme à la politique de Tchiang : combattre le Pouvoir Rouge et conclure des marchés avec le Japon. C'était aussi une spéculation d'une subtilité machiavélique, qui devait réduire considérablement les dépenses militaires de Tchiang. Les Japonais devaient nourrir, payer et équiper les troupes chinoises combattant à leurs côtés. En 1942 et 1943, le taux des désertions s'accéléra, au moment précis où Joe Stilwell, le commandant en chef envoyé par le gouvernement des Etats-Unis à la suite de Pearl Harbour, désirait réorganiser l'ensemble des armées chinoises, afin d'en faire une force de combat efficace, basée sur terre, pour envahir le Japon. Tchiang craignait que les Etats-Unis ne l'obligent à céder une partie de son autorité; en envoyant un demi-million d'hommes aux Japonais, il les soustrayait à l'emprise américaine, déjouait le projet américain de transformer la Chine en un arsenal des Etats-Unis et rendait service aux Japonais très à court d'effectifs à ce moment-là dans le Sud-Est asiatique.

Après 1942, les Japonais confièrent certaines opérations de leur front chinois à ces troupes chinoises fantoches persuadés que seuls les communistes seraient engagés dans le combat, tandis que du côté de Tchiang, les tactiques de recul et de retraite étaient scrupuleusement maintenues. En 1944, 98 p. 100 des troupes fantoches avaient été engagées par la 8e et la nouvelle 4e Armée communiste, 2 p. 100 seulement prirent part au combat nominal avec le Kouomin-tang. Profitant d'un armistice, calcula Tchiang ces troupes fantoches qu'il avait si obligeamment prêtées aux Japonais, et ses propres soldats, pourraient être assemblés et combattre les communistes, par l'application d'un vaste mouvement en tenaille contre les bases rouges, du nord au sud de la Chine.

Ces mathématiques de l'astuce étaient caractéristiques de Tchiang ainsi que l'était toute l'étrange combinaison qui permettait aux lettres, aux marchandises, cosmétiques et narcotiques de circuler sous l'égide des « organisations mercantiles » des Chemises Bleues et des entreprises monopolisées, Ming Houa et Fou Hing, d'un côté à l'autre du front. Pendant toute la durée de la guerre, le ministre des Affaires étrangères japonais fut en contact constant avec les hauts fonctionnaires chinois du service « Obéir et Servir » et par eux avec Tchiang Kai-shek. Il n'était donc pas surprenant que la réponse de mes parents vivant à Tien-Tsin, sous occupation japonaise, me parvînt très vite.

La lettre de mon père respirait la sérénité. Il était de toute évidence satisfait; il me donnait l'adresse du bureau de mon Troisième Oncle, son frère cadet, à Tchoungking, et aussi l'adresse de la famille à Tchengtou. Il m'assurait qu'il allait très bien et que je ne devais pas m'inquiéter. Chose très étrange, il y avait aussi un court mais aimable mot de ma mère, disant qu'elle allait pouvoir « enfin » annoncer à ses amies que j'étais mariée ! Mon mariage semblait nous réconcilier. Il justifiait toute sa vie. « Enfin je pourrai *leur* dire que ma fille est *mariée* », écrivait-elle, soulignant les mots, sans dire qui étaient ces « leur »; c'étaient les autres; les « ils », « elles », « eux ». qu'invoquait toujours ma mère, semblable en cela aux millions de gens qui parlent de mystérieux « on » représentant des forces dans leur existence, quand ils se sentent en désaccord avec le reste du monde.

Avec ces lettres, mes parents m'envoyaient des photographies de moi enfant : près de ma mère, à côté de mon cheval Balthazar, avec ma sœur, et ma mère tenant son dernier bébé. Mes parents côte à côte.

Quelques semaines plus tard, Pao sortit ces photos de sa poche, pendant que nous nous promenions autour des sources chaudes de Peip'ei, station thermale à quelques milles de Tchoungking, où — par une de ses brusques explosions de tendresse — il m'avait emmenée passer la journée. Il fit sauter le visage de ma mère sur toutes les photographies, ensuite, il les déchira et me fit jurer que je n'aurais plus aucun rapport avec mes parents. Il écrivit ensuite une lettre à mon père, tandis que je sanglotais, car je ne voulais pas qu'il fasse de mal à mon père. Je ne sus jamais ce qu'il avait écrit, et mon père ne répondit pas.

Le lendemain du jour où je reçus la lettre de mon père, je partis à la recherche de Troisième Oncle à l'adresse qu'il me donnait.

A la banque Meifeng se trouvait le bureau de Troisième Oncle. Imposant édifice de huit étages, aux portes de cuivre et de verre, vaste vestibule animé où se dressaient de nombreux guichets. Vis-à-vis, il y avait la Banque du Sel du Setchouan, qui avait aussi une énorme façade. Cette banque et la banque Meifeng réunies contenaient la plus grande masse du capital des riches propriétaires terriens du Setchouan, devenus récemment hommes d'affaires et capitalistes.

Avant 1921, la banque Meifeng était l'American Oriental Banking Corporation, mais après les soulèvements de 1923 et 1925, les capitaux américains s'étaient envolés, et les Setchouanais étaient maîtres de la banque.

Quand je revins à Tchoungking en 1956, les deux banques étaient nationalisées, la Meifeng était devenue la succursale à Tchoungking de la Banque du Peuple, et la Banque du Sel du Setchouan était devenue la Banque Agricole du Peuple.

A neuf heures du matin, j'arrivai à la banque Meifeng et restai d'abord à l'extérieur de la grande grille principale, trop timide pour entrer. Puis, je me glissai dans le vestibule. Un employé me demanda ce que je désirais. Je répondis que je voulais voir Mr. Tchou Kien San. A ce moment, entra dans le vestibule un homme ressemblant beaucoup à mon père, mais avec les pommettes plus saillantes, une élasticité et une assurance plus grandes dans la marche. Il portait une longue tunique brune, en soie, doublée de fourrure, et des chaussures en velours noir; il avait les yeux brillants et le regard assuré. Je contemplais son dos, tandis que l'employé s'avançait vers lui, mais déjà Troisième Oncle avait senti qu'on le regardait et, se retournant, il m'examina avec soin. « Troisième Oncle, dis-je. — Tu es ma nièce », dit-il. Je saluai et répondis : « Oui. — Je l'ai pensé, dit-il, tu as quelque chose de ton père dans le visage, et aussi quelque chose de ta sœur, Orchidée de Lune... sais-tu qu'elle est venue ici il y a deux ans environ ? — Non, répondis-je, je ne le savais pas. » On ne m'avait pas dit que ma plus jeune sœur, Marianne, était venue au Setchouan.

Troisième Oncle fit alors volte-face et se mit à marcher devant moi, de son pas élastique, sans bruit dans ses souliers d'étoffe. Il ouvrit une porte et me fit entrer dans son bureau, meublé de grands fauteuils de cuir qui dataient d'il y a vingt ans, l'époque de l'influence américaine; des tables et un paravent en bois sculpté du Setchouan; aux murs pendaient des panneaux calligraphiés. Il commanda de l'eau bouillante, ouvrit un grand placard dont les portes vitrées étaient voilées de soie blanche et je vis un grand nombre de boîtes, cylindriques, carrées, octogonales, en bambou, en laque, en étain, chacune contenant une sorte de thé différente. Troisième Oncle était expert en thé, il donna au domestique l'ordre de verser l'eau bouillante dans une théière où, ayant relevé ses manches, il laissa tomber la quantité voulue de feuilles de thé qu'il tira d'une certaine boîte, tout en m'expliquant l'origine de ce thé, la façon dont il est cueilli, saison, jour, et son prix, sans cesser de me questionner au sujet de mes activités et de la raison de ma présence à Tchoungking. Il me lançait de petits regards vifs, puis détournait les yeux qu'il fixait sur le mur d'en face pendant que je répondais, car il est impoli de regarder une personne pendant qu'elle parle. Je lui dis que j'étais mariée, je lui appris et écrivis pour lui le nom de Pao et mon oncle dit : « Il faut que tu viennes habiter chez moi, dans ma maison de Tchoungking, tu ne dois pas rester à l'hôtel. »

Ce même après-midi, quand Pao revint du Grand Quartier général où il travaillait, je lui racontai mon entrevue avec mon oncle, son invitation, et l'emmenai faire une visite à Troisième Oncle. Quand nous descendîmes de nos *huakans* devant le grand portail de laque noire donnant sur l'allée du Bûcheron, qui était la demeure de Troisième Oncle, je vis Pao rectifier son visage et lui donner une expression de sérieuse responsabilité, afin d'impressionner l'Oncle en exhibant les excellentes manières de sa vertueuse famille.

Le portail s'ouvrait sur une première cour, d'où l'on passait dans une deuxième, puis dans une troisième; la maison de Troisième Oncle était l'une des plus belles de Tchoungking, luxueuse, au milieu de l'universelle pauvreté, bien qu'aux mesures occidentales elle parût glaciale, sans confort et de dimensions médiocres. Le salon rectangulaire était carrelé comme toutes les autres pièces; à cause du froid de l'hiver sur les sièges couverts de housses blanches étaient empilées des fourrures : léopard des neiges du Setchouan, aux taches de papillon; peaux d'ours et peaux de chèvre étalées sur le sol. Dans le silence froid, on pouvait discerner le parfum des orchidées d'hiver posées sur la table à écrire de Troisième Oncle et ce parfum me parut exceptionnellement agréable.

Troisième Oncle, précisément parce que ses études n'avaient pas été poussées très loin dans sa jeunesse, s'exerçait tous les jours à la calligraphie. Il était assis devant sa table, et terminait la page d'écriture qu'il s'imposait chaque après-midi. C'était un fanatique de la propreté : il ne pouvait souffrir que les choses qui l'entouraient fussent sales ou désordonnées; il faisait étiqueter et ranger avec la plus grande minutie tous ses objets y compris ses innombrables boîtes de thé, gardait un torchon de laine douce dans son tiroir et nettoyait toujours lui-même son cabinet de travail; il brandissait un plumeau dans toute la maison et pourchassait la poussière; et il faisait de longs discours à sa famille et à ses domestiques sur l'hygiène, la santé et la propreté. Il avait aussi acheté une automobile, une conduite intérieure Ford, noire, mais il la laissait dans la cour d'entrée et ne s'en servait jamais. Toutefois, il allait tous les jours regarder sa voiture, en fourbissait les pare-boue avec un chiffon et faisait voler la poussière de la carrosserie avec un plumeau spécial. Tout le monde connaissait la voiture de Troisième Oncle et lorsqu'on se moquait de lui, il disait : « Riez tout votre soûl, mais je ne céderai pas au chantage parce que j'ai une voiture. » Notre amitié, lucide et tenace dure depuis notre première rencontre et n'a jamais changé.

Troisième Oncle nous reçut en criant : « Visiteur exceptionnel ! Visiteur exceptionnel ! » et son visage s'épanouit en regardant Pao. De nouveau, le thé fut servi, pendant que Troisième Oncle examinait Pao, très beau dans son uniforme taillé en Angleterre (il en avait huit semblables) et il le couvrit des louanges et des compliments fleuris appropriés. Je crois qu'il était vraiment content de mon mariage. Après tout, je n'avais pas épousé un étranger, ce qui aurait compliqué les politesses mondaines et le protocole de circonstance. J'avais épousé un officier chinois. Excellent, pensait Troisième Oncle, en fixant sur Pao son pénétrant regard appréciateur, tout en récoltant des informations sur son lieu de naissance et sa généalogie, et se rappelant qu'il avait rencontré le père de Pao à l'académie militaire de Paoting; de plus en plus rayonnant à mesure que la conversation avançait.

Troisième Oncle appréciait les avantages d'une telle union en cette époque bouleversée où le Setchouan était envahi par environ quarante millions d'étrangers, que les Setchouanais appelaient « les gens de dessous nos pieds » parce qu'ils étaient à l'aval de la Grande Rivière et par mépris pour leur isolement provincial. C'était un mépris que les hauts fonctionnaires au goût raffiné de Changhai et de Nankin leur rendaient cordialement, en les appelant les « rats du Setchouan ». La « gentry » locale redoutait l'intrusion des pouvoirs du Gouvernement central... mais avoir quelqu'un d' « introduit » auprès du Gouvernement central pourrait être une aide, car déjà les exactions du Kouo-min-tang se faisaient sentir à tous les niveaux dans cette province autrefois presque autonome.

Au Setchouan, comme partout en Chine, les rapports de famille comptaient beaucoup; et dans cet Etat central retiré, toute entreprise de n'importe quelle espèce était sans doute plus solidement greffée sur un système féodal de clans et de liens du sang, pour ne pas parler de la société secrète locale infiltrée partout : les Frères Aînés, le Kelao.

A la Banque Meifeng, dont Troisième Oncle était à cette époque l'administrateur général; trois des directeurs étaient frères, le quatrième, un de leurs cousins; Troisième Oncle était entré dans cette banque grâce à sa réputation d'expert financier, après qu'il eut pendant très longtemps administré les finances du plus grand Seigneur de Guerre du Setchouan, Lieou Hiang. A l'intérieur de la banque, les fils, filles, neveux, cousins et autres parents des directeurs occupaient de nombreux postes, particulièrement dans les services de la caisse, de la comptabilité et autres vulnérables rayons. Troisième Oncle avait placé beaucoup de ses neveux et nièces dans la banque, à Tchoungking, Tcheng Tou, Nei-K'iang et autres cités ou villes moins importantes. Aujourd'hui que la banque a changé de mains, ces employés (mes cousins et parents) restent à leur poste; ils n'ont pas perdu leur emploi et je les retrouve à la même place, occupés aux mêmes travaux qu'il y a trente ans.

Le lendemain de notre visite nous emménagions, Pao et moi, chez mon Troisième Oncle. Il nous attribua une très belle chambre, avec des tentures de soie autour de l'énorme lit sculpté, où les couvre-pieds, légers comme un duvet de cygne, étaient capitonnés de bourre de soie et brodés de fleurs et d'oiseaux. Nous avions une salle de bain avec une immense baignoire vernissée dans laquelle les serviteurs versaient l'eau chaude de nos bains. Les toilettes étaient propres : des serviteurs les nettoyaient chaque fois que nous nous en étions servis. Au portail laqué noir, lorsque Pao sortait ou entrait, le portier criait : « L'honorable Troisième Jeune Maître entre » ou : « L'honorable Troisième Jeune Maître sort. » A toute heure, nous avions du thé parfumé fraîchement infusé; les parquets étaient propres, les crachoirs (que nous n'utilisions pas mais qui étaient là) étaient en porcelaine à fleurs et remplis d'eau fraîche tous les jours; les meubles de laque étaient soigneusement époussetés. Les rideaux des fenêtres étaient en pure soie blanche; c'était la plus belle chambre de la maison et Troisième Oncle nous gâtait.

Il y eut ensuite une succession de dîners au cours desquels nous fûmes présentés aux notables du Setchouan; la famille K'an, la famille Tchen, la famille T'eng et beaucoup d'autres; durant ces festins, des lampes étaient accrochées dans les cours qu'elles illuminaient; sur les tables rondes s'étalaient les meilleurs plats de la province, et Troisième Oncle faisait des discours culinaires, tout en mangeant avec délectation et en faisant des commentaires sur notre appétit. Tout le monde me fit des cadeaux; des piles de couvertures de lit brodées, des douzaines de métrages de soie pour me tailler des robes. « Troisième Oncle te traite comme sa propre fille », disait Pao, impressionné.

Pendant dix jours, Pao ne fut que charme; il amena bon nombre de ses « Frères bénévoles » chez Troisième Oncle pour leur montrer le genre de famille que je possédais; cela lui donnait beaucoup de prestige. Mais aussi, cela excitait leur envie. Je me rappelle un soir où il amena un de ses camarades, un officier avec sa fiancée, jolie jeune femme de Nankin dont le père était dans un ministère quelconque et bien apparenté. Le jeune officier était très fier de sa fiancée et Pao était heureux de leur montrer que j'étais aussi haut placée dans la « gentry » que l'était la future femme du camarade, bien qu'elle possédât le léger avantage de sortir d'une famille de riches compradores et banquiers de la côte, tandis que j'appartenais à la gentry « arriérée » du Setchouan. Mais à Tchoungking, dans la horde de fonctionnaires qui arrivaient, très peu avaient des attaches dans la « gentry » locale : or, ces attaches étaient considérées comme un avantage surtout en ce qui concernait le logement et les domestiques, la possibilité d'acheter des terres, ou de pénétrer dans la vie commerciale locale. « Vous avez résolu le problème de la vie à l'hôtel », dit le jeune officier, promenant autour de lui un regard attentif. Mais il se hâta d'ajouter que le père de sa fiancée avait obtenu de la terre par l'entremise du gouvernement et qu'il se faisait construire une maison dans l'enclave privilégiée de la Rive Sud. D'un air désinvolte, il raconta que son futur beau-père avait fait évacuer vingt maisons appartenant à des Setchouanais, de petites gens, afin d'ériger sa propre demeure. Ce n'était pas une vantardise : nombreuses étaient les expulsions illégales obtenues par contrainte, et elles ajoutaient beaucoup à la rancune des gens du pays. Il arrivait souvent qu'une grande maison fût construite pour les nouveaux venus sur un site où de pauvres villageois, incapables de payer leurs dettes, avaient été privés de leurs domiciles.

La fiancée fut visiblement décontenancée de n'être plus la « vedette », le clou de la soirée : car j'étais une étudiante revenue d'Europe, j'étais allée à l'étranger ce qui, dans la balance où tout individu était pesé pour savoir s'il apportait un actif ou un passif, était un actif. Elle trouva bientôt, toutefois, une chose blessante à me dire. Remarquant des marguerites dans un pot de terre vernissée, elle lança juste avant de partir : « Des fleurs blanches... comme c'est peu chinois. » Car c'étaient des marguerites, des fleurs bon marché, ce n'étaient pas des orchidées ou des branches de prunier. J'avais trouvé charmant leur air ensoleillé, si brave au milieu de ces jours de grisaille. Je les avais mises dans un grand pot de faïence bleue vernissée ordinaire que j'avais trouvé au marché pour quelques sous. Et voilà que ce bouquet témoignait de mon origine étrangère.

Pao était furieux, pas contre les fleurs, mais contre moi. Je dus jeter les marguerites immédiatement, mais je conservai le pot qui devint l'emblème de ma résistance, et jusqu'au jour où je fus bombardée, je m'en servis, par bravade. Il prit pour moi une valeur bien supérieure à la somme qu'il avait coûtée. Pourtant la Providence, si elle existe, préparait ma revanche qui vint quelques mois plus tard. L'hiver suivant un entrefilet, inséré par la famille de la fiancée parut dans les journaux :

Un contrat de fiançailles résilié.

« Il s'est révélé que M. Untel, qui par des moyens tortueux, et en se faisant insidieusement passer pour une personne intègre et de bonnes mœurs, avait contracté un engagement de fiançailles avec mademoiselle X... de bonne et noble famille, dont la vie vertueuse et sans tache est un exemple pour toutes les jeunes filles de son âge et de son éducation, il s'est révélé, disons-nous, que ce monsieur était indigne de cette confiance. Par conséquent les fiançailles sont rompues.

« La raison de cette grave décision est que ce M. Untel a été surpris dans un hôtel en compagnie d'une personne du sexe féminin et de bas étage, le 13 novembre, à une heure peu décente de la nuit. Au cours de l'interrogatoire, il a, sans honte ni pudeur, confessé que cette créature était sa maîtresse qui l'avait suivi jusqu'à Tchoungking et qu'il avait avec elle des rapports coupables depuis plusieurs mois.

« A partir de maintenant, M. Untel voudra bien cesser de se réclamer de l'appui d'une famille à laquelle il a fait si grande injure. Tous rapports entre cette famille et lui sont terminés avec la publication de cet avis. »

Ce fut Pao qui signala à mon intention cette répudiation imprimée bien en harmonie avec l'époque. Peut-être ressentait-il aussi une certaine satisfaction devant le dénouement de ce qui avait été salué comme un remarquable et exemplaire roman d'amour. « Eh bien, j'espère que la jeune fille épousera quelqu'un d'autre, dis-je. — Mais elle est souillée désormais, s'écria Pao, elle n'est plus pure et blanche comme une feuille de papier sans écriture, elle trouvera très difficilement un bon mari... » Pao se trompait ou cherchait à me tromper, car moins de six mois plus tard la jeune fille devenait l'épouse d'un digne jeune homme également intègre et de bonnes mœurs. Toutefois, quand vint la Révolution, son mari gagna les Etats-Unis en l'abandonnant à Formose avec deux enfants. Jugeant que ses chances de se remarier étaient minces, sa famille lui combina, pour la somme de 5 000 dollars, un pseudo-mariage avec un G.I. américain, afin de la faire passer aux Etats-Unis. Il est difficile d'obtenir l'autorisation de quitter Formose et quand un mari est envoyé en mission à l'étranger, il est forcé de laisser sa femme et ses enfants en garantie de son retour. Mais tous les ans, des jeunes femmes réussissent à partir : un moyen étant le « mariage » avec un G.I. américain. Quand elles arrivent en Amérique, un permis de résidence leur est procuré; après cela, moyennant une petite somme supplémentaire, le divorce est prononcé. Mais elles ont ainsi acquis un passeport américain et tout va bien.

Pour le Nouvel An chinois qui se fête en février, Troisième Oncle me ramena, avec sa concubine Yao Niang (qui dirigeait sa maison de Tchoungking, tandis que sa femme, ma Troisième Tante, dirigeait la maison de Tcheng Tou) chez lui à Tcheng Tou en avion. Troisième Oncle revenait au moins trois ou quatre fois par an à Tcheng Tou et dans les trois années qui suivirent je profitai souvent de ses voyages pour l'accompagner, car il était possible d'obtenir un billet d'avion par la Banque Meifeng plus facilement que si l'on était un individu privé, les transports étant contrôlés par les Chemises Bleues. Mais toutes les banques avaient leur agent spécial chargé de soudoyer les transports, et il invitait la Chemise Bleue de service à prendre le thé...

Pao ne vint pas à Tcheng Tou avec moi : j'allais être présentée à ma propre famille et Troisième Oncle appelait cela : « La visite de retour de la Jeune mariée », employant ainsi la formule traditionnelle. Pao resta dans la maison de Troisième Oncle, soigné par un essaim de serviteurs. L'avion du matin pour Tcheng Tou décolla; nous sortîmes bientôt du brouillard pour gagner le ciel bleu de ce début de printemps. Au-dessous de nous, les collines en terrasses avaient l'air de tourner et de glisser, puis nous survolâmes la plaine de Tcheng Tou, au grand soleil où tout scintillait dans l'air limpide et froid.

J'ai déjà décrit ailleurs cette visite de Nouvel An à mes parents et la joie (qui est toujours vivante) avec laquelle je découvris cette grande famille féodale, bien qu'on ne doive plus l'admettre de nos jours en Chine révolutionnaire. Bien que, dans les mois à venir je dusse me rendre compte que, semblable à toutes les familles, la mienne avait ses secrets inavouables, ses sombres rivalités, ses intrigues inexprimées, ses haines, ses appétits féroces et ses petites chamailleries, que cette famille était de surcroît selon les normes d'aujourd'hui un groupe d'exploiteurs, pourtant le soulagement que je ressentis à m'y trouver, loin de Pao, suffit à expliquer pourquoi tous les membres m'en parurent si merveilleux. Et ils me montrèrent une si grande bonté, surtout Troisième Tante, chacun faisant ce qu'il pouvait pour m'amuser, m'intéresser, m'aider ! Et l'affection profonde, encore que lucide, qui me vint alors pour ma famille, ne saurait être effacée ou détruite par le temps ou par la révolution.

Le Nouvel An était une période de réjouissances : le rituel de joie est en lui-même un talisman de bonheur futur : gaieté, bonté, bonne chère, amabilité donnaient le ton aux semaines durant lesquelles on célébrait l'an nouveau. Pas un mot ou un geste désagréable ne troublait le ravissement de ce recommencement; ma nature élastique me faisait sinon oublier, du moins minimiser les querelles avec Pao. Plongée dans la foule enthousiaste de mes nombreux parents, je débordais de bonheur et du désir de leur plaire; je plaignais Pao, je lui écrivais qu'il me manquait. Auprès de ma famille, j'oubliais mes moments douloureux et je me laissais aller aux heures enchantées (car c'étaient des heures enchantées, des jours exquis, ne serait-ce que parce que le soleil resplendissait joyeusement et que tout le monde semblait heureux). J'arrivai très facilement, pendant ce court mois, à dominer ma nature impétueuse et agitée, à adopter le rythme nonchalant, paresseux et intemporel de la famille, à ne rien faire que de banal avec une application pointilleuse et consciencieuse à l'extrême. Peut-être s'y mêlait-il un peu de comédie, mais c'était aussi une affection sincère qui rendait ces contraintes aisées, en sorte que pour une fois je me fondais vraiment dans un groupe avec un grand désir de m'y fondre, et que secrètement je pleurais de joie d'avoir découvert ma merveilleuse Grande Famille du Setchouan.

Il y avait beaucoup de maisons à visiter : oncles et tantes, grands-oncles et autres collatéraux, dont les parentés précises ont des noms précis dans le système familial chinois, tandis que rien n'y correspond exactement en français. Je les appris patiemment, fis des visites et des saluts, mangeai et fis des saluts, bus du thé et fis des saluts, suivis Troisième Tante docilement, comme si j'étais sa fille. Tant de réjouissances, tous les Aînés devant lesquels on s'inclinait le jour de l'An ! L'air vif éclaboussé de soleil, le parfum des cours et des jardins où les fleurs de prunier ouvraient leurs pétales rose pâle et jaune pâle, tout était transfiguré par une riche et riante parure; si belle la vieille cité tranquille de Tcheng Tou aux ruelles sinueuses, avec ses maisons branlantes lattées et plâtrées, et ses toits de tuiles grises, et ses perroquets gris et roses se balançant devant les boutiques sur leur perchoir d'étain; avec ses portails laqués noirs ornés de papier rouge couvert de la calligraphie du Nouvel An, ses magasins de thé, mémorables, célèbres, innombrables, et dans l'air froid du matin la bonne odeur du thé fraîchement infusé; les enfants turbulents courant çà et là, joues rouges et cheveux lisses, leurs petites tresses attachées par de la ficelle rouge, leurs vêtements de cotonnade bigarrée faisant des taches semblables à des corbeilles de fleurs en mouvement ! Dans les allées bordées de lauriers-roses, au parc Shao-sheng, avec son monument élevé en mémoire de la lutte pour le chemin de fer du Setchouan en 1911 (lutte qui avait été le point de départ de la Première Révolution chinoise, cette année-là [1]) flânaient des foules de promeneurs; ses bassins pleins de lotus, ses pavillons de thé, et rangée sur rangée d'odorantes orchidées d'hiver, vert pâle, mauve pâle, renaissaient dans ces louanges de leur beauté. Souvenir obsédant et poétique, le parc Tou Fou [2] avec ses bosquets de bambous et l'évocation du plus grand poète du Setchouan. Les temples et les cours de Wou-Hau-Szé, fraîchement peints de couleurs criardes étaient encombrés de familles entières et les pères montraient à leurs enfants les statues des héros des Trois Royaumes. Leurs noms revivaient dans les récits du conteur d'histoires qui le soir mimait les habiles exploits de leurs cerveaux fertiles en expédients, à la lueur d'une petite mèche de coton trempée dans une lampe de terre pleine d'huile de colza, de forme très semblable aux lampes dont se servaient les Grecs en leurs propres temps héroïques. Les mille odeurs piquantes des mets setchouanais, et des fragments de fruits cristallisés et de friandises confites, le frais, frais parfum acidulé des oranges et des cumquats, et toute une bande de cousins et de cousines, me donnant le bras (les filles seulement) et m'appelant Troisième Sœur... J'absorbais la façon de parler du Setchouan, laissant les maniérismes s'infiltrer en moi, m'imbibant par osmose de tout ce qui m'entourait; toute contrainte perdue, je flottais dans la facilité, la confiance qu'une grande famille me faisait retrouver presque comme si cet enchantement magique ne devait jamais finir.

Ce fut à la fin d'un dîner en commun que Troisième Oncle annonça qu'il m'avait enfin trouvé un nom de famille correct qui me plaçait à mon rang de lignage et, d'après mon âge, parmi ma génération dans le livre des générations.

Troisième Oncle tenait le registre de toutes les générations, et il me fit plus tard cadeau d'un exemplaire de ce livre. Ma génération comptait alors vingt-cinq repré-

1. Voir *L'Arbre blessé.*
2. Tou Fou : poète, 712-770. *(N.d.T.)*

sentants : quatre enfants de mon père, quatre de Troisième Oncle, douze de Sixième Oncle et cinq de Premier Oncle; mes vingt et un cousins germains étaient classés comme mes propres frères et sœurs et tous figuraient dans le livre des générations, en rang d'âge, le premier-né des enfants mâles désigné sous le nom de Premier Fils, le premier enfant féminin, Première Fille, sans tenir compte du frère dont il ou elle était le rejeton. Ainsi mon propre frère était Premier Fils, et toute ma génération l'appelait Premier Frère, bien que mon père fût le second enfant mâle de sa propre génération; tandis que son frère aîné engendra Second Fils un an plus tard. Les fils de Troisième Oncle avaient les rangs de Troisième, Quatrième et Sixième, suivant leur âge, tandis que Cinquième Fils était l'autre enfant de Premier Oncle. En notant les dates de naissance et en donnant à chacun un numéro dans la suite chronologique, on retrouvait la piste de ses cousins germains et aussi celle des gens de la génération immédiatement antérieure, c'est-à-dire de ceux qui, issus du même grand-père, portaient le même nom de famille. Ce système de descendance par la ligne paternelle s'étendait aussi aux grands-oncles, car un des frères de mon grand-père vivait encore et avait procréé une vingtaine d'enfants, dont certains n'avaient — à l'époque où j'étais à Tcheng Tou — que dix ou douze ans, mais qui étaient par définition mes oncles et mes tantes. Les sœurs de mon père, dont deux vivaient encore, avaient eu, elles aussi, une nombreuse progéniture : dix enfants en tout, mais comme elles appartenaient aux familles de leurs maris et comme leurs enfants ne s'appelaient pas Tchou, ils ne figuraient pas dans notre livre familial des généalogies, mais dans celui du clan de leurs maris. Ces cousins n'étaient donc pas « même clan » mais cousins au deuxième degré bien qu'ils fussent biologiquement du même niveau et de la même génération.

Dans cette classification fondée sur la descendance paternelle, le nom de famille était de toute importance car c'était un nom de clan et l'on considérait au

Setchouan comme impossible que deux personnes portant le même nom de famille pussent jamais se marier, même lorsqu'il était nettement prouvé qu'elles n'avaient aucun lien de sang. Ainsi un Tchou ne pouvait épouser un autre Tchou, un Lieou un autre Lieou. Et comme dans la Chine entière il n'y avait qu'environ 286 noms de famille pour 500 millions de personnes, les occasions qu'aurait eues un Tchou d'épouser un autre Tchou étaient très nombreuses; mais une autre invention féodale avait rendu la chose impossible. Tous les mariages étant arrangés par les familles, aucune famille ne consentirait jamais à une union de « même nom » parce que cela équivalait à un inceste, outre que vous deveniez un objet de risée et de répulsion : un tel crime ne pouvait se commettre, aucun marieur professionnel n'acceptant de se livrer à une entreprise aussi monstrueuse.

L'origine de cette coutume est probablement, comme bien d'autres choses, le fait que ce système de clan fondé sur la lignée mâle, sur la suprématie du mâle implicitement contenue dans le dogme de Confucius, avait détruit le système primitif matriarcal qui existait en Chine et réglementait sévèrement l'inceste. De nombreux villages restaient fondés sur le système de la tribu, la plupart des habitants portant le même nom et ces villages contractaient des alliances avec d'autres villages par voie de mariages de noms différents, mais jamais à l'intérieur de leur propre groupe de nom; tous ces mariages étaient arrangés en dehors du choix des jeunes gens eux-mêmes; le mot « amour » était banni, et, si jamais on l'employait, il provoquait des rougeurs, des ricanements et des cris d'indignation ou de honte...

D'autre part, deux cousins germains (au sens européen) pouvaient fort bien s'épouser, pourvu qu'ils eussent des noms différents. L'idée que la semence mâle dominait, que le « sang » était transmis par le père, la mère ne fournissant qu'un réceptacle nutritif pour l'enfant, était une autre notion féodale que Pao lui-même tenait pour vraie.

Aujourd'hui, enfin, tout cela a changé et les enfants peuvent adopter le nom de leur père ou, s'ils le désirent, celui de leur mère, et cela est en soi une Révolution culturelle.

En ce temps-là, quelques-unes des très anciennes familles du Setchouan possédaient une devise : « Nos fils et nos filles ne sont pas pour un sang ordinaire », et elles pratiquaient un système actif de mariages consanguins entre les enfants de frère et sœur, dédaignant les unions entre clans non apparentés, disant que cela « abaisserait » leur rang. « La chair du cygne n'est pas pour l'oie commune. » Dans la famille Tchou, ces mariages entre cousins étaient fréquents, car lorsque le clan était réuni, y compris les enfants issus de différents grands-pères, ils présentaient un vaste choix d'appariements consanguins considérés avec faveur, pourvu que les noms de famille fussent différents, parce qu'ils étaient plus faciles à manier que les couples formés avec des inconnus, entraînant de lourds frais d'entremetteurs (ceux-ci n'étant pas toujours véridiques dans cette « vente » d'une fiancée ou d'un fiancé).

Il y avait aussi des clans de « parenté » entre lesquels s'établissait une tradition de mariage; ainsi les familles Hou, Hung, Teng étaient celles qui, automatiquement, quand une fille ou un garçon acceptable atteignait sa majorité, songeaient à une fille ou à un garçon acceptable de la famille Tchou et vice-versa. Les relations d'affaires ou de commerce suivaient de près ces unions de famille et s'y mêlaient inextricablement.

Troisième Oncle m'expliqua tout cela, ou plutôt pas à moi seule, mais à nous tous, car il aimait pérorer longuement sur le sujet de la Famille, et nul moment n'était plus propice que le Nouvel An à la commémoration orale des traditions qui soudaient le système, la Grande Famille féodale de Chine, avec son emprise tentaculaire sur tous ses membres, en masse et en particulier.

C'est ainsi que je fus proclamée Troisième Fille, et

que mon nom fut inscrit dans le livre de généalogie, déplaçant légèrement la fille de Troisième Oncle, née dix jours après moi; nous décidâmes dans le privé de nous appeler Troisième Grande et Troisième Grosse; car elle était plus en chair que moi et avait un visage rond et joyeux. Toute la famille m'appela Troisième Fille et les domestiques Troisième Mademoiselle; je fus donc enfin adoptée par la famille, et mon nom de famille me fut donné.

Avant cette cérémonie, j'avais été présentée aux tablettes des ancêtres, dans la salle commémorative en miniature qu'entretenait Troisième Oncle dans sa maison de la ruelle du Marché aux Moutons, à Tcheng Tou. Tous les matins, Sixième Frère, le plus jeune fils de Troisième Oncle, faisait le tour de la salle et de la cour pleine d'arbres et de fleurs qui était devant, tenant à la main un faisceau de bâtonnets d'encens allumés, frappant sur les gongs et plaçant les bâtonnets dans certains coins choisis, et se prosternant devant les Tablettes de l'âme des ancêtres; nourriture, boisson et fruits étaient placés devant eux; et Troisième Tante les priait en disant : « Grand-père, grand-mère, grand-oncle, mangez, je vous en prie. »

Ma grand-mère, qui était morte depuis deux ans, avait aussi son couvert mis, à certains jours du mois; et quand Troisième Tante présidait à la table des repas, elle commençait toujours par inviter l'esprit de grand-mère à venir manger, et elle plaçait quelques morceaux de choix sur sa petite assiette et un peu de thé dans sa tasse.

J'aimai tendrement Troisième Tante dès que je la vis; elle avait les cheveux lustrés comme le jade noir, une peau blanche et lisse, de belles petites mains. Encore aujourd'hui à soixante-dix-sept ans, elle a gardé ces mains ravissantes bien que sa peau soit tannée par le soleil et que ses cheveux commencent à grisonner. Elle avait de minuscules pieds liés et elle porta le deuil de grand-mère pendant trois ans. Troisième Tante était si petite que lorsqu'elle s'asseyait sur une chaise, ses pieds se balançaient dans le vide et c'est ainsi que je me la rappelle, assise sur un siège trop haut et trop grand pour elle, patiente et repliée sur elle-même patiemment. Elle savait tout ce qu'exigeait l'entretien d'une famille et d'un clan et commandait sans se départir jamais de sa douceur, car elle était aussi très compétente. Elle ne se laissait pas troubler par la présence de Yao la concubine, qui était insignifiante d'aspect, plutôt laide, ne se mettait jamais en avant, et, tant qu'elle avait de l'opium à fumer, se rendait utile à sa façon. Yao la concubine dirigeait aisément la maison de Tchoungking car c'était une femme de Tchoungking; Troisième Oncle l'avait trouvée dans une maison de rendez-vous, et elle l'avait soigné au cours d'une maladie non spécifiée dont elle me décrivait les symptômes et les signes avec délectation, mais que je n'arrivai jamais à identifier. Il l'avait achetée au tenancier et elle était devenue sa gouvernante. Il avait très peu affaire à elle, mais, pendant trente ans, il pourvut à ses besoins, y compris ses besoins d'opium, et ne lésina jamais sur l'argent destiné à lui acheter des robes. Yao n'était pas dépensière, elle était soigneuse et sobre, comme Troisième Tante; elle ne buvait pas et ne nuisait pas à la réputation de la maison, et sa passion pour l'opium était discrète, elle la satisfaisait en secret, et ne cuisait jamais plus de trois pipes.

Quelques mois plus tard, la concubine Yao et Troisième Tante allaient devenir d'agissantes alliées, à l'occasion d'un engouement passager de Troisième Oncle pour une vedette de cinéma. La vedette était belle, elle était « étrangère », de Changhai (disait-elle) et très coûteuse; ce fut ce dernier argument et nullement le fait qu'elle accorderait ou n'accorderait pas ses faveurs à Troisième Oncle (ce qui ne fut jamais tiré au clair) qui alarma Troisième Tante et Yao la concubine; elles promenaient partout des figures renfrognées; Troisième Tante marmottait que Troisième Oncle était ensorcelé et que cette étrangère de Changhai lui avait fait boire un philtre d'amour; et puis, elle soupirait et retournait à ses occupations, la bouche austère et le sourcil froncé, tandis que Yao, plus exubérante, plus loquace, parce que c'était une personne plus grossière, terrifiée à la pensée que sa source d'opium pourrait se tarir, disait que l' « étoile » était une prostituée, et qu'elle savait qui était l'entremetteur, et qu'il s'agissait d'un « racket » (dont l'étoile était l'appât), tendant à détruire Troisième Oncle et à lui faire subir un chantage. Mais tout rentra bientôt dans l'ordre : décidément, la vedette coûtait trop cher et devenait de plus en plus exigeante; Troisième Oncle mit fin à cette situation.

Sur les murs de son bureau à la banque, de son grand salon à Tcheng Tou, et aussi dans les pièces diverses de la maison de campagne de Ta Er Woh près de Tchoungking, où il alla se réfugier plus tard après la destruction par les bombes de sa maison de Tchoungking en mai 1939, s'était épanouie une floraison de photographies de la vedette de cinéma, buste généreux, joues à fossettes, grands yeux rêveurs levés au ciel, et tout cela coloré à la main. « Ruineux » grommelait Yao la concubine. Troisième Oncle cueillait au mur ces images encadrées et discourait longuement sur les vertus d'un charmant visage donnant à ses propos l'allure d'une philosophie de la beauté : « Examinez ces traits, par exemple. Vous remarquez le rapport du front au menton, indice d'un caractère moral d'une force considérable... remarquez aussi les yeux, comme ils sont placés... les astrologues disent que l'espace qui sépare les deux yeux doit avoir la même longueur que l'œil... » Il ne se montrait jamais paillard ou indécent, mais il était plein d'emphase et inépuisable dans ses dissertations sur les avantages physiques de celle qu'à cette époque Yao Niang appelait « ce sac d'os » et Troisième Tante « Vedette de quoi ? » Puis un jour, brusquement, plus de photos, plus de conférences sur les lois de la beauté. Troisième Oncle s'enferma dans son cabinet de travail et travailla sa calligraphie. Puis il en sortit, commanda sa chaise à porteurs et ce même soir toutes les photographies disparurent : personne n'entendit jamais plus parler de la vedette de cinéma.

A part ce négligeable épisode, dans toutes les années que je connus Troisième Oncle et Troisième Tante, il n'y eut aucune fêlure dans leur harmonieuse entente et dans ce compagnonnage indulgent qu'est le mariage. Troisième Oncle se moquait de Troisième Tante qui zézayait, Troisième Tante rougissait comme une jeune fille quand Troisième Oncle lui parlait. Elle veillait le soir en l'attendant; elle s'agitait comme nous tous, en guettant le bruit de ses pas pendant des heures. Maintenant, ils sont vieux tous les deux, mais vieux ensemble; après la Révolution, Yao la concubine fut guérie de sa passion pour l'opium et mourut de tuberculose au bout de plusieurs années. Troisième Tante la soigna et maintenant Troisième Tante, qui malgré ses petits pieds liés peut faire des kilomètres de marche, débordante d'activité, va chaque jour écouter une conférence politique sur la Pensée de Mao Tsé-toung; son intérêt avide est si fort qu'elle arrive une demi-heure avant l'heure fixée pour la réunion. Troisième Oncle soigne ses genoux malades et reste à la maison, à attendre sa femme. Et Troisième Tante est aussi heureuse dans la pauvreté relative où ils sont tombés qu'au temps où elle avait toutes ses aises, toutes ces maisons et tant de parents à aider, au temps où Troisième Oncle était un homme riche.

Sixième Oncle et Sixième Tante formaient eux aussi un couple heureux : ils avaient fait un mariage d'amour, mais leurs familles respectives n'en savaient rien; Sixième Oncle avait à peine aperçu Sixième Tante au Parc un jour de fête et il en était tombé amoureux; et... merveille ! c'était la fiancée qu'on lui avait choisie ! Cet extraordinaire coup du sort les laissa abasourdis : il enrichit toutes les années de leur vie conjugale. Sixième Tante était très belle. Même après ses douze maternités, six garçons et six filles, elle garda sa taille mince et ses yeux de biche, sa peau pâle et lisse. Son corps était complètement dépourvu de poils même à trente-cinq ans; beaucoup de femmes au Setchouan sont ainsi glabres, pas un duvet au pubis ou aux aisselles, mais avec des chevelures opulentes.

Sixième Tante, qui était « moderne » (ne s'était-elle pas mariée par amour ?) se fit stériliser après son douzième enfant, jugeant que cela suffisait. Elle est encore svelte, le visage lisse et les cheveux noirs aujourd'hui, et son mari est toujours si amoureux d'elle qu'il ne peut rien entreprendre sans courir d'abord la mettre au courant. Ils ont scandalisé un grand nombre de gens, quand Tcheng Tou fut bombardé en 1940, parce qu'ils laissèrent leurs enfants gagner seuls les abris tandis que le père et la mère marchaient derrière eux, en se donnant la main, ce qui ne s'était jamais vu au Setchouan avant la Révolution.

Premier Oncle, par contre, ne s'entendait pas bien avec Première Tante, et leurs enfants assistaient à bien des querelles de ménage, mais les supportaient avec philosophie, car une grande famille a une énorme résistance. Premier Oncle était dépensier, ne réussissait pas dans les affaires, et Première Tante l'accusait d'avoir des liaisons; c'était une femme maigre et qui se plaignait sans arrêt, elle venait fréquemment, précédée de sa voix bruyante, fumer sa pipe à eau avec Troisième Tante et Sixième Tante et leur raconter ses malheurs.

Mais, à chaque Nouvel An, la famille se réunit, Troisième Grand-Oncle, frère de notre grand-père, avec sa nombreuse progéniture, Troisième Grand-Tante et aussi sa concubine, femme acharnée au travail et de bonne volonté, dévouée à Troisième Grand-Tante. Premier, Troisième et Sixième Oncle avec leurs enfants, d'autres cousins à des rangs et degrés différents, dont on ne peut fixer la parenté par aucun mot français adéquat : cousins de Grand-Oncle, Grands-Oncles du côté de ma grand-mère maternelle, tantes au deuxième, troisième et quatrième degré veuves et mariées. Devant tous ces parents, nous, descendants de la jeune génération, nous nous agenouillons pour faire nos salutations *(kow tow)* et pendant les fêtes du Nouvel An, qui à Tcheng Tou durent un mois, ce ne sont que paroles douces, visages aimables et souriants, car l'année se poursuivant telle qu'elle a commencé, il est essentiel qu'elle commence bien.

Le dernier jour de l'année, nous veillâmes tous, et nous parlâmes, comme c'était la coutume autrefois, quand la famille avait un commerce de tabac et devait passer la nuit à faire les comptes et le bilan de l'année, payer toutes les dettes, et faire rentrer tout l'argent qui était dû... Mais ce soir-là, il n'y avait pas de dettes à payer ou d'argent à recevoir, il n'y avait que la famille, assise en rond, et la voix de Troisième Oncle évoquant les nombreuses coutumes et traditions du Setchouan, parlant du commerce du tabac qui dans le passé avait été la principale ressource de la famille pendant cent vingt ans, parlant... jusqu'à ce que tout le monde se mît à bâiller : alors Troisième Oncle levant la séance nous autorisa à aller nous coucher.

Au bout des dix premiers jours de la Nouvelle Année passés à Tcheng Tou, Troisième Tante et un groupe de représentants de la jeune génération, dont je faisais partie, nous partîmes pour Pihsien, petite bourgade qui n'était qu'à 15 *li* [1] ou quelque neuf kilomètres de Tcheng Tou. Notre petite procession sortit par le portail de l'ouest; la route était une fondrière de boue rouge et gluante qui collait aux pieds des coolies. Le soleil brillait ce jour-là, un soleil poreux qui bientôt, à l'approche du printemps transformerait la plaine en une serre moite et humide. Un plafond de chaleur étouffante recouvrant tout le bassin du Tcheng Tou, en faisait un perpétuel bain de vapeur, entretenant une légère et constante buée. Cette sorte de brume montait aussi des champs, gor-

1. *Li* : mesure de distance, 576 mètres. *(N.d.T.)*

gés du fumier sombre, gras et fertile; ce n'était qu'au début du printemps, au moment du Nouvel An, et pendant quelques semaines de court et doux hiver, que régnait une sécheresse relative. Et cette humidité constante donnait leur jolie peau fine aux jeunes filles et même aux femmes pâles et laborieuses, petites, trapues et sous-alimentées dont l'épiderme ressemblait aux pétales du magnolia. Les pieds de nos coolies, dans leurs sandales de paille tressée, pataugeaient dans la boue de la route et nous fûmes bientôt hors de la cité, filant rapidement vers Pihsien. Je regardais les muscles gonflés du dos de l'homme qui m'emportait. Il était nu jusqu'à la ceinture, et transpirait malgré le froid; il avait un morceau d'étoffe autour de la tête pour empêcher la sueur de lui tomber dans les yeux. J'aurais voulu marcher, mais cela ne se faisait pas, et Troisième Tante ne me l'aurait pas permis.

Troisième Oncle m'avait déjà parlé de la petite ville médiévale de Pihsien, la première halte où s'étaient installés mes ancêtres pour devenir fermiers; comme tant et tant des actuels habitants du Setchouan, comme Kouo-Mo-Jo et Pa Kin, les écrivains, et Tchou Teh, commandant des Armées Rouges chinoises, notre famille était, à l'origine, issue des Hakkas qui, au onzième siècle, avaient quitté le bassin du Fleuve Jaune pour aller vers le sud, loin des destructions des Mongols et des Tartares, et s'installer dans les provinces méridionales du Foukien et du Kouangtong, mais ils y arrivèrent trop tard : les meilleurs champs étaient déjà pris, leurs villages étaient restés pauvres, sous le système du cultivateur à bail, ce qui avait causé une migration ininterrompue des hommes, en quête de meilleures terres. Beaucoup étaient devenus colporteurs, portefaix ou contrebandiers en sel, et aussi rebelles et révolutionnaires. Après l'invasion mandchoue du XVIIe siècle, le Setchouan qui avait résisté aux Mandchous pendant quarante ans fut presque entièrement dépeuplé par les massacres et la peste. La dynastie mandchoue entama une politique de mouvement de population, poussant des Hakkas à se fixer dans les régions désertes. Au XIXe siècle, ils organisèrent les Hakkas en unités militaires pour réprimer les insurrections locales. Les Hakkas quittèrent le Kouangtong et gagnèrent au nord-ouest le Setchouan en suivant les bateaux de sel qui allaient et venaient le long des canaux de l'intérieur, et les sentiers de montagne qu'empruntaient les contrebandiers du sel. Ils s'installèrent dans les fertiles vallées des fleuves et dans la plaine de Tcheng Tou. De ces districts, Pihsien était le meilleur, le plus riche et le plus fertile, car on y faisait deux et parfois trois moissons de riz par an.

Les tireurs de pousse-pousse plaisantaient entre eux tout en marchant, courant presque sur la route, dans la fraîcheur du matin. Troisième Oncle se joignit à leur conversation, pour leur dire combien ils avaient de la chance de ne pas être à Tchoungking où toutes les rues étaient des escaliers de pierres, conduisant d'un palier à l'autre de la ville; de sorte que les porteurs de *huakan* [1] et les tireurs de pousse-pousse avaient bien du mal à se tenir en équilibre dans la pluie grasse et le brouillard de l'hiver, et quand la sueur en ruisselant les aveuglait dans l'inexorable chaleur de l'été; si le pied leur glissait, ils pouvaient se briser les os et un os brisé c'était aussi le bol à riz brisé, l'estomac creusé par la faim et pas moyen d'en sortir. Et les hommes riaient et l'un disait que, oui, il avait entendu parler de Tchoungking, un de ses frères y était, porteur de *huakan* et là-bas les porteurs de *huakan* ne duraient pas longtemps, la vie s'en allait d'eux, été comme hiver, car l'été était une fournaise et l'hiver un fleuve de glace, et où les pauvres pourraient-ils se procurer des vêtements pour ces températures ? Alors, ils avaient bien de la chance d'être dans la belle ville de Tcheng Tou où tout est plat et uni, les routes lisses comme les parquets d'un palais et où il y a beaucoup d'eau, donc beaucoup de maisons de thé, où un homme peut apaiser la soif de

1. *Huakan :* sorte de chaise à porteurs. (*N.d.T.*)

sa bouche sèche. Tchoungking était tellement sec que les arbres refusaient de pousser sur son rocher et les rayons du soleil vous y cinglaient les épaules comme un fouet, sans compter les bâtons de bambou qui vous entraient dans la chair surtout quand la chaise à porteurs était de guingois sur ces rues en escaliers presque perpendiculaires.

Un autre déclara que c'était pourtant une meilleure vie que d'être dans l'armée, car il avait vu des officiers enrôler des soldats; et ils étaient aussi féroces que des loups; et armés, et ils ramassaient les gens assis dans les maisons de thé ou travaillant dans les champs, les attachaient ensemble avec des cordes et les emmenaient; et ce n'était pas tout; ils les chargeaient aussi de ballots de bois de chauffage, de barils d'huile, de rouleaux d'étoffe et de bien d'autres choses qu'ils emportaient à la ville pour les vendre; on les tirait et on les fouettait et beaucoup mouraient parce qu'on oubliait l'heure du riz, et on leur imposait des marches de trente *li* par jour ou plus, et la nuit on les enfermait, et le matin les vivants ramassaient les morts et les traînaient jusque sur la route, avant que les officiers daignent regarder de leur côté. Alors, il valait mieux tirer un *huakan* et transporter un monsieur, plutôt que de transporter un fusil sous les ordres de ces gens du littoral. Son frère avait été pris voilà deux mois, et il y avait maintenant à la maison beaucoup de bouches à nourrir. Ainsi, par discours indirect, comme s'ils racontaient une histoire, ils exprimaient leur misère et sur un ton qui laissait seulement deviner que, tout au fond, la colère bouillonnait.

Et cela rappelait étonnamment ce qu'a décrit le grand poète Tou Fou, jusqu'aux mots employés par le coolie, d'une beauté si farouche, dans la complainte de Tcheng Tou, où chaque phrase meurt en syllabes traînantes :

En suivant la route de Hin An,
J'entends les plaintes des conscrits répondant à [l'appel

J'interroge l'officier qui dit :
Le village est petit, il n'y a plus d'hommes
Pourtant il nous faut des hommes pour la guerre.
Il n'en reste plus,
Rien que des adolescents, ridiculement petits et [chétifs.
Les bien-nourris, leurs mères marchant à leurs côtés [en pleurant;
Les affamés sont seuls : personne ne leur souhaite [bonne chance.
Les flots turbulents du crépuscule déferlent à l'est,
Les échos de la colline se renvoient les cris des [blessés...
Pas de pitié pour eux, au ciel ou sur la terre...

A mesure que nous avancions, je voyais cet éternel cheminement douloureux des gens du peuple, à jamais peinant et mourant, tandis qu'on n'exigeait d'eux que l'obéissance, et que leurs chefs menaient au désastre et à la mort, les brisant lorsqu'ils se rebellaient... inconnus, anonymes, un poète du huitième siècle serait-il seul à parler de leur sort ?

Les champs nous entouraient de tous côtés, resplendissants, ivres de ciel et de soleil; des petits cochons noirs entraient dans des masures très sales au sol de terre battue et en ressortaient en grognant; puis ce furent des ensembles d'habitations grises et noires, faites de solides briques et nous vîmes Pihsien, avec ses murailles fortifiées, sa porte étroite, sa grand-rue, où se pressaient les boutiques, son temple aux larges toitures et aux avant-toits montant vers le ciel où les membres des sociétés secrètes de la Révolution de 1911 s'assemblaient pour combattre la dynastie impériale mandchoue. Dans la grande salle du temple, se cachaient derrière les rideaux poussiéreux les divinités qu'on promène afin qu'elles inspectent une fois par an, les portes et les remparts crénelés de la ville.

Dans un faubourg, s'élevaient le grand tabernacle, la maison du clan, et la Salle des Ancêtres que mon arrière-grand-père avait construite; à côté, les tombeaux des Ancêtres, certains, de petits monticules de terre, d'autres embellis par de grandes pierres.

De Pihsien, où le premier ancêtre colporteur avait enclos un lopin de terre, la famille avait rayonné dans toute la province du Setchouan, établissant pour le clan des maisons secondaires, choisissant de bons sites pour les sépultures, montant par le moyen des travaux agraires au rang de propriétaires terriens et de « Grande Famille », et à Pihsien, cela apparaissait nettement, à voir la vaste maison dominer le panorama des champs, et le terrain où les tombeaux des générations à venir étaient marqués par des bosquets de hauts et sveltes *lan-mus* [1] dont le bois était réservé aux futurs cercueils. Là, aux fêtes, Troisième Tante s'affairait avec d'autres Tantes, à préparer des piles de papier-monnaie en forme de lingots d'argent, qu'on allait brûler sur les tombes. Et là, dans les champs, le 15e jour de la nouvelle année, avait lieu une grande cérémonie, la procession du Dragon. Du temple, sortait le grand dragon qui se tortillait en lançant des éclairs; aussi long qu'un cortège de cent hommes, la tête levée soutenue par des mâts, il descendait les rues, circulait dans les champs et faisait le tour des remparts; pour conjurer les maladies, des hommes faisaient exploser des tubes de poudre à fusil tout près de leur propre corps, insensibles aux brûlures : ils seraient vigoureux pendant toute l'année. Plongeant et ruant, se contorsionnant pour suivre la danse du dragon, au milieu du sifflement, du jet, de l'étincelle des pétards, les hommes portaient le dragon qui faisait le tour de la ville, des champs de colza, et des rizières, parcourait la plaine couverte de riz couleur de jade, de colza jaune-pissenlit, de tabac et aussi d'opium, où chatoyaient les millions de minuscules canaux d'irrigation, apportant aux cultures l'eau de la vie.

1. *Lan-mu :* variété d'arbre. (*N.d.T.*)

Quatre fois au cours des trois années suivantes, je devais revenir à Tcheng Tou, revenir à Pihsien pour accompagner Troisième Tante dans ses excursions obligatoires, aller et retour; pour l'aider à accomplir ces rites du devoir et du respect qui gardaient à la Grande Famille féodale sa cohésion. Chaque fois, je retombais dans une langueur de mastic malléable, moitié rêverie, moitié lassitude, absorbée par une manière de vivre qui dispensait de toute pensée ou action indépendante et se contentait de suivre les saisons, les rites et les coutumes; l'accomplissement de ces rites étant indiscuté. N'eussent été ma famille et sa bonté, non individuelle mais collective, non particularisée ou particulière parce que c'était moi, mais parce que c'était l'ensemble-de-nous; n'eût été tout cela, je crois que jamais je n'aurais pu le supporter si longtemps. J'appris en ces années sur l'intérieur de la Chine, sur le système féodal et ce qu'il représentait, plus que je n'aurais appris dans une ville du littoral, si j'y avais consacré ma vie entière; je me mis à étudier le chinois sérieusement, et ce que j'appris alors, je m'en souvins dans les années qui suivirent, en sorte que je cessai d'être incompétente dans ma propre langue. J'appris à tourner autour d'une question et à la frôler plutôt que de l'attaquer directement, à jauger l'esprit féodal, connaissance précieuse car elle me permet de comprendre combien il reste d'effort à faire pour démêler les esprits, détruire les liens du passé, les attitudes ancrées, et ces ataviques aspirations fondées sur des millénaires de rites féodaux. Si je puis comprendre aujourd'hui la Révolution culturelle, dans toute son importance, c'est grâce à ces années au Setchouan dont une génération, une révolution, me séparent.

Le district qui entoure Pihsien produisait encore du tabac, en petite quantité toutefois, et le tabac avait été la principale aventure commerciale de la famille Tchou de 1799 à 1917 où leur affaire qui portait le nom de Kouang-Hing fut déclarée en faillite. Mon oncle nous emmena voir les granges à tabac de Pihsien, vastes entrepôts aérés où les feuilles étaient emmagasinées en ballots. Les couches de semis étaient préparées en octobre, après que la récolte du riz eut été faite en septembre. Les grains étaient semés et les planches arrosées d'engrais liquide et couvertes de paille de riz, déchets de la récolte. Quand la plante atteignait environ un centimètre et demi, on enlevait la paille, et les tiges de tabac étaient protégées par un réseau de branches de colza posées en travers des germoirs. Les semis passaient ainsi l'hiver setchouanais, si doux que l'hirondelle ne quitte pas la plaine. En avril, on introduisait l'eau des canaux d'irrigation dans les carrés de jeunes plantes en enlevant les blocs provisoires de terre et de pierre qui séparaient l'un de l'autre les petits canaux creusés à la main et tous les cinq jours on arrosait les plantes d'engrais liquide. En mai, les tiges de tabac avaient un pied de haut et commençaient à fleurir, alors on détachait à la main le haut des plantes pour les empêcher de fleurir, et diriger la sève vers les feuilles. En juin, les feuilles étaient récoltées à la main et placées sur des claies de bambou, à sécher au soleil pendant quatre ou cinq jours, puis on les aplatissait entre deux claies avant qu'elles soient tout à fait sèches afin qu'elles ne se recroquevillent pas. Enfin, on les étalait de nouveau pour achever le séchage, attachées en paquets d'environ trois *catties* et demi [1], chaque paquet contenant approximativement cent trente feuilles. C'était le meilleur tabac, la qualité supérieure. Les feuilles plus petites arrivaient en boîtes d'environ 60 centimètres carrés sur 15 centimètres de profondeur, on versait un peu d'huile de colza entre les couches, le trop-plein d'huile était chassé par un pressoir de bois, jusqu'à ce que les feuilles forment un bloc solide, qu'on tranchait de 3 centimètres en 3 centimètres, et qu'on pressait en plus petits blocs, assez durs pour être râ-

1. *Catty :* mesure de poids (entre 500 et 600 grammes). (*N.d.T.*)

pés au couteau. C'était un tabac de seconde qualité. Finalement, venait le tabac de corde, fait de feuilles qui pendaient aux poutres pendant vingt jours sous les avancées du toit, à l'abri de la rosée et de la pluie jusqu'à ce qu'elles deviennent brunes; on les mettait alors en paquets pour la vente.

Troisième Oncle nous montra le tabac soyeux, finement effiloché, de couleur blond pâle, qu'on fume dans la pipe à eau, si fin qu'on croirait tenir de la soie au creux de la main. Au Setchouan tout le monde fumait la pipe à eau et les pipes étaient en étain et décorée de sculptures, incrustées d'argent et de jade. Aujourd'hui personne ne la fume plus.

Outre le tabac, la famille avait aussi vendu du sel venant des mines de sel de Tseu Lieou-king, mines exploitées depuis la dynastie Han. Le sel gemme de ces mines, disait Troisième Oncle, était le meilleur, indispensable dans la bonne cuisine, et très apprécié; et le monopole du sel avait appartenu au gouvernement pendant bien des siècles, sous le contrôle de fonctionnaires spécialisés : mon arrière-grand-père en était un. Il y eut aussi un commerce de gâteaux en conserve, préparés dans les provinces du Sud, faits de fine farine et de dattes, parsemés de graines de sésame. Puis, le bois d'exportation et l'huile d'abrasin devinrent les éléments de leur négoce, mais sans que cela prît jamais beaucoup d'extension.

A quelques kilomètres de Pihsien, quand on suivait la route vers l'ouest, se trouvait Kouan-Hien, les premiers contreforts des énormes crêtes qui s'étagent du nord au sud entre le Setchouan et le Tibet; je m'y rendis plusieurs fois et aussi dans les monts Tsing Tcheng, au-delà de Kouan-Hien, là où se trouvaient de célèbres temples et monastères taoïstes. Toute cette région était alors consacrée à la culture de l'opium; la ceinture d'opium s'étendait à travers les districts des collines avancées de la chaîne jusque dans la province du Sikang. Les vastes champs de pavots roses et blancs couvraient les vallées isolées, et Pihsien en était le centre : toute la récolte y était apportée, un habitant sur deux ou presque fumait l'opium. Les peaux jaunes et sans vie, les yeux voilés et fixes, l'attitude des corps décharnés le révélaient; les riches fumaient aussi, mais ils étaient bien nourris, et l'opium ne laissait sur eux aucune trace, mais il détruisait vite ceux qui attendaient de lui quelque force, le « souffle » comme ils appelaient cela, et c'étaient les travailleurs manuels, les portefaix, les coolies des *huakans*, les rameurs de jonques, qui ne mangeaient jamais à leur faim. « Notre famille n'a jamais fait le commerce de l'opium », disait Troisième Oncle, et à part Yao la concubine, personne dans la famille ne fumait. Certainement pas dans ma génération, car ma génération avait été élevée dans le souvenir des Guerres de l'Opium [1], des pillages accomplis par les Puissances occidentales pendant tout le dix-neuvième et le début du vingtième siècle et de leur violence barbare.

Dans les bordels et les fumeries d'opium du Setchouan, on pouvait se procurer diverses variétés d'opium, depuis la qualité très fine du Yunnan, jusqu'aux déchets que fumaient les porteurs de *huakan*; et l'histoire sordide de l'opium était liée à l'avidité des Seigneurs de Guerre et à leur besoin d'argent pour financer leurs guerres intestines; le Setchouan, la province la plus riche de la Chine, contenait les gens les plus pauvres, multitudes déguenillées victimes de siècles de tyrannie et de culture de l'opium.

De nombreux membres de la famille, y compris Troisième Oncle, avaient vécu l'époque des Seigneurs de Guerre au Setchouan, même en 1939 pendant le conflit sino-japonais, où leur autorité n'avait pas tout à fait disparu. Les Seigneurs de Guerre s'étaient manifestés au Setchouan plus tôt qu'ailleurs, après la Révolution de 1911; ils avaient été les premiers à

1. Guerres faites par l'Angleterre à la Chine pour la forcer au commerce de l'opium. (*N. de l'A.*)

s'opposer à Yuan Che-k'ai et à son ambition de devenir empereur après la chute de la dynastie mandchoue; mais ils s'étaient très vite empêtrés dans des guerres d'extermination réciproque. De 1915 à 1939, la province n'avait pas connu la paix. Il y avait eu 410 guerres de Seigneurs au Setchouan; et les plus désastreuses s'étaient livrées dans le fertile bassin de Tcheng Tou. Outre les conflits provinciaux, les militaristes du Setchouan poursuivaient des guerres entre provinces. De 1917 à 1923 Lieou Wen-houei, du Setchouan, se battit contre les Seigneurs de Guerre de la province du Yunnan; un combat se poursuivit pendant sept jours et sept nuits à l'intérieur de l'enceinte fermée de Tcheng Tou même. Les habitants en furent les principales victimes. Lieou Wen-houei combattit ensuite Tai k'an de la province du Koueit-cheou qui venait d'envahir le Setchouan : la lutte dura dix-huit jours et autant de nuits, également dans la ville de Tcheng Tou et ses faubourgs. Les Seigneurs du Koueit-cheou et du Yunnan battirent en retraite, mais la guerre se poursuivit à l'intérieur du Setchouan et continua sans trêve pendant vingt ans. Yang Sen et Teng Hi-héou, Tien Soung-yao, Lieou Wen-houei, et Lieou Hiang s'offraient tous le luxe de ce qu'on appelait par euphémisme des « querelles de famille ».

Les rues de Tcheng Tou étaient divisées par des factions rivales; traverser d'un trottoir à l'autre exigeait le paiement de « droits de douane », parce qu'on pénétrait sur un territoire différent. A la manière des barons féodaux de jadis, ils transformaient les villes en forteresses et racolaient de force des paysans pour leurs armées. En 1934, Lieou Hiang attaqua Lieou Wen-houei (c'étaient le neveu et l'oncle) et avec Teng Hi-héou ils investirent une nouvelle fois la ville de Tcheng Tou, dont chacun occupa un quartier, et ils se livrèrent bataille à des heures régulières, dans les rues centrales. Ayant entendu parler de chars de combat, l'un d'eux, je ne sais plus lequel, réquisitionna toutes les charrettes qui récoltaient le fumier humain, les fit recouvrir de plaques de fer-blanc, et y installa ses guerriers pour attaquer l'« ennemi ». Les malheureux coolies-éboueurs devaient pousser ces chargements de soldats jusqu'aux champs de bataille, comme ils poussaient habituellement leurs charretées de fumier dans les rues et hors des murs, dans les champs. La plupart des tués furent des coolies-éboueurs.

Et pour ces guerres ruineuses les militaristes du Setchouan avaient besoin d'hommes, d'argent et d'armes. Des hommes, arrachés aux champs, aux routes, aux rues, il y en avait en abondance. On disait au Setchouan : « 300 *li*, 300 000 conscrits. » Près d'un million d'hommes furent ainsi embrigadés par troupeaux pour les guerres civiles du Setchouan, et 400 000 étaient perpétuellement sous les armes. Compte tenu de ce qu'ils dépensèrent dans leurs luttes armées, 71 Seigneurs de Guerre amassèrent, à eux tous, dans le seul Setchouan, une fortune personnelle évaluée à près de 6 milliards de dollars, entre 1915 et 1943.

Les armes étaient généreusement fournies aux Seigneurs de Guerre chinois par l'étranger : la France, les Etats-Unis, l'Angleterre, par le chemin de leurs enclaves en Chine, les concessions de Changhai et de Han Kéou. Le plus clair des surplus de fournitures de guerre après la première guerre mondiale fut expédié en Chine par les entreprises d'import-export européennes de Changhai, parmi lesquelles était celle de Jardine Matheson. Ce fut de la vente des canons et de son corollaire l'opium que la « Maison Princière » comme on l'appelait, tira sa fortune; et de la vente de l'opium et des canons, les Sassoon firent la leur, dans le Changhai des années 1920 et 1930.

En 1917, le Setchouan était déjà une province en faillite, il restait très peu d'argent en barre et le dollar d'argent devenait de plus en plus mince, il s'y mêlait du plomb, et il disparut finalement, remplacé par des pièces en argile cuite qui s'effritaient dans la main. Mais les militaristes du Setchouan ne s'inquiétaient pas de cette disparition des devises; ils avaient avec eux la « gentry », les propriétaires terriens; ils étaient eux-mêmes de riches propriétaires et ils touchaient leurs loyers en espèces. C'était le paysan qui voyait son labeur et ses moissons partir pour une poignée de boue.

Les militaristes payaient leurs guerres sur le produit des impôts et de l'opium. En ce qui concernait les impôts, le Setchouan était notoire. Ce demi-million d'hommes sous les drapeaux pendant ces vingt années, coûta 86 millions de dollars avant les années 1930 à 40, 140 millions ensuite; après l'entrée du gouvernement Tchiang au Setchouan en 1938-1939, de nouveaux hommes furent enrôlés, et plus d'argent levé. Ce système de recouvrement d'argent par le moyen des impôts et par le trafic de l'opium n'avait guère changé depuis l'époque précédente des Seigneurs de Guerre, mais le fardeau pesait encore plus lourd aux épaules des paysans.

Les taxes comprenaient le loyer des terres, cinquante pour cent des récoltes d'été; ensuite, venaient une multitude de taxes, d'une ampleur et d'une variété presque incroyables, qui restèrent en vigueur sous une forme ou l'autre jusqu'en 1949. Il y avait, entre autres, un impôt général, taxe sur le tabac, taxe sur le vin, taxe supplémentaire sur le transport, taxe pour l'éducation, taxe commerciale, taxe sur les loyers, taxe sur les fêtes, taxe sur les mines, taxe pour l'égalisation, taxe pour la protection contre l'hiver, taxe sur les munitions, taxe mensuelle, taxe sur le numéro de rue, taxe sur le cochon du Nouvel An, taxe sur les dents, taxe sur la tête, taxe sur les pots-de-vin, taxe de l'inspecteur des marchés, taxe sur les routes, taxes pour le secours des affligés, taxes sur les lanternes rouges, taxe sur les banquets, taxe pour la propreté des villages, taxe de la police, taxe sur le sucre, taxe sur le papier, taxe sur le riz, taxe supplémentaire sur le sel (il existait cinq taxes différentes sur le sel), taxe sur les bateaux, taxe pour échapper à la conscription, pour être dispensé des travaux forcés (corvée), taxe sur le fer, taxe sur le charbon, taxe sur la boîte à sel et taxe sur le poêle, taxe sur la feuille de tabac roulée, et taxe spéciale sur les lampes, taxes sur les broderies et l'imprimerie, taxe pour les expéditions dans le nord (perçue depuis 1925), taxe municipale, taxe sur la hauteur des portes, taxe sur la largeur des fenêtres, taxe sur les cheveux et le sang, taxes sur les poids et les balances, taxe pour la lutte contre le banditisme, taxe congratulatoire pour la suppression des voleurs, taxe pour la suppression du communisme, taxe supplémentaire pour la pacification...

L'ingéniosité des Seigneurs de Guerre dans l'invention de taxes multiples était sans bornes, de nouvelles taxes aux noms enchanteurs furent imaginées : taxe de la compassion, taxe pour le bien-être des soldats, taxe pour le riz des soldats, taxe sur l'eau, taxe temporaire... Les taxes pour l' « assistance sociale » perçues dans la seule ville de Pihsien produisirent deux fois 300 000 dollars en deux années...

Le fardeau de ces impôts pesait très lourdement sur les paysans, les petits artisans et les boutiquiers modestes. La taxe foncière imposée aux propriétaires terriens retombait sur le loyer que leur payaient les fermiers; dans les villes, les riches n'avaient pas d'impôts à payer sur les fenêtres car ils entouraient leurs maisons de murs aveugles; pas de taxe sur les lampes, car aucune lumière ne se voyait du dehors, derrière leurs lourds portails de laque noire. Ils échappaient automatiquement à la conscription, parce qu'ils avaient de l'instruction, et à la corvée, parce qu'ils n'étaient pas des travailleurs manuels.

Il arrivait souvent que la taxe perçue sur un objet dépassât la valeur de l'objet lui-même; pour transporter des plantes médicinales de Pi Kou à Tchoungking, on passait par 83 postes de perception d'impôts; le sucre allant de Tsö-tchouen à Tchoungking (environ 320 kilomètres) devait payer 21 taxes successives. De Loh-hien à Tchoungking, 400 *li* (quelque 230 kilomètres), il y avait 134 postes de perception pour les marchandises.

La taxe sur les engrais, concernant le fumier humain et les latrines, causait beaucoup de mécontentement aux riches, car elle les affectait directement; ils possédaient les latrines publiques. Mais c'était le seul impôt qu'ils payaient. La taxe « sur le bonheur » destinée à forcer à la bonne humeur ceux qui étaient forcés de payer les impôts fut le sujet de nombreuses conversations dans les maisons de thé. Un subalterne astucieux, pressé par son patron Seigneur de Guerre de trouver de nouvelles sources d'argent, inventa une taxe « sur la paresse ». La taxe sur la paresse frappait ceux qui ne cultivaient *pas* l'opium. Les Seigneurs de Guerre créèrent des offices pour « l'extirpation de l'opium », et la taxe sur la paresse y était calculée d'après le nombre des pavots cultivés : moins il y en avait, plus les impôts étaient élevés. La taxe sur la paresse fut même appliquée dans des régions où l'opium ne pouvait pas pousser, par exemple autour de Nei-k'iang, la ville du sucre, des fruits cristallisés et des confiseries, qui dut payer dix mille dollars de taxe sur la paresse parce que le sol ne se prêtait pas à la culture de l'opium.

Les paysans étaient donc obligés de faire pousser des pavots. Les campagnes d'extirpation de l'opium, et les offices pour encourager la disparition de l'opium installés par les divers militaristes, ne servaient qu'à assurer que les paysans cultivaient le pavot; des groupes d'inspecteurs partaient pour « extirper » et faisaient au retour un rapport sur les perspectives de moisson. Les Seigneurs de Guerre envoyaient même leurs soldats monter la garde pour défendre les récoltes d'opium contre d'autres Seigneurs de Guerre. A côté des paysans occupés à recueillir au cœur du pavot l'épaisse et sombre sève, se tenait un soldat, l'arme au poing... Les Seigneurs de Guerre étaient si avides de leur récolte d'opium que le propriétaire de la cueillette postait ses hommes auprès des paysans, avec l'ordre de les nourrir de riz, cuillerée par cuillerée, pendant qu'ils se livraient à leur travail : faire une incision dans le cœur du pavot pour qu'en jaillisse le jus qui noircit et s'épaissit; opération délicate qu'ils répètent des milliers de fois dans des champs entiers de pavots. Se relayant, les paysans devaient recueillir aussi rapidement que possible la sève coagulée d'un ton de brun cru et la récolte était ensuite emportée sous l'escorte de gens armés; ce qu'on payait au paysan n'était presque rien, quelques piécettes pour sa journée de travail, à un tarif inférieur à celui des céréales, mais s'il ne cultivait pas l'opium il devait payer un impôt plus élevé que le loyer de sa terre...

Avant 1935, on avait perçu les impôts de trente-neuf ans à venir. Après 1935, la perception anticipée des impôts s'accéléra et atteignit soixante-dix ans d'avance, et comme l'inflation s'était rapidement installée en 1940, les taxes payées en espèces, les exactions de terre et de grain, devinrent d'autant plus accablantes que le pouvoir d'achat de la monnaie se réduisait à presque rien.

Ce fut en 1939 que sous l'impulsion de l'organisation des Chemises Bleues, le régime Tchiang chercha à nationaliser les marchandises d'usage journalier, en créant des entreprises qui avaient le monopole de tous les produits du Setchouan. Et comme le nombre de ces produits était limité, ce fut de nouveau l'opium qui devint une source énorme de fonds, destinés à la police secrète.

L'organisation des Chemises Bleues se mit à arracher aux militaristes locaux le contrôle de ces sources de richesse. Avec la prolifération des fonctionnaires et des agents, et la rivalité entre les agences locales et celles des Chemises Bleues, les récoltes d'opium dans les districts connus se dispersaient très rapidement, et de nombreuses couches nouvelles d'intermédiaires surgissaient pour ramasser ce qui restait d'argent à tirer des déchets de la récolte. La région de Sungpan, les comtés de Mao-hien, Li Fan, Wen Tchouan, Yukong, et Tsing Houa dans le Setchouan, avaient tous été producteurs d'opium; après 1938, beaucoup de régions qui n'avaient pas encore produit d'opium se mirent à le cultiver, car la demande augmentait encore. Le transport en était devenu le monopole des Chemises Bleues, et cela affectait le portage de la drogue. Les bureaux locaux du Kouo-min-tang servaient de comptoirs et entreposaient des produits pharmaceutiques, des textiles, de l'huile d'abrasin et de l'opium en gros; on pouvait voir de longues théories de porteurs se ranger en files devant les divers bureaux gouvernementaux, munis de paniers pour transporter jusqu'au centre d'embarquement les marchandises, étiquetées « papiers officiels » ou « matériel de guerre ». Le Grand Fleuve était la Grande Route de l'opium, du Setchouan à Changhai, comme l'était la route du Yunnan à l'Indochine française. Pendant toute la guerre, le trafic entre le Kempetai ou service secret japonais, et les Chemises Bleues sous les ordres de Tai Lee, ne fut jamais interrompu; l'opium brut arrivait aux raffineries de Changhai et de Tien-Tsin, et de là repartait sous forme d'héroïne et de morphine; il allait accomplir ainsi son œuvre de destruction et empoisonner les habitants des villes dans les zones occupées par les Japonais...

Sur ce sujet, comme sur tant d'autres, Troisième Oncle était prolixe. Il imitait les gestes du cueilleur d'opium, la technique du petit couteau courbe incisant le pavot pendant la récolte précipitée. Il parlait des violentes collisions entre les traditionnelles bandes de voleurs, le Kelao, et les nouveaux envahisseurs; des Chemises Bleues enlevant de petits Seigneurs de Guerre, subalternes des grands, afin d'obtenir leur « coopération » dans le jeu de l'opium. Afin de régler leurs comptes avec les « bandits de l'estuaire » ainsi que les Setchouanais appelaient le gouvernement de Tchiang, les chefs de la société secrète locale, le Kelao, apportaient de temps en temps leur appui à des intellectuels libéraux. Un de ces chefs locaux se laissa même persuader d'ériger une « université » sur son domaine; et dans cette université se mit à fonctionner une petite cellule communiste... Les agents de Tai Lee enlevèrent l'homme, l'accusèrent de port d'armes illégales, et le forcèrent à payer une énorme rançon afin de sortir de prison. Partout se livraient, au moment de la récolte de l'opium, des batailles rangées entre les Chemises Bleues et le Kelao...

Troisième Oncle, comme toute la « gentry » et même quelques membres du Parti communiste (tels les vieux révolutionnaires Wou Yu-tchang et Lieou Tze-tan qui avaient fondé la Base Rouge du Nord-Ouest), entretenaient des rapports intimes avec la Société des Frères Aînés, le Kelao. Il laissait de temps en temps échapper les phrases les moins mystérieuses qui servaient aux membres pour se reconnaître. Ainsi la formule « ouvrir une montagne » signifiait : recruter de nouveaux adhérents, et « n'avez-vous pas encore les yeux taillés » était l'équivalent de : n'êtes-vous pas encore un « frère » ? (membre du Kelao). Le Kelao avait été une fraternité patriotique, anti-mandchoue, et avait joué un rôle important dans les soulèvements paysans du dix-neuvième siècle et dans la révolution de 1911. Mais il avait dégénéré en tombant dans le crime organisé, avait pris la haute main sur l'opium et la prostitution, en même temps qu'il fournissait des gardes du corps personnels aux Seigneurs de Guerre. Tchiang avait envoyé Dou Yuseng, le gangster de Changhai, briser le Kelao, au moyen de ses propres bandes noires de la Triade, mais le Kelao résista jusqu'au bout. Mao Tsé-toung leur avait écrit une lettre, en juillet 1936, au nom du Comité Central, cherchant à éveiller leurs sentiments patriotiques, à leur rappeler leurs jours meilleurs, la gravité de l'agression japonaise, et essayant de les rallier pour une action conjuguée contre l'ennemi commun. En 1941, certains documents de la 8e Armée de Marche (Armée Rouge) révélaient les difficultés que causaient aux soldats les sociétés secrètes puissantes dans les campagnes. En 1949, le Kelao décida de ne pas aider Tchiang Kai-shek, et les Seigneurs de Guerre du Setchouan passèrent sans résistance aux armées communistes. Il n'y eut pas de campagne militaire pour s'emparer du Setchouan. Le bruit court que cette transaction se fit par l'intermédiaire d'un membre influent du Kelao, résidant à Hong Kong et appartenant en même temps au Parti communiste, mais il n'y a plus maintenant au Setchouan ni Kelao, ni Seigneurs de Guerre, ni opium.

L'accession à la richesse de mon Troisième Oncle, le rétablissement de la fortune de la famille Tchou, sont dus au système des Seigneurs de Guerre, ainsi que Troisième Oncle lui-même devait le reconnaître quand, en 1956, il écrivit son autocritique. Il en envoya une copie à mon père, et c'est ainsi qu'elle m'est parvenue, et dans ce document, Troisième Oncle, ayant suivi des cours de marxisme, se proclame éclairé sur le rôle joué par sa classe, la « gentry », dans l'exploitation du peuple.

Quand le commerce du tabac s'effondra en 1917, la famille Tchou fit faillite. A cette époque, Troisième Oncle était officier dans l'armée du Setchouan, et les guerres des Seigneurs avaient commencé. Troisième Oncle abandonna la carrière militaire, afin de liquider la banqueroute, et pendant quelque temps, raconte-t-il, « je restai chez moi à planter des fleurs et du bambou, et à me demander ce que je ferais ensuite ». En 1919, la guerre éclata entre le Yunnan et le Setchouan. Troisième Oncle reprit du service, sous les ordres des Seigneurs de Guerre du Setchouan. Ses capacités, moins en tant qu'officier que comme organisateur capable et astucieux, furent remarquées par Lieou Hiang, chef des militaristes. Lieou Hiang fit de Tchoungking sa capitale et demanda à Troisième Oncle de s'occuper de ses affaires financières. En 1924, Lieou Hiang commença à connaître de graves difficultés d'argent; il avait besoin de fonds pour livrer une grande guerre à beaucoup d'autres Seigneurs et il demanda à Troisième Oncle de se charger du bureau « pour le contrôle et l'extirpation de l'opium afin de pouvoir payer ses soldats »...

« Oh ! quel beau titre ! » écrivait sarcastiquement Troisième Oncle, « contrôle et extirpation » en vérité !

En fait, notre travail consistait à stimuler la production de l'opium, frapper d'amendes les paysans qui n'en plantaient pas (c'était la taxe sur la paresse) et parvenir ainsi à payer les soldats et à acheter des munitions pour Lieou Hiang. Celui-ci se servait de moi et des relations que j'avais acquises dans mon ancien commerce du tabac, de mes amis personnels et de ma connaissance des chiffres. » Troisième Oncle dirigea le bureau avec succès. Lieou Hiang lui demanda alors d'organiser la récupération de la taxe sur l'opium qui arrivait du Yunnan au Setchouan par voie de terre. L'opium du Yunnan était particulièrement apprécié et d'une qualité supérieure à celui du Setchouan. « Ainsi, au bout d'un an, Lieou Hiang put gagner la guerre contre le Yunnan. J'exprimai alors le désir de me retirer car je n'aimais pas mon travail; je n'ai jamais fait moi-même le trafic de l'opium en dehors de mon travail de comptabilité pour le compte de Lieou Hiang. Dès que je pus je le quittai et me tournai vers l'industrie et le commerce. Je n'ai jamais touché depuis au trafic de l'opium et n'ai jamais personnellement gagné d'argent grâce à l'opium. »

Mais Lieou Hiang ne voulait pas laisser partir un administrateur aussi habile que Troisième Oncle et, en 1929, quand Lieou se fut promu lui-même gouverneur à la fois du Setchouan et du Sikang, et qu'il songea à faire la guerre à son oncle Lieou Wen-houei (de nouveau pour l'opium, car lorsque Lieou Hiang chassa Lieou Wen-houei du Setchouan, celui-ci se retira au Sikang où il planta d'énormes quantités de pavots et acquit le monopole unique sur la récolte de toute la province), il rappela Troisième Oncle à son service. Troisième Oncle faisait sur cette période d'acerbes commentaires : « Je pensais qu'alors la chose la plus importante était l'autonomie des provinces, l'indépendance du Setchouan sous Lieou Hiang car le Setchouan est un royaume clos, un petit paradis, produisant tout ce dont il a besoin et plus; c'est l'atout de la Chine, le grand bastion de l'ouest, qui se suffit à lui-même; tant que le Setchouan est sain et sauf, la Chine est saine et sauve. » Troisième Oncle pensait que dès que la guerre serait terminée, Lieou Hiang pourrait faire quelque chose pour le peuple. « Ce serait mieux que tout ce que j'ai vu dans les villes en aval, imitations médiocres des villes étrangères; or, les extorsions de l'étranger, moins ouvertement étalées, étaient encore plus inexorables. »

Ainsi Troisième Oncle rendit une fois de plus service à Lieou Hiang, et installa des bureaux de perception (pour le contrôle de l'opium et des produits de consommation) à la fois à Wanhien et à Tchoungking. « Cette invention paralysa davantage les métiers et le commerce qu'elle ne les aida. » Puis en 1934, il se passa une chose qui frappa de terreur maint Seigneur de Guerre au Setchouan : les Armées Rouges, pendant la Longue Marche, traversèrent le Setchouan, et partout les paysans se soulevèrent et beaucoup se joignirent à l'Armée Rouge.

« Ils s'enrôlaient, armés seulement de bâtons, écrit Troisième Oncle. Et comme nous fûmes effrayés quand les paysans se soulevèrent ! »... « Et les propriétaires, les militaristes appelèrent leurs troupes et leurs gens armés, et ils se remirent à massacrer les paysans. Comme ils tuaient ! Aussi aisément qu'on écrase une mouche. »

Lieou Hiang, redoutant les Armées Rouges, se précipita à Nankin pour conférer avec Tchiang Kai-shek; il revint, et fut nommé président de la province, son gouverneur civil et militaire à la fois; cela lui donna un pouvoir plus grand, et il prépara une nouvelle « levée d'impôts de pacification » pour combattre les communistes, ajoutant ainsi à sa fortune personnelle. Tchiang Kai-shek lui donna des armes allemandes, et Lieou Hiang lui voua obéissance. « Ainsi, concluait Troisième Oncle, la clique de Nankin, Tchiang Kai-shek et ses partisans, purent prendre pied dans notre fertile et belle province, et introduire des espions dans les conseils des Seigneurs de Guerre, et ainsi Tchiang savait tout ce qui s'y passait. Et tout cela parce que Lieou Hiang fut pris de panique en entendant les paysans chanter : « Les Taiping sont revenus », parce que les Armées Rouges, traversant le Setchouan pendant la Longue Marche, brûlaient les actes de propriété et distribuaient la terre... Les Taiping furent vaincus; le dernier d'entre eux fut tué en 1868 en essayant de traverser la rivière Tatou qui coule entre le Setchouan et le Tibet; mais les Armées Rouges furent plus habiles; elles traversèrent la rivière Tatou et, malgré d'incroyables souffrances, elles survécurent et aujourd'hui la Chine est libérée... » Ainsi écrivait Troisième Oncle en 1956.

Et en lisant l'autocritique de Troisième Oncle, je me rappelais aussi que Lieou Wen-houei, le Seigneur de Guerre, avait fini ministre des Forêts sous le gouvernement communiste, à Pékin...

Après quatre semaines à Tcheng Tou dans la famille, nous reprîmes l'avion, Troisième Oncle et moi, pour Tchoungking. Pao nous attendait à l'aérodrome : l'absence semblait l'avoir adouci; quelque temps passa sans querelles; mais il retrouva bientôt ses absurdes tourments, et ses monumentales banalités recommencèrent à ronger les heures, les jours, qui auraient pu être tellement mieux occupés. Au début, cependant, Pao n'avait rien fait pour y mêler Troisième Oncle, mais plus tard, un après-midi, il l'accrocha au passage pour lui dire que lui, Pao, m'avait arrachée à un sort pire que la mort : le mariage avec un étranger... Troisième Oncle écouta, sourit et garda le silence.

Ce ne fut qu'en 1966, vingt-sept ans plus tard, quand je rendis visite à Troisième Oncle et Troisième Tante, dans leur foyer maintenant si modeste, au-delà de la porte du Sud, à Tcheng Tou, que mon oncle dit brusquement tandis que je buvais à petites gorgées le thé qu'il avait soigneusement mis de côté pour moi : « Tang Pao-houang n'était pas bon pour toi. C'était un jeune homme fort ambitieux. » Puis regardant autour de lui, il soupira; car le passé était plus loin de nous que des décennies, une révolution nous en séparait, Pao n'était plus, et les tombes des ancêtres avaient été transportées dans un cimetière public, et la maison du clan avec la Salle des Ancêtres que l'arrière-grand-père avait construite était devenue une école maternelle réservée aux enfants des paysans de Pihsien.

VI

C'EST par hasard que je suis devenue écrivain : accident déterminé par mon retour en Chine en 1938, mon mariage avec Pao et le désaccord angoissé de nos deux vies.

Au printemps de 1939, quand je rentrai à Tchoungking après ma visite de Jour de l'An à Tcheng Tou, Pao attendait son ordre de départ pour Sian, qu'il appelait « la ligne de front », terminologie qui me maintint dans l'erreur pendant longtemps. Les récriminations, chaque fois qu'il rencontrait ses amis, portaient sur le fait que les gens « bien » ne progressaient pas, tandis que ceux qui connaissaient les ficelles avaient du piston et de l'influence et montaient en grade. Pao emplissait tout son temps d'une série de commérages sur les officiers supérieurs, sur Sou Peiken et ses exploits à Tchang-cha, sur Ho Yaotsou et T'ang-T'sung, chef nominal du Deuxième Bureau, sur Ho Ying-k'in, ministre de la Défense. Untel avait réquisitionné un wagon plein de prétendu matériel de guerre; Untel était cassé et serait probablement envoyé au front en châtiment, parce qu'on l'avait surpris en train de falsifier les comptes. La nervosité régnait parmi les jeunes officiers ambitieux parce que « les vieux ont fixé à la colle forte leur postérieur à leur fauteuil ». Les rivalités pour accéder aux grades supérieurs étaient intenses, sournoises et perfides. Le cousin de Pao, Tang Pao-houa venait nous voir souvent, il avait assez peur de Pao. Officier subalterne chargé de l'intendance et des transports, il nous était fort utile et, grâce à lui les dernières malles de Pao nous furent réexpédiées de Hong-Kong, et nous y retrouvâmes une élégante machine à écrire portative flambant neuve que Pao avait achetée juste avant de quitter l'Angleterre.

A la fin de mars 1939, se produisit un événement que Pao considéra comme très important. En compagnie de quelques autres cadets récemment revenus d'Europe, il devait être reçu par Tchiang Kai-shek. Pendant la semaine qui précéda cette audience, Pao se montra pensif, rêveur, doux, et presque pieux; tout son comportement trahissait une solennelle cogitation. Il était profondément plongé dans l'étude des discours de Tchiang et me les récitait; son adoration devenait presque contagieuse; il était beaucoup plus facile à vivre et il alla jusqu'à me promettre qu'après avoir imbibé assez de « vertu » par le moyen des mêmes pieuses méditations, et au bout de quelques mois, j'aurais peut-être son autorisation de travailler dans un hôpital. En attendant, il fallait que j'écrive à Hers afin de récupérer les vêtements et les livres que j'avais laissés en Europe. Une fois que Pao serait installé dans une situation où il pourrait donner des preuves de son « loyalisme », je continuerais mes études, pendant qu'il serait sur « le champ de bataille » en train de se consacrer à son pays. Maintenant, tout son avenir était dans la balance, tout dépendait de la première impression qu'il produirait sur le Chef (claquement de talons).

J'écrivis à Hers et lui demandai de me faire expédier mes affaires; j'écrivis aussi, de nouveau, à mon grand-père. Je lui avais envoyé pour le Nouvel An une longue lettre, datée du 3 janvier, lui disant que j'étais mariée et ne retournerais pas en Belgique, que je l'aimais tendrement, mais que j'avais agi comme il fallait, parce que j'étais chinoise. J'ai devant les yeux aujourd'hui cette lettre que mon grand-père me retourna.

Il n'y eut aucun ennui au sujet des vêtements et des livres que j'avais laissés chez grand-père; il les fit parvenir à Hers avec une note lui expliquant qu'il m'avait déshéritée (l'habituelle réaction des Denis). Mais j'avais laissé aussi une valise contenant quelques vêtements et un portrait de moi peint par un camarade d'études, avec Louis, et brusquement Pao me demanda si j'avais envoyé des lettres à Louis. Je répondis oui, naturellement. Alors, il déclara qu'il fallait les lui réclamer; je répondis que j'allais écrire à Louis et lui demander qu'il me les rende, mais Pao me l'interdit. Il m'ordonna de les lui faire reprendre par Hers. J'essayai d'expliquer à Pao que Louis en serait cruellement blessé, mais il ne voulut rien entendre, et cette démarche si simple devint une histoire extrêmement compliquée et vexante. Louis refusa de donner quoi que ce soit, si ce n'est à moi, personnellement, et ne voulut confier mes lettres ni à Hers ni à personne d'autre. Tout ce qu'il demandait, c'était un mot de moi, lui assurant que j'avais rompu et que je désirais qu'il me rendît ce qui m'appartenait. Il accepterait cela, ajoutait-il, « pour la Chine ». Il soupçonnait qu'une certaine contrainte s'exerçait sur moi, ce qui expliquait mon étrange conduite et mon silence. Ses intentions ayant été honorables, il se considérait comme l'offensé. Hers se mit brusquement à me faire de la morale et il m'écrivit une lettre qui montrait que lui non plus ne comprenait pas ce qui arrivait.

Je ne peux pas comprendre ce désir d'oublier votre passé, vos origines... tout comme si vous aviez commis un horrible forfait, tout comme si vos liens de famille étaient inavouables. A mon avis, le seul péché que vous ayez commis est que vous vous êtes menti à vous-même... vous avez gâché vos meilleures années à prouver que votre théorie, vos idées étaient les bonnes, et maintenant vous savez qu'elles ne l'étaient pas.

Tous ces stupides slogans de la vie d'étudiante ne conviennent qu'à des écolières, à des enfants gâtées. Et vous avez été gâtée...

C'était la continuation de nos querelles politiques. Hers pensait que j'aurais dû ne rien faire d'autre qu'étudier, m'enfoncer dans l'indifférence, refuser tout « engagement », ne jamais quitter la Belgique. Il cherchait à prouver par cette homélie épistolaire, qu'il n'avait jamais cessé de me servir de frein. Selon lui, faire des causeries patriotiques était « prouver une théorie ».

Même si je n'avais pour vous aucune affection, aucun sentiment, écrivait Hers, *je ne puis nier le fait que je suis celui qui vous a fait quitter votre famille et la Chine, et qui vous a envoyée en Europe. Terrible responsabilité, en vérité...* Cette lettre datée du 16 mai 1939 m'arriva en juillet, à Tcheng Tou.

Et tout cela, à cause de quelques vêtements, de quelques lettres. Pao se comporta comme si son avenir tout entier en dépendait; il se mit en transe, délira, me battit et prétendit qu'un jour quand il (lui, Pao) serait un grand homme, Louis se servirait de mes lettres pour le faire chanter. Il était impossible de lui dire que c'était fort peu probable, car sa réaction immédiate consistait à hurler : « Tu oses le défendre, tu oses contredire ton noble mari ! » et à faire pleuvoir des coups sur moi.

Finalement, ce fut Louis qui céda; tout fut correctement envoyé à Hong-Kong et enfermé dans les chambres fortes de la Banque de Chine, puis récupéré par moi en 1950, alors que, Louis et Pao étant morts tous les deux, plus rien de ce que cela contenait n'était précieux ni important. Mais Hers m'expédia, à part, mes diplômes de l'université de Bruxelles, par avion et recommandés, et ils arrivèrent heureusement en l'absence de Pao. Son cousin Pao-houa me les remit, ayant reçu l'ordre d'intercepter mes lettres, mais pas les colis. Ainsi mes diplômes échappèrent aux mains destructrices de Pao. Je les confiai à Troisième

Oncle qui les garda quelques années dans son coffre personnel à la Banque Meifeng.

Vint le jour de l'audience accordée à Pao par Tchiang Kai-shek; rayonnant, bien astiqué, tiré à quatre épingles dans son plus bel uniforme, et ganté de blanc, Pao partit. Nous avions acheté de la craie en poudre pour rendre les gants encore plus blancs, après que je les avais lavés et relavés, mais l'eau de Tchoungking, d'une pureté contestable, n'était pas un liquide bien approprié au blanchissage des gants. J'espérais que Pao ne serrerait pas les mains avec une ardeur trop grande, de peur que la craie ne se mît à voler...

L'entrevue eut deux résultats. D'abord, vint un grand portrait de Tchiang Kai-shek, avec une dédicace autographe de Tchiang à Pao, et nous l'accrochâmes au mur de la chambre; quelques jours après une nouvelle étoile apparut parmi les insignes ornant le col de Pao : il n'était plus commandant mais lieutenant-colonel.

Cette manie des gants blancs qui était l'idée que Tchiang se faisait de l'élégance vestimentaire chez un officier, causa à Pao une profonde détresse un jour où il oublia de mettre les siens, et fut soudain appelé auprès de Tchiang. Quand, son oubli ayant été remarqué, il fut l'objet d'injures vociférées, il rentra à la maison pâle et bouleversé... perdre une campagne et un million de soldats n'était rien, mais se présenter sans gants ressemblait à un crime...

Quelques semaines plus tard, Pao partit, me dit-il, pour une tournée d'inspection sur « le front nord-ouest » à Sian. Il pleura, bredouilla qu'il allait être tué, je débordai de remords, promis de lui écrire régulièrement; il était le héros qui se sacrifie au devoir, je serais la femme fidèle qui l'attend... tels étaient les personnages des contes traditionnels; et dans cette comédie nous choisîmes de jouer ces rôles...

Le mois d'avril était arrivé, le manteau de brouillard se dissipa, le ciel s'éclaircit et fut aussitôt remplacé par une éblouissante blancheur diffuse, l'aveuglant éclat de la chaleur montant du rocher, l'éclat éblouissant de l'eau. Il y eut quelques alertes aux avions japonais. On lisait dans les journaux des histoires de bataille : des villes y étaient reprises, puis abandonnées par « repli stratégique ». Le va-et-vient des nouvelles du front ne nous apprenait rien; il ne se passait en réalité rien, si ce n'est sur le front communiste, qui était le seul où fussent livrées de vraies batailles contre les Japonais. Mais pas un mot sur ce front-là ne figurait dans la presse de Tchoungking.

Je me promenais dans la ville, m'exerçais à la calligraphie, lisais *Les Trois Royaumes,* écrivais à Pao. Il m'avait assuré qu'à son retour j'aurais la permission de travailler... Je voyais très peu de gens, à part la famille K'ang.

La famille K'ang habitait une très vaste demeure en face de la maison de Troisième Oncle, de l'autre côté de la rue. Les frères K'ang : Sinjoo et Sinchih, étaient directeurs de la Banque Meifeng comme Troisième Oncle, et plongés comme lui dans de nombreuses affaires commerciales. K'ang Sinjoo avait deux concubines; sa femme était morte et il ne s'était pas officiellement remarié. Une des concubines s'appelait Mantsoun; c'était une petite femme menue, avec une peau assez laide, mais ses façons étaient paisibles et elle avait bon esprit. Nous devînmes amies, j'allais souvent la voir. Elle avait été vendue à la famille K'ang comme *yat'ou,* ou esclave, à l'âge de onze ans; avant qu'elle eût ses règles, déjà les hommes la prenaient et elle attribuait à ce fait sa stérilité. Elle dirigeait la grande maisonnée, veillait au bien-être de chacun, consultait beaucoup de médecins dans l'espoir d'être mère. K'ang Sinjoo avait eu des enfants avec sa femme et aussi avec son autre concubine, ce qui désolait Mantsoun. En outre, dans la jeune génération, parmi ces fils et ces filles d'une très riche maison, une fille s'était enfuie pour s'engager dans l'Armée Rouge au moment où les soldats avaient traversé le Setchouan, pendant la Longue Marche. Des villages entiers s'étaient révoltés, avaient suivi les Armées Rouges, au point que certaines gens disaient que l'Armée Rouge se composait uniquement de Setchouanais.

Mantsoun me parlait, à voix basse, de cette jeune fille dont il était interdit de prononcer le nom; elle me disait que « toutes les bonnes familles, ou presque, comptaient un enfant rebelle de ce genre » et elle ajoutait : « Parfois, je pense moi aussi que mon sort a été trop dur et j'aimerais pouvoir m'enfuir. » Elle avait appris à lire et à écrire, prenait des leçons de chant avec un professeur qui apportait son violon, le *er-hu* au son strident et haut perché, et il jouait, jouait, jouait pendant qu'elle chantait, en lui tournant le dos, un air d'opéra du Setchouan.

Mantsoun avait demandé à sa coiffeuse, qui venait chaque matin soigner les cheveux des femmes de la maison, de me coiffer moi aussi. Nous nous faisions faire des robes en même tissu et de la même forme, nous achetions des brins de jasmin pour parfumer l'air de nos chambres. A la fin d'avril, elle alla passer une semaine aux sources d'eau chaude de Peip'ei, me suppliant de l'accompagner, mais je refusai, donnant comme raison que j'attendais une lettre de mon mari, mais en réalité, malgré ma sympathie pour Mantsoun, j'aimais aussi rester seule, et me promener dans Tchoungking comme en extase, pour regarder tout mon soûl.

Parfois les petits bavardages informes, languissants mais ininterrompus, les sempiternelles parlotes sur la nourriture et les repas, les commérages au sujet des autres, les expéditions dans les magasins dans toute la distrayante vivacité de ce passe-temps, me fatiguaient jusqu'à l'exaspération; car cela n'était pas vraiment vivre, c'était échapper à la vie. Quand j'étais seule, je pouvais du moins tomber en transe, cesser d'être là et me plonger dans le spectacle; voir, voir tout ce qui m'entourait, l'absorber, devenir presque l'objet lui-même, le spectacle plutôt que le spectateur. Mais en dépit de mon affection pour Mantsoun, je ne pouvais parvenir à cette profonde et satisfaisante vision quand elle était à côté de moi; car toute mon attention allait alors à notre conversation. Le silence devenait impossible.

C'est au cours de ma onzième année que je tombai pour la première fois dans cet état de transe éveillée; d'abord, j'en eus grand-honte car personne d'autre n'était atteint du même mal. Cela m'apparaissait comme une infirmité terrible, un défaut anormal, étroitement lié au péché mortel. J'ignorais alors que ces états sont essentiels à l'écrivain, au créateur. J'avais grandi au milieu de gens pour qui le mot « artiste », comme le mot « acteur » ou « poète » était le symbole de la veulerie instable, d'un penchant dont on devait avoir honte, et le fait de « rêver en plein jour », un cas d'idiotie, à peu de chose près. Aussi, quand cette étrange absence me frappa, essayai-je au début de la vaincre comme j'avais essayé de vaincre mon habitude de me servir de la main gauche. Mais il se produisit des accidents; c'est moi qui fus vaincue par cette autre chose qui était en moi. Un dialogue commençait, une histoire se déroulait, un songe dans la veille m'arrachait à mon entourage, si bien que je me cognais à tous les obstacles en marchant. « Tu dors debout », criait ma mère.

Et voilà qu'à Tchoungking j'entrai de nouveau en transe, grâce salvatrice, qui me délivrait de l'obsession de ma situation présente, de Pao, de l'angoisse qui aurait pu me marquer pour toujours.

« Il apprit à rester insensible, même si un saule avait poussé sur son bras, même si des oiseaux avaient fait leur nid sur sa tête. »

Je lus cette phrase dans un des livres de Troisième Oncle et elle me parut être la justification de mes transes; et depuis que Pao n'était plus là, je flânais, me délectais de rêves, oubliant tout ce qui n'était pas ces heures intemporelles de fixe contemplation, et puis je me secouais et revenais à la normale, pour converser avec Troisième Oncle, avec Mantsoun, à des heures et des heures d'attention, aux vides courtoisies qui semblaient être si essentielles, et construisaient par leur seule existence leur propre système d'obligations, de tracas, de besognes sociales et domestiques. J'observais l'impitoyable atrophie du caractère à laquelle se soumettaient volontairement tant de femmes absorbées par cette vie dénuée de sens, et bien que je parusse autant qu'elles captive de cette existence, car je répétais leurs gestes et faisais tout ce qu'elles faisaient, je ne cessais pas d'essayer de m'en évader. Et je réussis à m'évader.

J'allais souvent me promener dans cette grande crevasse entre les montagnes, ou se rencontrent le fleuve Kia-Ling et le Yangtsé, promontoire sur lequel est construit Tchoungking et je regardais pendant des heures les eaux bouillonnantes où tout un fouillis de jonques dressaient leurs voiles quadrillées; le paysage vertical et nu exerçait son charme de grandeur, tandis que l'œil suivait ces enroulements d'eau et de rocher qui forment le Grand Fleuve; un tunnel voilé conduit loin, loin, à l'intérieur des gorges, les célèbres gorges du Setchouan. Plus près, juste au-dessous du point où je me tenais, 478 marches plus bas, c'était la berge du fleuve, inextricable méli-mélo de ballots, de caisses et de gens qui luttent pour les hisser sur leurs épaules. Ensuite, ils emporteraient leur charge, montant, montant, montant l'escalier, file d'hommes grimpant sans arrêt, indéfiniment; et l'on voyait saillir les veines de leur cou et de leurs jambes, et l'on entendait siffler le souffle sortant de leurs poitrines creuses. Ils montaient, montaient, procession interminable, les épaules toujours chargées. Je voyais les porteurs de *huakan* lutter marche par marche, les perches de bambou mordant profondément dans leur chair quand le véhicule oscillait, tandis qu'à l'intérieur, à demi couchés, se prélassaient les fonctionnaires en chapeau de feutre et en uniforme boutonné jusqu'au col. Je ne me lassais pas de regarder ces travailleurs sans repos, portant, soulevant, traînant, et j'aspirais à être — je ne sais comment — à leur place, si absurde que cela paraisse; et j'achetai des sandales de paille comme en portent les coolies, et j'allai boire le thé amer et fort, qu'ils buvaient aux petits éventaires en plein vent où ils allaient, et je grimpais les marches, mais hélas, sans charge sur le dos. Deux fois, dans deux livres, j'ai décrit cette scène tant elle m'a hantée.

Puis vint mai, et la rumeur qu'il y aurait de grands bombardements, car le ciel était clair. Troisième Oncle partit pour Tcheng Tou avec Yao Niang, après avoir ordonné aux domestiques d'emballer tous les objets précieux de la maison et de les porter à la banque. Nous nous mîmes à emballer, les serviteurs et moi; et il y eut un raid le 3 mai. Mais ce fut le 4 mai, en fin d'après-midi, qu'eut lieu le bombardement le plus destructeur des quartiers populeux à l'intérieur de la ville; la fin d'alerte avait déjà retenti, du moins le pensions-nous, mais les appareils que nous croyions partis revinrent et les bombes se mirent à pleuvoir sur les rues de Tchoungking où les habitations étaient le plus denses et des incendies se déclarèrent partout. La maison de Troisième Oncle fut frappée par une bombe de plein fouet et je fus ensevelie sous les décombres pendant un moment avec deux des serviteurs, mais nous parvînmes à nous dégager et nous pûmes fuir en courant juste avant que l'incendie éclate; le bombardement continua et la panique se répandit à mesure que les gens quittaient leurs maisons en flammes. J'ai décrit tout cela : comment ce soir-là les habitants, presque toute la population du centre encombré de la ville, s'enfuirent à pied vers l'extérieur, et comment je gagnai la banque Meifeng où je retrouvai Deuxième Frère, et j'ai décrit les foules qui cherchaient à s'abriter dans le vaste édifice de pierre, tandis que des rues entières brûlaient autour de nous; qu'il n'y avait pas de lumière à l'intérieur de la banque, sauf les vacillantes flammes de petites veilleuses à huile, mais à l'extérieur, quel immense brasier ! J'ai dit que cette nuit-là, les employés de la banque et moi, une centaine de personnes, nous sortîmes de la ville, et nous mîmes en marche pour gagner une succursale rurale de la banque, à Ta Er Woh, parce que le bruit courait que les Japonais allaient revenir et nous bombarder jusqu'à ce que Tchoungking ne soit plus qu'un monceau de ruines fumantes, comment les foules déferlaient et comment nous pûmes voir, à la lueur des grandes flammes qui léchaient les murs de la cité, cet énorme raz de marée humain, dont nous faisions partie; comment nous marchâmes toute la nuit et, à demi portés par la multitude, gravîmes à l'aube les petites collines de cailloux qui s'élevaient dans la périphérie de la ville, et comment Deuxième Frère et moi arrivâmes à Ta Er Woh à la banque : nous étions 14 femmes et 39 hommes.

Le lendemain l'exode durait encore. De l'endroit où nous nous reposions, sur la pente descendant de la terrasse où se dressait l'entrepôt de la banque de Ta Er Woh, nous apercevions le flot interminable des gens qui sortaient de Tchoungking, emportant leurs objets personnels. Mais je voulais retourner à la ville, j'avais peur que Pao ne me crût morte; je voulais lui envoyer un télégramme pour lui apprendre que j'étais en sécurité. Deuxième Frère ne pouvait pas me comprendre, il pensait que j'étais folle; à peine s'était-il endormi, voilà que j'insistais pour retourner alors que je venais d'arriver. Mais je sentais que mon devoir était de rassurer Pao... n'avait-il pas tout abandonné pour revenir me chercher à Wouhan ? « Du moins, déjeune avant de repartir », me dit Deuxième Frère très fâché. Je lui obéis, puis refis à pied les 15 *li* (environ 9 kilomètres) et la sensation d'avancer dans cette foule à contre-courant était étrange, mais j'allai de l'avant, malgré les gens qui criaient : « Voyez celle-là qui revient ! » Mais je pensais que si Pao apprenait par la radio le bombardement de Tchoungking et ne m'y retrouvait pas, il pourrait croire que j'étais morte : je devais donc lui envoyer une dépêche...

J'arrivai au siège de la Y.W.C.A. vers trois heures de l'après-midi, portant toujours le pardessus de Pao qui était la seule chose que j'avais soustraite à l'incendie. Et je me retrouvai enfin à la banque Meifeng où je cherchai de l'eau. J'en trouvai aux robinets, et je pus boire et me laver. Je me rendis ensuite au bureau du télégraphe où je trouvai une petite foule, et d'où les télégrammes ne partaient plus. Je revins donc à la banque, dormis sur une banquette, et retournai au télégraphe le lendemain matin. Je pus me nourrir grâce à des colporteurs de thé et de nourriture, et quelle bonté ils me témoignèrent ! Ils me donnèrent du thé, me donnèrent du riz, m'aidèrent, eux et leurs parents, des coolies, encore des coolies, mais ils restaient là, ils ne fuyaient pas, et je partageai un autre repas avec une famille, et je ne sus jamais leur nom.

Pendant mon second après-midi, je vis arriver Deuxième Frère. Il n'y avait pas de lumière et nous fabriquâmes des torches en tordant des brins de vieilles cordes de touage; nous vécûmes ainsi pendant une semaine, tandis que la vie renaissait dans la cité; les gens revenaient, des familles se mettaient à la recherche les unes des autres, un petit journal fut distribué (les presses avaient été endommagées et en réunissant leurs machines et leur personnel, les trois principaux journaux avaient fait cette feuille); des crieurs parcouraient les rues, tapant sur des gongs et psalmodiant les noms d'enfants perdus; les facteurs vêtus de vert, le troisième jour, faisaient leur tournée consciencieusement en notant l'adresse des maisons détruites et trouvaient parfois une boîte avec un écriteau : « A cet endroit se dressait le numéro quatre de la rue des Sandales de Drap. » Et l'on donnait au bureau de poste les lettres à ceux qui venaient les réclamer.

L'idée ne me vint pas d'aller au quartier général de Pao ou chez aucun de ses Frères bénévoles. Je restai à la banque Meifeng. Une autre rescapée partageait avec moi la petite chambre que j'avais découverte, et où je m'étais installée, au dernier étage de la banque. C'était la Miss Lou qui était à Nanyu en même temps que moi, une grande fille à l'air pincé, fiancée à un officier, camarade de Pao. Elle mettait un point d'honneur à être toujours extrêmement convenable, et méprisait l'*amah* de la banque qui nettoyait les étages supérieurs, disant qu'elle « manquait de vertu » parce que cette servante allait s'asseoir et bavarder avec un homme sur le toit de la banque arrangé en terrasse, pour profiter de la brise fraîche du soir, et parce qu'elle s'éventait, tandis qu'en bas, l'on pouvait voir la ville en ruine, où de paresseuses volutes de fumée bleuâtres montaient encore de certains quartiers. Puis vint une lettre de Troisième Oncle me demandant de revenir à Tcheng Tou; Mantsoun, de retour de sa station thermale m'invitait à habiter la maison K'ang qui était intacte. J'y passai deux jours et Mantsoun me donna quelques vêtements, car tout ce que je possédais était la robe que j'avais sur le dos. Je pris ensuite l'avion pour Tcheng Tou. Troisième Tante m'emmena chez le docteur, car elle était sûre que j'étais malade. L'aspect intact de Tcheng Tou, l'absence de débris amoncelés, le spectacle de gens sereins, qui se promenaient au lieu de chercher un endroit où poser le pied parmi les décombres, qui n'appelaient pas à grands cris leurs enfants disparus, me semblaient bien étranges.

Ce fut seulement en arrivant à Tcheng Tou que j'eus des réactions de peur. La nuit, quand j'entendais un bruit d'avion, mon cœur se mettait à battre très vite, avant même que je *sache* que j'avais peur. Quel est donc ce mécanisme bizarre qu'on appelle « terreur » et dont les battements fouisseurs au fond de ma poitrine m'éveillaient la nuit ? Mais à l'automne j'étais guérie.

Pao ne revint du « front » qu'en juin; il passa trois semaines chez Troisième Oncle à Tcheng Tou, puisque nous n'avions plus de maison à Tchoungking.

Je fus très heureuse de voir Pao; pendant son absence, j'avais oublié tous ses défauts, je ne me rappelais que sa noble conduite, le patriotisme qui lui faisait risquer sa vie pour son pays. Je lui demandai naïvement s'il avait assisté à beaucoup de combats sur le front du Fleuve Jaune, où — m'avait-il dit — il se trouvait. « Naturellement », répliqua-t-il en regardant fixement devant lui d'un air douloureux. Mais il ne me donna aucun détail. J'insistai, timidement :

« Les Japonais étaient-ils très barbares, les as-tu vus distinctement ?

— Un officier ne discute pas de questions militaires avec une femme », me rétorqua-t-il brusquement.

Je ne posai donc plus de questions. Bientôt, toutefois, des amis à lui vinrent en visite et le nom de Hou Tson-nan revint souvent dans leur conversation. Pao leur parlait de Hou Tson-nan, disait que Hou l'avait admirablement reçu; il racontait qu'il y avait eu un concours hippique que lui, Pao, avait gagné, bien que Hou Tson-nan entretînt à son quartier général un corps de musulmans du Kansou, tous cavaliers d'élite... Pao paraissait très content de lui-même, et il passa une grande partie des quelques jours qui suivirent à composer des lettres destinées à Hou Tson-nan.

Je n'appris que beaucoup plus tard qu'il avait passé tous ces mois à Sian, à l'état-major de Hou Tson-nan, et que les armées de Hou ne s'étaient jamais battues contre les Japonais, car leur mission consistait à assurer le blocus de Yenan. Et cet été-là, une triple défense de blockhaus, tranchées, nids de mitrailleuses, avait été construite autour de Yenan. C'était ce « front » que Pao avait visité, avec quelques autres jeunes officiers, y compris Tchiang Wei-kouo, le deuxième fils de Tchiang qui avait rallié l'état-major de Hou Tson-nan.

Environ dix jours après son retour, et l'amabilité première commençant à s'épuiser, le démon favori de Pao se remit à s'agiter et à le torturer. Moralité et Vertu. Vertu et Moralité. J'étais totalement dépourvue de l'une et de l'autre. Sa tâche était de me sauver, en me les inculquant de force. Il se révéla le lendemain que Hou Tson-nan avait fait allusion à moi dans une de ses lettres; ayant appris que ma famille était à Tcheng Tou, il avait exprimé le désir de venir nous saluer, moi et ma famille et Pao avait peur que je n'obtienne pas son approbation : en voyant mon visage, il y décèlerait peut-être du sang « étranger », et la xénophobie de Hou Tson-nan était de notoriété publique. Cela pourrait nuire à la bonne impression produite par Pao. Il répondit à Hou que j'étais « si timide » que je refusais de voir qui que ce fût. Je vivais au sein de ma famille, et l'on ne pouvait m'en extirper; en outre, j'étais enceinte...

Ainsi commença toute une série de faux-fuyants, de mensonges et d'inventions. Non seulement Pao mentait en parlant de moi, mais en parlant de lui-même. Pour m'impressionner, il fabriquait des histoires de batailles où il avait été mêlé; il prétendait appartenir à la huitième promotion de Whampoa (alors que sa promotion était la onzième), pour s'attribuer l'ancienneté de grade; suivant que sa tension intérieure se raidissait, les situations qu'il créait par ses propres vantardises allaient tout de travers, mais il se contentait d'inventer une autre « explication ». Surpris en évidente contradiction avec lui-même, il ne trouvait plus que des protestations opiniâtres de sa « sincérité », et il se montrait profondément indigné qu'on osât douter de sa parole, même lorsqu'il disait une chose manifestement fausse. Dans ce bariolage d'illogiques fictions qu'il créait de toutes pièces, la raison et la logique disparaissaient à un rythme accéléré, la vérité devenait ce qu'il se représentait à lui-même comme vrai, et une tyrannie capricieuse prenait la place de tout semblant de cohérence ou de discussion. Il fallait que je dise à tout le monde que j'étais enceinte, et que je refusais de sortir. Il ne fallait plus que je porte le nom de Tchou, je devais prétendre que j'étais née Tang et non Tchou... Cela parvint aux oreilles de Troisième Oncle que cette sottise emplit de colère autant que de stupeur, et il fut bien près de considérer cela comme une injure pour la tribu Tchou. Mais comme c'était un sage, il se tut, et fit semblant de tout ignorer.

Cette incohérence variait de jour en jour, d'heure

en heure. Pao flânait dans les rues de Tcheng Tou, voyait ses amis, bavardait inlassablement avec eux... tous étaient terrifiés par Tchiang, tous briguaient un avancement, tous faisaient parade d'un culte fétichiste et verbal à des préceptes vertueux, tout à fait étrangers à la pratique. Ils racontaient tous allègrement des histoires de corruption, de pots-de-vin, de népotisme et de chaos, puis faisaient exactement ce qu'ils déploraient chez les autres. Car il n'était pas question d'appliquer les principes qu'on prêchait : il était, en fait, dangereux d'être honnête, travailleur, incorruptible. Il était « contre nature » de n'être pas corrompu, en quête de combines, c'était en fait agir en communiste. Seuls les communistes refusaient les dessous de table, travaillaient avec acharnement, et étaient assez « idiots » pour se battre contre les Japonais. Lire, chercher la solution d'un problème, essayer de réformer un abus, était aussi répréhensible : vous en arriviez à faire « parler de vous »; parfois, un fonctionnaire risquait d'y « perdre la face », le mieux était donc de ne faire absolument rien, surtout rien qui puisse mettre en valeur quelqu'un d'autre. Faire une chose remarquable pouvait offenser les voisins, cela aussi leur faisait « perdre la face », et c'est ainsi qu'ils vous refusaient leur appui quand vous en aviez besoin. Les rapports cheminaient par une osmose capillaire jusqu'au niveau où l'on pouvait rencontrer sa perte, si l'on avait commis le délit de zèle dans son travail. Aussi rebâchait-on des formules, évitant les ennuis en s'efforçant strictement à ne rien faire; on recevait ses amis pour se constituer une petite clique solide de partisans; on essayait de se procurer trois ou quatre emplois d'un coup et concurremment, pour toucher trois ou quatre salaires... il n'était pas vraiment nécessaire de faire acte de présence à son bureau plus qu'une fois de temps en temps, si bien que beaucoup d'amis de Pao s'arrangeaient pour être « à trois endroits à la fois ».

Le Chef de cette grotesque et moribonde bouffonnerie, Tchiang Kai-shek, était lui-même sujet à de destructifs accès de colère, à de capricieuses erreurs, aux plus incompréhensibles manies et obsessions. Il n'avait aucun dessein bien arrêté sauf celui de rester au pouvoir; pour atteindre ce but, il n'était fidèle à personne, n'avait pas de principes sur lesquels appuyer une règle de conduite, mais dressait les hommes l'un contre l'autre, posait des pièges astucieux sous les pas de tous, et entretenait des espions pour espionner ses espions; il donnait subitement l'ordre d'exécuter quelqu'un, n'admettait aucune suggestion, aucune discussion, rien que la foi aveugle, l'obéissance aveugle. Avec un tel maître, comment Pao eût-il pu être différent ?

Stilwell, le général américain, put, dans la suite, faire l'expérience de la conduite déraisonnable de Tchiang. Celui-ci (passant comme de coutume pardessus la tête de son ministre de la Défense, de l'état-major de l'armée et du bureau des opérations militaires) donnait par téléphone à un général de division l'ordre d'avancer, et quelques heures plus tard l'ordre de battre en retraite. Les mots : « Qu'on le fusille ! » sortaient si fréquemment de sa bouche lorsqu'il était furieux (il avait aussi l'habitude de lancer les vases, les tasses à thé, et même les crachoirs à la tête des visiteurs qui lui avaient déplu) que les personnes invitées à dîner à la table du Très Haut faisaient généralement leur testament, en prévision d'une mort subite qui pourrait se produire pendant le repas. C'était ce perpétuel ravage, la présence d'organisations du style Gestapo, la déformation et la distorsion de tous les faits, de tous les événements en un tissu de malveillances personnelles, les sinistres absurdités passant pour des jugements, qui détruisaient la personnalité de bien des hommes compétents et préparaient la déchéance de jeunes hommes raisonnablement honnêtes.

Par moments, Pao et ses Frères bénévoles gémissaient à propos de miasmes de désordre auxquels ils étaient exposés; ils expliquaient qu'ils « luttaient contre du fumier dans un cloaque », et pourtant ils n'auraient pu exister hors de ce milieu. Ils critiquaient toujours la « malhonnêteté » de Tel ou Tel autre personnage, proche du Chef, mais n'auraient jamais osé dire un mot contre Tchiang lui-même, bien qu'ils fussent évidemment renseignés. Leurs brusques éclairs de conscience s'éteignaient vite dans l'égoïste poursuite de leur carrière. Or, leur carrière dépendait des caprices de Tchiang, de ses humeurs, inventions et soupçons; comment auraient-ils pu ne pas devenir ces êtres fragmentés, incohérents, sujets à de brusques cruautés et à des accès de violence, avec tout ce qui se passait constamment autour d'eux ?

Et l'on pouvait parfois déceler dans leurs paroles un respect servile, une crainte envieuse de ces communistes qu'ils appelaient les « Bandits Rouges ». Un propos leur échappait, quelque ambiguïté, à propos de Yenan... comme « ils se battent pendant que nous sommes là à bavarder »... On accusait les communistes de « faire semblant » d'être honnêtes, mais comme c'était vrai qu'ils l'étaient, et vrai aussi que le cœur des paysans allait vers eux (si vrai qu'à ce moment-là, à Tcheng Tou, Pao et ses frères d'armes admettaient que « ces paysans stupides étaient avec eux ») une seule accusation pouvait être portée contre eux impunément, et cela concernait naturellement la sexualité. Leur plus grand crime était de pratiquer l' « amour libre », et d'avoir par conséquent des « pensées dangereuses » ! Ils prêchaient « l'égalité des droits pour les femmes » ! Abominables forfaits qui menaçaient le salut de la Chine ! Bien que le plus acharné des journaux anti-communistes ne pût les accuser d'être corrompus, de laisser mourir de faim leurs soldats (comme cela arrivait aux troupes de Tchiang), de trafiquer avec l'ennemi, on pouvait les accuser de se livrer à des orgies ! C'était un fait qu'il y avait des femmes dans les Armées Rouges, des filles habillées en garçons et portant des fusils ! Ils encourageaient les esclaves et les concubines à se révolter contre leurs maîtres ! Leurs veuves se remariaient ! Ils n'accordaient pas d'importance à la « virginité » ! Ils incitaient les paysannes à se dresser pour dénoncer les méfaits de leurs maris ! Mais Pao parlait de vertu, d'intégrité, du devoir d'obéir, de la discipline qui sauverait le pays, quand des petites filles de huit ans étaient vendues dans des bordels (et c'était parfaitement admis), quand les conscrits passaient à côté de nous sur la route, encordés comme des bêtes, populace vacillante, puante, décharnée par la famine; quand les filles faisaient la queue devant les restaurants et dans les rues, à l'affût de clients; quand trois sur quatre des soldats chinois qui mouraient, mouraient de faim et de maladie, parce que leurs officiers empochaient l'argent de leur nourriture...

Troisième Oncle, voyant Pao si morose, me suggéra de l'emmener à Pihsien, pour lui montrer notre Salle des Ancêtres, puis à Kouan-Hien, cet endroit des collines de l'ouest où commence la plaine et où l'on peut voir les grands travaux d'art de l'ingénieur Li Pin qui, il y a deux mille ans, a coupé en deux la rivière Min précisément à cette place et transformé l'inutile cours d'eau en un réseau de canaux, un lacis de voies d'irrigation qui se déploie et assure à jamais la fertilité de la plaine de Tcheng Tou.

Troisième Oncle était un amoureux fervent de sa province; il avait un attachement presque suisse pour son soleil, ses montagnes, son air, son eau, qu'il jugeait supérieurs à ceux des autres provinces en Chine, ou ailleurs sur la terre. Les légumes des pays en aval n'avaient pas le bon goût de ceux de la plaine de Tcheng Tou; car le sol capiteux y était imprégné de tout ce qui était bon, et le fumier, son principal ingrédient, fourni à la fois par les cochons et les humains, si abondant que le sol luisait, noir et gras, repus de ce précieux aliment. Sur le sujet de l'engrais, comme sur celui du thé, du tabac, de l'opium, des Seigneurs de Guerre, des impôts et des douanes, Troisième Oncle était inépuisable, et ses discours s'agrémentaient de tous les habiles tours de phrases et de l'imagerie du Setchouan.

Mais Troisième Oncle ne captivait pas Pao, car pendant que Troisième Oncle parlait, Pao se regardait dans un miroir. Il me dit que l'Oncle était trop matérialiste, probablement parce qu'il était poliment mais visiblement hostile à Tchiang et à l' « ingérence » des étrangers dans les affaires du Setchouan. Pao mesurait éternellement les gens à leur degré de « loyauté personnelle envers le Chef ». Paysage, livre, personne, tout était prétexte à une leçon de choses qui se rattachait à ce thème, et c'était en fait sa seule unité de mesure. Ce genre de propos, Troisième Oncle les écoutait avec un air de politesse détachée qui agaçait Pao, et Pao se vengeait sur les serviteurs, qu'il accablait d'ordres et qu'il humiliait : ils s'éloignaient en se faisant tout petits, sans répondre, et Troisième Oncle était très mécontent, mais son front restait serein et sa parole courtoise.

Un beau matin, nous partîmes pour Kouan-Hien, Pao et moi. Le temple de Li Pin, l'ingénieur, dressait ses toitures polychromes; des spirales bleues et violettes, des rubans d'ambre et de pourpre folâtraient autour d'animaux emblématiques montant et descendant le long des arêtes de ses auvents inclinés; à l'intérieur, le grand ingénieur et son fils, assis dans une immobilité solennelle, contemplaient leur œuvre, la plaine de Tcheng Tou couverte de champs chatoyant de jade et d'or, son incroyable capacité de produire de quoi se nourrir, et l'incroyable pauvreté de ses paysans qui n'avaient droit qu'à une très petite fraction de cette nourriture. La journée était magnifique et se promener le long du cours supérieur de la rivière Min, secoué par ses tourbillons de l'été, regarder les pierres en forme d'œufs qui, enfermés dans leurs filets d'osier, protégeaient les berges, suivre des yeux les bateaux emportés par l'impétueux courant et filant comme la flèche, tout cela était un grand enchantement. Tel un œil sans curiosité le ciel était pâle au-dessus de nous, dans la naissante chaleur; et je me rappelle si bien, tournoyant autour de moi, semblables à des cris d'oiseaux, les appels des bateliers, et le piaffement d'étalon que faisait entendre le torrent galopant, frappant et mordant le pilier de pierre nue appelé le Rocher de l'Eléphant (qui finalement s'écroula, en sorte qu'en 1964, quand je revins, il n'était plus là), et le vent, à voix de courlis, qui se jetait sur les collines emmitouflées de sombres forêts...

C'est là qu'avaient pris naissance la légende somptueuse et ses cavalcades, la réalité d'hier devenue conte merveilleux, leur gîte cette eau qui courait, bondissait, glissait, en forme de dos bossus de caracolants animaux mythiques aussi multicolores au soleil que les toits mouchetés d'or du temple de Li Pin, écailles et plaques, en agitation constante. Les hardis bateliers tournoyaient et poussaient des clameurs en nous dépassant et derrière les grandes bases grises des premières pentes de montagnes, d'où sortaient ces rivières, montaient les chaînes du Tibet.

Mais rien de tout cela n'était pour Pao une cause de joie; ce n'était que l'occasion d'un nouveau sermon, d'une nouvelle explosion d'extravagance, avec l'accompagnement habituel de coups tombant sur ma figure hostile et fermée, et ma bouche murmurant : « Tu n'as pas d'yeux, pas d'oreilles, rien... tu ne penses qu'à toi et à ta carrière... il n'y a rien que pourriture dans tout ton gouvernement... et tu ne tiens qu'à ta carrière... »

Après cela, il me frappa si fort que je me mis à vomir, et j'eus ensuite une crise de diarrhée (malaise banal en été à Tcheng Tou) et j'étais si bouleversée que je m'évanouis. Comme beaucoup de gens ignorant les soins médicaux, Pao était très impressionné par un évanouissement; il me crut morte, dans le pavillon surplombant la rivière Min, face à face avec le Rocher de l'Eléphant. Pris d'un remords soudain, il me redressa, me tapota les mains, pleura, promit de ne pas recommencer, puis me dit que je pouvais reprendre mes études, faire tout ce qui me plairait, lui rendre ses coups. Je gisais, les yeux fermés, très mal à l'aise parce que je m'étais souillée, sans répondre, sans bouger... Le lendemain, nous poursuivîmes jusqu'au Tsin Tcheng Chan, au-delà de Kouan-Hien.

Un très antique et célèbre monastère taoïste se

trouve au Tsin Tcheng Chan et c'est encore un des lieux touristiques du Setchouan. Les gracieux bâtiments millénaires reposaient au milieu des *gingkos* [1], au milieu des murmures d'eau de nombreux torrents, dont l'un faisait une musique en se déversant dans des trous de rocher aux formes variées, creusés par le temps et l'usure de l'eau. Il y avait des chambre pour les hôtes, de grands lits à colonnes garnis de moustiquaires; ils étaient infestés de punaises et cette nuit-là j'en attrapai et tuai soixante-quatre, surtout entre mes orteils, et je les écrasai férocement car rien ne vous transforme en un demi-sadique autant qu'une morsure de punaise entre les doigts de pied ! Et je les alignai en rangs bien ordonnés sur la table de la chambre. Des rouleaux de parchemin étaient accrochés au mur, œuvres de peintres célèbres; le temple avait plus de mille ans et bien qu'il eût été reconstruit plusieurs fois, chaque fois l'on reproduisait avec exactitude l'édifice original. Au-dessus de nos têtes, dans l'azur frais de l'air montaient les rochers au-delà desquels nous apparaissaient les premiers pics des grandes chaînes.

Nous parcourûmes les sentiers de la montagne, Pao vociférant, et moi hébétée et le cœur barbouillé. Quand nous redescendîmes du haut de la montagne, nos porteurs de *huakan,* qui nous avaient amenés au sommet, s'arrêtèrent toutes les deux heures comme ils l'avaient fait à l'aller, pour fumer une pipe d'opium; ils n'avaient pas d'argent et nous demandèrent de les payer d'avance, car ils avaient déjà fumé ce que nous leur avions donné pour monter. Pao les menaça, leur ordonnant brutalement de continuer à marcher et sans opium : ils posèrent leurs perches de bambou et nous regardèrent d'un air dangereux. Il leur fit une conférence sur les dangers de l'opium, les traita de dégénérés, mais leur donna l'argent. Et tout autour de nous, dans les vallées abritées, fleurissaient les champs de pavots somnifères, roses et blancs.

1. Aussi appelé : arbres aux quarante écus. *(N.d.T.)*

Il se trouva qu'en 1964 je retournai à Tsin Tcheng Chan. Rien n'avait changé dans l'aspect du monastère taoïste, si ce n'est que l'intérieur était fort différent, car bien que des prêtres fussent encore préposés à sa garde, bien qu'il y eût encore des chambres pour les hôtes, le monastère appartenait alors à la commune de la montagne Tsing Tche et les prêtres devaient fournir un travail partiel; l'après-midi, au son d'une cloche, tous les moines, jeunes hommes et enfants, s'assemblaient et gravissaient à pied la montagne, sous la pluie battante, se taquinant les uns les autres; « exercice de milice pour la bonne forme physique », nous dit le prêtre taoïste qui était resté avec nous. Et il versa dans nos tasses le célèbre thé du monastère. Quand je me rappelai l'opium qu'on y fumait, les jeux de hasard, tout ce qui s'y passait en 1937, je trouvai un changement net. Il n'y avait plus de champs d'opium, mais des rizières s'étendaient, loin au-delà des limites des anciennes cultures et, partout, les milices s'entraînaient.

Pao avait disparu, disparue aussi sa jeune et dure violence. Mais le monastère était toujours là, aussi beau que jamais.

« Y a-t-il encore des punaises ? demandai-je. La dernière fois que je suis venue, j'en avais deux ou trois entre chaque doigt de pied et elles me dévoraient.

— Oh ! il n'y a plus de punaises, dit fièrement le prêtre, nous avons du D.D.T. »

J'allai dans la cour retrouver mes souvenirs, et je restai clouée sur place de tout revoir sans être distraite par la voix de Pao, par ses tonitruants discours sur la vertu, le loyalisme; et je voyais l'éternelle beauté qui avait poussé les hommes à choisir cette haute roche plate pour y accrocher leur temple entre le ciel et le précipice; des arbre gingko, vieux de mille ans, laissaient tomber leurs fruits sur la mousse épaisse. Les pins étaient vieux et noueux, chantés par des poètes depuis des siècles disparus. Les pics étaient voilés de brume, le rire clair de la fontaine qu'on appelle « Ecoutez les Neuf Sons de la Fontaine Musicale » n'avait pas changé. Tout autour de la cour carrée pavée portant les emblèmes de la Triade (car le temple avait servi de forteresse au Seigneur de la Montagne des sociétés secrètes qui évoluent autour du taoïsme), il y avait une balustrade aux piliers sculptés; et chaque pilier s'ornait d'enfants occupés à des jeux, sexuels parfois, car le taoïsme ne fut jamais prude ni puritain. Et le grand gong du vestibule principal, le dos appuyé à la haute montagne perpendiculaire, s'entendait à 50 *li* à la ronde. C'était un site antique et bien vivant, couvert de mousse, vénérable, mais d'une prodigieuse vitalité, monde sombre, amoral, où les mots : le mal, le bien, n'avaient aucun sens, où l'innocence et ce qu'on appelle le vice étaient des jeux d'enfants; un lieu sans mystique surnaturelle, mais « tiré de la terre [1] », où flottaient l'odeur des fruits pourrissants du gingko et le clair appel de l'eau, où l'on se jugeait dérisoire au milieu de tant de sérénité, où les miasmes de la vertu perdaient toute signification, car tout cela était plus vieux, beaucoup plus vieux et d'une éternelle jeunesse comme les enfants de pierre dans la cour.

A notre retour à Tcheng Tou, je fus prise de fièvre. On fit venir le docteur qui, après avoir pris mes douze pouls, déclara que je n'avais pas « assez de souffle dans le corps » et que mon essence de vie était étouffée dans mon cœur. Il me fallait un médicament pour m'épanouir le cœur. Mes sourcils froncés révélaient un serpent lové dans mon cerveau, il me fallait un médicament déroulant. Je pensai que le docteur qui avait fait ce diagnostic simplement en me tâtant le pouls, sans poser une seule question, était un remarquable psychologue. La tentation de tomber dans un état chronique de maladie s'empara de moi; j'y ré-

1. Bible. (*N.d.T.*)

fléchis sérieusement après avoir bu le remède au ginseng prescrit par le docteur et qui me fit sombrer dans une calme euphorie, mais mon énergie naturelle fut la plus forte.

Deux jours après j'étais debout, mais j'avais fait peur à Pao. Il se mit à gémir sur son triste sort; l'effort « pour arriver » était pénible; il faisait de son mieux; ce qui le gênait dans sa carrière était qu'il n'avait jamais exercé de commandement actif; il lui manquait par conséquent un marchepied dans l'Armée (il voulait parler de subalternes qui lui seraient utiles, et aussi d'un accès facile à une source de capitaux, car l'Armée n'était qu'un immense racket). Je pouvais l'aider, mais il me fallait prendre patience. Je répondis qu'il m'avait promis de me laisser travailler, et je voulais travailler. Je ne pouvais plus rester chez moi à ne rien faire; et brusquement il accepta. Oui, ici, à Tcheng Tou, je pouvais étudier si j'en avais envie, il m'accompagnerait lui-même à l'Université pour prendre des renseignements... Cette soudaine volte-face me laissa confondue. Ce n'est pas possible, pensais-je, il va changer d'idée... mais le lendemain matin, nous allâmes ensemble à l'Université de l'Union chinoise occidentale, au sortir de la ville, près de la Porte Sud de Tcheng Tou.

Cette Université avait pris une importance prodigieuse : c'étaient six universités avec leur personnel, leurs professeurs et leurs étudiants venus de la zone occupée par les Japonais qui s'étaient repliés là pour continuer leurs études. Pao insista pour voir le doyen de la Section médicale, missionnaire canadien nommé le docteur Kilborn. Le docteur Kilborn nous reçut; c'était un homme cordial, musclé, parlant un excellent setchouanais. Nous demandâmes quelles étaient les conditions d'admission à l'Université. Je commençai alors à sentir que redevenir étudiante n'était pas ce que je désirais. Je désirais faire quelque chose d'utile, d'une valeur immédiate, un travail qui fût lié à la situation. En outre, je me méfiais d'un changement d'humeur de Pao et tout dépendait de son humeur. Or, Pao avait laissé échapper que Hou Tsonnan avait une « parente » qui faisait ses études à cette université. Pao voulait-il se servir de moi pour la rencontrer ? Je dis au docteur Kilborn que je voulais avoir un emploi, et ce fut lui qui suggéra que j'aille voir le docteur Marian Manley docteur-missionnaire, qui dirigeait une maternité très près de l'Université : je pourrais me rendre utile immédiatement.

Pao suggéra ensuite que nous allions nous faire photographier ensemble en souvenir de notre impérissable amour; nous l'avions déjà fait plusieurs fois et c'était toujours pour fêter une réconciliation. Nous allâmes donc chez un photographe. Les photographies furent réussies, il me les mit sous les yeux et entama une nouvelle scène. Il s'était arrêté chez un astrologue en revenant de chez le photographe. L'astrologue avait jeté un seul coup d'œil sur ma photo, et avait vu aussitôt que j'étais romanesque et avais besoin d'être dressée. En outre, j'avais des oreilles maléfiques. J'étais destinée à une vie d'amertume parce que les lobes en étaient trop petits... Je lui rétorquai qu'étant donné les choses épouvantables qui se passaient en Chine, avec les conscrits qu'on encordait pour les traîner au front, il était bien dommage qu'il ne trouvât pas autre chose à faire qu'à répéter ces rengaines sur moi, la sexualité et mes oreilles. « Tu fais du chantage, c'est tout », ajoutai-je, en lui lançant les mots à la figure avant de penser aux conséquences. « Moi, dit-il, je te sauve... j'essaie de te sauver ! — Mais non, tu me tues, mais fais bien attention, un jour tu iras trop loin... » Il éclata d'un rire furieux : « Tu oses me menacer ! Que pourrais-tu me faire ? — Je ne peux rien te faire, je le sais. Mais si je meurs, je crois que tu auras quelque difficulté à expliquer ma mort. — Tu devrais savoir, rétorqua-t-il, qu'une femme n'a d'existence qu'en fonction de son mari, de sa famille, elle n'a pas de personnalité propre... — Et tu es né d'une femme, dis-je. Tu insultes ta propre mère, et toutes les mères en disant cela. » Ma respiration sifflait de colère, et je marchais vite quand je vis son poing se serrer. « Vas-y, lui dis-je, frappe-moi, c'est tout ce que tu es capable de faire ! Pourquoi ne vas-tu pas plutôt taper sur les Japonais ? Qu'as-tu fait à Sian, à part les courses de chevaux avec tes amis ? Et tu m'as raconté que tu allais te battre contre les Japonais, et voilà que la Chine a perdu la moitié de son territoire et tu ne trouves rien de mieux à faire qu'à taper sur moi. — Tais-toi, dit-il, tais-toi. » Mais il était devenu, très brusquement, étrangement calme. A partir de ce moment, il ne me parla plus jamais de Hou Tson-nan.

Je me rendis seule à l'école de la Maternité, dans la rue du Petit Bambou Céleste en dehors de la Porte Sud de Tcheng Tou, pour me présenter au docteur Marian Manley, l'Américaine dont le docteur Kilborn m'avait parlé.

Marian Manley était une petite femme très vive, avec un visage qui ne vieillirait jamais car il était presque toujours plissé par un sourire narquois de gamin. C'était une missionnaire agissante mais non conformiste; elle, sa sœur Grace et leurs parents avaient travaillé en Chine toute leur vie. Il y avait beaucoup de familles semblables au Setchouan : les Endicott, la famille de Chester Ronning, aujourd'hui haut diplomate canadien. Leurs parents avaient été missionnaires en Chine, et ceux qui s'y trouvaient de mon temps appartenaient à la deuxième génération; ils se sentaient chez eux en Chine plus que dans leur propre pays et s'y attachaient sentimentalement et cela devait pour certains se révéler l'obstacle psychologique principal à leur adhésion à l'Ordre Nouveau, car ils étaient devenus absolument convaincus de leur propre importance et de la qualité divine de leur œuvre dans le cadre de la Vieille Chine. Endicott parlait chinois comme un Chinois; Kilborn et William Sewell aussi; ce dernier allait plus tard écrire un livre où il décrivit les changements opérés dans l'Université en 1949, quand les communistes entrèrent au Setchouan. Les missionnaires canadiens de Tcheng Tou avaient la réputation d'être des esprits libéraux; il y en avait parmi eux dont les sympathies allaient secrètement au peuple chinois, et à l'Armée Rouge. Mais dans la majorité des missionnaires américains régnait un bienheureux aveuglement; jusqu'à la toute dernière minute, ils continuèrent à bien vivre et à bien manger, dans leurs belles maisons de brique grise, au milieu de ravissants meubles chinois, payés avec de solides devises étrangères, tandis qu'autour d'eux leurs collègues et leurs étudiants chinois devenaient hâves et blêmes par manque de nourriture. Marian Manley ignorait presque tout des questions politiques et elle demeura naïve sur ce sujet; elle avait grand-peur du communisme, et croyait dur comme fer à une Chine éclairée, démocratique et convertie au christianisme, « après la guerre », sous la présidence de Tchiang Kai-shek, parce que Tchiang et sa femme étaient méthodistes; ce fut cette « conversion » de Tchiang au christianisme qui pendant si longtemps contribua à leurrer les missionnaires.

Notre première rencontre fut amicale. Marian accepta sans hésitation de m'instruire dans sa petite clinique d'accouchement, modeste édifice en bois, sans prétention, avec son toit de tuiles grises caractéristiques des maisons de Tcheng Tou, sa construction de deux étages en quadrilatère autour d'une cour et d'un puits. La moitié servait de résidence aux sages-femmes de l'Ecole et à Marian, l'autre moitié contenait les salles d'hospitalisation, les salles d'opération et d'autres réservées aux consultations. Il y avait trois petites chambres de première catégorie qui pouvaient recevoir deux accouchées par chambre, et deux salles de seconde catégorie avec dix lits, ou plus, par chambre. Dans l'ensemble on pouvait recevoir en même temps de 20 à 25 femmes en couches et il y avait aussi une pouponnière qui abritait une moyenne de 30 bébés. Pendant les mois d'hiver elle était encombrée et devait parfois dans la même salle accepter de 35 à 40 bébés. Chaque berceau était une boîte avec un couvercle, dont les côtés et le dessus étaient garnis d'un solide grillage, à cause des rats. Tout le mobilier, les lits, les matelas de coco, les draps de coton étaient faits dans le pays.

Les sages-femmes venaient toutes du Setchouan, leurs études duraient trois ans. L'enseignement était fait en chinois car aucune ne savait l'anglais; et Marian leur faisait dans son dialecte setchouano-américain des conférences qu'elle lisait, s'aidant d'un manuscrit transcrit d'avance en caractères romains ou leur parlait de mémoire. Trois à cinq accoucheuses qualifiées, et des monitrices de services, étaient en résidence, il y avait un petit dortoir pour une vingtaine d'étudiantes en gynécologie. La plupart des accouchements se faisaient à domicile, et non à l'hôpital, mais beaucoup de mères assez fortunées préféraient y placer leur bébé afin de s'en épargner le soin.

J'eus l'impression qu'il me serait plus facile de m'instruire en gynécologie que de faire les cinq années d'études nécessaires pour devenir docteur. Ici, je pouvais me rendre utile au bout de quelques mois, tandis qu'attendre cinq ans la possibilité de faire quelque chose me semblait un délai intolérable... J'étais prête à commencer immédiatement et je le dis à Marian. Puis je rentrai à la maison pour avaler du *ginseng*, tomber évanouie, et menacer Pao de ma mort subite si je n'avais pas le droit de travailler; ma pâleur, due à l'état de mes intestins, m'y aidait. Pao répondit d'un air tragique qu'il partirait seul affronter la « dure » vie de Tchoungking, qu'il tomberait probablement malade et que nous ne nous reverrions sans doute jamais... Mais j'étais, à ce moment-là, dans un tel état d'écorchée vive, que je jouais l'attendrissement très facilement. Il n'y a rien qui dessèche autant le cœur qu'une paranoïa non partagée. Je pleurai, je m'évanouis, mais je ne cédai pas d'une ligne. Il vint me voir à la Maternité, fit une visite à Marian et sa seule critique fut que l'hôpital était « trop petit ». « Quand je serai devenu quelqu'un d'important je te ferai construire tous les hôpitaux que tu voudras et tu pourras devenir ministre de la Santé publique », disait-il pompeusement. Mais mon désir n'était pas de devenir ministre de la Santé, c'était d'être en contact avec la réalité, et de faire un travail dont je sentais autour de moi et en moi la criante et brûlante nécessité.

Alors, Pao partit, seul, et pas trop malheureux en dépit de son « sacrifice » car son nouveau poste était dans la section « Obéir et Servir » placée directement sous les ordres de Tchiang, et ma présence à Tcheng Tou allait le débarrasser d'une entrave possible; il avait raconté tant de mensonges à mon sujet, y compris celui que j'étais enceinte, que ma disparition momentanée lui convenait parfaitement. Par surcroît, Hou Tsong-nan partait pour Tchoungking à l'occasion d'un colloque militaire et Pao avait à cœur d'être prêt à tout moment et de se montrer à tout moment, afin de n'être pas oublié dans la bagarre des promotions. Ce ne fut qu'à la fin de novembre qu'il revint me chercher pour m'emmener à Tchoungking et à ce moment la guerre avait éclaté en Europe; le monde connaissait une situation nouvelle; l'ambition démesurée de Pao était couronnée de succès et j'étais devenue une manière d'écrivain — bien qu'il me fallut vingt autres années pour apprécier le sens de ce mot.

De ce funeste été de 1939, pendant que la guerre se préparait consciemment d'un bout à l'autre de l'Europe, des espoirs et des conjectures concernant l'internationalisation de la guerre qui s'emparaient de l'entourage de Tchiang, du jeu de balançoire auquel il se livrait avec les Japonais, un panorama général n'a jamais été donné du point de vue chinois. La plupart des historiens considèrent les manœuvres et contre-manœuvres des pays européens à cette époque, y compris la Russie soviétique, comme le centre de la seconde guerre mondiale. Mais un décalage géographique entraîne une vision différente et pour nous en Chine la seconde guerre mondiale commença le 18 septembre 1931, lorsque le Japon envahit la Mandchourie et se confirma par son invasion de la Chine le 7 juillet 1937; puis, par un corollaire logique, le conflit s'internationalisa lorsqu'il s'étendit à l'Europe en 1939. Mais peu de gens en Occident acceptaient de souscrire à cette opinion; la Chine, sous Tchiang Kai-shek était encore un « objet », fait pour se soumettre à toute pression extérieure, un pion dans le jeu des Grandes Puissances; passif et contraignable par la force. Personne ne prévoyait que dans le gigantesque soulèvement qui se produisait, le rôle humiliant assigné à la Chine commençait déjà à se disloquer; la décision de résister au Japon, imposée par Mao Tsé-toung à Tchiang Kai-shek en décembre 1936, quoique suivie à contre-cœur, fut le tournant où l'Histoire de la Chine changea de direction.

Mais la porte de l'avenir tournait lentement sur ses gonds huilés par la guerre. Le 10 mars 1939, Neville Chamberlain parlait d'un « plan de paix » quinquennal en Europe. Jusqu'au mois de décembre 1941, la Grande-Bretagne avait entretenu d'actives et amicales relations avec le Japon, en dépit des empiétements des Japonais sur les privilèges commerciaux des Anglais en Mandchourie et en Chine du Nord. Ils étaient convaincus que l'Axe pouvait se démembrer, que le Japon avait les mains pleines en Chine, qu'une entente pourrait être conclue, aux dépens de la Chine, avec les Japonais en Asie; un « partage » des marchés de Chine, avec la Grande-Bretagne qui dominerait la Chine du Sud et se dessaisirait de certains de ses droits au Nord. Le Foreign Office luttait pour « l'apaisement » en Orient, bien que tout apaisement eût échoué en Occident. Le plan de paix quinquennal, suggéré à Birmingham par le Premier Ministre britannique, fut anéanti le même jour exactement, car Hitler fit entrer à Prague les armées allemandes le 10 mars, et le 14 mars la République tchèque était incorporée dans le Reich; la Pologne et la Hongrie recevaient des petits débris de la Tchécoslovaquie que leur jetait le victorieux Hitler.

Néanmoins, les Etats-Unis, ainsi que la Grande-

Bretagne continuaient d'explorer les possibilités de « négociation » entre le Japon et la Chine, ce qui voulait dire en réalité entre eux-mêmes et le Japon. Mais ces concessions n'étaient aux yeux du Japon et à ceux de Hitler qu'une preuve de faiblesse. L'Ordre Nouveau, annoncé par le Japon le 22 décembre 1938, avait été un indéniable défi lancé à la domination blanche en Asie; c'était sur cette base raciale remplaçant l'impérialisme des Blancs par le leur propre, que les Japonais entendaient lancer leur conquête du Sud-Est asiatique.

Au printemps de 1939, des « hommes d'affaires » et des agents de la police secrète japonaise commencèrent à se déverser dans Hanoi et Saigon. Bien accueillis par les Français, occupés à ce moment-là par des soulèvements nationalistes locaux, ils aidèrent à lancer les répressions brutales visant à détruire le mouvement d'indépendance du Vietnam. Ses chefs, Pham Van Dong et Vo Nguyen Giap s'enfuirent en Chine où ils devaient rencontrer Ho Chi Minh qui, après avoir passé quelques années à Moscou, arriva à Yenan en août 1938 et passa 1939 et 1940 en Chine du Sud. Ho Chi Minh devait passer près de deux ans en prison par ordre de Tchiang Kai-shek, les pieds chargés de fers qui lui causèrent des plaies infectées. Condamné à des marches forcées de cinquante kilomètres par jour, trimbalé de prison en prison, enchaîné pour dormir au-dessus d'une fosse d'aisances, il écrivit beaucoup de ses plus célèbres poèmes au cours de ces mois.

En capitulant devant Franco (29 mars 1939), l'Espagne apportait un nouvel atout au fascisme; pour n'être pas en reste, le Japon annexa les îles Spratley, à 700 miles à l'ouest de Manille, à 300 miles au sud de Saigon, à 1000 miles de Hong-Kong, base stratégique avancée pour un raid sur le Sud-Est asiatique. Puis ce fut le tour de Mussolini qui envahit l'Albanie le 7 avril.

Les démocraties occidentales demeuraient nonchalantes, s'accrochant toujours à l'illusion qu'elles allaient s'entendre avec les puissances de l'Axe, en vue de forger une formidable « alliance anticommuniste ». Le « plan de paix » de Chamberlain n'était qu'une offre déguisée d'élargir et de renforcer le pacte Anti-komintern élaboré entre l'Allemagne, le Japon et l'Italie en 1936, en harmonie avec la « grande alliance contre le communisme » offerte par le Japon à Tchiang Kai-shek, en décembre 1938...

En avril 1939, Hitler dénonça l'accord anglo-allemand. Jodl, chef d'état-major des Armées du Reich, fit une conférence sur « les prémices favorables stratégiques du problème polonais » après la « solution satisfaisante » du « problème » tchécoslovaque. Les jeux politiques se divisaient de plus en plus en multiples mouvements se contredisant l'un l'autre. Des conversations furent entamées à Moscou le 15 avril, entre l'ambassadeur britannique et Litvinov, ministre russe des Affaires étrangères. « Considérant comment la Russie soviétique a été traitée, et comment elle est encore traitée, on ne pouvait s'attendre à grand-chose de sa part », écrit Churchill. La Pologne, la Roumanie, les Etats baltes ne savaient pas « ce qu'ils redoutaient le plus de l'agression allemande ou de la coopération russe », « le choix hideux paralysait les politiques britannique et française » est une pittoresque formule de Churchill. Mais ce qui paralysait ces deux pays était le dilemme entre une alliance avec l'Allemagne et le Japon qui impliquait un partage pièce à pièce de leurs propres possessions coloniales du monde entier, pour prix d'un front anticommuniste, et une alliance avec l'Etat socialiste abhorré : la Russie soviétique.

Dans la mesure où les politiques américaines étaient en cause, la même ambivalence schizophrénique était évidente. L'Amérique soi-disant « neutre » continua à envoyer au Japon 92 p. 100 du matériel de guerre nécessaire pour sa guerre contre la Chine; les groupes américains pro-allemands étaient actifs et la presse de Hearst, jusqu'à décembre 1941, se donna du mal pour maintenir la « neutralité » des Etats-Unis.

L'opinion publique, toutefois, changeait lentement; les actions du Japon causaient une appréhension grandissante, surtout son intervention en Indochine dans l'été de 1939.

Que ferait l'U.R.S.S. ? Staline, écrivait Churchill, était une « énigme ». En réalité, l'homme d'Etat le plus astucieux de tous, Staline, savait bien ce qui se passait dans l'esprit des politiciens occidentaux. En février 1939, de petits ballons d'essai avaient déjà été lancés vers l'Allemagne. En mai, Churchill prononça à la Chambre des Communes, un vigoureux discours où il plaidait en faveur d'une alliance entre l'Angleterre, la France et la Russie : « Il n'y a pas de temps à perdre. » Mais l'hostilité au communisme manifestée par le Foreign Office et le Quai d'Orsay était trop forte et les conversations avec Moscou traînèrent en longueur.

Staline manœuvra adroitement et prudemment pour trouver la possibilité de pencher des deux côtés. Dans ce jeu subtil, le sphinx russe resta hermétique et mystérieux jusqu'au dernier moment, et qui pourrait l'en blâmer ? L'avenir même du premier Etat socialiste du monde était dans la balance.

En Chine, tous ces mouvements étaient suivis et compris à la fois par les communistes de Yenan et par Tchiang Kai-shek à Tchoungking. Ce dernier les voyait sous le même jour que les machinations des politiciens de l'ère des Trois Royaumes dans la Chine d'il y a deux mille ans. Rien de nouveau dans ces jeux de *Real-politik;* le jeu de Churchill consistait à « s'assurer l'amitié du pays le plus lointain pour combattre le danger le plus proche »; le jeu de Staline était : conclure une alliance temporaire avec l'Allemagne afin de détourner le plus grand danger d'une alliance générale contre l'U.R.S.S.; les deux étaient la logique même.

L'avertissement donné par Tchiang Kai-shek aux Anglais cet été-là, lorsqu'il leur dit que leur désir d'un « Munich oriental » se tournerait contre eux n'était pas fondé sur une décision de mener à bonne fin la guerre contre le Japon, mais sur la crainte d'être exclus du marché, et que Staline ne réussisse à faire dévier la machine de guerre de Hitler vers l'ouest. Tchiang disait que la pire erreur commise par Hitler avait été de s'allier avec le Japon plutôt qu'avec la Chine. Depuis 1933, Tchiang avait toujours choisi des conseillers allemands, tel Beck, pour l'aider dans ses campagnes anticommunistes. Et il y avait encore des conseillers allemands en Chine en 1939.

Juin 1939. Les Français, en Indochine, à la requête du Japon, suspendirent l'envoi de tout matériel à la Chine par Haiphong et le chemin de fer du Yunnan.

Juillet 1939. Les Anglais signèrent un accord anglo-japonais, renforçant (pensaient-ils) leur prestige auprès du Japon. La « grande alliance anticommuniste » sollicitée par les puissances coloniales européennes contre la Russie soviétique fut dénoncée par Mao Tsé-toung à Yenan et, à mesure que l'été s'écoulait, le monde courait rapidement à la guerre.

Le soir du 19 août 1939, Staline annonça son intention de signer un pacte avec l'Allemagne. Le 22 août, Ribbentrop partit pour Moscou, vit Staline le soir du 23 août et ce même soir un pacte de non-agression fut signé. « Ce fut le résultat, non la cause, de l'échec des politiques anglaise et française », dit Mao Tsé-toung. Ce pacte de non-agression portait sur dix années. Vingt-deux mois plus tard, en juin 1941, Hitler envahit la Russie. Mais l'on avait gagné deux ans.

30 août-1er septembre 1939. La Pologne fut envahie par l'Allemagne; la guerre fut déclarée contre Hitler par l'Angleterre et la France, le 1er septembre, onze mois après Munich et « La Paix en notre temps ».

A Tchoungking, la nouvelle longtemps attendue d'une seconde guerre mondiale fut accueillie avec une extrême satisfaction. Désormais, la guerre en Chine devait être considérée comme appartenant au conflit mondial et c'était faire un pas de plus vers ce que

Tchiang avait espéré : l'engagement américain et l'argent américain, dans sa guerre *à lui*, la guerre contre Mao Tsé-toung...

En Europe, les mouvements de paix étaient confus; soumis à un régime de propagande paradisiaque, leur conviction n'étant pas étayée par l'expérience salutaire du difficile et douloureux calvaire que représente la Longue Marche de l'humanité, les intellectuels quittaient les rangs des partis communistes européens; et pourtant, du point de vue marxiste, on ne pouvait choisir entre le fascisme grossier de Hitler, pratiqué dans son pays, avec les horreurs infligées à six millions de juifs, et la barbarie doublée de génocide qu'infligeaient depuis des dizaines d'années à des peuples colonisés les soi-disant démocraties. Mais pour l'europocentrisme, cette forme de l'égoïsme, même chez les marxistes, ce qui se passait en Europe était infiniment plus important que ce qui se passait dans toute autre partie du monde, et aujourd'hui encore, les partis communistes d'Europe souffrent de cette myopie. L'analyse faite par Mao Tsé-toung le 1er septembre 1939 des problèmes en jeu, est le jugement le plus lucide et le plus pénétrant porté sur le développement de la guerre, et il demeure d'une validité monumentale, même au bout de trente ans.

Le pacte concernant le Japon eut pour effet de jeter un certain froid sur les relations germano-japonaises. Dans les cercles militaristes japonais, les préparatifs d'une poussée en Sud-Est asiatique étaient déjà très avancés; jouant les colombes, de nouveaux politiciens étaient impatients de faire à l'Angleterre, aux Etats-Unis et à la France des conditions, et à démembrer conjointement la Chine. Mais les militaristes triomphèrent; il ne restait plus au Japon qu'à signer avec l'U.R.S.S. un pacte de neutralité en quatre points assurant ainsi les arrières du Japon, en avril 1941, tout en se préparant à l'invasion du Sud-Est asiatique. Et puisque Hitler n'avait pas conféré avec les Japonais au sujet de ses décisions concernant la Russie, les Japonais le payèrent de retour en espèces et cela aussi eut une influence sur le cours de la seconde guerre mondiale.

C'était en septembre, un après-midi de bruine étouffant. Il y avait déjà près de trois mois que j'étais à la Maternité, pour étudier et travailler. J'entrai dans le salon de Marian Manley pour lui rendre un livre qu'elle m'avait prêté. Là, loin de Pao, je pouvais lire sans que mon livre me soit arraché et même déchiré sous mes yeux.

Marian était assise devant sa machine à écrire; elle tapait presque tous les jours, de longues lettres à sa famille, mais elle écrivait en outre des nouvelles et avait composé un long poème fondé sur une légende chinoise. Certaines de ses nouvelles sur des thèmes chinois avaient été publiées dans des magazines américains tel le *Woman's Home Companion*. Elle s'était aussi lancée dans un livre sur la Chine qui n'avait pas trouvé d'éditeur. Elle voulait écrire un roman qui se passerait en Chine. « Je sais que je peux écrire, disait-elle, je le sais. »

Je ne me rappelle pas pourquoi elle avait l'air « à part », un peu distante, des autres missionnaires de l'Université et dans le grand hôpital de Tcheng Tou; ce n'était pas à cause d'un schisme dans sa pensée religieuse, mais d'un non-conformisme individuel qui lui faisait préférer sa solitude, avec la direction de son petit hôpital et de son école de gynécologie, un peu à part du corps missionnaire. Ou peut-être était-ce le besoin de solitude que ressentent tous les écrivains. Je la trouvais sympathique et une amitié grandit entre nous.

Cet après-midi de septembre, Marian leva les yeux de sa machine à écrire quand j'entrai et me demanda de rester pour prendre une tasse de thé avec elle et manger des pâtisseries qu'elle venait de faire. J'acceptai avec gratitude. Elle se remit bientôt à parler de ce qu'elle écrivait et me lut quelques pages d'une nouvelle à laquelle elle travaillait. Quand elle ôtait ses lunettes, ses yeux avaient l'air endormi de tous les gens myopes et elle polissait les verres de ses lunettes avec énergie. Elle avait un air jeune, presque enfantin, les jambes enfoncées sous sa chaise, tandis que sa voix psalmodiait les syllabes adoucies par la tonalité américaine. Mon esprit s'égarait sous la véranda extérieure où le soleil oblique frappait les veines résineuses des piliers de bois; la fumée d'un millier de feux de charbon de bois montait dans le ciel opalin du soir et de la cuisine au sous-sol, où Marian et sa sœur Grace avaient fait de la confiture avec les célèbres oranges du Setchouan, si abondantes, si bon marché, venait l'odeur des pelures d'oranges qui vous met l'eau à la bouche.

« Alors, qu'en pensez-vous ? »

D'un geste brusque, Marian ôta ses lunettes pour les polir de nouveau, s'armant de courage pour entendre mes remarques sur son œuvre. J'étais émerveillée par cette personne qui pouvait écrire si bien, si habilement : « C'est une merveilleuse histoire... » Marian haussa les épaules, éclata de rire, frottant vigoureusement ses verres. « J'espère que ça plaira à mon agent... Oh ! comme je voudrais qu'il arrive à faire sortir mon livre ! Mais il n'a pas l'air de pouvoir me trouver un éditeur. Pourtant je *sais* que je peux écrire, j'écris vraiment *bien*... »

Marian disait je *sais*, j'écris *bien* avec la même emphase qu'elle mettait à taper du pied quand il y avait quelque chose qui n'allait pas à l'hôpital. Puis, elle conclut sa petite explosion en manière d'excuse, par un petit rire étouffé qui ramena aussitôt sur son visage l'enfantin sourire en grimace. Et c'est vrai que son style était beau : flot coulant et régulier qui vous emportait au long des phrases.

« Je trouve que c'est une excellente histoire d'amour. »

Il s'agissait de la concubine d'un seigneur de guerre, une jeune fille mariée contre sa volonté, qui s'échappait et épousait un jeune homme qu'elle aimait... totale improbabilité au Setchouan en 1939.

« J'aimerais écrire une nouvelle réellement bonne sur la Chine, disait Marian. Je crois que le public américain commence tout juste à s'intéresser à la Chine. »

Il y avait la guerre en Chine depuis 1937, mais l'Amérique n'y était pas mêlée, l'Amérique restait neutre; et en septembre 1939 la guerre éclatait en Europe, sans que l'Amérique entrât dans le conflit... les juifs d'Amérique eux-mêmes restaient tranquilles, sans protester contre les pogroms en Allemagne...

« J'ai pris quelques notes sur mon retour en septembre dernier, dis-je à Marian, la chute de Wouhan, notre voyage de là à Tchoungking... mes impressions de voyage, cela pourrait vous donner l'idée d'une nouvelle...

— Montrez-les-moi, voulez-vous ? »

Je montai dans ma chambre, en rapportai mes notes que je montrai à Marian. Rien que trois ou quatre pages, pas plus. Ce n'était pas le « journal » obligatoire que Pao me forçait à tenir et qu'il consultait, le sourcil froncé, s'efforçant de trouver quelque progrès moral dans mes pensées, mais ce que j'avais désiré fixer, impressions physiques, jetées au hasard sur de petits bouts de papier, enfouis dans une poche intérieure de ma robe où il y avait aussi le papier hygiénique dont on se munissait toujours en voyage, et je me sentais un peu coupable de cacher cela à Pao. Arrivée à la Maternité, le soir, je les avais revues et j'avais développé ces notes éparses pour leur donner quelque cohérence. J'allai chercher ces pages et les apportai à Marian. Elle s'était remise à taper, aussi les posai-je sur la table et me retirai-je. Une demi-heure après, on frappa à ma porte. C'était Marian, mes notes à la main.

« Mais c'est bon... si vivant... je voulais vous le dire tout de suite. J'ai pris un grand plaisir à lire vos notes. Eh bien, si nous pouvions souder tout cela, s'il y en avait davantage, il me semble qu'entre vos notes et mon style, nous pourrions écrire un livre... »

Nous commençâmes presque immédiatement, j'écrivis en trois jours le brouillon d'un chapitre, rédigeant à mesure que la pensée m'en venait, et je le donnai à Marian. Dix pages, vingt pages à la fois. Elle récrivit, polit, moula, modifia mon récit, enlevant tout ce qui serait de nature à choquer, ou qui pouvait effaroucher les prudes, ou même qui était tout à fait dangereux, étant donné les circonstances dans lesquelles nous vivions. Et il y avait bien des choses qui ne devaient simplement pas figurer dans mon récit.

Aujourd'hui, en lisant le livre qui sortit de notre coopération, *Destination Tchoungking*, je puis en détacher les fragments qui sont de moi : le détail concret immédiat, les gens qui vont et viennent, les odeurs et la chaleur, le paysage et le terme précis; mais, comme l'écrivain Nora Waln, que je rencontrai plus tard en Angleterre, le signala avec justesse dans son compte rendu de ce livre, un voile de style élégant avait été jeté sur les événements, qu'il adoucissait d'une belle patine, où rien de ce qui était laid, cru ou rauque ne ressortait agressivement. La misère sordide, les souffrances de la Chine, les horreurs et les injustices étaient proprement recouvertes d'un poli de compassion et leur énormité apparaissait réduite. Toute la fureur et une bonne part d'indignation en était absentes. Ce n'était pas un procès, c'était la sécurité, et il fallait qu'il en fût ainsi. C'était l'époque où Rewi Alley lui-même écrivait, au sujet du livre de George Hogg [1], « il y avait tant de choses dangereuses à citer » que lui aussi supprima beaucoup de passages; « des pages trop brûlantes pour qu'on les laissât circuler » furent enlevées, puis cachées ou détruites. La « police de la pensée » était partout et aucun écrivain n'était assez idiot pour dire ce qu'il pensait vraiment.

Dès le début, l'ouvrage avait une intention; il était taillé sur mesure pour intéresser le public américain qui le lirait, et lui plaire, provoquer l'affection et l'admiration pour la Chine en guerre, pour l'héroïque résistance du peuple chinois et de son gouvernement lé-

1. *I see a new China. (Je vois une Chine nouvelle.)*

gal. En écrivant la vérité, on aiderait les Japonais contre la Chine, ce qui serait trahir. Les communistes eux-mêmes gardaient le silence, dans l'intérêt du Front uni, eux-mêmes cachaient de nombreuses atrocités commises contre eux parce que la guerre avec le Japon était leur principale préoccupation et parce que tout valait mieux que de laisser Tchiang s'allier ouvertement avec les Japonais...

Toutes les lettres étaient ouvertes et censurées, supprimées lorsqu'elles contenaient de « dangereuses rumeurs capables d'influencer le public défavorablement ». Marian et les autres missionnaires avaient toujours grand soin de ne faire aucun commentaire sur le gouvernement dans leurs lettres. Un livre était beaucoup plus dangereux. « Je crains que nous ne puissions utiliser cela, disait Marian, je vais voir ce que je peux en faire. »

En ce qui concernait « notre livre » — comme disait Marian — « la dernière chose à faire serait de scandaliser les Américaines... cela serait mal, tant que la Chine est en guerre... les femmes commencent à s'y intéresser assez pour nous envoyer de l'argent pour les Chinois... mais les femmes sont assez puritaines en Amérique... il ne faut pas raconter que votre mari et vous habitiez ensemble dans le même hôtel à Hong-Kong... », m'expliquait délicatement Marian, pas d'amour avant le mariage pour les pures Américaines (c'était en 1939). « Une liaison de traversée... ah ! cela pourrait causer un malentendu... » Nous rajustâmes l'histoire d'amour.

Mes remarques sur la prostitution disparurent. Certaines choses sont inévitables... les gens pourraient penser en les lisant : « Ma foi, pourquoi aiderions-nous les Chinois s'ils vivent dans cette immoralité ? Pourquoi ne pas laisser les Japonais faire un bon nettoyage, s'ils le peuvent ? »

Il y avait aussi sa situation de missionnaire. « Je ne dois pas me mêler d'un livre de polémique ou qui choque la bienséance... Je crois qu'il vaudrait mieux ne pas parler de... » J'acquiesçais sur tous les points, trop reconnaissante à Marian pour ses conseils. Nous faisions aussi des simplifications : après tout, ce n'était pas une vraie autobiographie, ce n'était qu'une histoire, pour le bien de la Chine, Marian est enthousiaste, Marian a de l'expérience; et moi, je prends toujours Tchiang pour un héros national, mal conseillé, c'est vrai, mal entouré. Marian aussi s'imagine que Tchiang travaille au salut de la Chine. C'est un méthodiste, un chrétien, cela ne rend-il pas tout ce qu'il fait beaucoup plus acceptable ?

Les premiers chapitres étant au point, Marian les envoya à son agent en Amérique. La réponse fut enthousiaste; elle en parla à tout le monde, dans les murs de l'Université. Mais moi, je m'inquiétai au sujet de Pao : qu'allait-il dire de ma nouvelle excentricité ? Ne m'avait-il pas répété qu'une femme sans talent est vertueuse, tandis qu'une femme douée est un monstre de la nature ?

Quand il revint en novembre pour me remmener à Tchoungking, Pao avait l'air plus prospère, il avait un peu grossi. Il voulait que je travaille sous les ordres de Mme Tchiang Kai-shek où je pourrais le servir puissamment, me dit-il. Travailler pour Mme Tchiang ne m'intéressait pas : tout ce que je demandais était de continuer à faire ce que je faisais à la Maternité, mais je vis brusquement comment je pouvais utiliser le livre en guise d'ouverture. Pao vint voir Marian et Marian parla du roman, en parla peu, ce qui était habile, et lui dit simplement qu'à son avis, ce livre allait éclairer l'opinion publique américaine. Pao fut enchanté. « C'est ce qu'il faut, c'est bien, me dit-il, ce sera bon pour toi de fixer tout cela sur le papier, d'écrire ce que fut ton noble mari. » Il pensait à lui-même en termes de bonne propagande personnelle; et tout le monde savait que Mme Tchiang écoutait toujours les missionnaires américains. « Quand ton livre sera terminé, me dit-il, peut-être le gouvernement le publiera-t-il. Il faudra l'envoyer à Mme Tchiang, qui sait si elle ne le recommandera pas ? Alors on pourra dire de toi que tu as un peu aidé ton mari, et cela aidera à racheter tes erreurs passées. »

Je me dis que nous sommes en guerre et que je dois croire que Tchiang a raison. Pao a raison. Le gâchis sera nettoyé par d'incorruptibles, féroces et loyaux jeunes hommes comme Pao. Je dois le croire (et il me semble parfois que je perds l'esprit).

Et je retourne à Tchoungking avec Pao; il nous a trouvé un logement, et il m'emmène voir Hollington Tong, qui dirige le service de renseignements, qui est en contact étroit avec le groupe Soong, le groupe des gens revenus d'Amérique, qui sont derrière Mme Tchiang Kai-shek.

Les choses changent, l' « aspect international » de la lutte de la Chine doit aller s'intensifiant. Pao appartient à la section établissant une liaison avec l'Angleterre et, de façon croissante, avec les Etats-Unis, Pao désire partir pour l'Amérique, et il s'efforce en ce moment de faire une bonne impression sur les missionnaires. Il m'interroge même sur la religion. Serait-il bon pour sa carrière qu'il fût converti ? Il consulte un ou deux missionnaires et il achète une Bible. Nous assistons même à un office dans une église protestante (méthodiste) et à une réception de Noël chez Hollington Tong...

Parmi des propos en l'air, j'apprends que les Etats-Unis sont plus inquiets au sujet des intentions des Japonais que ne semblent l'être les Anglais...

Maintenant, Pao raconte à tout le monde que j'ai fait mes études en Angleterre. « Je ne veux pas que tu parles de la Belgique, ce misérable petit pays sans importance... il faut dire que tu as été étudiante en Angleterre. » Il écrit un essai que je dois traduire en anglais sur les vertus du régime de Tchiang. Il arrange une interview avec Pearl Chen, la secrétaire particulière de Mme Tchiang. Pearl est américano-chinoise, secrétaire très capable, qui considère que je ne vaux pas le temps consacré à une conversation. Elle ne cesse de regarder sa montre et donne d'autres signes d'une grande impatience. Nous partons sans que rien ait été décidé. Pao veut que j'obtienne une audience de Mme Tchiang pour lui montrer mon livre. Je lui explique que ce n'est pas mon livre, que Marian l'écrit, qu'elle s'inspire de mes brouillons, et qu'il n'est pas terminé. Je n'essaie pas de voir Mme Tchiang et je ne la vois pas. De quoi lui parlerais-je d'ailleurs ? Pao dit que je dois imiter Mme Tchiang Kai-shek de toutes les manières car c'est un parangon de toutes les vertus. « Même quand elle s'adresse à une foule mixte, hommes et femmes, elle ne regarde que du côté des femmes et ne se tourne jamais du côté des hommes. » Il m'ordonne de tenir toujours les yeux baissés, car j'ai l'habitude de regarder les gens bien en face, ce qui est tout à fait mal. Les femmes qu'il admire sont celles qui se suicident quand leur mari meurt... « La chasteté d'une femme, dit Pao, est la seule valeur qu'elle puisse posséder. » Il essaie de me faire promettre que, si quelque chose lui arrivait, je me suiciderais. Je ne promets pas, bien qu'il revienne à la charge pendant quelques jours, car Pao ne peut supporter qu'on ne soit pas de son avis.

Pendant tout l'hiver, mes brouillons partirent pour Tcheng Tou chez Marian. *Destination Tchoungking* avançait, adouci et nivelé, ne contenant que des choses aimables, ménageant les sensibilités, afin de projeter une image de la Chine susceptible d'éveiller la sympathie du peuple américain. Au début du printemps de 1940, je retournai à Tcheng Tou, en compagnie de ma cousine Kouanchu, la joyeuse fille de Troisième Oncle. Le voyage se fit par autobus et nous prit dix jours au lieu des deux jours habituels. Encore une période d'accouchements, du travail, soulageant après la vie étouffante de Tchoungking. Je fis ensuite quatre fois l'aller et retour entre Tcheng Tou et le petit hôpital d'obstétrique. Tout l'été de 1940, à Tchoungking, entre les bombardements aériens, pas très graves, je tapai à la machine et envoyai les derniers chapitres à Marian. Finalement, j'osai écrire un dernier chapitre, sur un ton légèrement critique, et, pour moi, la rédaction était achevée à la fin de l'été 1940.

En 1941, avec la soudaineté d'un orage sous les tropiques, je commençai à comprendre ce qu'était réellement Tchiang. Au début de 1942, *Destination Tchoungking* fut publié aux Etats-Unis. A ce moment-là, et à cause de Pearl Harbour en décembre 1941, la sympathie du public américain allait à la Chine. *Destination Tchoungking* ne se vendit jamais bien et l'édition fut vite épuisée aux Etats-Unis. Je touchai la moitié des 1 000 dollars d'à-valoir moins 30 p. 100, ce qui la réduisit à 350 dollars, et ce fut tout.

Pendant les dix années qui suivirent, je n'écrivis plus, sauf quelques courts essais et des nouvelles qui ne furent pas publiés et que je possède encore dans une valise.

Destination Tchoungking ne parvint pas à me convaincre que j'étais capable d'écrire. Au contraire, le livre me donna un complexe d'infériorité. Je fus convaincue que j'étais incapable de devenir un écrivain. Aujourd'hui, je suis reconnaissante à Marian d'avoir respecté autant de ce qui était mon œuvre. M'étant, par inadvertance, laissé entraîner à écrire, le métier d'écrivain devait rester pour moi une occupation parallèle, une soupape de sûreté, quelque chose que je désavouais presque, tandis que la médecine était ma vie. Ce fut pour devenir docteur que je luttai longuement et avec acharnement. Et je devins docteur en médecine, et je pratiquai mon métier activement pendant quinze ans, jusqu'en 1964. Ce n'est qu'aujourd'hui, en 1967, que je me rends à cette évidence : je suis un écrivain, avec tout ce que le mot comporte d'engagement, de responsabilités morales, d'ambiguïtés, de tourments et de contradictions.

La suite ne fut pas jolie. Elle se produisit, en Angleterre, en 1943.

Jonathan Cape avait publié *Destination Tchoung-*

king à l'automne de 1942. En dépit des louanges de Tchiang Kai-shek et de sa femme, en dépit de cette version idéalisée d'un jeune couple chinois courageux, luttant pour servir la patrie, en dépit de l'aspect conte de fées du récit, quelqu'un, parmi le perspicace personnel de l'ambassade de Chine, habile à percevoir la critique même lorsqu'elle se cache sous le panégyrique, avait susurré à Pao que le livre n'était pas « satisfaisant ».

Il n'y en avait pas un seul exemplaire à la maison, cela va de soi. Pao en acheta un chez Bumpus. Il l'apporta et dit : « Dorothy Woodman (du *New Statesman*) nous a dit que c'était un très bon livre, mais quelqu'un de l'ambassade m'assure qu'il est mauvais. Je vais le lire. » C'était vrai que Dorothy Woodman, Kingsley Martin, J. B. Priestley, Nora Waln, Stafford Cripps et Isobel Cripps qui militaient dans le comité de la campagne pour la Chine, et récoltaient de l'argent et des fournitures sanitaires pour la Chine, tous avaient loué *Destination Tchoungking*. Ils considéraient salutaire de donner une « image » favorable de la Chine en guerre. Pao qui ne lisait jamais rien en dehors des dépêches officielles, des discours de Tchiang et de *Mein Kampf*, avait jugé que ces louanges étaient une garantie suffisante. Mais maintenant sa méfiance était éveillée..

C'était le soir. Pao s'installa pour lire, je me glissai dans le lit, tremblante de peur... j'attendis, glacée et pétrifiée d'appréhension. Dans la pièce voisine, Pao lisait... Quelques heures plus tard, il était arrivé à la dernière page, aux seules lignes où j'avais laissé percer un peu de mon désespoir devant la structure du régime Tchiang, mes espérances allant à un avenir qu'il n'envisageait pas. Et cet avenir auquel je faisais allusion, tout nébuleux qu'il fût, Tchiang et ses jeunes officiers n'y avaient pas place... c'était un hymne au coolie.

« Ce n'est pas nous qui avons de l'importance en Chine, nous qui circulons en chaise à porteurs pendant que tu te baisses pour nous soulever, pour nous porter. Fonctionnaires, bureaucrates, prétendus intellectuels, sans toi, nous ne sommes rien. Nous sommes stériles et impuissants à créer l'avenir. La personne importante, c'est toi, coolie. Tu ne connais pas ta propre importance, toi qui peines et combats et meurs sans rien dire, sans presque chercher à savoir pourquoi. Tout le sens de ton geste, coolie, quand tu lèves le doigt pour suivre les mots tracés sur le mur... m'apparaît comme le signe qu'une certaine curiosité s'éveille en toi et commence à poser des questions. C'est un geste d'une portée profonde, et moi qui t'observe je me sens heureuse soudain et confiante en l'avenir, parce que dans la brume de l'aube, tu lèves le doigt pour lire... »

J'avais écrit cela, et c'était ainsi que le livre se terminait, dard venimeux à la queue d'une longue, inoffensive histoire. L'esprit de Pao, entraîné à diagnostiquer la « subversion intellectuelle » sous toutes ses formes, (et quelle longue tradition de dissentiment caché sous d'éloquentes louanges règne en Chine !) saisit les implications de ce chapitre final, cette dernière page. Il entra dans la chambre et s'approcha de moi à grands pas. Je l'entendis venir. Il arracha mes couvertures. Je me dressai sur mon séant, frissonnante, tandis qu'il se mettait à me battre, puis il me jeta hors du lit à coups de poing et à coups de pied tout en criant : « Tu es communiste, tu as le cerveau pourri par le communisme... c'est de la propagande communiste, ce livre... Comment oses-tu, comment oses-tu écrire qu'un jour le coolie, le paysan, lèvera la tête pour lire ? Lever la tête veut dire qu'on se révolte. Comment oses-tu dire que le coolie se révoltera contre nous ? »

D'autre part, ce livre devait m'attirer de violentes et âpres attaques de la part des vrais communistes : ils n'y virent que l'apologie de Tchiang, réaction méprisable; violemment, il fut exposé à la vindicte publique, mais je n'en sus rien jusqu'au jour où, en 1965, un Américain, membre du State Department, m'en informa. En 1948 et 1949, il avait séjourné en Chine, au moment de la libération, et avait fait des conférences à mon ancienne Université de Yen-tching. « Les Chinois Rouges ne vous aiment pas, ils essaient seulement de se servir de vous et, un jour, ils se retourneront contre vous et se serviront de ce livre comme preuve pour vous accuser et se débarrasser de vous », me dit-il. Et de nouveau, en 1966 et 1967, d'autres gens m'apprenaient qu'un certain « groupe » de Pékin m'avait dénoncée de nouveau pendant la Révolution culturelle.

Mais je ne puis me laisser troubler par tout cela, car la tâche d'un écrivain est de tâtonner, et de fouiller, dans l'angoisse et la perplexité, dans le désespoir et la découverte, et quoi qu'on pût dire ou faire, ce fut avec *Destination Tchoungking* que je me lançai sur cette longue route, sans savoir où elle me conduirait.

VII

OUTRE qu'ils décidèrent de ma carrière d'écrivain, ma fréquentation même intermittente de l'hôpital d'accouchements de la rue du Petit Bambou Céleste et le travail de sage-femme — pourtant interrompu et coupé d'absences — que j'y faisais m'en apprirent plus sur la campagne chinoise et sur les conditions de vie qui y régnaient, sur la situation des pauvres dans les villes et le système féodal au Setchouan que j'eusse pu en apprendre si j'étais restée, comme le désirait Pao, simple maîtresse de maison à Tchoungking. Expérience physique passionnée, malaisée, restée pendant longtemps secrète, mais d'autant plus essentielle à mon être. Comme un pigeon voyageur regagnant à tire-d'aile son pigeonnier, chaque fois que je le pouvais, je retournais à Tcheng Tou et au petit hôpital. J'y trouvais la détente, l'amitié, la fraternité et aussi le travail, travail de l'espèce la plus satisfaisante : contact humain, réchauffant mon âme gelée par la peur, me conservant en vie malgré la torpeur, la perplexité et le sentiment de mes fautes. Et bien qu'il m'eût fallu des mois pour apprendre la bonne leçon, j'appris que la véritable faute consiste à ne pas élargir, en usant de toute la liberté qu'on possède, l'étroite bandelette de notre vie pour y faire entrer le souci des autres, les soins, l'action pour les autres. Mais combien de temps fallut-il pour que cette leçon portât ses fruits de réalisation concrète ! Et les actes, comme le sable répandu sur la mer, disparaissent et nous laissent les mains vides...

Ce fut une expérience profondément émouvante, celle de la première petite tête ronde, couverte de cheveux noirs brillants, émergeant vers la vie entre les cuisses d'une femme, le premier cri, presque intolérable en sa joie, et je pleurai pendant des heures, mais sans tristesse, devant la merveille et le mystère de cet acte de foi, à jamais répété partout, par millions, miracle le plus commun et le plus singulier de l'humanité. La première femme que j'accouchai fut une petite paysanne patiente, et c'était son premier bébé; pendant tout l'accouchement, elle ne prononça pas un mot, pas une plainte, et son large sourire quand tout fut terminé était la chose la plus ravissante à voir. Je commençai à comprendre la joie particulière qu'éprouvent les sages-femmes, dont un grand nombre — semble-t-il — perdent en mettant au monde les enfants des autres le besoin impérieux d'en avoir elles-mêmes; car elles s'identifient, ainsi que je commençai à le faire plus tard, avec la femme en travail, poussent et font des efforts avec elle, ménagent leurs forces pour elle, transpirent avec elle, aident et animent la matrice et les muscles jusqu'à l'aboutissement final, le spasme, le triomphe de la petite tête qui se libère, du petit corps doux et glissant qui sort, et le cri, le cri de l'enfant; peut-être cette satisfaction est-elle suffisante puisque tant de ces sages-femmes restent célibataires.

Marian Manley me donna des leçons particulières pour accélérer ma formation. Je compris alors que ma propre insécurité interne gênait mes études d'une façon que je n'avais jamais constatée avant. Je n'apprenais plus aussi facilement, il me fallait maintenant travailler et m'appliquer. D'autre part, mon éducation toute livresque m'avait mal adaptée à beaucoup des techniques manuelles où mes camarades apportaient tant d'adresse; je désirais acquérir cette dextérité, je me mis même à tricoter, et j'enviais celles dont les petites mains expertes gagnaient avec une apparente facilité de grandes victoires dans des cas graves. Il y avait en vérité un abîme entre les connaissances purement intellectuelles et ce qu'exigeaient les conditions de vie en Chine, avec leur imminence, l'urgence de gigantesques besoins, le vaste fouillis de nécessités à tous les niveaux, sous toutes leurs formes; à tout cela, j'étais mal préparée par le savoir acquis dans les livres dont on m'avait abreuvée dans une société organisée, en Europe, savoir totalement inutile ici où le plus simple instrument du métier : gants chirurgicaux, ciseaux, scalpel, aiguilles, catgut, devaient être importés de pays situés à des milliers de kilomètres; donc où la qualité humaine, l'assiduité, les soins, la vraie sympathie avaient plus de puissance que l'équipement technique parce qu'ils apportaient de nouvelles méthodes en vue d'obtenir des résultats.

Tous les jours et toutes les nuits traversés par le triomphe et la terreur de faire entrer un nouvel être humain dans une telle splendeur de détresse et de joie, tel était le rythme de notre exaltation, et les sages-femmes que j'ai rencontrées formaient un groupe d'êtres dévoués, infatigables, sans une plainte, beaucoup d'entre elles ayant dans leur passé quelque histoire de souffrances, d'efforts obstinés. En comparaison, mes afflictions devenaient insignifiantes.

La salle d'accouchements était petite, étouffante, d'une chaleur humide de marmite sous pression; en été, pendant les couches, une étudiante était postée, un tue-mouches à la main, pour écraser les mouches qui se faufilaient par les fissures des portes et des fenêtres. La pièce contenait des meubles de Tcheng Tou, tables d'accouchement et cuvettes à récurer d'artisanat local. Les instruments de chirurgie étaient achetés par Marian ou avaient été donnés par diverses sociétés de missionnaires. Les gants de caoutchouc posaient toujours un grand problème et le problème se compliqua lorsque les approvisionnements arrivant par la route de Birmanie subirent des retards de plusieurs mois. Plus tard, quand Tcheng Tou fut bombardé par des avions japonais, les sages-femmes durent faire des accouchements dans l'obscurité, car l'électricité était coupée; de lourds rideaux noirs pendaient aux fenêtres pour cacher la faible lueur de nos petites lampes à huile et de la lampe de poche éclairant l'opération. Une étroite tranchée-abri fut creusée dans la cour entourant l'hôpital pour les femmes en attente qui n'étaient pas encore arrivées à la dernière période.

J'étais alors beaucoup plus heureuse, capable même d'oublier Pao, d'oublier mes nombreux crimes, de me lier d'amitié; et pourtant, j'étais parfois douloureusement replongée dans la dépression et la détresse, parce que Pao revenait, parce qu'il m'écrivait de longues lettres énumérant tous mes méfaits. En dépit de cela, il y avait maintenant dans ma vie une chaîne d'activités que Pao devait toujours ignorer, et comme il n'avait pas conscience de ce qui ne se rapportait pas directement à lui, je menais une double vie. Quand il était près de moi, quand nous nous promenions dans les rues de Tcheng Tou, ma plus grande crainte était de rencontrer quelqu'un de l'Université ou de l'hôpital qui me saluerait; et s'il s'était agi d'un médecin ou du mari d'une patiente, cette simple courtoisie pouvait servir d'excuse à de nouvelles et impitoyables brutalités. Pao tolérait la Maternité parce que c'était un milieu entièrement féminin, parce que le docteur Manley était une missionnaire américaine; or, la politique de faire une bonne impression sur les missionnaires américains (sachant qu'ils façonnaient l'opinion publique aux Etats-Unis) avait l'approbation de Tchiang Kai-shek, lui-même converti au méthodisme.

Il y avait en Pao une trace de coquetterie suffisante, liée à un certain charme auquel succombaient les dames mûres; plus tard, en Angleterre, il en joua efficacement et une foule de vieilles dames furent grandement impressionnées par son visage franc, la noblesse de ses propos, et sa mythomanie. Avec Marian Manley, il se montrait sous son meilleur jour. Marian lui souriait toujours et le recevait cordialement, mais je n'ai jamais su ce qu'elle pensait vraiment de lui. Elle avait trop de tact, même quand elle me sentait malheureuse, pour m'interroger, et j'étais réticente.

Pao ne savait pas non plus que, pendant mon apprentissage, j'allais une ou deux fois par semaine à l'Université pour assister sur le campus à des réunions de la Société biblique dans des Maisons de missionnaires construites dans l'enclave de l'Université. J'étais avide d'échanges d'idées, de discussions, de livres à lire. Ces assemblées ne traitaient pas toujours de sujets religieux cependant, bien qu'elles fussent toujours ouvertes par des lectures du Nouveau Testament et l'analyse de thèmes religieux. Les missionnaires avaient le talent de les faire bifurquer vers des événements politiques, et les Maisons de missionnaires étaient les seuls endroits sûrs où pouvaient se tenir de telles discussions, critiquant indirectement le régime Tchiang. A cette époque, les missionnaires protestants possédaient 268 hôpitaux de mission, 75 p.100 de tous les lits réservés aux civils de la Chine; ils représentaient par conséquent une influence considérable que Tchiang espérait utiliser à son avantage.

Finalement, ce fut grâce à l'hôpital que j'acquis ma fille Yungmei. Il n'y aurait jamais eu de Yungmei dans ma vie, avec tout le bonheur que le seul nom de Yungmei fait fleurir en moi, si je n'avais fait des accouchements dans la rue du Petit Bambou Céleste.

La Maternité comprenait une école de 25 à 30 étudiantes en gynécologie, 6 sages-femmes diplômées et 3 professeurs : Marian Manley elle-même, Miss Hsu et Miss Wang. La plupart des sages-femmes, une fois diplômées, s'installaient à leur compte dans de plus petites villes, mais certaines restaient et assuraient le service de l'hôpital.

Une sage-femme diplômée et une étudiante, parfois deux, étaient de garde, à toute heure du jour ou de la nuit, prêtes à se rendre chez une patiente. Nous connaissions certaines des femmes en couches parce qu'elles étaient venues se faire examiner durant la grossesse, d'autres n'étaient jamais venues et, parmi ces dernières, il y avait parfois des cas obstétriques difficiles ou même sérieux, mais il était impossible de connaître exactement la situation avant de voir la femme. Nous allions chez elles à pied ou quelquefois en brouette, selon la distance. Bien des années plus tard, j'exerçai pendant deux mois la gynécologie en Irlande à la Rotunda [1] et aussi dans le district de Cabra, l'un des plus pauvres de Dublin, où nous allions chez nos clientes à bicyclette, et qui me rappelait beaucoup Tcheng Tou. Même odeur de pauvreté, même abondance de bébés, jusqu'aux puces et aux poux qui étaient les mêmes...

Les taudis où se passait la délivrance étaient très sales. Le plus souvent, des poules circulaient autour de nos jambes ou nous devions chasser des petits cochons; il fallait aussi se méfier des rats car l'odeur du sang les attirait. Ils venaient nous regarder travailler. Une fois, détournant les yeux du corps mouillé de sueur gisant sur le matelas, j'en vis un sur l'étagère, à côté du petit autel des ancêtres. Dans la pénombre frémissante des veilleuses à l'huile de colza, placées dans des soucoupes de faïence, son museau velu bougeait et les ombres le faisaient paraître monstrueusement gros.

Nous faisions quelquefois des accouchements dans d'horribles baraques délabrées où il n'y avait pas de literie, pas de vêtements, pas de lumière, pas d'argent pour acheter de l'huile ou même une mèche, où la patiente était couchée nue sur une planche

1. La toute première maternité créée dans les îles Britanniques en 1757, à Dublin. (*N.d.T.*)

pourrie posée sur des pierres, à même le sol de boue rouge piétinée, et où tout n'était que puanteur et crasse, un dénuement plus grand que dans une tanière. L'hiver n'était pas glacé, mais l'humidité de Tcheng Tou le rendait désagréable pour les pauvres qui ne pouvaient se défendre contre cette macération constante. Et tout avait un goût de boue, tout sentait le fumier, la vapeur d'eau, les ordures grasses, et l'obscurité; souvent, nous ne distinguions rien dans la brume, à part le pâle visage estompé, les cuisses, le ventre. Nous emportions des lampes de poche, pour nous éclairer sur la route et pendant l'opération; une lanterne-tempête les complétait. Nous transportions des cuvettes pour nous laver les mains, d'autres que nous stérilisions en y faisant flamber de l'alcool, des gants stériles, des instruments, des blouses stériles et des masques, deux lourds sacs pleins de serviettes. Quand nous allions loin, la nuit, un domestique de l'hôpital nous accompagnait.

La plupart des femmes que nous accouchions étaient pauvres, mais il y en avait aussi de riches; bien qu'elles vécussent dans ce qu'on appelait des hôtels particuliers, la fétide odeur d'abandon et de malpropreté, les expectorations graillonnantes étaient presque plus intolérables dans le décor de tentures en satin et de lits sculptés. Mais nous y trouvions eau bouillie, lumière, espace, couvre-pieds, nourriture pour l'accouchée et thé pour nous.

Parmi les riches clientes, je me souviens d'une, la sixième ou septième concubine d'un Seigneur de Guerre dont le nom était Lieou. Beaucoup des petits Seigneurs de Guerre de Tchen Tou étaient parents des trois Lieou : Lieou Hiang, Lieou Wen-houei et son frère Lieou Wentsai, ce dernier connu pour semer la terreur dans les campagnes à Ta Yee, où il avait d'énormes palais, à une cinquantaine de kilomètres de Tcheng Tou. Lieou Wentsai était le plus grand propriétaire de la plaine de Tcheng Tou et le plus exigeant, le plus cruel avec ses fermiers. Pour retrouver sa jeunesse, il suçait, au sein, le lait des jeunes mères, dont il laissait les bébés mourir de faim. Aujourd'hui dans ses palais de Ta Yee, que j'ai visités, on peut voir ses chambres de torture, les culs-de-basse-fosse pleins d'eau et de rats, les cages où un homme ne pouvait se tenir que debout...

Prétendant descendre du grand Lieou Pei, empereur de la dynastie Han, célèbre héros des Trois Royaumes, dont les domaines se trouvaient dans le Bassin Rouge du Setchouan, et dont tous les enfants du Setchouan connaissent les légendes, ces Seigneurs de Guerre Lieou dominèrent le Setchouan pendant vingt ans. Donc, cette concubine particulière, se trouvant enceinte, vint se faire examiner à la Maternité. Elle se montra très exacte dans ses consultations prénatales; elle restait pour bavarder avec les sages-femmes, surtout avec Miss Hsu, la doyenne des professeurs, femme au visage rond, compétente, joyeuse, et bonne diplomate, qui était très populaire parmi les étudiantes.

« Vague de Printemps » (c'était le nom de la concubine de Lieou) était belle, avec un visage ravissant qu'elle barbouillait de rouge et d'une croûte de poudre qui ressemblait à un masque d'actrice. Son maquillage s'arrêtait au col qui fermait le haut de sa longue robe de soie. Ses noirs cheveux bien lissés, orgueil des femmes du Setchouan, étaient coiffés en frange sur le front, avec un gros chignon sur la nuque. Ses mains étaient petites, ses pieds ausssi, il y avait de l'assurance, mais pas d'arrogance dans sa fierté d'être la favorite du moment. Le Seigneur de Guerre, en grande pelisse doublée de fourrure, avec sur la tête un bonnet de fourrure sous lequel il transpirait abondamment, l'accompagnait et quand il était là une agitation zélée et une surabondance de sourires emplissaient l'air, car sa présence, dont la perméable bienveillance ne parvenait pas à cacher un caractère habituellement hargneux, engendrait une obséquieuse trépidation et une terreur inavouée. Il laissa entendre que cette concubine lui était spécialement chère et nous nous mîmes à trembler de peur que quelque chose n'aille pas. Une autre concubine accompagnait Vague de Printemps quand le Seigneur de Guerre ne venait pas en personne. Ainsi dorlotée, gavée de bouillons fortifiants et de paroles rassérénantes, Vague de Printemps déclara qu'elle ne voulait d'autres accoucheuses que nous, et cela nous donna à toutes, et surtout à Miss Hsu, qui devait faire la délivrance, beaucoup de prestige.

Vint le jour où Vague de Printemps ressentit les premières douleurs. Le bébé devait naître dans le palais de Lieou; la sage-femme la plus qualifiée, avec deux aides, et Miss Hsu s'y rendirent. Elles attendirent toutes les quatre, trois jours au palais, bien reçues, dans de bonnes chambres, des couvre-pieds de soie molletonnée sur leurs lits, une armée de serviteurs à leurs ordres, une table chargée de mets succulents. Ces jours passèrent, rien n'arriva, mais personne n'osait partir. Brusquement, le travail commença pour de bon. Et ce même jour, quelques heures avant la naissance de l'enfant, pendant que Vague de Printemps commençait à gémir dans l'effort prolongé de ces longues heures douloureuses, Lieou, Seigneur de Guerre, rentra chez lui en ramenant son dernier caprice : une nouvelle concubine.

Comment et pourquoi ce changement brusque ? Peut-être la déformation du corps de Vague de Printemps, pendant les dernières semaines de sa grossesse, lui avait-elle déplu. De la chambre où elle accouchait, Vague de Printemps entendait, dans la chambre contiguë, séparée de la sienne par un simple écran, les rires niais et les petits cris de sa rivale, couchée avec le Seigneur de Guerre; et quand l'enfant naquit c'était une fille.

Vague de Printemps reposait, épuisée, un léger tremblement agitant ses jambes et sa bouche, sous la couverture de satin brodée de phénix et de pivoines; les servantes la couvrirent d'autres édredons de soie; les jeunes esclaves lui versèrent du bouillon fortifiant; on entendait les ronflements du Seigneur de Guerre, dominant les roucoulements dont les sages-femmes accompagnaient rituellement la toilette du nouveau-né. « Quelle jolie petite fille, regardez, elle est belle comme sa mère », disait Miss Wang. Miss Hsu gloussait et bavardait gaiement, toutes faisaient semblant de n'avoir rien entendu et Vague de Printemps souriante les remerciait avec beaucoup de dignité.

Un mois plus tard, elle revenait pour sa consultation de contrôle, aussi enjouée, belle et svelte, mais un fin voile d'angoisse avait tendu son réseau sur ses tempes minces où apparaissaient en saillies ses veines bleu pâle, et il y avait une nouvelle note stridente dans sa voix forte. Le Seigneur de Guerre ne l'accompagnait pas, et un an plus tard ce fut la concubine suivante qui eut un enfant mis au monde par nos sages-femmes dans le palais de Lieou, le Seigneur de Guerre...

Et puis il y eut le cas du Seigneur de Guerre qui deux heures après l'accouchement de sa concubine exigea d'avoir avec elle des rapports sexuels... nous fûmes appelées en hâte, mais elle mourut en pleine hémorragie.

La plupart des naissances se passaient à la maison, et bien que la coutume se répandît d'appeler une sage-femme spécialisée du « type occidental », les sages-femmes à l'ancienne mode régnaient encore et faisaient infiniment de mal. Elles se servaient de crochets et déchiraient la mère et l'enfant; elles n'avaient aucune notion de propreté, et leurs crasseuses mains pareilles à des griffes fouillaient profondément pour extraire une délivrance qui ne se dégageait pas seule. La plupart des femmes enceintes qui venaient nous trouver étaient jeunes ou assez jeunes, mais il venait aussi de plus vieilles; elles se faisaient examiner et parfois mettaient au monde leur quinzième ou seizième « joie »; elles refusaient les anesthésiques, car elles avaient une peur terrible que leur âme leur fût dérobée pendant ce sommeil.

Que ce fût à l'hôpital ou chez elles, les femmes faisaient peu de bruit, et même quand leurs couches étaient longues et pénibles, certaines gardaient un silence total. Celles qui criaient et hurlaient étaient généralement les jolies concubines d'hommes riches, ou des jeunes femmes occidentalisées, venues de l'« aval » du fleuve, mais l'on considérait cette conduite comme indécente.

Il y avait toute une gamme d'honoraires à payer pour un accouchement; les riches payaient le plus, les pauvres très peu ou pas du tout. Quand l'inflation commença au Setchouan en 1940, il devint impossible d'effectuer ces paiements autrement qu'en grain, il n'y avait plus d'argent, et les honoraires ne couvraient qu'une faible partie des dépenses du petit hôpital.

Les très pauvres s'adressaient aussi à l'hôpital. Le mari venait généralement nous chercher, debout devant la porte, sans savoir si sa demande serait acceptée. Mais nous y allions tout de même. Je me rappelle un des cas : une jeune femme, si jeune, si menue, se mordant les lèvres, sans faire un bruit, pendant ces douloureuses couches de primipare, dans un appentis appuyé au mur de la ville, par une froide nuit humide de janvier; seule, une natte déchirée, soutenue par deux bambous, servait de toit; nous tenions un parasol de papier huilé au-dessus de la femme et de nos têtes pendant que l'accouchement se faisait. Les pierres de la muraille lui servaient d'oreiller, un haillon gris secoué par le vent claquait derrière nous, menaçant notre installation de stérilisation et c'était la porte; seules, les ténèbres que perçaient nos lampes de poche, la protégeaient et la dissimulaient sur la planche de bois qui lui servait de lit; il n'y avait ni couverture, ni drap, ni natte, ni oreiller, rien.

Son mari qui était un coolie de pousse-pousse nous aidait en nous abritant de la pluie avec son corps, il la tenait dans ses bras quand les douleurs étaient trop fortes, et il lui murmurait des paroles de tendresse; quand l'enfant fut né, il n'y avait pas une guenille pour l'envelopper, rien que la robe en loques dont la femme cachait sa nudité, rien que le maillot et le pantalon en loques que portait son mari : alors, l'homme ôta son pantalon pour envelopper le bébé, mais il en avait besoin pour aller tirer son pousse-pousse le lendemain. Alors que feraient-ils ? Nous leur laissâmes une serviette (bien que les serviettes fussent précieuses) pour envelopper le bébé. Ils seraient forcés de vendre le bébé dès que son cordon serait tombé, et peut-être la mère trouverait-elle à se placer comme nourrice.

La sage-femme qui venait de la délivrer fouilla dans sa poche intérieure et donna un peu d'argent à la jeune mère en murmurant que c'était pour acheter le *tzao-tze*, le gruau qu'on donne aux femmes après leurs couches, parce qu'on prétend qu'il évite l'hémorragie. La jeune femme la remercia, nicha son bébé près de son corps avec une tendresse déchirante, et son mari nous accompagna dehors : il était jeune et décharné, et très paisible. Mon cœur brûlait dans ma poitrine, oh, sûrement, pour ces gens-là, un jour meilleur viendrait, une étoile se lèverait à l'est...

Une autre fois, nous fûmes appelées, loin, en pleine campagne. Il nous fallut deux heures pour y arriver, et nous fîmes à pied une partie du chemin, le reste en brouette. Une ferme, une famille de paysans propriétaires, une jeune femme. La grande pièce unique où elle était couchée dans un lit à colonnes était encombrée d'une trentaine de personnes ou davantage. Dehors se pressait une foule de voisins et d'enfants curieux, presque collés les uns aux autres, et enfonçant leurs doigts dans le papier qui couvrait les fenêtres treillissées, ils regardaient à l'intérieur par les trous. Il y avait une semaine que la jeune femme était étendue là, tandis qu'entre ses cuisses passait le cordon, desséché et ratatiné, au bout duquel le bébé squelettique encore attaché gisait entre les pieds de sa mère. Et c'étaient de riches paysans, appartenant aux 5 p. 100 de privilégiés qui possédaient leurs propres terres (des champs de un ou deux hectares), employaient peut-être des journaliers; qui avaient une maison, de la literie, des meubles...

En une semaine, la délivrance n'avait pas été expulsée; la sage-femme locale, inexpérimentée, avait essayé de la faire descendre en massant le ventre et plus tard en introduisant ses mains dans le corps de la femme. En attendant, on n'avait pas coupé le cordon pour dégager l'enfant, car selon la vieille croyance du Setchouan, on ne coupait le cordon qu'après l'éjection du placenta.

Il était évident que la jeune femme se mourait; elle avait le teint verdâtre, ne pouvait plus ni parler, ni avaler, le tétanos l'envahissait; il était très répandu au Setchouan et beaucoup de bébés en mouraient parce qu'on coupait le cordon avec des ciseaux ou des couteaux sales, et il était coutumier de plâtrer l'ombilic avec de la paille de riz et de la boue...

Sur tout le lit, sur les vêtements de la jeune femme assise, raide comme un piquet, des couvertures roulées lui soutenant le dos en guise de traversin, étaient éparpillés des grains de riz, semés par poignées, en offrande propitiatoire aux esprits du mal qui avaient empêché la délivrance de sortir du ventre de l'accouchée; au-dehors de la porte et de la pièce, pendaient des banderoles et des nœuds de paille dénoués, symbole de l'ouverture du « verrou » intérieur; sur le ventre de la femme et sur ses pieds on avait peint quelques signes; des plumes voletaient de tous les côtés, peut-être avait-on sacrifié une volaille. Et, dans la chambre, les gens regardaient tous pardessus nos épaules, et se poussaient en avant; et quand nous nous mîmes à défaire nos sacs d'obstétrique, ils essayèrent de toucher ce que nous avions apporté, de sorte que nous dûmes les rudoyer et leur ordonner de sortir : ordre auquel naturellement personne n'obéissait; et les trous dans le papier des fenêtres se multiplièrent et des yeux, des yeux encore, des yeux étaient fixés du dehors sur les dames-docteurs qui étaient venues et les étranges choses qu'elles avaient apportées. Miss Ma, la sage-femme diplômée chargée de l'opération, en était très bouleversée, et après avoir examiné la jeune femme elle resta longtemps les sourcils furieusement froncés, à réfléchir profondément, car la situation était indubitablement tragique.

Miss Ma avait dans les quarante ans, elle avait eu une vie très dure. Tout enfant ses parents l'avaient vendue parce qu'ils mouraient de faim; elle était si profondément marquée par la petite vérole que sa figure en était assombrie et n'avait jamais l'air propre; quelqu'un avait essayé de lui lier les pieds, ils avaient été déliés, et elle clopinait sur des moignons de pieds, mais pouvait marcher pendant des kilomètres sans fatigue. Quand elle était esclave, elle s'était enfuie deux fois, fuyant des patronnes qui la battaient à coups de minces tiges de bambou fendues, et elle en portait encore les marques sur le dos et sur les jambes. Elle avait été mariée malgré elle, comme concubine, à un petit commerçant qui n'avait pas les moyens de s'acheter une plus jolie femme; c'était un vieux veuf, avec des filles, et qui comptait sur elle pour lui donner un fils. Il lui fallut une semaine pour arriver à la prendre de force, tant elle se débattait avec fureur. Au bout de deux ans, elle n'était pas encore enceinte et elle allait être jetée à la rue ou vendue à un bordel. Elle prit de nouveau la fuite. A ce moment montait le grand ferment de 1919, le mouvement du 4 mai, les femmes se coupaient les cheveux, s'échappaient de la maison de leurs parents pour faire des études, et se suicidaient plutôt que de se laisser imposer un mari dont elles ne voulaient pas et toutes criaient : « A bas Confucius et l'oppression des femmes ! » Pendant un certain temps, Miss Ma fut, elle aussi, emportée par la tornade de la Grande Révolution, entre 1919 et 1927. Puis vinrent les massacres de Tchiang en 1927 et dans tout le Setchouan aussi la Terreur Blanche fit rage. Les soulèvements paysans y avaient pris en outre la forme d'une révolution agraire massive, les paysans se battaient contre les propriétaires, et se partageaient les terres. Miss Ma faillit mourir de faim, se fit servante, s'enfuit de nouveau, et eut la chance de trouver enfin une bonne maîtresse : c'était une vieille dame à moitié aveugle et qui ne pouvait pas marcher normalement parce qu'elle avait un côté paralysé. Comme Ma était forte, elle portait la vieille dame sur son dos, elle la soignait et aucune besogne ne lui faisait peur, même celle de vider les cabinets d'aisances. La vieille dame engagea une maîtresse d'école pour apprendre à lire à Ma, qui ensuite devint sage-femme, ce qui — à cause de difficultés d'argent — lui prit dix ans. Elle détestait les hommes et tout ce qui avait trait au mariage. Elle voulait rester toujours célibataire, ses aventures lui ayant donné l'horreur des rapports sexuels. Et ce soir-là, au chevet de cette mourante, elle retira son gant de caoutchouc, et murmura : « C'est de la pourriture. Décomposition interne. » Le gant était couvert d'une ordure noire lorsqu'elle le retira.

Miss Ma regarda son gant, puis me dit de refaire nos paquets. Ensuite, elle demanda qui avait la responsabilité de la famille, et où était le mari. La masse agglutinée des parents ondula, oscilla, se secoua, en houle, et finalement sortirent, en se faufilant, une vieille femme et un jeune garçon, la mère du mari et le mari. Et Ma leur dit : « Vous pouvez acheter le cercueil, il n'y a rien d'autre à faire. » Alors, la vieille femme voulut nous faire boire du thé, mais nous le refusâmes. Miss Ma était tellement furieuse qu'elle partit à grandes enjambées sans observer les habituelles courtoisies.

Dehors, les brouettes attendaient. Nous y montâmes et, grinçant et cahotant, elles nous emportèrent le long des étroits sentiers entre les champs vert jade du jeune riz ou jaune brillant du colza en fleur, et le soleil miroitait délicatement et l'air était doux comme une main caressante et légère, doux comme la soie, et tous les objets étaient beaux. Mais de sa grosse et forte voix Ma grogna tout le long du chemin, maudissant la famille qui nous avait appelées si tard; maudissant le sort des femmes, maudissant les hommes qui imposaient aux femmes de telles souffrances... Les mots résonnaient au-dessus des champs somptueux qui nous entouraient et qui avaient vu, qui voyaient encore tant de souffrances et tant d'efforts; nous cheminions sur les étroits sentiers et de chaque côté, dans un million de canalicules, gisait l'eau avec son tendre gargouillis, ciel tombé sous nos pieds, tandis que Ma continuait d'invectiver, laissant s'écouler d'elle toute l'amertume de sa propre vie, et les pousseurs de brouette ahanaient et transpiraient, en nous poussant dans ce jour exquis.

Il y eut aussi la paysanne qui vint de très, très loin, de Tsing-hsien, à soixante kilomètres ou plus pour mettre au monde son dixième enfant, parce que tous les autres étaient des filles; or une de ses voisines qui avait été soignée dans notre Maternité avait eu un fils; cette femme pensait donc que, pour avoir un fils, elle n'avait qu'à accoucher chez nous. Elle fit tout le trajet en pousse-pousse, ce qui dut lui coûter fort cher, et, lorsqu'elle fut sur la table d'accouchement, elle raconta à Miss Hsu ce qui était arrivé à ses bébés femelles : la première vivait, et aussi la troisième, mais la deuxième avait été étranglée dès sa naissance par le mari; même sort pour la cinquième et la sixième; la septième était venue au monde pendant une mauvaise année, une année de famine où la femme avait la peau du ventre collée à la colonne vertébrale, et son mari avait écrasé la tête du bébé à coups de hache; à la huitième, le mari était si furieux qu'il avait lancé cette nouvelle fille sur le mur, la neuvième avait un an, et ils l'avaient donnée à des voisins; et voilà que la femme avait de nouveau quelque chose dans le ventre... oh ! pourvu que ce soit un fils, un enfant mâle !

Tandis que les douleurs allaient et venaient, Miss Hsu, son stéthoscope appliqué sur le ventre de sa patiente demanda : « Qu'est-il arrivé à la quatrième ? »

Nous recommençâmes plusieurs fois, en reprenant au début la liste des infanticides, et chaque fois la mère oubliait une de ses filles : la quatrième. A mesure que ses douleurs se faisaient plus fortes (et le travail n'était pas aisé car sa chair était épuisée; les muscles de son ventre s'étaient écartés, de sorte qu'on pouvait presque voir sa matrice sous la peau, et nous nous préparions à une hémorragie, accident courant après tant de grossesses), la femme se mit à sangloter et nous raconta la mort du quatrième bébé. Elle avait eu tellement peur après cette naissance, en voyant que c'était encore une fille, qu'elle l'avait poussée elle-même dans la grande jarre des toilettes où la nouveau-née avait été asphyxiée.

Et nous espérions toutes, nous espérions. Toutes les sages-femmes connaissaient maintenant l'histoire de cette femme, les autres patientes aussi, certaines assises sur le lit poussaient avec la femme qui poussait sur la table d'opération, leur âme tournée vers elle dans l'attente du miracle, espérant, attendant ce fils qui allait vraiment consacrer l'hôpital comme endroit miraculeux. Mais il ne se produisit pas de miracle : le dixième enfant était encore une fille.

« Quelle belle petite sœur, regardez-la, dit Miss Hsu à la femme qui gisait, muette, ses yeux fixant sur le plafond leur regard glacé. Regardez-la. Elle est si jolie. »

« C'est une fille, encore une fille. » Peut-être n'avait-elle pas donné assez d'argent; elle déroula la ceinture qui lui entourait le corps et qu'elle avait remontée sous les seins pour libérer son ventre au moment du travail. Et elle tendit un billet de vingt dollars en disant : « C'est tout ce que j'ai, prenez tout, pour un garçon.

— Mais une fille vaut un garçon », lui dit Miss Hsu; et pendant les jours suivants, nous lui répétâmes toutes combien il était merveilleux d'être une femme, et qu'une femme désormais pouvait faire tant de choses, même devenir docteur, ou sage-femme, et comme son bébé était joli. Au bout de cinq jours la femme retourna chez elle, et elle voulait nous laisser le bébé, mais cela était impossible. Miss Hsu plaça le bébé, étroitement emmailloté dans ses langes, selon la mode approuvée au Setchouan, dans les bras de sa mère et dit : « Prenez bien soin d'elle, elle vous portera bonheur. » Puis elle l'accompagna jusqu'à la porte, tout en s'efforçant de la persuader, tandis que le domestique de l'hôpital allait lui chercher un pousse-pousse. Beaucoup de tireurs de rickshaw, ou pousseurs de brouette, refusaient d'emporter une nouvelle accouchée d'une semaine ou dix jours. Ils ne prenaient une mère que si son bébé avait un mois révolu, trente jours, quand on considérait que l'Esprit mauvais l'avait complètement quittée. Il arrivait souvent que Miss Hsu fît appeler un coolie par le domestique et que le coolie ramassât ses brancards et s'en allât en voyant que la femme qu'on voulait lui faire transporter avait dans les bras un bébé de huit jours. Alors Miss Hsu se mettait en colère et criait : « Et d'où sortez-vous ? N'êtes-vous pas né d'une femme ? N'avez-vous pas de mère ? » dans le dos de l'homme en fuite. Mais, dans la rue du Petit Bambou Céleste, il y avait des pousse-pousse qui avaient l'habitude de véhiculer des femmes enceintes ou de nouvelles accouchées et le refus des autres les faisait rire. Donc, on trouva un coolie de pousse-pousse pour la femme, un homme souriant et complaisant qui tenta, lui aussi, de la persuader de garder son bébé, et qui lui dit : « Les temps ont changé, maintenant une fille vaut un garçon, regardez toutes ces dames-docteurs ! » Dans la suite, le portier nous raconta que pendant tout le retour, la femme raconta son histoire et sa terreur d'apporter à son mari une nouvelle fille; elle disait que, chemin faisant, elle trouverait un fossé commode où elle jetterait le bébé; mais nous ne sûmes jamais si elle l'avait fait ou non, car ni le portier, ni le coolie du pousse-pousse ne voulut nous le dire. Et certaines des sages-femmes pensaient que nous aurions dû garder le bébé; on aurait bien trouvé quelqu'un pour l'adopter.

Le flot monte, de toutes ces vies, l'une après l'autre, vies de femme, vies d'innombrables femmes, la moitié de l'humanité, si longtemps opprimées, trop longtemps exploitées, condition inhumaine ayant encore cours aujourd'hui dans bien des régions du monde, même parmi les nations avancées, où les formes de domination sont moins ouvertement cruelles, mais d'où elles n'ont pas disparu; où, maintenant encore, être une femme signifie ne pas être un citoyen à part entière, pas une personne complète; conditions que j'ai trouvées en Irlande, dix ans plus tard quand j'exerçai la gynécologie à Dublin et dans ses environs; et l'attitude devant les merveilles de la grossesse et de l'accouchement, l'ensemble des rapports sexuels, la signification de la femme, sordide et tragique esclavage, l'identité de la femme est une honte au lieu d'un honneur.

Tant de vies, chacune la vie d'une femme, d'une mère, de tant de mères à travers les siècles; j'avais parfois l'impression que ma peau éclatait, se détachait de moi sous le choc de l'injustice, sous le fardeau de ce mal accompli collectivement, façonné dans la moelle même de la société, de l'époque, dont les pompeux préceptes de Confucius chantent les louanges sous le nom de Destinée, par Décret Divin.

De cette dégradation attachée à son être, aucune femme, si haut placée qu'elle fût dans cette sorte de contexte social, n'était exempte. Et Pao enfonçait cette leçon en moi à coups de marteau : « La femme, en tant que personne, n'existe pas... elle n'est rien... elle n'a pas de place dans la société, si ce n'est par le truchement de son père, de son mari, de son fils... »

Et la vie de tant et de tant de femmes était une incarnation de cet état d'inexistence, une acceptation de cette servilité enveloppée de sourires, parfumée d'une fausse gaieté changée en détresse à la moindre occasion, sous le masque de la maladie, de la faiblesse, pour fuir la conscience de l'avilissement. Pao appelait « un immuable principe de la Nature », le fait que la femme soit un être inférieur. « Une femme sans talent est une femme vertueuse. » « Au-dessus est le ciel, dessous la terre, et entre les deux est l'Homme, avec la Femme qui doit obéir à l'Homme. » Confucius avait établi pour toujours la position de la Femme. L'idéogramme lui-même du mot femme exprimait la sujétion, le trait transversal, fardeau horizontal de ses seins lourds, les hanches protubérantes et les jambes torses croisées, pas tout à fait quadrupède, mais presque. Depuis, j'ai souvent pensé que dans la Chine d'aujourd'hui, avec la Révolution culturelle qui nous oblige tous à considérer à la lumière de la raison nos attachements secrets à des systèmes ataviques et primitifs de sujétion, la première chose à faire serait de changer complètement certains de ces odieux idéogrammes, qui sont les images fidèles de deux millénaires d'oligarchie féodale, quatre millénaires d'infériorité féminine.

Même dans la prétendue classe supérieure éduquée, je trouvais les implacables tentacules du passé, semblables aux agrippants crochets de fer des sages-femmes qui déchiraient les entrailles, les ventres des mères; même là, pour prévenir une véritable libération de l'esprit, les éternelles phrases classiques gravées sont les chaînes qui tirent et détournent le désir d'exister autrement, de voir, de sentir et de savoir, sous d'autres formes que les féroces formes du passé.

Je me rappelle un cas dont Marian Manley dut s'occuper elle-même. Marian ne prenait en charge que les patientes hospitalisées, ou les complications qui dépassaient les compétences des sages-femmes, et pour lesquelles il valait mieux faire venir la femme à la clinique. A la consultation prénatale du petit hôpital, Marian examinait chaque patiente au moins deux fois au cours de sa grossesse. Puis il y avait aussi tout un travail de gynécologie : réaction de Wassermann pour les syphilis, etc. Très rarement, une femme demandait à être stérilisée. Parmi ces rares cas, il y avait ma Sixième Tante qui eut douze enfants, se fit avorter du treizième et se fit lier les trompes de Fallope. Et nous eûmes ce cas illustrant la ténacité des vieilles structures, en dépit de la récente émancipation : une jeune femme, diplômée de l'Université, venait d'épouser un jeune professeur d'Université. Le lendemain du mariage, la mère du garçon entra dans la chambre des jeunes époux pour examiner les draps du lit nuptial. (Il y a peu de temps encore, même à Singapour, cette cité prétendue moderne, une serviette spéciale était prévue dans ce but et était cérémonieusement apportée à la belle-mère par sa bru le matin suivant les noces.) Ne trouvant pas de sang sur le drap, la belle-mère s'indigna, poussa de grands cris, et ordonna à son fils de divorcer, car son épouse n'était pas vierge. La mariée protesta de son innocence, ses parents l'appuyèrent et accusèrent l'autre famille de diffamation. Finalement, il fut décidé qu'on la ferait examiner par une femme-médecin (car on n'aurait jamais permis qu'elle fût examinée par un homme). Marian Manley fut choisie et trouva l'hymen intact. Elle expliqua aux parents assemblés que, chez 6 p.100 des femmes, l'hymen était lâche et ne se rompait pas au cours des rapports conjugaux. Marian parla et parla obstétrique, fit des graphiques, tira des livres des étagères, montra des planches d'anatomie. Chez certaines femmes aux membranes très élastiques, l'enfantement même ne déchire pas l'hymen... Mais il fut impossible de convaincre la belle-mère. Et bien que son fils déclarât qu'il était satisfait, qu'il aimait sa femme et la croyait implicitement, le jeune couple ne put pas demeurer avec la famille comme c'était la coutume, il dut aller ailleurs. Les deux familles en furent touchées pendant plusieurs années; les sœurs de la mariée virent diminuer leurs chances de se marier; le jeune homme fut désapprouvé d'avoir gardé une épouse peu chaste; la mère de celle-ci, privée de ses habituelles parties de mah-jong avec ses amies, tomba malade de fureur; il se passa quelque temps avant que l'affaire s'apaisât; dans une période de plus grande stabilité dans la société, c'eût été probablement plus long. Mais le système commençait déjà à fléchir, à cause de la guerre, de l'inflation, de l'insécurité économique générale, et les gens avaient bien d'autres préoccupations que ces histoires d'hymen relâché. Même après la révolution de 1949, ces formes du puritanisme persistèrent et le remariage des veuves, bien qu'il fût protégé par la loi, ne s'imposa, comme pratique normale qu'une dizaine d'années plus tard...

Et cependant, chez les gens pauvres, incapables de s'offrir ce luxe de l'obligatoire virginité, la coutume de vendre les femmes ou de les prendre en location, l'infanticide et le commerce des bébés femelles, qui leur étaient imposés par une misère cruelle, impérieuse, la famine et le complet dénuement étaient admis, et la haute société, tout en les couvrant d'opprobre, en les déclarant « immorales » et « inconvenantes », profitait de ces coutumes, imposait aux malheureux ces viles et navrantes cruautés, afin de protéger leur propre haute vertu. D'où seraient sorties les jeunes esclaves, les concubines, les prostituées, les épouses provisoires destinées aux fonctionnaires du gouvernement du Kouomin-tang et aux riches propriétaires, s'il n'y avait pas eu de pauvres sans défense ?

Le taux des infections par syphilis ou blennorragie, dû à ces conditions de vie double, était très élevé dans les villes. J'ai vu des femmes de prétendues bonnes familles, tellement pourries de syphilis et de gonorrhée transmises par leurs maris qu'elles étaient horribles à voir. L'une d'elles, purulente et gémissant de douleur vint nous consulter; elle avait une péritonite causée par la propagation de la maladie depuis les ovaires jusqu'à sa cavité abdominale. A cette époque, les sulfamides étaient rares et le marché noir rendait impossible leur emploi en quantités efficaces. La pénicilline n'existait pas. Il fallait prendre garde, en achetant des sulfamides, qu'on ne vous vendît pas de simples pilules de craie. Cette femme savait que sa maladie venait de ce que son mari « aimait le jeu du cœur des fleurs ». Elle n'avait que vingt-quatre ans.

Les maladies vénériennes étaient une cause fréquente de stérilité, et les femmes pensaient toujours que c'était leur faute si elles n'avaient pas d'enfants.

Marian et les sages-femmes avaient beau s'égosiller à leur expliquer que la stérilité peut être mâle *autant que* femelle... les femmes continuaient à se sentir vilainement coupables, elles gémissaient et imploraient. On avait l'impression de sombrer dans la culpabilité féminine, comme dans un bain de glu, sans pouvoir se dépêtrer; pataugeage désespéré dans une trame de tourment, que rendait pire encore l'absence totale de représailles, car il ne semblait y avoir aucun moyen de supprimer cette rançon imposée aux femmes par des coutumes immémoriales. Et que les femmes aient *accepté* cette mauvaise conscience psychologique, qu'elles aient été leurrées, séduites, tentées, attirées de gré ou de force jusqu'à cette conviction que les femmes sont seules responsables de ce qui a trait à la vie sexuelle et à la procréation, me demeure inexplicable. Millénaires d'oppression, cultures entières fondées sur la culpabilité de la femme...

Donc, sur l'hôpital où je travaillais avec les autres sages-femmes déferlait tel un grand fleuve une multitude passionnée et torturée. Et la pure exaltation créatrice de la naissance, qui fait paraître tout le reste insignifiant (car sans cet acte l'humanité périrait), se perdait dans un si vaste désert de souffrances qu'on se sentait déchiré par cette perpétuelle ambivalence, tant de platitude et tant de splendeur, tant de routine banale et monotone et tant de drame, caractère unique répétitif, rareté universelle, gloire fragile et mépris illimité, on avait envie de crier avec elles : Ciel ! par quelle malédiction suis-je née femme ?

Une fois encore, devant cette interminable histoire, impitoyable, et pitoyable de souffrance, ma propre histoire s'amenuisa jusqu'à l'insignifiance tant que je pus croire que je me rendais vraiment utile dans la rue du Petit Bambou Céleste, en faisant quelque chose pour guérir, soulager, apaiser et peut-être un jour, changer tout cela et le rendre meilleur. Il me semblait que le seul moyen était de devenir docteur en médecine comme je le souhaitais depuis l'âge de douze ans.

Beaucoup de sages-femmes du petit hôpital ne désiraient pas se marier; le lugubre spectacle de ce qui se passait autour d'elles suffisait à leur en faire fuir la seule idée. Quelques-unes avaient derrière elles des années de lutte pour arriver à faire des études et devenir sages-femmes. Mais ce n'était pas un nid de vieilles filles aigries, c'était un groupe de femmes réfléchies et indépendantes, ayant fait un choix, animées d'un solide idéal. Quelques-unes se mariaient, avec des hommes qu'elles avaient choisis, par amour, ce qui en soi était une innovation. Je me souviens d'une jeune femme pleine de vie, l'œil frais et la joue ronde, avec des yeux et des cheveux magnifiques, qui revint pour mettre au monde son premier bébé au milieu de ses amies; son mari était un jeune employé de banque dont elle était amoureuse; elle fut une mère rayonnante de joie. Son mari apprit à prendre soin de leur petite fille, il la transportait partout dans ses bras et la soignait quand sa femme était auprès d'une cliente. Mais il y en avait d'autres, comme Shen, la petite sage-femme ratatinée, si maigrichonne et si nabote qu'elle avait l'air d'une enfant de huit ans alors qu'elle en avait quarante, qui avait beaucoup souffert dans son veuvage, avec un fils à élever. Les bébés des autres étaient devenus toute sa vie, car elle ne pouvait, cela va de soi, se remarier, puisque les femmes remariées passaient pour immorales et indécentes...

Tant d'autres vies me reviennent à l'esprit : la femme qui nous apporta son bébé de dix jours dont le nez avait été rongé par un rat; le couple : le mari était un étudiant « revenu d'Europe », que je me rappelais vaguement avoir rencontré dans une conférence à Paris, la femme une timide petite maîtresse d'école qui adorait visiblement son intellectuel de mari « revenu d'Occident ». Quand le bébé naquit, c'était un petit être cadavéreux, macéré, syphilitique. « Il faut aller à l'hôpital vous faire faire une analyse du sang », dit carrément Miss Wang au père. Le bébé, une fille, avait un horrible bec-de-lièvre, le palais fendu. Au repas du soir, toutes les sages-femmes parlaient de cette tragédie. « Si c'était un garçon, ça n'aurait pas d'importance », disait l'une. « On aura du mal à la marier, disait l'autre. Qui voudra d'une femme qui n'a pas de nez ? Qui veut un bec-de-lièvre ? » Malgré leur savoir précis, et leur refus d'accepter, tant dans leur conversation que dans leur vie, la sexualité comme une servitude, l'état conjugal était encore pour elles l'inévitable — quoique mélancolique — but à atteindre.

Et ce fut dans ce dilemme entre l'indépendance ardente mais pénible du célibat et la servitude du mariage que la charmante et intelligente Miss Hsu, notre principal professeur, se laissa prendre à un piège sans issue. Car au printemps de 1941, quand je me retrouvai une fois de plus à Tcheng Tou, tel le flux et le reflux d'un brouillard mouvant mordant sur le paysage, planait, flottait et suintait dans toute la rue du Petit Bambou Céleste le bruit que Miss Hsu quittait la Maternité pour épouser un veuf, fonctionnaire, parent d'un Seigneur de Guerre de la tribu Lieou.

Je me trouvai mêlée à cette histoire lorsque Miss Hsu me persuada d'acheter un petit lopin de terre dans les environs de Tcheng Tou, au printemps de 1941. L'inflation qui avait commencé en 1940, échappait alors à tout contrôle, et tandis qu'un bon déjeuner au restaurant coûtait, en 1939, 3 dollars 50, il en coûtait maintenant 50, et les prix ne cessaient pas de monter. Ceux qui étaient le plus frappés par cette inflation étaient les paysans parce qu'ils payaient en céréales le loyer de leurs terres, et ils avaient ensuite tout à acheter et n'avaient pas d'argent. Les usuriers exigeaient en paiement du grain qu'ils accaparaient, ou bien ils reprenaient la terre au paysan endetté. Les petits fermiers qui possédaient un coin de terre, 1/6 à 1/3 d'hectare (surface moyenne d'une « ferme »), le vendaient et s'en allaient dans les villes. Il y avait chaque année depuis 1940 des soulèvements de paysans au Setchouan, à la fois à cause de cette situation et aussi à cause des enrôlements de force dans l'armée et dans la construction des routes pour le gouvernement (sans rémunération).

Les gens des villes pendant ce temps achetaient de la terre pour se garantir contre les risques de l'inflation, de même qu'ils achetaient et amassaient du bois de chauffage, du drap, de la paille, de la pharmacie, des tuiles, des briques, des chaussures... tout ce qui peut s'entasser et se conserver. Les spéculateurs bâtissaient des maisons en bois, constructions branlantes qui de temps en temps s'écroulaient, pour les familles de fonctionnaires qu'on évacuait de Tchoungking par crainte des bombardements. Ces maisons se vendaient vite, puis étaient revendues et le prix en montait et montait de mois en mois. Quand des ordres d'évacuation furent donnés, invitant les familles et les personnes non indispensables à partir pour la campagne (c'était, disaient certaines gens, pour éviter les émeutes dans les villes où la nourriture était rare) beaucoup de familles nombreuses allèrent vivre à la campagne et ce fut une occasion pour les agences immobilières d'acheter la terre des paysans ruinés.

Or, Miss Hsu parlait elle aussi de la nécessité d'acheter de la terre pour se protéger contre l'inflation, et d'y bâtir une petite maison pour échapper aux bombes et moi, qui étais naïve, n'y vis rien de plus jusqu'au moment où j'entendis les commérages au sujet de l'intention qu'elle avait de convoler en justes noces. Marian Manley me confirma la nouvelle, sans grand enthousiasme. Elle déplorait la décision de Miss Hsu. « J'ai l'impression qu'elle cède à son entourage. »

La personne qui avait embobeliné Miss Hsu et l'avait conduite à ces préoccupations pécuniaires prémaritales était une mère de huit enfants, fréquente visiteuse de notre hôpital et pleine d'enthousiasme au sujet de la bouffée d'anesthésiant qui bannissait toute douleur. Elle amenait, parfois de force, les tirant par la main, bien des mères rétives à la consultation. Les jours où Miss Hsu était libre, elle jouait au mah-jong avec cette dame et ses amies. Miss Hsu avait mis au monde son dernier petit garçon et c'est cela qui avait poussé la dame à se consacrer par reconnaissance au changement d'état civil de Miss Hsu. Elle se montra si parfaite médiatrice que très vite Miss Hsu apparut avec une permanente crépelue, se couvrit la figure de rouge et de blanc, enferma ses pieds à moitié « liés » dans des chaussures modernes tout à fait hideuses, se mit à parler d'un air distrait et — ce qui fut bien pire — à perdre son humeur égale et charmante.

Avant que son esprit eût commencé à se fixer sur l'importance d'être mariée, Miss Hsu avait possédé le caractère le plus égal qu'il est possible de rencontrer. Maintenant, elle commença à faire des caprices. Marian Manley n'approuvait pas ses projets parce que l'homme qu'elle allait épouser était « vieux jeu », il n'était pas chrétien et Miss Hsu ne pourrait plus faire d'accouchements, ni enseigner; mais pourrait aussi fort bien perdre sa christianisation. Elle devrait adapter son âme à la rongeuse oisiveté qui est la vie de la femme cossue, occupée d'un millier de futilités, entourée d'une armée de servantes; allongeant chacune de ses tâches pour faire paraître la journée plus courte, emplissant les heures de papotages, en fumant la pipe à eau, en jouant au mah-jong et en mettant au monde des enfants, qui étaient confiés immédiatement à des nourrices qui les allaitaient; et pour décrire cette vie il y avait le mot *Shua,* qui signifie qu'on peut toujours passer le temps à flâner, à ne rien faire, dans un néant d'affabilité informe, sans même compter les heures et les jours glissant à la dérive.

Miss Hsu serait captive, chargée de ces chaînes qu'elle aurait souhaitées : à longueur de jour, à longueur de semaine d'interminables parties de mah-jong qui remplaceraient les heures de gynécologie. Dans notre famille Tchou, ces réunions de mah-jong étaient rituelles, elles avaient lieu à des dates fixes de fête anniversaire, ou quand le calendrier, abrégé des jours propices ou malencontreux, annonçait que les heures prochaines étaient bonnes pour une grande séance de ce jeu. Les parties continuaient pendant deux, trois, cinq, dix jours; des tribus entières se réunissaient dans l'une ou l'autre maison pour s'y livrer à 40 ou 60 joueurs, 4 par table, tous à la fois. Parfois, un joueur se retirait brièvement pour dormir ou manger, et sa place était prise par un suppléant. Je me rappelle une scène dans la cour de la maison de Troisième Oncle où l'on apporta à une jeune femme occupée à jouer, son fils de trois ans pour le faire téter. D'une seule main, elle ouvrit sa robe, en tira son sein, long et pendant comme les seins étaient souvent pour avoir trop servi. Avant vingt-huit ou trente ans la plupart des femmes avaient porté six ou sept enfants, bien que la moitié fussent souvents morts au berceau, et elles leur donnaient le sein jusqu'à ce qu'ils eussent deux ans ou plus, ce qui était supposé écarter le risque d'une nouvelle grossesse. Elle enfonça son bout de sein dans la bouche du bébé, qu'une servante tenait, tandis que l'autre main de la mère continuait, sans interruption, à faire voltiger les pions d'ivoire et de bambou posés sur la table; la plupart des joueurs savaient, sans les regarder, ce qu'étaient les pions, ils les tâtaient du bout des doigts en les ramassant et les reconnaissaient au toucher.

Miss Hsu était manifestement perplexe et apeurée; elle mettait en balance la solitude de la femme vieillissante qui la menaçait et les infortunes du mariage : vivre avec un homme et devoir endurer non seulement les relations charnelles qui lui inspiraient, prétendait-elle, une grande répugnance (comme à toutes les femmes : en vérité, quelle femme « vertueuse » avouerait jamais qu'elle aime faire l'amour ?) mais aussi les infidélités certaines du mari, car s'il renonçait à fréquenter les bordels ou à s'offrir une concubine, cela prouverait qu'il avait peur de sa femme et ses amis se moqueraient de lui. D'où ces changements d'humeur qui modifiaient sa personnalité antérieure; mais elle était impitoyablement poussée chaque jour davantage vers l'état matrimonial; ses cheveux noircirent encore, son visage lourdement plâtré révélait plus de rides qu'on n'en pouvait discerner quand il était seulement couvert d'un nuage de poudre; elle se souriait devant les glaces, parlait d'or acheté au marché noir pour l'aurification des dents, tentait de prendre une allure juvénile, exhumait des parents influents.

Puis, il se révéla que Miss Hsu avait un grave sujet d'inquiétude, celui de sa virginité. Elle avait (quelques très rares personnes le savaient) été violée à l'âge de treize ans par son oncle maternel, accident qui n'était pas du tout rare dans les grandes familles tribales, et elle se demandait maintenant comment le Seigneur de Guerre prendrait cela... elle ne lui en soufflerait sûrement pas mot... Marian lui suggéra de n'en rien dire au futur époux. « D'ailleurs lui-même n'a pas été un saint ! » disait Marian que mettait toujours en fureur la pensée de cette double mesure. Mais ce point de vue n'avait aucune valeur. Un homme pouvait faire ce qu'il voulait, une femme jamais, et si elle avait été violée, elle était à tout jamais sans valeur et n'avait plus qu'à mourir. Mais alors l'amie de Miss Hsu pensa à un stratagème évident qui consistait à tacher d'avance une serviette qu'on placerait à l'endroit où l'inspection post-nuptiale prouverait sans conteste la virginité pré-maritale... procédé employé dans un vieux roman chinois. Les préparatifs allèrent donc leur train, subtilement, clandestinement, pour ces noces encore secrètes. Miss Hsu ne rencontra pas son futur mari, tout fut fait par la marieuse, sa bavarde, enthousiaste et résolue marraine.

Comment l'arrangement de ce mariage fut lié dans la suite à l'achat d'un terrain devient évident : dans le bouleversement général de sa personnalité, Miss Hsu chavirait, jetait par-dessus bord le raisonnable bagage de sa vie de sage-femme, professeur salarié, membre respecté d'un hôpital, célibataire, et elle plongeait dans l'océanique confusion d'une vie bourgeoise hantée par le souci de l'argent, l'obsession de la sécurité, avec son cortège de nécessaires évaluations des richesses dont la plus nécessaire était la valeur de la terre. Le statut de Miss Hsu dans ce monde allait dépendre du nombre de robes de soie, de robes doublées de fourrure, de manteaux, de chaussures qu'elle posséderait; du nombre de fois qu'elle pourrait se faire faire une permanente, des servantes sur lesquelles elle régnerait et qu'elle saurait garder, et surtout du fait qu'elle posséderait de la terre. En fait, cet achat de terre, la brusque rapacité accompagnant l'acquisition, firent partie de la nouvelle image rendant Miss Hsu acceptable, fût-ce à ses propres yeux.

Et cela détruisit la douce et charmante Miss Hsu que nous avions connue; de ce naufrage, sortit une petite personne acariâtre, aux joues fardées et à la voix criarde, métamorphose qui ne fut pas accomplie d'un coup, mais par degrés, et l'un des degrés fut l'achat de terre.

Donc Miss Hsu me poursuivit de ses projets fonciers : l'achat d'une terre où je ferais construire une maison. Je n'avais nulle envie de faire construire, mais elle me harcela jusqu'à ce que je faiblisse et nous allâmes inspecter le terrain. Je possédais deux mille dollars, ce qui était considéré comme une somme importante — encore que perdant peu à peu sa valeur — au printemps de 1941. J'avais gagné ce soudain trésor par mon propre travail, à donner des leçons d'anglais au personnel de la mission militaire des Soviets à Tchoungking l'année précédente. Je dis à Miss Hsu que j'allais réfléchir à la possibilité de lui en prêter la moitié, mille dollars, mais elle insista pour que je sois copropriétaire de ce terrain, où nous bâtirions une maison, refuge contre les bombes, que nous pourrions louer ou habiter. Elle obtint, à force de cajoleries, que j'aille examiner « notre » site. C'était, en pleine campagne, une espèce de butte hirsute de sable et d'eau où il ne poussait rien; c'était vendu par une tribu de villageois endettés, et ce soir-là, la tribu s'y était assemblée pour dîner, en compagnie du propriétaire et des courtiers. De notre côté, venaient Miss Hsu avec Miss Wang, le vieux cousin de l'une d'elles et moi. A la lueur vacillante des veilleuses à huile, nous vîmes une tablée de paysans méfiants, en haillons; assis dans les ombres dansantes, tétant leurs pipes de bambou, et silencieux; c'étaient les propriétaires. L'intermédiaire du côté de Miss Hsu se mit à les exhorter à accepter le prix, en leur faisant remarquer qu'ils ne pouvaient planter ni riz, ni colza, ni soja sur cette terre; que l'argent qu'on leur offrait était une grosse somme pour un terrain pareil. Brusquement, à propos de rien, car les paysans n'ouvrirent pas la bouche, Miss Hsu se mit à faire une petite scène de fureur tourbillonnante, criant que c'était beaucoup trop d'argent pour un si petit terrain... On eût dit qu'elle avait une attaque de nerfs, car elle hurlait et tapait de son petit poing sur la table. Je n'ai jamais compris ce qui s'était passé; quelques jours plus tard, l'opiniâtre Miss Hsu revint, apportant une liasse de papiers et je l'entendis discuter dans sa chambre avec son amie.

A la fin, je payai 1 000 dollars, et je reçus un document par lequel Miss Hsu s'engageait à partager avec moi le terrain et la construction qui y serait érigée... Et maintenant, je crois qu'elle utilisa, en outre, indirectement, la garantie de mon nom, celle de la tribu Tchou, ma famille, celle du nom de Pao, parce que j'étais sa femme. Car aucun marché ni entreprise d'aucune sorte n'était jamais droit et simple en ce temps-là; tout était tortueux et crochu, tout avait d'imprévisibles répercussions. Ces tactiques embrouillées de recommandations et de « piston » ont toujours échappé à ma perspicacité, et je demeure — aujourd'hui encore — dépourvue de subtilité. Je perdis ainsi 1 000 dollars, puis je perdis le document, ou je le déchirai. Quelques mois après, Miss Hsu m'écrivit une fois pour me donner des nouvelles de « notre maison » et du prix des tuiles. Des villages entiers vendaient alors les très petits champs qu'ils possédaient, mais l'argent perdait peu à peu sa valeur et bientôt les 1 000 dollars que j'avais versés pour un huitième d'arpent de terre n'auraient pas pu payer un bol de riz...

Miss Hsu, en temps voulu, se maria, et bien que n'ayant pas assisté à la cérémonie j'en appris les suites par d'autres gens; Miss Hsu donnait des réceptions de mah-jong, le docteur Manley n'avait pas assisté au mariage, ce qui avait privé Miss Hsu de prestige et l'avait mise fort en colère, en sorte qu'elle évitait d'aller à l'hôpital mais invitait les sages-femmes à venir chez elle.

Miss Hsu doit être vieille aujourd'hui, mais la fixité des images enregistrées ne me permet pas de changer un trait à son visage rond sous la permanente ébouriffée, et j'entends le profond roucoulement murmuré de son rire. Et je retrouve en accompagnement le souvenir de la voix du portier annonçant aux sages-femmes un appel du dehors, les craquements de l'escalier qu'elles descendent d'un pas alourdi par les sacs et les trousses qu'elles emportent. Je revois mon amie Houang Seyouan si bonne, si triste et si tranquille; Shen, si ratatinée, dont une nuit qu'elle n'était pas là j'occupai le lit où je fus dévorée par toutes les punaises de Tcheng Tou; je me rappelle Miss Ma, forte et loquace, au visage grêlé par la petite vérole; Miss Wang, compétente et habile, qui faisait bien tout ce qu'elle faisait : tricot, conserves au vinaigre, accouchements, volley-ball ou fabrication de chaussures en étoffe. Je respire l'odeur de la salle d'opérations, le désinfectant, la sueur, la moiteur chaude et aigre, la parturition; j'entends le coup sec du tue-mouches et la voix de Marian Manley, à l'accent américano-setchouanais et les cris des bébés, bébés saluant de leurs vagissements leur entrée en ce monde; les mères, bavardages, rires et larmes; la nuit le clic-clac de la machine à écrire de Marian, moulant mes chapitres en forme de livre.

Marian aimait à lire tout haut les chapitres qu'elle venait de terminer devant un auditoire capable d'apprécier et cela signifiait : d'autres missionnaires. De temps à autre, elle m'emmenait dîner dans une famille de ces missionnaires. Après le dîner, Marian s'installait d'un air heureux pour faire une heure de lecture, et les autres écoutaient comme moi. J'en étais détachée, reconnaissant mes phrases, mais pas toujours. J'admirais Marian que la lecture à haute voix ne gênait pas; l'acte d'écrire, si public, est aussi si intime que, bien que les autres me lisent, je ne pourrais pas leur lire à haute voix mes œuvres. Parfois, tandis qu'elle lisait, mon esprit s'égarait et fuyait vers Pao; alors, la peur étendait sur moi son voile glacé. Mais il y avait quelque chose de très apaisant dans la voix volontaire de Marian et son air assuré. Je savais que je n'aurais pas été capable de faire ressortir chaque détail aussi méticuleusement, comme elle faisait, jusqu'à ce que le détail fût bien enchâssé, don de magnification que je devais plus tard appliquer de façon différente en tentant au contraire de donner le sentiment d'une scène en aussi peu de mots que possible, non en échafaudant mais en dépouillant.

C'est ainsi que, grâce à Marian, je rencontrai quelques missionnaires, américains et canadiens. Ils ont tous, depuis, quitté la Chine; certains ont écrit des livres pour raconter leur séjour en Chine et comment leur vie fut changée par la Révolution; l'un, au moins, aida beaucoup d'étudiants progressistes traqués par la police secrète de Tai Lee; d'autres croyaient à Tchiang et étaient hostiles aux activités politiques et en avaient peur, à cause de l'ambivalence de leur situation en Chine.

L'Université de la Chine occidentale à Tcheng Tou abritait six universités; cinq étaient réfugiées d'autres régions; les agents de la police secrète pullulaient, ils surveillaient les professeurs, les conférenciers et les étudiants. Les missionnaires sentaient les pressions, ne prenaient pas parti et avaient peur des risques, sauf très peu d'entre eux.

Je rencontrai un couple de médecins anglais, les Parfitt. Jessie était une grande et belle femme, médaille d'or à l'Université de Londres; elle représentait tout ce que j'aurais souhaité être : docteur en médecine, femme compétente, pleine d'assurance. Son mari était pacifiste : homme sincère qui se lançait dans de longues discussions sur la non-violence, par profonde haine de la guerre. Je me rappelle bien Jessie parce qu'en mai 1940, quand la « drôle de guerre » qui couvait en Europe depuis septembre 1939 éclata finalement dans le désastre et la Blitzkrieg de Hitler qui déferla sur la France, c'est elle qui entra un soir dans ma chambre à la Maternité, en disant : « La France a capitulé, l'armée britannique est cernée à Dunkerque, c'est la fin... » Les Parfitt avaient entendu les nouvelles à la radio; la chute de la France, la débâcle à Dunkerque. Pour eux, cela semblait être la fin de leur monde. Pour moi, c'était un épisode lointain dans une guerre qui chez nous avait commencé tant d'années auparavant... « Que va-t-il se passer maintenant ? demandai-je. — Je ne sais pas, dit Jessie. L'Angleterre est toute seule, maintenant. » Elle était vraiment atterrée. Je ne l'avais jamais vue si bouleversée. « Oh ! je ne crois pas que ce soit si désespéré », fut tout ce que je trouvai à dire. « Nous ne pouvons laisser Hitler entrer en Angleterre. C'est absolument impossible », dit Jessie. Je pensai : « Regardez la Chine, un si grand morceau lui a été pris, tant de Japonais l'occupent, et elle est seule, depuis si longtemps; et cela continue, continue... »

Ce monde des missionnaires m'était toujours mi-familier, mi-étranger; comme à l'université de Yenching, ils entretenaient, assurément, des « relations » avec leurs collègues chinois, mais là encore, la différence dans le niveau de vie, étonnante et devenue encore plus marquée à cette époque, faisait que toute tentative pour former une communauté intellectuelle unie, selon des conditions égales, était un trompe-l'œil. Du côté européen, les gens étaient beaucoup plus riches, les émoluments y étaient beaucoup plus élevés, ils avaient de belles maisons en briques, des serviteurs, que n'avaient pas leurs homologues chinois même quand ces derniers étaient mieux qualifiés.

Et cela divisait réellement l'Université en deux couches, le personnel chinois étant progressivement plus mal nourri à mesure que la guerre se prolongeait et que l'inflation causait des ravages dans leurs salaires, au point qu'ils ne pouvaient même plus acheter ce qui est de première nécessité. Les missionnaires occidentaux par contre recevaient des devises étrangères, leur situation demeurait donc inchangée, tandis que les autres commençaient littéralement à mourir de faim.

A la Maternité, la viande disparut, ainsi que la volaille et les œufs, en 1940. Les sages-femmes durent bientôt manger du riz brun, de grossiers haricots d'Espagne dans leurs cosses, des conserves au vinaigre; si j'allais chez un missionnaire américain, je trouvais de la viande, des gâteaux et de succulentes friandises, du beurre et des poulets. Dans de telles conditions, pas un Chinois ne pouvait inviter un Occidental à sa table, et bien que l'inverse eût pu se produire, cela se faisait très rarement, car trouvant de plus en plus de difficulté à se procurer des vivres, les missionnaires se raccrochaient à tout ce qu'ils avaient, à ce que leur apportaient (à eux et à leurs enfants) les colis étrangers, et à tous leurs privilèges. Déjà, parmi les étudiants la sous-alimentation faisait des ravages au début de 1940. Bientôt, il y eut deux catégories d'étudiants : ceux qui avaient les moyens de s'offrir des plats avec leur riz, et ceux qui devaient se contenter de riz, et de ce qui restait dans les plats quand les premiers avaient mangé. La tuberculose prit une extension alarmante, causée par l'alimentation défectueuse. Quelques années plus tard, étudiants, conférenciers et professeurs mouraient de faim.

Après la débâcle de mai 1940 en France, naquit dans les milieux militaires en Chine le mépris de l'Angleterre et de la France, le sentiment qu'elles avaient bien mérité cette humiliation. Leurs grands airs, leur arrogance, en Asie, en Chine, où étaient-ils à présent ? Ho Ying K'in, ministre de la Défense, était sûr que l'Allemagne serait victorieuse; « les Anglais sont finis, les Français aussi ». Un Anglais ne pouvait plus regarder de très haut la Chine et son gâchis, son chaos, ses retraites et ses défaites; le chaos, le gâchis et la déroute étaient plus grands dans la France de 1940 et parmi les traînards des armées alliées qui jonchaient les plages de Dunkerque comme des débris apportés par le flot. Naturellement, l'humiliation infligée à ceux qui nous avaient autrefois tant humiliés ne trouvait pas en nous de sympathie; au contraire, un certain contentement de soi s'épanouit, même chez ceux qui aimaient les Anglais et les Français. Mais, pour la plupart des missionnaires, seule la guerre en Europe semblait compter. Ils s'en préoccupaient beaucoup plus que de ce qui se passait en Chine. L'appel aux armes de Churchill était le sujet de leurs conversations d'après dîner; et quand je déclarai à l'un d'eux que ce qui se passait en Chine était important, il me répondit que non, que l'avenir du monde se jouait en Europe.

Le 17 juin 1940, la nouvelle se répandit que la route de Birmanie était fermée : la décision, prise par le gouvernement britannique, était un encouragement direct au Japon.

Nous fûmes nombreux en Chine à entrer en fureur. Churchill, l'homme qui semblait le plus qualifié pour donner l'exemple d'un indomptable esprit de combat, feignait d'ignorer la lutte de la Chine contre le Japon et fermait la route de Birmanie par laquelle arrivait en Chine le matériel de guerre. Cela paraissait incroyablement cynique. Pendant trois mois, cet été-là, la route devait demeurer close; et ce geste infâme ne fit que diminuer le prestige de la Grande-Bretagne en Asie. En fermant la route de Birmanie, les Anglais cherchaient à détacher — du moins le pensaient-ils — le Japon de l'Allemagne hitlérienne, arriver à un accord avec le Japon au sujet du partage des marchés en Chine, et à éviter une poussée japonaise au Sud-Est asiatique; mais ils ne parvinrent qu'à rendre plus précis le programme d'invasion japonais. Quelles que fussent les qualités de Churchill en Europe, il manqua singulièrement de sagesse en Asie. Pour Churchill, la Chine était une collection hétéroclite de Seigneurs de Guerre et de mendiants; comme Gandhi était un fakir à moitié nu, et l'Inde un pays où la répression violente pouvait se poursuivre à jamais. Bien qu'il personnifiât le désir de la Grande-Bretagne de défendre son indépendance nationale contre un ennemi d'une supériorité écrasante, il paraissait incapable de comprendre le même désir chez les Asiatiques et les Africains.

Après la fermeture de la route de Birmanie, le sentiment aigu que la Chine devrait « négocier » avec le Japon agita les missionnaires. Ce dont la Chine avait le plus besoin était de spécialistes bien formés, docteurs, professeurs, ingénieurs; cette conception à long terme serait au bout du compte plus efficace que l'« agitation politique », il valait mieux étudier et laisser de côté la politique... En dépit du calme superficiel, il régnait un profond mécontentement dans les universités. En même temps, les conflits militaires entre les troupes communistes et celles du Kouo-min-tang s'aggravaient, et les arrestations d'intellectuels de gauche qu'on plaçait dans des camps de « réforme de la pensée » se multipliaient.

Beaucoup de missionnaires évitaient soigneusement de se brouiller avec les espions Chemises Bleues de Tai Lee. Ce fut pourtant chez un missionnaire que je commençai à fréquenter les réunions hebdomadaires du groupe d'Etudes bibliques.

Il était interdit d'enseigner ou de discuter les conditions économiques rurales et le sens du fascisme; et particulièrement ce qui se passait à Yenan sur l'autre front. Il était aussi interdit de parler de l'inflation. Nous nous mîmes pourtant à discuter de tous ces sujets tabous, ce qui était déjà une trahison. Elle s'accomplissait avec une grande simplicité, en choisissant un verset de la Bible et en continuant à partir de là. Il y avait toujours des étudiants, et quelques professeurs, dans l'assistance. Le missionnaire qui présidait prononçait toujours, au début et à la fin, quelques rassurantes petites généralités, mais l'implication était la *critique* et non l'acceptation sans réserve; comme telles, nos réunions, eussent-elles été signalées, auraient pu être très dangereuses pour les missionnaires qui nous abritaient et pour les professeurs et étudiants qui y assistaient.

Un jour, à la réunion, nous fîmes la connaissance de Jack Belden, alors journaliste, correspondant d'un journal américain. Il avait visité les régions libérées, sous régime communiste, et devait écrire plus tard ce très beau livre : *La Chine ébranle le monde.* Il avait été marin, ouvrier; il arriva en Chine en 1933 et y resta neuf ans. Il vint nous parler de Yenan, de la 8e Armée de Marche, et de ce qu'elle faisait pour combattre le Japon. Jouissant de privilèges extraterritoriaux, aucun étranger ne pouvait tomber sous les lois chinoises, et Jack Belden ne serait pas molesté, mais si nous avions été trahis, les quelques Chinois présents se seraient trouvés en grand danger. Je vis un autre jour David Crooke, qui enseigne maintenant à Pékin et qui faisait alors des conférences à Tcheng Tou. David prenait part à ces discussions et son esprit clair, ses arguments mesurés, faisaient une impression profonde. C'était un des principaux inspirateurs de ces groupes d'étude.

Il y avait aussi Ruth Weiss, personnalité des plus courageuses. Autrichienne, elle avait épousé un Chinois un peu plus jeune qu'elle et lui avait donné deux fils. Quelques années plus tard, ce fut son mari, et pas elle, qui partit pour les Etats-Unis, bien qu'il eût toujours semblé être le plus « progressiste » des deux, et Ruth demeura seule, avec deux enfants à élever, au milieu des années difficiles de la chute de Tchiang Kai-shek. La Libération la trouva en Chine, et elle y resta, disant que ses deux enfants étaient chinois et devaient vivre en Chine. Au début, elle eut de grandes difficultés; personne ne sut par quelles épreuves elle passa, toujours souriante et merveilleusement de bonne humeur. Je la revis à Pékin, le visage aussi lisse et sans une ride qu'il l'était un quart de siècle auparavant à Tcheng Tou, quand elle m'invitait à dîner, si joyeuse et si pleine de vie, aux côtés de son mari.

Il y avait Liao Hongying, jeune Chinoise, professeur de chimie. Elle était profondément intègre et par conséquent choquante aux yeux de nombreux bureaucrates et hypocrites. Elle avait passé quelques années en Angleterre, pour y étudier, et était revenue enseigner à Tcheng Tou. C'était une amie de Houang Seyouan, la sage-femme; elle épousa plus tard un Anglais qui étudiait le chinois et elle vit maintenant en Angleterre.

Ces réunions m'impressionnaient, bien qu'à l'époque je fusse en désaccord avec David Crooke; j'avais encore en moi pas mal d'absurdités inculquées par Pao, car nous ne sommes pas à l'abri des lavages de cerveau, et j'étais trop hésitante et trop candide, si confiante en la bonne foi universelle que je croyais facilement ce qu'on me disait. Ces réunions me procuraient un répit, un contrepoids renforçant mon opposition à Pao et aux idées de son système. Elles me permirent de survivre, mais leur influence profonde ne se fit sentir que bien longtemps après.

Avec Liao Hongying, Houang Seyouan, la petite Shen, l'habile Wang, sage-femme en chef, j'arpentais les rues de Tcheng Tou, la rue des Argentiers, la rue de la Soie, la rue des Pots d'Etain et celle des Livres... Nous allions manger du *lamien* (de petits bols de nouilles mijotées dans une sauce au piment et à la cassonade) dans une baraque de la rue du Petit Bambou Céleste. Nous faisions des conserves au vinaigre. Mes amies m'apprirent des devinettes du Setchouan toujours pleines de drôlerie et d'humour. Ainsi l'expression : « plat de velouté de soja et d'épinards » désignait une famille irréprochable, que ne souille aucune mauvaise action. Se « boucher les oreilles et voler une cloche » était appliqué aux gens qui se trompaient à leur propre sujet et ne parlaient que d'eux-mêmes. « Battre un chien avec une boulette de pâte » était la savoureuse expression avec laquelle Shen expédiait quiconque essayait de la soudoyer, et « un bouddha de boue traversant une rivière » était quelqu'un qui n'ayant pas qualité pour entreprendre une chose l'entreprend à son détriment.

A mes jours de liberté, je retournais chez Troisième Oncle dans la ruelle du Marché aux Moutons, et Troisième Oncle était toujours prêt à bavarder, car je lui fournissais, en allant le voir, un public bien disposé à écouter ses discours et l'intérêt que je portais aux proverbes du Setchouan le ravissait. « Les gens de l'« aval » ne parlent pas comme nous », me répétait-il : dire d'un homme qu'il a « un bec de perroquet » signifie qu'il est tout bavardage et n'agit guère, et c'était spécial à Tcheng Tou où les perroquets se balançaient sur leurs grands anneaux devant de nombreux magasins. « Votre essai ressemble aux chaussettes d'une ménagère paresseuse », décrivait le style confus et verbeux des gens de lettres, lesquels étaient notoires au Setchouan pour la prolixité de leur éloquence et de leur style. « Un concombre sur un mur » désignait une connaissance à double visage, et quand un invité s'attardait trop longtemps, Troisième Oncle murmurait qu'il « portait chapeau de feutre en juin ».

Certaines expressions qui avaient l'air de critiques étaient en réalité des compliments. Ainsi une « brosse à dents sans poils, jusqu'à l'os du manche », était un bon chanteur d'opéra, quelqu'un dont la voix pure et claire n'avait pas besoin de fioritures, de trilles et de roulades supplémentaires.

Quand nous allions voir chez elles nos clientes, les enfants s'assemblaient autour de nous, et un des passe-temps favoris de Miss Wang, quand nous attendions (et le métier de sage-femme comporte des heures d'attente et quelques minutes de hâte frénétique), était de jouer avec les plus grands des enfants aux devinettes chantées.

Je regrette aujourd'hui de n'avoir pas noté ces propos d'enfants, et aussi les berceuses et les chansons enfantines que j'entendais les mères fredonner, car les femmes de Tcheng Tou étaient pleines de ces vieux, vieux airs. Hélas ! la mémoire n'est pas assez docile, bien que je perçoive encore, quand je retourne à Tcheng Tou, et que je tends l'oreille pour la saisir, malgré le bruit de la circulation, la mélodie familière d'une voix sortant d'un de ces taudis aux cloisons lattées et plâtrées (qui disparaissent en ce moment car ils étaient insalubres), la voix d'une femme qui chantonne pour son bébé; et dans les rues, les enfants jouant à chat perché et à la marelle, se posent l'un à l'autre des devinettes chantées.

Et puis, il y a l'opéra du Setchouan, beaucoup plus strident et moins rigide que l'opéra de Pékin; les gestes y sont moins volontairement figés, les rôles des femmes plus vivants. Une de mes cousines, Teng Wenhou, était fanatique d'opéra et j'assistai souvent avec elle à des représentations qui duraient cinq heures. Après cela, nous errions dans les rues, pour choisir un petit restaurant et nous mangions du *maotutze*, le fameux ragoût chaud de foie, de gésier, d'abattis de volaille et d'épices, spécialité du Setchouan, pendant que Teng Wenhou et ses amies discutaient inlassablement des plus beaux passages de l'opéra que nous avions entendu.

En 1964, je devais assister à une évolution de l'opéra du Setchouan; les théâtres de Tcheng Tou s'étaient mis à représenter des pièces sur des thèmes nouveaux, abandonnant les vieilles intrigues des étudiants pauvres épousant de riches princesses, mais l'interprétation avait conservé les techniques du chant et des gestes, et la veine sous-jacente d'humour si fortement liée à sa durable valeur. Et j'attends maintenant un bon opéra du Setchouan sur un thème précis, celui de la Longue Marche qui passa par cette province et changea la vie de tant de gens.

VIII

A CÔTÉ de ces jours vécus à Tcheng Tou, entre la gynécologie et la tâche d'écrivain, il y avait les semaines et les mois intermédiaires que je passais à Tchoungking auprès de Pao; et c'était une autre vie, des lambeaux d'existence dont je ne parlais jamais à Tcheng Tou, si bien que je pouvais séparer totalement l'une de l'autre ces deux faces de ma vie.

Les bombardements japonais qui commencèrent en 1939 continuèrent en 1940 et en 1941 avec une férocité croissante. Dès que les brouillards de l'hiver se dissipèrent, les avions arrivèrent, et cela dura pendant tout le brûlant, l'épuisant été, et presque jusqu'à la fin de l'automne, en sorte qu'être bombardé faisait partie du processus normal de la vie. Nos activités quotidiennes étaient commandées par cette prévisible occurrence; on se levait de bonne heure, et comme les nuits étaient un enfer de chaleur et de transpiration où le rocher exsudait la touffeur absorbée pendant le jour, il était facile de s'éveiller quand le soleil apparaissait, car l'aube n'apportait pas la fraîcheur, ce n'était que le début d'un nouveau jour dans la fournaise. On activait le feu de brindilles à l'aide d'un éventail, l'eau du riz matinal se mettait à bouillir, et vers neuf heures le premier repas de la journée (le repas d'avant le bombardement) avait été absorbé. Alors résonnait la première alerte. On se rendait à l'abri, avec un petit bagage à main, bouilloire et poêle en fer (irremplaçables après 1940, car les métaux étaient devenus inexistants) et on y passait la journée. Parfois, les bombes tombaient très près et nous finissions par reconnaître leur sifflement particulier. A d'autres moments, le bourdonnement était plus lointain et le bruit des explosions plus faible. Les bombardiers venaient quelquefois à plus de cinq ou six reprises, jusqu'à vingt fois certains jours. Et une fois, en 1941, ils nous visitèrent sans interruption pendant sept jours et sept nuits, et beaucoup de gens moururent, les uns sous les bombes, les autres dans les abris, surtout les bébés, de chaleur, d'épuisement et de diarrhée.

Les abris étaient des tunnels creusés dans le roc et comme Tchoungking tout entier n'est qu'un rocher, qui présente des saillies, de petits creux et des promontoires presque partout, les entrailles de ces monticules étaient faciles à utiliser. Mais d'autres abris communs, creusés dans une terre plus meuble, s'écroulaient au bout d'un certain temps et étaient dangereux. Il n'y avait pas de ventilation, et les gens qui s'y enfonçaient, loin de l'unique issue vers l'extérieur, manquaient d'oxygène quand le raid se prolongeait. Ils se mettaient à agiter les bras, puis s'évanouissaient. Entre les explosions, il y avait un moment de répit. En attendant le prochain chapelet de bombes, tout le monde sortait de l'abri, s'asseyait à l'entrée de la cave, s'éventait, avalait l'air chaud à grandes gorgées; mais c'était presque aussi épuisant que d'être assis dans l'abri, car on ne trouvait presque pas d'ombre, et s'il y avait un seul buisson, son étroite et parcimonieuse fraîcheur était monopolisée par quelque brigade de police ou quelque pompeux fonctionnaire et sa famille. La chaleur martelait le rocher, la journée passait peu à peu, les heures se faisaient casques de plomb en fusion, sueur, suffocation et soif; un seul grand baquet en bois était placé à l'entrée de l'abri pour que les hommes s'y soulagent.

Rien n'était prévu pour les femmes. Les enfants pouvaient s'accroupir et le faisaient, et tout l'espace était infesté de puanteur et de mouches.

Il était en outre imprudent après 1940 de sortir un mouchoir pour s'éponger le visage, car le bruit courait que des « espions » avaient été surpris au moment où ils faisaient des signaux aux avions, à l'aide de mouchoirs blancs. Toute personne surprise à faire un signal était exécutée sur-le-champ... Je fus témoin d'un épisode demeuré inexpliqué; arrivant un peu en retard à l'abri de notre quartier (j'attendais toujours la dernière minute pour partir), je vis un homme, les mains liées, le visage couvert d'une étoffe noire fendue à l'endroit des yeux, que trois soldats escortaient. Derrière eux, marchait un policier en civil qui tenait un revolver, négligemment, la gueule pendant vers la terre. Le prisonnier allait probablement être exécuté dans un petit abri privé, d'un coup de revolver dans la nuque, et pourquoi... je n'en savais rien. C'était une des méthodes utilisées par la police secrète pour se débarrasser des « communistes ». Le bourreau emportait généralement les souliers de la victime, pour éviter d'être poursuivi par le fantôme du mort.

Donc, quand nous étions assis devant les abris, comme nous ne devions jamais exhiber de chiffons blancs, et comme la chaleur lourde ne cessait pas de tirer de notre peau des flots de sueur, nous nous servions de serviettes grises ou bleues. Quand je m'asseyais, je laissais parfois des traces humides sur le rocher : c'était de la transpiration.

Souvent, en rentrant chez nous, je ne trouvais plus d'eau. Les bombes brisaient les conduites d'eau et deux fois la petite centrale électrique de Tchoungking fut touchée. D'ailleurs, la plus grande partie de Tchoungking dépendait des porteurs, qui montaient de l'eau des principales canalisations, ou descendaient la chercher dans le fleuve à 60 mètres en contrebas. Descendre, descendre, descendre 60 mètres, puis les remonter, monter, monter, pour aller chercher un seau d'eau... et ce liquide jaune et bourbeux, sève du

Grand Fleuve, coûtait 5 à 10 dollars le seau. Dans les mauvaises périodes, j'appris à boire, cuire, me laver et nettoyer la maison avec un seul seau d'eau par jour.

Nous habitions, en 1940, jusqu'à ce que nous soyons bombardés, en été 1941, un premier étage que nous avions loué dans une maison du Jardin de la Famille Tchang. Ce n'était pas un jardin, mais le nom désignait un escalier long et étroit, rue pareille à une échelle, caillouteuse comme un sentier de montagne, allant de la rue principale au fleuve. Les maisons n'y étaient construites que d'un côté, l'autre côté étant un ravin profond. Sur l'autre rive du ravin on voyait une autre pente et une autre rue en échelle bordée de maisons. C'étaient des installations para-militaires et un camp d'entraînement dépendant probablement des Chemises Bleues : devant notre maison ou presque, se trouvait un lieu d'aisances public, bien commode pour vider nos seaux de toilette. Les bureaux de la mission militaire des Soviets se dressaient sur un autre promontoire dont la pente menait au fleuve, nous les voyions distinctement, car ils n'étaient qu'à un kilomètre.

Les rapports du gouvernement Tchiang avec la Russie des Soviets étaient alors meilleurs, en apparence, qu'avec l'Amérique, à cause du simulacre de résistance opposée par Tchiang au Japon. Les relations diplomatiques avaient été rétablies en 1934, un pacte de non-agression signé en août 1937; prêts et fournitures militaires se mirent à arriver par les 2 000 kilomètres de la route nouvellement construite entre la Sibérie, via Urumchi et Lang-tcheou jusqu'à Sian en 1938. Ce fut l'existence de cette route qui poussa les Américains à ouvrir la route de Birmanie six mois plus tard. L'ambassadeur de Russie, A. Paniushkin, lorsqu'il arriva à Tchoungking, refusa de prendre un *huakan* pour se faire hisser au haut des marches, menant du fleuve au niveau de la route principale, et ce geste démocratique le rendit très populaire auprès de tous les habitants de Tchoungking. Les gens de la mission militaire des Soviets restaient strictement entre eux et ils n'avaient pas de garde personnelle, tandis que le groupe de liaison communiste chinois mené par Tchou En-lai était soumis à de sévères restrictions. Ils étaient virtuellement prisonniers, dans une petite maison où grouillaient les agents spéciaux. Les camps de concentration s'emplissaient de gens accusés de « pensée dangereuse », qu'on avait surpris en train de lire chez des libraires ou partant sur la route de Yenan. La mission soviétique à Tchoungking n'avait aucun rapport avec les communistes chinois. Pendant toute la guerre, tout le matériel militaire soviétique alla à Tchiang, et jusqu'en 1941 les Soviets furent ses principaux fournisseurs. Les avions qui repoussèrent des attaques aériennes japonaises étaient des appareils soviétiques dont l'équipage était composé de volontaires soviétiques et les canons de la défense aérienne venaient de Russie soviétique.

Vers la fin de 1940, l'inflation en était au point qu'il devenait difficile de trouver de la viande sur les marchés de Tchoungking et que les hommes accompagnaient souvent leur femme pour faire le marché : ils emportaient des couperets et taillaient eux-mêmes sur les étals des pièces de viande qu'ils emportaient, car il n'y avait pas de queues bien ordonnées et les gens empoignaient les denrées aux étalages, sachant qu'à mesure que les boutiques se vidaient les prix montaient.

La stabilisation de la monnaie, le contrôle des prix et les châtiments infligés aux commerçants qui haussaient les prix des marchandises de première nécessité faisaient le sujet des éditoriaux; mais les finances du Kouo-min-tang étaient dans un état de pagaille chronique, l'élargissement du marché noir au taux légal vers Hong-Kong et Changhai, pour l'achat des articles de luxe par les monopoles commerciaux, était soutenu par le ministre des Finances et les membres de sa famille, en sorte que les édits interdisant ces pratiques ne s'appliquaient pas au gouvernement même qui les avait promulgués.

En plus du ministre des Finances, H. H. Kung, il y avait l'organisation de Tai Lee et ses compagnies monopoles; il y avait l'armée du Kouo-min-tang qui trafiquait directement avec les Japonais. Des campagnes d'austérité furent lancées, mais personne n'en tint compte, les grands fonctionnaires moins que personne. Un crédit de 50 millions de dollars fut accordé cet été-là par les Etats-Unis, mais comme il n'y avait pas de contrôle sur les échanges, le ministre des Finances, H. H. Kung, et sa femme n'en étaient pas partisans. Eux-mêmes et bien des fonctionnaires gouvernementaux qui les entouraient profitaient de cette liberté pour acheter des devises étrangères, au taux ferme de 20 à 1. Ainsi chaque emprunt, chaque subvention, tombaient, bribe à bribe, dans la poche des fonctionnaires, et le pouvoir d'achat du cours légal, le *fapi*, s'effondra jusqu'à n'être plus qu'un dixième de son taux de 1937. En 1941, il n'en était plus que le cinquantième.

Afin de conjurer une crise de l'administration, le gouvernement se mit à payer les fonctionnaires partiellement en riz, au taux de 16 *catties*[1] pour une femme, 12 pour un enfant, et jusqu'à 28 pour un homme, par mois, suivant son importance. Cette mesure permettait aux clercs et aux employés salariés tout juste de ne pas mourir de faim mais la viande, les œufs, et même la farine de soja commencèrent à disparaître de leurs menus. Pour ceux qui ne travaillaient pas dans l'administration, les difficultés étaient beaucoup plus grandes, et il leur fallait acheter au marché noir. Au cours de l'année 1941, l'argent se déprécia à une moyenne de 10 p. 100 par mois, et les « prix fixés » des denrées essentielles ne purent être maintenus.

J'achetais aussi peu que je le pouvais. La quête de nourriture et les marchandages dépassaient mes capacités. Pao était bien nourri, car il prenait un repas à la cantine de son bureau, et cette cantine fonctionnait

1. 1 *catty* ; entre 500 et 600 grammes.

sur une base de priorité. J'engageai une servante, une solide campagnarde que j'envoyais faire le marché. Le poulet qu'elle m'en rapportait était gonflé d'eau, et d'un poids ridicule car on lui avait fait avaler des pierres et du sable; le plus souvent, elle revenait les mains vides, en riant. Les meilleures denrées allaient sur la Rive Sud, dans les restaurants, et l'on se battait parfois sur les marchés autour des denrées. Les gens entreprenants partaient pour la campagne, avec de grands paniers pour acheter directement aux paysans des légumes, des œufs, ou de la viande. Et d'autres se mettaient à élever des poules, des canards ou des cochons, quelquefois même sur leur toit clôturé de bambous quand l'espace leur manquait, et l'on se racontait l'histoire d'un fonctionnaire qui dormait avec, sous son lit, une litière de cochons de lait... mais seuls ceux qui recevaient du « riz gouvernemental » pouvaient en consacrer une partie à l'élevage de volailles; de là toutes les combinaisons destinées à se procurer un supplément de ravitaillement, en déclarant un surplus d'enfants ou de parents « à charge » ou en exerçant un judicieux graissage de pattes. Les actes de naissance n'existant pas en Chine à cette époque, la déclaration d'enfants ne pouvait être contrôlée.

Dans cette maison du Jardin de la Famille Tchang, notre propriétaire était une femme très active, rapace et compétente; elle avait adopté un petit garçon qui mourut plus tard d'une méningite à la suite de la coqueluche. J'essayai de prendre mes repas avec elle, mais cela devint trop coûteux. Mes servantes successives se nourrissaient avec tant d'appétit des plats qu'elles préparaient qu'il ne restait pas grand-chose quand le plat m'arrivait; car je n'avais pas comme ma propriétaire le talent de surveiller la servante, de rester à côté d'elle pour la harceler, et l'empêcher de « goûter ». Sa domestique travaillait dur toute la journée, mangeait ce qui restait dans les plats, quand sa maîtresse s'était servie, et n'était pas comme la mienne rose et rondelette. Mais je dus me débarrasser de la mienne le jour où elle accomplit l'exploit de ne rien nous laisser, que le cou et le croupion d'un petit poulet que je m'étais procuré au prix d'énormes difficultés. Une autre ne prenait jamais la peine de vider la « toilette » (une jarre à la mode du Setchouan) bien que le cloaque public fût juste de l'autre côté de la rue. Elle se servait de ma propre jarre jusqu'à ce que le contenu atteignît le couvercle de bois.

A mesure qu'augmentaient les difficultés de tenir une maison, j'avais de moins en moins le désir de devenir une parfaite ménagère. Je voyais autour de moi des femmes dont la vie entière était absorbée par les interminables corvées de la maison. Je les voyais accablées, négligées, incapables de s'intéresser à autre chose que le coût du riz ou du bois de chauffage, de l'huile ou du vinaigre; elles faisaient travailler jusqu'à l'épuisement leurs servantes, les coolies, les porteurs d'eau; elles se promenaient, un trousseau de clefs à la main, et je parle des meilleures. Mais, que ce fût bien ou mal, utile ou non, je savais que si je laissais Pao en faire à sa tête, je ne serais plus que l'esclave du foyer. Je décidai donc que (quoi qu'il advînt) je ne deviendrais jamais une bonne ménagère. Je refusai de faire la cuisine : paradis de l'homme, enfer de la femme. Peu importaient les pluies de louanges répandues sur celles qui savent préparer un succulent repas. J'y voyais le chemin de ma propre destruction.

Le résultat fut que nous dépensions beaucoup d'argent dans les restaurants, mais je ne pus maintenir ce mode de vie car, les prix montant, les salaires devinrent insuffisants, les restrictions se multiplièrent et, de toute évidence, les meilleures maîtresses de maison elles-mêmes ne purent s'en tirer. Je voyais nos plus proches voisins, qui avaient huit enfants, manger de la soupe aux épinards et du riz et très peu d'autre chose, tous les jours de leur vie. Et Pao était un gourmet, amateur de bonne cuisine, il ne pouvait se contenter des choses que je confectionnais de temps en temps en forme de nourriture... aussi fut-il obligé de me laisser travailler... et je donnai des leçons d'anglais à la mission militaire russe de Tchoungking. La façon dont cela se passa est assez curieuse.

Quand j'étais étudiante à l'université Yen-tching à Pékin, de 1933 à 1935, je connaissais une jeune fille que j'appellerai Yuenling. Yuenling était mandchoue, grande, au teint clair, très jolie, avec de longs et beaux cheveux noirs. Orpheline, elle avait été élevée par une famille russe à Kharbine et parlait couramment russe. Peut-être est-ce cela qui fut à l'origine de sa réputation de progressiste. Elle travaillait activement à l'Union des Etudiants de Yen-tching et elle prit part aux mouvements d'étudiants contre les Japonais en 1935 et 1936. Je l'avais revue quand nous étions dans les montagnes à Nanyu en octobre 1938. Elle se promenait dans le village avec un groupe d'étrangers, techniciens russes employés par Tchiang Kai-shek. Elle s'arrêta pour me parler de la façon la plus amicale. Elle travaillait comme interprète, me dit-elle, pour les Russes qui avaient suivi le gouvernement Kouo-min-tang à Nanyu après la chute de Wouhan.

Elle me raconta en riant qu'elle avait entendu parler de moi, que tout le monde lui avait décrit l'application avec laquelle je nettoyais ma chambre. Elle ne semblait pas trouver cela bizarre, toutefois, et louait au contraire mon goût de l'ordre. Quand je la rencontrai à Tchoungking ce fut de nouveau dans la rue... Je la vis, mais la saluai tout juste car j'étais devenue d'une méfiance morbide, croyant que tout le monde était contre moi, croyant qu'on parlait de moi; Pao cultivait assidûment en moi cette méfiance, et il venait de me rapporter qu'un étudiant chinois revenu de Belgique (qui un soir à Bruxelles était venu chez moi m'emprunter de l'argent qu'il ne me rendit jamais) répandait des propos malveillants à mon sujet. Cependant, Yuenling s'arrêta pour me parler, à sa manière souriante, engageante, à la fois courtoise et bonne, et avec un chaud élan de sympathie qui me fit l'effet d'un baume, précieux et d'une douceur rarement éprouvée, en sorte que, pour une fois, je rentrai à la maison, légère, au lieu d'avoir le cœur plein de crainte et le pied lourd.

Yuenling fit plus; elle vint me voir. Un jour, elle fit cuire des nouilles et s'assit pour les manger avec moi; et elle me montra dans l'ensemble tant de gentillesse, de bonté et d'amitié que je lui étais immensément reconnaissante, buvais ses paroles, la trouvais merveilleuse et restais sur le seuil de la porte longtemps après son départ, à lui faire des signes d'adieu, ou je l'accompagnais jusqu'à mi-chemin lorsqu'elle rentrait chez elle, pour le seul plaisir de sa compagnie. Apparemment, Pao ne prenait pas ombrage de cette amitié, ce qui était étrange car Yuenling avait la réputation d'être progressiste, et elle était indépendante, gagnait sa vie, sortait avec des étrangers, leur servait d'interprète et était par surcroît, à cause de son éducation russe, soupçonnée de sympathies pour la Russie...

Je pensais que Pao ignorait peut-être qu'elle avait participé au mouvement étudiant. Ou peut-être changeait-il, peut-être... J'avais tellement peur de perdre cette amitié que je ne confiai pas à Pao mon sentiment.

Ce que j'ignorais, c'était que Yuenling, que je croyais ardente progressiste, travaillait aussi, bien qu'indirectement, pour Tai Lee.

Ce fut vingt-six ans plus tard, en 1966, que j'appris, par une autre ancienne condisciple de Yen-tching, que Yuenling appartenait à ce qu'on appelle la « fausse gauche ». La fausse gauche était le produit du service de « rééducation de la pensée » institué par Tai Lee, utilisant les services de Tchang Kuo-t'ao, transfuge du Parti communiste, pour s'instruire des méthodes communistes d'initiation au marxisme, et les appliquer à des fins anti-communistes.

Tchang Kuo-t'ao, qui habite aujourd'hui Hong-Kong et a publié ses mémoires (avec l'assentiment de l'U.S.I.S. [1]), était un des deux délégués de Pékin au premier meeting où fut fondé le Parti communiste chinois en 1921. Plus tard, lorsque Tchiang Kai-shek en 1927 se retourna contre les communistes, Tchang Kuo-t'ao se battit contre lui et établit une base Rouge connue sous le nom du Soviet O Yu Wan, en Chine centrale. En 1932, il battit en retraite avec son armée jusqu'à une région frontière du Setchouan, et fonda une base sur la limite entre le Setchouan et le Shensi. C'était pour lui une cachette idéale; derrière lui, les grandes chaînes de montagnes du Tibet, autour de lui, les minorités nationales Miao et Lolo avec les chefs desquelles il conclut un accord.

Ainsi protégé, Tchang devint puissant et riche, son armée était une armée privée, sans éducation politique, jusqu'à ce qu'il se trouvât, au printemps de 1935, devant l'arrivée de Mao Tsé-toung et de l'Armée Rouge, réduite alors par la Longue Marche à 45 000 hommes, « hordes déguenillées » ainsi que les appelait Tchang, sans songer à leur incroyable épopée, aux constants combats qu'ils avaient livrés et aux exploits merveilleux d'endurance qu'ils avaient accomplis.

Tchang Kuo-t'ao était opposé à ce qu'on appelait la « politique du Nord », la décision de Mao Tsé-toung d'établir au Nord-Ouest une base destinée à combattre le Japon. En outre, il censurait les résultats de l'éducation politique, soulèvements paysans au Setchouan, fermiers accourant en foule remplir les rangs dégarnis de l'Armée Rouge. « De nouveaux volontaires se joignent à nous par milliers », disait un des chants de la Longue Marche, lorsqu'elle traversa le Setchouan. Craignant pour sa propre position si bien établie, Tchang Kuo-t'ao s'opposa violemment à Mao, suggéra aux nouveaux arrivés de se retirer au Sinkiang « pour attendre des temps meilleurs », donnant pour argument que Tchiang Kai-shek avait jeté 100 000 hommes de troupes contre les armées de mar-

1. Service d'Information des Etats-Unis. (*N.d.T.*)

che. Il suggéra aussi que Mao Tsé-toung et Tchou Teh retournent sur leurs pas et s'emparent de la cité de Ta-tsien-lou, au Sikang, en bordure du Tibet, base « sûre » pour l'Armée Rouge.

Mais ses « plans » furent repoussés par scrutin, et la politique du Nord réaffirmée par la majorité de l'Armée Rouge.

Plus tard, Tchang Kuo-t'ao fut critiqué à un meeting du Parti et présenta son autocritique. Il changea d'avis, prit la fuite, arriva à Wouhan en mai 1938, et fut reçu par Tchiang Kai-shek avec de grands honneurs. Pendant trois ans, il fut employé à former des cadres contre le communisme. En 1943, il fit la connaissance du commandant Miles de l'armée américaine, chef des Services de Stratégie en Chine. Les enseignements de Tchang aidèrent à dresser ces agents de la guerre psychologique connue aujourd'hui sous les noms de « fausse gauche », « fausses » guérillas, faux mouvements de coopération, tout cela emprunté à l'arsenal idéologique communiste. Actuellement, à Formose, il existe encore des camps de réforme de la pensée, des réunions d'autocritique, où l'on parle un jargon de moralisation, dans le dessein d'imiter ce qui se fait en Chine. Peut-être Yuenling était-elle vraiment un agent rompu à son métier ? Ou une innocente dans mon genre ?

Je confiai à Yuenling mon désir de travailler, de me rendre utile, et c'est elle qui me suggéra de donner des leçons aux conseillers russes. Cela m'occuperait, et en même temps pourrait améliorer nos finances; elle-même, en tant qu'interprète des Russes, était bien payée. Elle parla de ce projet à Pao qui, à ma totale surprise, accepta immédiatement. Moins de quinze jours après, j'allais trois fois par semaine à l'immeuble de la Mission militaire soviétique, ce bâtiment d'aspect massif que nous apercevions de notre fenêtre en façade, séparé de nous par deux ravins. Le salaire que je touchais pour ces trois leçons hebdomadaires de deux heures chacune était phénoménal; en moyenne, je gagnais environ cinq fois ce que Pao recevait par mois. Maintenant, je n'avais plus besoin de faire de cuisine. J'étais à la fois surexcitée et terrifiée; j'étais en quête d'une autre vue du monde que celle de Tchiang, mais, secrètement, j'aspirais à en savoir davantage sur les Soviets, sur la Russie. Etait-ce tout à fait vrai ce qu'on disait sur Staline ?

J'avais quatre étudiants, trois hommes et une femme : heureux souvenir, car ils étaient charmants, pleins de jovialité, de bonté et de simplicité. L'un était un énorme et joyeux Sibérien, débordant d'anecdotes. L'hiver, racontait-il, il emportait un piolet sur le lac Baïkal (le souvenir de la beauté du lac Baïkal que j'avais entrevu un matin pendant mon voyage en Transsibérien avait été le point de départ de nos entretiens) et il faisait un trou dans la glace pour tirer l'eau de ses ablutions. Il disait qu'il était un ours de Sibérie : « Je suis un ours de Sibérie », disait-il, faisant jouer ses muscles et riant avec l'extase énorme d'une bonne santé. Les deux autres hommes étaient moins volumineux, en rire et en muscles. L'un était brun, aux yeux d'une pénétrante ferveur mélancolique, et il passait des heures à me parler avec une grande passion des crimes perpétrés contre Staline par les hommes qui avaient récemment été exécutés en Russie les années précédentes; le poison qu'ils introduisaient dans la nourriture, sur les murs : entre le plâtre et le papier, leurs perfides activités d'espions à la solde de l'Allemagne. En automne 1941, je le rencontrai de nouveau et il me raconta avec encore plus de fureur concentrée d'autres forfaits perpétrés par certains agents qui avaient mis de l'arsenic et autres poisons dans la peinture des murs, essayant ainsi de tuer « beaucoup de gens ».

Le troisième était un jeune homme aux yeux bleus et aux cheveux bouclés, très adroit de ses mains, dont le père avait été ébéniste; il apprenait péniblement au début, puis il fit des progrès rapides, plus que le géant sibérien qui préférait rire et raconter à sa manière des histoires merveilleuses. Ma seule élève femme était belle, avec des yeux verts et des cheveux bouclés couleur de cuivre. Elle me montra des photographies d'elle en uniforme de général, et naturellement c'est elle qui apprenait le mieux; elle avait beaucoup de vivacité et elle parlait de Staline avec un respect et une admiration indiscutables. « Notre grand chef bien-aimé, Staline », disait-elle, les larmes aux yeux. Tous les quatre rayonnaient de robuste santé. Tous les quatre me nourrissaient de thé, de *piroshkis* et de rire. Avec le thé, il y avait une admirable confiture de cerises; ces leçons étaient pour moi une immense consolation et je fus désolée lorsqu'elles se terminèrent. Ce fut grâce à elles que j'économisai deux mille dollars, dont mille furent employés à aider Miss Hsu, à acheter un lopin de terre, et avec les mille dollars qui me restaient, j'achetai une petite fille à l'automne de 1941.

L'humeur de Pao ne s'améliorait pas en dépit du fait qu'il réussissait très bien. Contrairement à ses sombres prédictions, il avait gravi rapidement les échelons variés qui l'avaient conduit à un emploi sûr dans la section « Obéir et Servir » où il était entré pendant l'été de 1940. En attendant, il n'avait pas, comme beaucoup d'autres, besoin d'exercer deux ou trois métiers à la fois pour gagner assez d'argent; car les leçons que je donnais aux Russes amélioraient énormément l'état de nos finances. A ce moment, l'administration était dans un tel chaos qu'il était parfaitement possible à un fonctionnaire, possédant les relations qu'il fallait, d'avoir à la fois trois emplois dépendant de trois services différents, sans avoir à passer plus de dix minutes par jour dans chacun, tout en s'occupant ailleurs d'un trafic encore plus lucratif de marché noir. Et il y avait l'histoire de l'officier titulaire de sept emplois, et qui y arrivait en affermant la main-d'œuvre de sept de ses parents, chacun pourvu d'un sceau portant sa signature.

Pao n'avait pas besoin de faire du marché noir ou de prendre des emplois supplémentaires. Il n'était pas accablé de dettes : nous vivions bien. Mais il continuait à me maltraiter et il ne s'écoulait pas une semaine sans qu'il me cherchât querelle, juste assez pour soulager sa mauvaise humeur en me brutalisant. Un soir, je rencontrai une amie, assistante sociale à l'Association des Jeunes Femmes chrétiennes[1] et je l'accompagnai jusque chez elle. Je rentrai avec un peu de retard, et trouvai Pao, arrivé avant moi, qui s'était mis au lit. Sans me laisser le temps de m'expliquer, il sauta du lit et se mit à me battre, ouvrit la porte de notre chambre et me jeta à bas de l'escalier. L'escalier de bois n'était pas très raide et je ne me cassai rien mais démolis la rampe en tombant. Le lendemain, je me levai comme d'habitude pour aller donner mes leçons aux Russes. Alors Pao fut empli de remords et se montra charmant (il recommença quelques jours plus tard). En signe de réconciliation, il m'emmena ce soir-là dans un bon restaurant, puis chez un faiseur d'horoscopes pour connaître notre avenir.

A Tchoungking, pendant la guerre, on allait consulter le *K'an Hsiang*, l'« observateur de physionomie », qui prédisait l'avenir d'après les traits du visage, ou le sage, qui en étudiant les huit idéogrammes, le signe du zodiaque, l'année, le jour et l'heure de naissance, peut en dégager votre destin; ou celui qui enlève les nævi pour améliorer le sort; ou le manipulateur des os, qui, en vous touchant les os du crâne, ou en vous pétrissant la main, peut vous conseiller sur la marche la plus astucieuse à suivre pour monter en grade. Toutes ces consultations étaient sérieuses, graves, tiraient à conséquence et d'importants fonctionnaires du gouvernement (sans compter d'autres moins importants) allaient de façon régulière interroger leurs devins, sans parler des ménagères, employés de bureau, banquiers, proxénètes, représentants, généraux d'armée, Hou Tson-nan, Tai Lee, et Tchiang Kai-shek lui-même.

Dans cette passion de l'astrologie, les Setchouanais n'étaient pas en retard, car ils avaient leurs propres faiseurs d'horoscopes et diseurs de bonne aventure; à Tchoungking, les fonctionnaires venus de l'aval du

1. Le Y.W.C.A. (*N. de l'A.*)

fleuve, de Changhai et de Nankin étaient ceux qui s'enfermaient avec des astrologues, des devins et autres oracles pour les consulter, exigeant à maintes reprises que l'avenir leur soit révélé. Côte à côte avec les médecins, les devins *K'an Hsiang* faisaient dans les journaux de la réclame pour leur art. Certains devenaient si célèbres que seuls les puissants pouvaient les consulter et ils vivaient dans les fastes de la Rive Sud, à l'abri des bombes, dans le voisinage immédiat de leurs importants clients. Tchiang avait son conseiller favori, « observateur de physionomie »; chaque fois qu'il était troublé ou qu'il avait besoin de s'apaiser, après avoir giflé quelques subalternes, cassé la vaisselle, ou condamné quelqu'un à être fusillé, il faisait un grand effort pour se dominer, fermait les yeux, et « s'exerçait l'âme » en se répétant quelques phrases sédatives. Ou bien, il se jouait son disque favori : l'*Ave Maria* de Gounod; après quoi, il demandait à son « physionomiste » préféré d'examiner sur ses traits le climat de son âme.

Beaucoup de plaisanteries circulaient au sujet de Ho Ying k'in et de son manipulateur d'os favori qui — disait-on — avait bien du mal à trouver une chose qui ressemblât à un os dans la main grasse de Ho... Mais personne ne plaisantait au sujet de Tai Lee et de son faiseur d'horoscope. Tai Lee était extrêmement superstitieux, extrêmement vindicatif. Il croyait ferme à la physionomie et à l'écriture en tant que clef du minutieux examen de l'âme, mais refusait d'entendre ce qui lui était défavorable. Comme les examinateurs de l'époque impériale, Tai Lee était influencé par la calligraphie, et l'avancement dépendait parfois de l'assiduité mise à acquérir une belle écriture avant d'adresser une lettre à Tai Lee.

Et voilà que Pao était, lui aussi, atteint par ce fanatisme crédule; il consultait l'un ou l'autre des devins, des guérisseurs de « tache de naissance, » et des « physionomistes » à la fois pour lui et pour moi.

Mon sort voulut que je fusse livrée aux soins des

guérisseurs de taches de naissance. Ces gens aimables, vêtus de longues tuniques, se promenaient lentement, en tenant à la main une bannière, hissée sur une perche, et représentant un visage couvert de nævi. Chacune de ces taches portait une étiquette à son nom, et son influence particulière sur la vie, la destinée, les sentiments et la fortune de son propriétaire était décrite de façon vivante dans un « almanach des nævi » que le spécialiste portait sur lui. Les taches sur les joues étaient soit extraordinairement avantageuses, soit particulièrement néfastes; celles du cou étaient surtout déplaisantes évoquant l'idée de la pendaison, de la décapitation, ou autres manières de perdre la tête. Les nævi sur le front ou le menton étaient en général de bon augure. Et une tache à gauche du dernier double menton serait, selon l'étalon des spécialistes, une tache fort précieuse et propice, logée à un endroit très favorable... Il y avait de ces taches sur les hommes, d'autres sur les femmes; de l'autre côté de la bannière était généralement peinte une tête de femme avec sa constellation de pigmentaire fortune. Pao consulta des manipulateurs d'os, des *pajua* ou diseurs de bonne aventure aux huit caractères, des observateurs de la physionomie, des graphologues, pour lui-même, mais c'étaient les guérisseurs de taches qu'il consultait surtout pour moi.

Ces guérisseurs portaient aussi, dans une boîte en bois accrochée à leur épaule par une courroie de grosse toile, la trousse d'instruments nécessaires pour extirper le mauvais sort incrusté dans la peau, et elle contenait un miroir, un petit flacon d'acide et quelques aiguilles métalliques épointées. Mes relations avec ces devins guérisseurs avaient commencé après un bombardement, tandis que nous remontions les marches du Jardin de la Famille Tchang, en nous promenant, quand un de ces hommes s'approcha de nous et, en termes fleuris, imprégnés de saveur setchouanienne, il se récria d'admiration sur l'excellence de Pao, sa physionomie héroïque et fortunée. Nous nous arrêtâmes et Pao demanda aussitôt à l'homme des taches s'il était capable de prédire l'avenir. « Certainement, répliqua noblement l'homme, je peux même modifier la destinée, grâce à mon adresse à extirper les taches néfastes. » Il déclara, cependant, qu'il n'y avait rien à changer dans le visage de Pao, où il ne pouvait distinguer que les marques d'une noblesse peu commune et de très bonne fortune : « Certes, pour un tel visage les plus hautes charges publiques sont en vue. » Il se tourna ensuite vers moi, découvrit en moi « grande grâce et de nombreux fils, mais hélas ! poursuivit-il, une aussi bonne fortune, tant de perfection, sont gâtées par une tache qui fait pleurer-des-larmes-de-tristesse, sous la paupière inférieure gauche ».

Je n'avais jamais remarqué que j'avais une tache sous la paupière inférieure gauche, mais, impressionné par cette idée que je pleurais trop, Pao réclama un examen complet des possibilités de ma figure, et l'homme de l'art montra par un large sourire qu'il approuvait cette décision : cela nous coûta un dollar, car, expliqua-t-il, les taches sont infectieuses en leur influence, et une seule tache maléfique de ma peau pouvait compromettre les espoirs naissants de Pao.

Pao était donc décidé à supprimer ces obstacles à sa carrière; en même temps, parce qu'il était, par boutades, amoureux de moi, il cherchait désespérément une explication qui ferait retomber la responsabilité de mes vices, crimes et autres calamiteuses particularités, sur le sort, les étoiles et non sur moi. S'il possédait un jour la preuve que mes fâcheuses tendances pouvaient être en partie attribuées à une maléfique galaxie de nævi qui ne résisterait pas aux interventions de cet expert, Pao en serait bien soulagé... Nous négociâmes un « examen général et superficiel » de mon caractère et de ma physionomie, puis une étude plus détaillée de l'aspect de mes taches, et enfin l'ablation des deux plus dangereuses qu'avait découvertes le guérisseur : celle des larmes-de-tristesse sous l'œil et une autre sur ma joue dont je soutenais que c'était une tache de rousseur mais qu'il appelait un nævus et qui, insistait-il, révélait que j'avais tendance à offenser ma belle-mère et peut-on imaginer méfait plus odieusement gênant ?

L'homme aux taches ouvrit alors sa boîte, en tira le petit flacon d'acide et un fil de fer très fin avec une boule à un bout qu'il trempa dans la bouteille et dont il tapota minutieusement mes taches. « Elles vont blanchir, durcir, puis tomber. Il ne faut surtout pas les arracher. Dans dix jours, votre sort changera. » Il ne fut que le premier parmi tous les guérisseurs qui me découvrirent des nævi à enlever : deux sur le cou, quatre sur la joue, au front, à la tempe, au menton; je fus ainsi immunisée contre la pendaison, la noyade, les querelles avec mes beaux-parents, et le malheur de n'enfanter que des filles. A mesure que l'été avançait, mes nævi qui étaient tombés reparurent : ce n'étaient après tout que des taches de rousseur.

Un de mes défauts fondamentaux, toutefois, ne pouvait trouver de remède : le lobe de mes oreilles. Les lobes d'oreille jouaient aussi un rôle éminent dans notre destinée. Il y avait longtemps que Pao était mécontent des miens qui étaient des avortons de lobes. Ils ne s'enroulaient pas, ne faisaient pas doucement saillie, ne pendaient pas longs et charnus; tout le monde savait qu'un lobe d'oreille long, épais, bien en chair, est un signe de bonne santé mentale et physique et de fertilité; tandis qu'un petit maigrichon ou — tel le mien — un lobe pour ainsi dire en miniature faisait présager une vie courte, semée de tourments et d'amertumes. Par la faute de ces appendices, j'étais certainement vouée à une ample moisson de chagrins. « Bien entendu, disait Pao, les lobes de tes oreilles en témoignent. » Les prophètes trouvaient aussi mes lobes d'oreille insuffisants, et Pao, étalant son érudition, parlait de Lieou Pei, empereur-héros des Trois Royaumes, dont les lobes touchaient les épaules. Quant à Pao lui-même, tous les devins que nous consultâmes furent unanimes à déclarer que son visage était admirable, son nez, son menton, son front : tous présages d'une brillante carrière et d'une longue vie.

Grâce à ses consultations, absorbant temps et pensée, nous faisions passer les heures qui séparaient les bombardements, et c'étaient entre nous des heures de relative paix. Comme Pao détestait me voir un livre à la main, je ne pouvais jamais lire quand il était présent. Alors, j'avais le choix entre l'homme aux taches de naissance et les discours de Pao parlant de lui-même, ce qui était plus agréable que lorsqu'il parlait de moi.

Et puis, il y avait le camp d'entraînement, de l'autre côté de la rue. Nous ne pouvions y échapper. Tous les matins, avant que la nuit cède complètement au froid noir enveloppé de brume, ou en été quand le féroce soleil surgissait comme un jet de feu tandis que nous haletions encore, après une nuit sans pitié, quand le rocher réverbérait sa chaleur absorbée et quand nos nattes elles-mêmes, posées sur le sol, trempées de notre sueur, étaient brûlantes au toucher, les clairons retentissaient, les ordres vociférés perçaient l'air comme des poignards et sur le terrain de parade, les cliquetis, la marche traînante et le piétinement des hommes témoignaient du rite matinal répété le soir. Mais souvent, très souvent, nous entendions du bruit. Des cris. Des cris intolérables. Et le bruit sourd des coups assenés. Je vis une fois seulement ce qui se passait; un homme nu jusqu'à la ceinture, le dos déchiré, couvert de sang, qui marchait, soutenu par deux hommes, et puis d'autres cris. Une autre fois, un soir, des piétinements, des cris : *t'ao pin, t'ao pin* (un soldat évadé), projecteurs électriques perçant les ténèbres, halètement des hommes qui couraient. Tous, la propriétaire, les servantes, les voisins, moi-même, nous passâmes notre chemin, comme si nous n'avions rien vu ni entendu...

Un autre événement subsiste dans ma mémoire. Il concerne Caroline, que j'ai appelée Lisan dans *Destination Tchoungking*; Lisan n'était pas Caroline, pas plus que *Destination Tchoungking* n'est ce qui est arrivé exactement, mais une version transformée, édulcorée par la suppression de tous détails déplaisants.

Caroline vint habiter près de moi dans le Jardin de la Famille Tchang, sur la recommandation d'une amie du foyer de la Y.W.C.A.[1], lequel était si encombré qu'elle y partageait avec quatre autres jeunes filles une petite chambre sans air; elle en cherchait une où elle serait seule et nourrie. J'avais une chambre supplémentaire, car en plus de notre grande pièce du premier étage, et d'une toute petite alcôve, qui ressemblait à une boîte (elle servit pendant quelque temps de refuge à une de mes amies enceinte et abandonnée), la propriétaire nous laissait une chambre au rez-de-chaussée où nous pouvions mettre un invité.

Caroline était une jeune fille extrêmement jolie, aux os menus et aux longs cheveux qui lui pendaient dans le dos et sur les épaules, elle avait un visage à l'ovale délicat et une belle voix. Elle portait des souliers de cuir rouge faits à Changhai, ses robes, bien qu'usées, étaient élégantes, et elle était absolument différente des filles épaisses du Setchouan, négligées dans leur tenue, au visage rond et aux jambes lourdes. Elle avait cet air de bonne éducation que les filles de Sou Tcheou portent si bien; parlait aussi bien l'anglais que le chinois; elle avait fait ses études dans un pensionnat protestant de missionnaires, puis à l'université de Changhai. A ses moments de loisir, elle écrivait des poèmes d'amour; elle était douée et intelligente; elle me confia qu'elle était tuberculeuse et se soignait en avalant des coquilles d'œufs qu'elle réduisait en poudre fine à l'aide d'une cuiller, parce que — disait-elle — c'était du calcium.

Caroline était une personne très sincère, au franc-parler; elle était tellement sûre que rien ne pouvait lui arriver qu'elle me faisait peur en jacassant avec une ingénuité sereine sur des sujets qu'il était interdit d'aborder.

Caroline partait tous les matins, sautillant comme un joyeux petit oiseau, ses cheveux flottant et bondissant, débordante d'une vie allègre; elle revenait en flâ-

1. Association des Jeunes Femmes chrétiennes.

nant l'après-midi toujours de son air insouciant, qui faisait un si grand contraste avec tout ce qui l'entourait. Une grande force d'âme la soutenait, et bien qu'elle parlât d'un ton bref et péremptoire à la servante (qui me terrorisait) son inconsciente arrogance était celle de quelqu'un qui a l'habitude de donner des ordres dans une maison cossue. Elle me raconta qu'elle arrivait du collège de Changhai et se rendait à Yenan, la base communiste. Elle condamnait d'une voix délicate et sonore, qui tintait comme tout un carillon de clochettes d'argent, le gouvernement de Tchiang Kai-shek. Elle me dit comment elle s'était sauvée du collège de Changhai et de sa famille. Son père était riche, mais il maltraitait sa femme, et Caroline avait pris le parti de sa mère. Au collège, elle avait fait la connaissance d'un jeune Anglais qui y faisait des conférences, un communiste. Grâce à lui, elle entendit parler de Yenan, se mit à lire, à réfléchir. Elle me montra sa photographie, me dit son nom, Jonathan. Il avait quitté Changhai, il était maintenant à Tcheng Tou; elle-même partait pour Yenan, avec l'espoir de le retrouver à Tcheng Tou, et peut-être continuer le voyage avec lui...

Tandis qu'elle se rendait, à l'aventure, de Changhai à Tchoungking elle n'avait eu aucune difficulté à traverser les lignes japonaises; comme je le savais, il y avait des passages « ouverts » à certains points bien déterminés. Une fois sur territoire Kouo-min-tang toutefois, elle avait eu des ennuis. Un grand nombre de voyageurs, dans le camion qu'elle avait pris pour Tchoungking (par la route même que j'avais suivie un an et demi auparavant) l'avaient accablée d'injures crapuleuses; les sordides petits fonctionnaires la traitaient de jeune prostituée et elle se trouva forcée de les repousser, presque physiquement. Quand, en arrivant à Tchoungking, elle se rendit à l'Association des Jeunes Femmes chrétiennes, elle apprit que Jonathan était fiancé à une autre jeune fille et qu'il allait bientôt l'épouser. Elle pleura, écrivit des poèmes d'amour, lut; elle obtint des lettres d'introduction par son école de la mission à Changhai et trouva un emploi . enseigner le chinois à certains diplomates américains et britanniques, dans l'enclave de la Rive Sud.

La franchise de Caroline me causait de petites paniques. Je la suppliai, d'abord indirectement, puis directement, de ne pas parler autant. Il arrive des choses aux gens, lui disais-je, il ne faut pas raconter à tout le monde ce que vous allez faire. Caroline éclatait de rire. « Quelle importance ça a-t-il ? Je ne vais pas rester longtemps à Tchoungking... et en plus j'ai des AMIS. Personne n'osera me toucher. » Mais j'étais inquiète et la cause de mon inquiétude, c'était Pao.

Pao suivait la « route militaire », passant par Hou Tson-nan pour parvenir à un bon emploi sous les ordres de Tai Lee. A Tcheng Tou, à Tchoungking, Pao consacrait beaucoup de temps à aller voir des gens qui pouvaient l'aider auprès de ces deux tout-puissants piliers du régime Tchiang. A la maison, Pao s'exerçait depuis de longs jours à écrire une lettre à Tai Lee, le suppliant de daigner lui accorder ses faveurs, afin de le « hisser vers lui », et lui promettant — dans le cas où il serait choisi — son plus loyal dévouement; il écrivait et recommençait des brouillons de cette lettre, afin d'impressionner Tai Lee par sa calligraphie.

D'autres jeunes officiers amis de Pao venaient chez nous s'exercer à écrire, d'un trait de pinceau hardi, encore modeste, comparer leurs efforts avec ceux de Pao, ou lui donner de judicieux conseils au sujet des échantillons qu'il leur montrait. Avec quelle ardeur ils discutaient chaque coup de pinceau ! Que de longues, longues, ennuyeuses heures ils passaient à raconter des commérages, en grand détail, sur telle ou telle personne, et parler des moyens pour « arriver », arriver, que faire ? Que ne pas faire ? Jamais je ne les entendis discuter de problèmes suscités par la guerre, parler du front, ou de quelque chose qui ressemblât à un jugement logique de la situation financière. L'ambition de carrière était leur seule passion et pour « arriver » il fallait faire une bonne impression sur ces rusés et crédules maîtres dont les caprices avaient plus de poids que les lois, Tchiang Kai-shek, Tai Lee ! Et s'il y avait une chose qui condamnât sûrement un homme, c'était une calligraphie de mauvais augure, révélant des tendances à l'iconoclastie, des irrégularités de « souffle » spirituel, une faiblesse de caractère... Pao faisait de grands efforts, brandissant son pinceau d'un geste magistral, pour réussir des traits et un style qui inspireraient confiance au devin de Tai Lee, afin d'être « hissé vers lui ». Je trouvais ces brouillons dans la corbeille à papier.

Et cela vint. Tout à coup, les autres officiers venaient féliciter Pao, et Pao, bien content, emplissait page sur page de sa signature : Tang Pao-houang, Tang Pao-houang. Et voilà que Pao, enflammé par son arrogant succès, se lançait dans une chasse aux sorcières, condamnant les « pensées perverties », glorifiant la « vertu » plus que jamais. Il prétendait, sur un ton de menace, qu'il pouvait faire tout ce qui lui plaisait. « Ne t'imagine pas que tu pourras jamais t'enfuir : en moins d'une heure, tu serais ramenée. » Mais il serait fastidieux de décrire les heures, les semaines et les mois que je dus supporter; cela ne fait que révéler la banalité, la presque universalité de ces corrections infligées aux femmes par leurs maris, coutumes si profondément incrustées dans les mœurs de cette époque. En le voyant aussi torturé par l'ambition, se contempler dans la glace, prendre des poses, circuler bien astiqué, bien botté, brandissant son stick de jonc avec ostentation, saluer de « Frère bénévole » tant d'amis, écrire des lettres d'un air important, on ne pouvait douter qu'il fût maintenant sur la pente ascendante; et les « Frères Bénévoles » qui venaient chez nous mettaient dans leur voix une intonation servile.

Le triomphe confiant de Pao avait été renforcé par un petit événement qui se produisit pendant les bombardements cet été-là. Un certain fonctionnaire avait essayé de se moquer de Pao et (au dire de Pao) avait fait allusion à moi et à mes origines « bâtardes » pour l'offenser. Mais le lendemain, ce même fonctionnaire, essayant de se rendre aux cabinets (car il souffrait de ce dérangement d'entrailles dont nous souffrions presque tous un jour ou l'autre à Tchoung-king) ne put rentrer à temps dans l'abri quand les bombardiers japonais survinrent. Une bombe tomba à l'endroit où il s'était accroupi. Tout ce qu'on retrouva plus tard fut une paire de jambes suspendues au petit buisson derrière lequel il s'était caché...

Pao sentit avec certitude que cet homme avait attiré sur lui la colère céleste par ses paroles inconsidérées et fut frappé d'une mystérieuse stupeur devant la faveur que, de toute évidence, le Ciel lui accordait, à lui, Pao. Pendant plusieurs jours, les amis du mort vinrent faire leur cour à Pao et tout en le pleurant parlèrent de ses torts. « Tu vois, le Ciel punit ceux qui essaient de me faire du mal », me dit Pao. Existait-il vraiment un Ciel qui s'occupât de telles vétilles ? Mais ces augures et présages, ces signes et merveilles, avaient une énorme importance pour Pao et maintenant rien ne pouvait l'arrêter; plus de discours au sujet de la mort en première ligne, inconnue, anonyme, en sacrifice à la Patrie, mais il parlait beaucoup de mobilisation spirituelle, échec au communisme, et de « devenir un Chef ». Il étudia son front avec angoisse un jour, puis me demanda si je pouvais voir la « lumière » qui en rayonnait. Apparemment, quelque devin l'avait découverte. J'éclatai de rire et ris si fort que je m'en détraquai l'estomac et dus m'enfuir aux lieux d'aisances publics (ma jarre personnelle étant dans son habituel état de trop-plein).

Et maintenant Caroline habitait chez nous et vivait près de Pao, un Pao dangereux dans sa mégalomanie toute neuve...

« Je vous en prie, je vous en prie, méfiez-vous », disais-je à Caroline, mais je ne pouvais pas lui dire qu'elle devait se méfier surtout de mon mari. Caroline me considérait avec une ombre de mépris. Je crois qu'elle se disait que je manquais de courage. J'en manquais, et je baissais la tête, honteuse de ma lâcheté.

« *Vous* avez peur, mais moi pas », disait Caroline. Angoissée jusqu'à la moelle des os, j'attendais et je pense parfois que l'image d'un chien battu, qui se fait tout petit, qui tremble au seul bruit du fouet, est la meilleure description de ce que j'étais à Tchoungking.

Pao savait que la chambre était louée à Caroline. Il l'avait rencontrée : à une petite réunion où assistaient Caroline, un voisin, sa femme et un frère d'armes; réjouissance impromptu, tant de gens entraient maintenant chez nous en passant. L'été s'achevait et dans la légère fraîcheur du soir, bien des visiteurs venaient bavarder et boire du thé à petits coups. Au milieu de cette réunion-là, ma propriétaire me demanda de venir au secours d'un petit chat qui était tombé dans le tuyau de sa gouttière. J'y parvins en cassant la conduite de brique ce qui mit ma logeuse dans une grande fureur. Deux fois dans la suite, Caroline vint bavarder avec moi dans ma grande salle; une fois Pao rentra brusquement et se mit à parler avec elle, ou plutôt lui parler de lui, de son propre cœur simple et de son dévouement au Chef et à la Patrie; il lui parla de la pureté de la femme et de sa situation inférieure, « dépendant uniquement de la situation et du rang de son mari dans la vie ». Caroline l'écouta avec un sourire sarcastique, mais sans le contredire, si ce n'est pour faire une remarque humoristique; elle souriait de si charmante façon, était si habile à éviter de lui répondre directement que Pao n'eut pas l'air irrité. Néanmoins, l'ironie de Caroline, si légère qu'elle fût, faisait sentir ses pointes. Pao flaira sa défaite car il était en outre habitué à discerner le non-conformisme, même sous son déguisement le plus subtil.

Il y avait environ cinq ou six semaines que Caroline était chez nous, lorsqu'un après-midi, au retour d'une course, je trouvai Pao inexplicablement à la maison, à une heure inexplicable : il était à peine trois heures. Il avait jeté sa casquette et son stick sur le canapé de bambou, mais il n'était pas dans notre chambre. Où était-il ? Je sentis dans ma poitrine l'habituelle pesanteur, l'habituelle oppression; je me mis à suffoquer comme je faisais avant et pendant les « scènes », signe avant-coureur du désastre. Je descendis l'escalier, n'osant pas me hâter. La chambre de Caroline avait une grande fenêtre donnant sur le jardin de la maison. Par cette fenêtre ouverte, je vis Pao dans sa chambre. J'allai jusqu'à la porte ouverte et posai cette question de pure forme : « Que fais-tu là ? »

Je voyais bien ce qu'il faisait. Les tiroirs du petit bureau étaient sortis et leur contenu : lettres papiers, photographies, jonchait le plancher; il avait aussi mis à sac la petite penderie, d'où il avait tiré les robes et les chaussures, qu'il avait entassées sur le lit; les valises avaient été ouvertes et vidées en vrac. Pao se tenait debout à côté du bureau saccagé, il lisait des lettres, les lettres de Caroline; le cahier à couverture de cuir dans lequel Caroline écrivait ses poèmes était placé sur le bureau, elle le mettait en général dans le tiroir qui fermait à clef. La serrure avait été forcée.

« Ce que je fais ? Tu le demandes ? Tu le vois bien. Je fais mon devoir de Chinois et de patriote, hurla-t-il.

— Mais c'est sa correspondance privée, c'est sa chambre, tu n'as aucun droit d'être ici, dis-je perdant toute prudence. C'est... »

Il vint à moi et me frappa, me cognant la tête contre la porte.

« Vulgaire petite carcasse, tu oses, tu oses, tu oses me dire à *moi* que quelque chose est privé ! Rien n'est privé. Personne n'a le droit de garder dans le privé ces immondices... cette fille est communiste, le sais-tu ? Et elle est amoureuse d'un étranger... elle a probablement couché avec lui, et elle conserve sa photo, ici, dans son tiroir, elle a ses lettres... »

Je restais là, ma lèvre me faisait mal et j'aurais bientôt la bouche enflée. Je murmurai « ce n'est pas bien, pas bien ». Je montai dans notre chambre et m'assis. Je suppose que j'aurais dû me tordre les mains, mais à quoi cela sert-il ? Pao entra, s'assit à notre table, saisit son pinceau et ouvrant la boîte à encre, le dos droit, il se mit à écrire une lettre. Il avait l'air d'un écolier en train de faire son exercice de calligraphie et je me mis brusquement à le détester de toute mon âme et pendant un instant je songeai à descendre dans la cuisine pour prendre le couteau et... Comme d'habitude, il ne fut pas satisfait du premier brouillon et recommença. Puis il mit la lettre dans une enveloppe, se coiffa de sa casquette et sortit. Je repêchai le brouillon dans la corbeille à papiers. Elle était adressée à Tai Lee, sous son titre honorifique de Yunong, et c'était une dénonciation de Caroline, disant qu'il s'était livré à une « investigation », qu'elle avait une attitude et une conduite « qui ne sont pas celles de nos vertueuses femmes chinoises », qu'elle avait « recherché le commerce d'un étranger » et que son cas relevait de la police.

Trois fois pendant l'heure qui suivit, j'allai jusque dans la rue, fouillant des yeux l'escalier conduisant à la grand-route pour apercevoir Caroline. Je voulais aller à sa rencontre, l'avertir dans la rue...

Si Pao revenait accompagné de détectives en civil... et si elle était arrêtée en rentrant à la maison... j'allai jusqu'à la route principale, et pendant un court moment envisageai d'aller l'attendre au bac. Pour revenir de la Rive Sud où elle donnait ses leçons aux diplomates, elle traverserait le fleuve par le bac, et si j'allais l'attendre sur le quai, je pourrais l'avertir...

Mais je craignais que Pao n'arrive et, ne me trouvant pas, devine ce que j'étais en train de faire... Peu de jours avant, il avait causé un esclandre au milieu d'un petit restaurant où, dans un de ses moments d'amabilité, il m'avait emmenée manger, très tard, cette soupe délicieuse, spécialité du Setchouan, le *maotutze.* Et là, un homme s'était approché de moi, un ancien élève de l'université de Yen-tching, qui m'avait reconnue et voulait me serrer la main. J'oubliai l'étrange caractère de Pao (je l'oubliais constamment), accueillis mon ancien condisciple, lui serrai la main, le présentai à Pao, et reçus immédiatement en pleine poitrine tout ce que le bol contenait de soupe bouillante, ainsi qu'une grêle de coups tout le long du chemin de retour à la maison, où j'arrivai en vomissant à la suite de ce choc émotionnel.

Donc, je montais et descendais, revenais dans ma chambre pour guetter par la fenêtre le retour de Caroline. Je m'assis, me relevai, et naturellement, ne la vis pas rentrer. Elle était dans sa chambre quand je redescendis. Je la vis debout, les bras croisés, qui contemplait son bureau... « Caroline, c'est Pao qui a fait cela. »

Elle me lança un hautain regard de mépris. Puis ses yeux revinrent au bureau : « Je le vois bien, votre mari est... »

Alors Pao fit son entrée, les mâchoires crispées et avec la pâleur particulière qui montrait qu'il s'était mis peu à peu dans un état de rage intérieure. Oh ! mon Dieu, pensai-je, il va la frapper...

Mais il n'en fit rien. Il la regarda fixement et elle lui rendit son regard, comme je le faisais avant d'avoir été réduite par ses coups à l'état d'épave. Elle attaqua :

« Monsieur Tang, où avez-vous pris le droit...

— J'ai fait mon devoir de patriote chinois. (Il dominait sa voix et parlait sans pousser de cris comme il eût fait avec moi.) Croyez-moi, ce n'est pas d'un cœur léger que j'ai agi. Mais vous êtes chez moi, et j'ai le droit de veiller à ce qu'il ne s'y passe rien de dangereux pour le pays...

— Dangereux pour le pays ? Que puis-je faire qui soit dangereux pour le pays... ?

— Vous êtes une jeune Chinoise et vous passez tout votre temps avec des étrangers. Vous avez même écrit des poèmes d'amour à un étranger. Vous avez songé à l'épouser. Vous enseignez en ce moment à des étrangers. Mon devoir est d'enquêter sur vos activités...

— Je t'en prie, dis-je, je t'en prie. »

Il me montra du doigt.

« Demandez-lui. Demandez-lui comment je la bats. Le savez-vous ? »

La lèvre de Caroline se releva de dégoût.

« Vraiment, vous êtes... »

Alors, Pao se lança dans une grande tirade : chasteté, honneur, tradition, ce méli-mélo de vertus de cauchemar, la voie du Salut de la Chine dépendant de chaque individu, pratique des Quatre Vertus et des Cinq Principes Cardinaux sur quoi repose l'harmonie d'une société. Caroline restait là et essayait de parler, de temps en temps, mais il continuait sans relâche et devenait menaçant.

« Savez-vous qui je suis ? Savez-vous que je pourrais la tuer ? (En me montrant du doigt :) Mais mon cœur est plein de bonté j'ai décidé de la sauver, et vous, si vous vous repentez... »

Et cela continua, sans répit, ce moralisme qui m'était devenu ignoble et qui est si incrusté dans l'esprit des Chinois et dans la langue des Chinois, que même dans la Chine d'aujourd'hui il s'en dégage encore de fugitives bouffées. Après une harangue d'une heure, Pao partit; Caroline, épuisée, se laissa choir sur une chaise. Je restai juste assez longtemps pour lui dire d'une voix pitoyable : « Ne vous faites pas de souci, je vous en prie. » Et je regagnai ma chambre.

Le lendemain matin, il me fallut aller au marché et quand je revins, Caroline était partie. Je ne la vis donc pas mais sa chambre était en ordre, ce que je distinguai par la vitre, car elle avait verrouillé porte et fenêtre. Pao se montra de fort bonne humeur et même affectueux, quand il rentra du bureau ce soir-là.

Le jour suivant, Caroline vint m'annoncer qu'elle déménagerait bientôt : elle avait trouvé une chambre : « J'ai demandé à mes amis de me dénicher quelque chose. Je pense que votre mari est parfaitement ridicule.

— Il est dangereux, répondis-je. Il a écrit une lettre pour vous dénoncer. »

Elle secoua ses cheveux, dédaigneusement.

« Oh, oh ! Est-il si redoutable ? Il ne peut rien contre moi. (Elle se comportait comme si elle était tout à fait sûre qu'il ne pouvait rien lui arriver.) J'ai parlé de votre idiot de mari au diplomate anglais à qui je donne des leçons, il va venir me voir. Votre mari n'osera rien faire. »

Elle me tourna le dos, se conduisant comme si tout cela était ma faute.

L'Anglais de l'ambassade de Grande-Bretagne qui était son élève était déjà venu la voir une fois. Je montais les marches, il les descendait et je l'avais reconnu immédiatement. Il n'était autre que le petit Ecossais qui avait été si gentil pour moi à Pékin à ma première (et terrifiante) soirée de Noël au Grand Hôtel de Pékin, Mr. Smith. Je le croisai, le visage pétrifié, craignant surtout qu'il ne me coure après, ne m'arrête et ne me reconnaisse. Que dirait ou ferait alors Pao ? Je passais mon temps à prier pour ne pas rencontrer de gens que je connaissais, c'était si ennuyeux d'être battue...

Je n'étais pas certaine qu'un diplomate britannique ou toute autre personne pût sauver Caroline, bien qu'il fût exact que la fréquentation d'Européens était une sorte de protection, car le gouvernement ne voulait pas avoir une mauvaise presse à l'étranger.

Caroline revint pour m'annoncer que le diplomate anglais avait maintenant raconté l'histoire à un diplomate américain, et qu'ils l'avaient invitée à déjeuner, qu'ils avaient bien ri tous les trois, et qu'ils lui avaient dit de ne pas s'inquiéter, qu'ils la protégeraient. Ils lui offrirent en outre de la loger. Elle connaissait aussi une célèbre journaliste américaine qui s'appelait Emily Hahn. S'il lui arrivait quelque chose, Emily Hahn écrirait un article sur elle. « Si l'on me fait quoi que ce soit, la presse occidentale en parlera et votre mari perdra gravement la face. »

Le lendemain matin, au retour du marché, je trouvai devant la maison une jeune femme trapue, aux cheveux très courts, portant lunettes et pantalon. Elle causait avec notre propriétaire. Quand elle m'aperçut, elle me salua très amicalement et essaya de faire la conversation. Elle me suivit jusqu'au premier étage, dans notre chambre. Je lui dis que j'avais du travail, elle me répliqua : « Je vous en prie, ne vous y trompez pas. Je suis venue vous parler de cette jeune personne. Nous voudrions la voir. »

Je sentis une fois de plus le froid me glisser le long des vertèbres et me paralyser la gorge. (Couchés ! couchés, mes nerfs ! Pas de crise, pas de cris !) La femme continuait, verbeuse, parlant trop, se répétant : « Je suis moi-même étudiante. Au Corps de la Jeunesse des Trois Principes. Je suis diplômée d'école moyenne. Malheureusement, je suis trop pauvre pour fréquenter l'Université. Mais chacun doit faire ce qu'il (ou elle) peut pour sauver la patrie. Nous avons été renseignés au sujet de Miss Caroline. Nous n'aimerions pas qu'il y eût un incident *près de votre maison.* Nous ne voudrions pas que vous et le colonel Tang qui êtes des gens respectés soyez compromis dans cette affaire. Peut-être pourriez-vous me dire à quelle heure rentre Miss Caroline. Nous savons qu'elle porte des chaussures rouges. Mais nous n'avons pas de photo d'elle. En avez-vous une ? Pouvez-vous lui en demander une ? (Donc Pao n'avait pas été à la hauteur de sa tâche : il n'avait pas volé de photographie d'elle, et elle avait sûrement fait disparaître tous ses papiers personnels depuis.)

— Non, je n'ai pas de photo d'elle.

— Pouvez-vous me la décrire ?

— Elle est plutôt grande et forte. Oui, c'est vrai qu'elle porte des souliers rouges. Elle n'est ni grosse, ni maigre. Elle a les cheveux bouclés.

— Nous pensions que quelqu'un pourrait la guetter dans la rue... et l'identifier. Si nous pouvions nous arranger... Va-t-elle au cinéma ? Peut-être pourriez-vous lui suggérer un film ? A quelle heure environ rentre-t-elle de son travail ?

— Toujours tard, répondis-je promptement.

— Il sera donc difficile de voir la couleur de ses souliers... et nous n'aimerions pas l'arrêter chez vous, ou près de chez vous. Ça n'aurait pas bon aspect. On nous a dit qu'elle donnait des leçons sur la Rive Sud du fleuve ?

— Oui, ses élèves sont d'influents diplomates : elle connaît beaucoup d'étrangers importants : des Américains, des Anglais, des journalistes. Elle est très bien connue. »

La fille me regarda d'un air de regret.

« C'est un peu fâcheux. Il ne faut pas que cela se passe ici. Peut-être sur la Rive Sud... ou au bac... ou sur son chemin... »

Je fus ravie de juger, à mesure qu'elle me parlait, de la stupidité de cette femme détective.

« Je tâcherai d'avoir une photo, lui dis-je... Vous feriez bien d'avancer avec précaution dans cette affaire. Rien ne presse. Revenez dans quelques jours. »

Je vécus ensuite quelques heures d'angoisse. Supposons que quelqu'un de plus malin que cette fille eût attendu au débarcadère... il y avait peut-être plus d'un agent femelle aux pieds plats en train d'enquêter... il y avait tant de gens sur ce bac... ils n'oseraient pas la kidnapper en plein jour sur ce bac... Rive Sud. Pas près des ambassades.

Bientôt, je vis Caroline rentrer, sautant comme d'habitude de marche en marche, ses cheveux flottants, ses souliers rouges qui me semblaient scintiller, illusion due à mon état d'esprit. J'avais fini par être heureuse chaque fois que je la voyais encore saine et sauve, et je me précipitai sur elle.

« Ecoutez, lui dis-je aussitôt, il faut que vous changiez de souliers : ils savent que vous portez des souliers rouges. Il faut les quitter et acheter des chaussures ordinaires... il ne faut plus jamais porter celles-ci.

— Je porterai ce qu'il me plaît.

— Ecoutez-moi : la police secrète est venue, mon mari a écrit à Tai Lee en personne, j'ai vu la lettre. »

Cela ne sembla pas lui faire une grande impression.

« Vous essayez de me faire peur, vous essayez de me faire peur, dit-elle, toujours avec le même air de défi. Vous êtes très méchante. »

J'étais désespérée : « Je vous dis la vérité. Vous pouvez faire ce que vous voudrez, vous pouvez penser de moi ce que vous voudrez. C'est vrai que j'ai peur.

Je ne suis pas aussi brave que vous. Mais ils préparent quelque chose contre vous, loin d'ici, sur la route, au bac, ils ne veulent pas que cela se passe dans cette maison. Je vous en prie, je vous en prie, prenez garde. »

Caroline avait enfin l'air un peu ébranlée. L'hostilité intermittente qu'elle me témoignait était compréhensible. Peut-être me croyait-elle responsable de ce qui s'était passé. Mais cela était sans importance. J'avais de terrifiantes visions de l'arrestation de Caroline; j'imaginais qu'on la battait, qu'on la torturait; dans les camps de « réhabilitation morale » destinés aux étudiants dont les pensées sont dangereuses, régnait le régime de ce qu'on appelait « la correction familiale ». La correction familiale était ce que j'endurais moi-même; cela signifiait qu'on était battu jusqu'à la soumission; dans ces camps se trouvaient surtout des étudiants et des jeunes gens surpris sur les routes, dans les autobus allant à Yenan, la Base Rouge... telle Caroline.

Et puis, un jour, Caroline arriva en larmes, tenant un numéro du *New Yorker*. Ce magazine lui avait été prêté par un diplomate américain. Il contenait un article sur Caroline, par Emily Hahn. Mais ce n'était pas très aimable. Elle s'y moquait de Caroline, de ses idées, de sa candeur, la lecture n'en était pas agréable, surtout pour Caroline.

Caroline ne fit jamais plus une seule allusion à son « amie » Emily Hahn. Sans doute, son erreur avait-elle été de croire que les écrivains occidentaux s'intéressaient vraiment aux souffrances du peuple chinois, sans comprendre que, pour beaucoup d'entre eux, seuls « le romanesque et l'exotisme » comptent.

Caroline nous quitta; plus tard, elle se rendit vraiment à Yenan. Vingt-sept ans plus tard, en 1967, j'eus de nouveau de ses nouvelles. Elle avait épousé un communiste chinois qui devint par la suite un personnage important; le mariage n'avait pas été heureux pourtant, et s'était terminé par un divorce. On m'a raconté que Caroline avait été critiquée pendant la Révolution culturelle, mais en fait tout le monde fut critiqué; ce mouvement de masse, flamme purificatrice, ne laissa pas de roussir d'innombrables gens. J'espère la rencontrer de nouveau un jour; et peut-être rirons-nous ensemble, toute vieille méfiance évanouie.

IX

LA chaleur brûlante de l'été qui nous pilonnait les os, et avec elle les bombardiers japonais, nous laissèrent enfin en paix; les grandes crevasses de la montagne libérèrent leurs eaux grossies, l'aveuglant et sinistre éclat du ciel s'éteignit, et la rivière Chialing étincela comme un ciel nouveau, une fine pluie crépusculaire fit retomber la poussière et rafraîchit le rocher, et nous recommençâmes à pouvoir dormir. Tout autour de Tchoungking, après les destructions de l'été, résonnèrent les coups de marteau de la reconstruction, à mesure que de nouvelles huttes et de nouvelles maisons surgissaient hors de terre. L'inflation aussi faisait un nouveau bond; le riz manquait; il était brun et non décortiqué. On disait que Stafford Cripps, en visite à Tchoungking, avait recommandé à Tchiang Kai-shek de ne pas faire décortiquer le riz afin de lui conserver toutes ses vitamines; il était difficile de se procurer du riz blanc, si ce n'est au tarif spécial du marché noir, dans les maisons des riches ou les restaurants de luxe.

Le 23 septembre 1940, les Japonais étaient entrés en Indochine sans rencontrer de résistance, car les Français y dépendaient du gouvernement de Vichy qui collaborait avec la police secrète japonaise. Puis, les Américains commencèrent à s'inquiéter des intentions du Japon; n'avait-il pas eu la part du lion en Chine ? Voudrait-il, pourrait-il exiger davantage ? La route de Birmanie avait été rouverte en octobre, et en décembre un prêt de 10 millions de livres avait été consenti à la Chine par la Grande-Bretagne, et un crédit de 100 millions de dollars U.S. avait à tous usages été prolongé par les Etats-Unis, une moitié de cette somme destinée à la « stabilisation des devises » contre l'inflation. Or le gouvernement des Etats-Unis commençait à interdire l'exportation du fer et de l'acier au Japon, mais cette réquisition échoua : le fer et l'acier continuèrent d'être vendus par des compagnies américaines sous divers pavillons affrétés, jusqu'au jour de Pearl Harbour, en décembre 1941.

La Chine devenait un facteur de plus en plus important dans le conflit grandissant à mesure que les missions militaires en Chine, et les visiteurs y entraient et en sortaient. Un attaché militaire britannique, le général Dennys, homme jovial qui arborait une moustache en crocs, aimable observateur au regard aigu, fut alors envoyé à Tchoungking; ce fut lui qui prépara la visite d'une mission militaire chinoise au Sud-Est asiatique. Il devait mourir en 1942 à Assam, tué dans un accident d'avion.

Les Américains avaient une canonnière, la *Tutuila,* au mouillage sur le fleuve, en face de la Rive Sud là où l'ambassade américaine occupait une grande maison de pierre avec des jardins en terrasses. On donnait à bord de la *Tutuila* des réceptions auxquelles Pao, qui occupait alors un poste de liaison avec les missions étrangères (il travaillait sous les ordres de Tcheng Tsieming), assistait souvent, et toujours sans moi. La Mission militaire américaine avait comme attaché militaire assistant un certain colonel David Barrett. Barrett connaissait bien le chinois et aimait faire des jeux de mots dans cette langue; Pao se moquait de lui parce qu'il était corpulent; Barrett alla un jour voir Pao à son bureau, et Pao lui offrit comme siège le plus petit tabouret; plaisanterie stupide qui fit beaucoup rire les officiers, mais qui exprimait leur hostilité secrète, tandis qu'extérieurement ils courbaient l'échine devant les Américains. Plus tard, Barrett se rendit à Yenan où il parla avec le président Mao et, en 1965, il m'écrivit une longue lettre au sujet de cette rencontre et de l'impression qu'elle lui avait produite.

Comme beaucoup d'Américains à cette époque, Tchiang Kai-shek lui inspirait peu d'enthousiasme, et il détestait Tai Lee. Ce fut lui qui m'envoya plus tard le livre de Randall Gould : *La Chine au soleil*[1] qui contient la phrase suivante : Il est certain qu'il y avait, sous le commandement direct de Tchiang, une espèce de clique, qui pourchassait implacablement tous ses ennemis politiques... mais Tai Lee n'est pas un homme dont on s'enquiert ou qu'on essaie de voir... Pouah ! » Cependant, Barrett, dans la suite, se conforma au choix américain, qui était de soutenir Tchiang, mais ce ne fut qu'après avoir combattu pendant quelque temps contre lui-même; et les événements qui suivirent le rendirent malheureux. Mais il n'avait pas la force de se dresser contre le maccarthisme aux Etats-Unis.

Un autre visiteur fut Henry Wallace que Tchiang prit en grippe au premier coup d'œil, et qui réclama d'urgence la mise en poste immédiate d'un petit groupe d'observateurs des Etats-Unis à Yenan. Les officiers de Whampoa se réjouissaient de l'intérêt que portaient les Américains aux affaires chinoises, mais cherchaient par tous les moyens possibles à décourager les visites américaines à l'autre front. Tchiang considérait les Américains surtout en fonction de ses desseins ultérieurs, et ne sollicitait l'intervention américaine que dans sa lutte contre les communistes, exclusivement. Maintenant, il désirait que les dollars et l'aide américaine fussent dirigés vers Tchoungking, et pendant les années suivantes, chaque fois qu'il voulait obtenir quelque chose des Américains, il jouait

1. *China in the Sun.*

sa carte maîtresse : la menace de négocier avec le Japon.

Cet hiver-là, ma vie mondaine fit des progrès. Nous étions invités à des déjeuners et à des dîners. J'assistai à certains, toujours avec la terreur de faire ou de dire une chose qui déplairait à Pao. Ainsi, je rencontrai Archibald Clark Kerr, l'ambassadeur britannique, et l'ambassadeur américain Nelson Johnson, juste avant qu'il quittât Tchoungking et fût remplacé par Gauss. Clark Kerr était un homme perspicace et parlant carrément, que l'entourage de Tchiang n'aimait guère parce qu'il s'exprimait énergiquement sur des sujets tels que le marché noir des denrées, la pauvreté du peuple et la corruption de certains hauts fonctionnaires.

Il y eut un grand nombre de « conversations », dont la plupart ne furent pas concluantes, à la fin de 1940, entre les Britanniques, les Américains et les Chinois. Une mission militaire chinoise destinée à visiter le Sud-Est asiatique fut organisée sous les ordres du général Chang Tchen, directeur du bureau des Affaires étrangères à l'état-major général chinois; homme capable, à l'aspect amène, dont l'habileté personnelle de diplomate était incontestable. Tout le monde essaya de faire partie de cette mission afin de sortir de Tchoungking; Pao y fut désigné l'un des premiers. Ce fut à la fin de janvier 1941 que la Mission, composée de quatorze personnes, partit pour la Malaisie, Singapour, la Birmanie et les Indes, et en revint à la fin de mai. On leur montra l'imprenable forteresse de Singapour qui, un an après, presque exactement, tomba en quelques jours aux mains des Japonais. La Mission parcourut les Indes, inspecta les installations militaires et courut les magasins à Delhi. Elle revint, avec quarante-huit camions bourrés de soie, de produits de beauté, de chaussures (pour hommes et femmes), d'appareils photographiques, de costumes d'homme, de montres, de gramophones... un certain officier portait quatre vestons l'un sur l'autre, et seize montres autour de ses bras; cette orgie d'achats causée par la somme d'argent étranger accordée à la mission était rendue possible par le fait que les Etats-Unis avaient consenti un prêt afin de « stabiliser » le change au taux de 20 pour 1 et aussi parce que la rareté de toute marchandise à Tchoungking rendait désirable tout objet apporté du dehors. A lui seul, Chang Tchen ramenait cinq camions par la route de Birmanie. Pao était sans doute l'acheteur le plus modeste du groupe, n'ayant que sept valises pleines.

Pao se mit en colère contre moi lorsqu'il rentra de cette mission, car je n'étais pas allée l'attendre à l'aéroport. J'aurais dû y être; mais je ne pouvais plus succomber à tant de mauvaise foi, ni agir comme si tout allait bien quand mon être intérieur entier suffoquait, étouffé par ce que je devais taire. « Me voilà, chargé de tous ces cadeaux pour toi et tu ne viens même pas me souhaiter la bienvenue ! » Je ne pouvais pas lui souhaiter la bienvenue, je ne pouvais pas, avec cette nouvelle charge de dégoût et de lassitude que m'avait apportée la nouvelle année, 1941. Car en janvier 1941 je commençai lentement à comprendre; et ce fut une révolte intime, incohérente, qui était cependant un point de non retour. Ce fut au cours de ce mois qu'eut lieu le massacre de la 4e Armée nouvelle communiste, ordonné par Tchiang Kai-shek, et ce massacre marqua pour moi un grand tournant.

Outre la Base Rouge principale de Yenan, d'autres « semis », d'autres bases, noyaux de futures zones communistes, partisans clandestins éparpillés dans des régions où le Pouvoir Rouge avait déjà prédominé, demeuraient dans de nombreuses provinces. La célèbre Longue Marche, dont le succès fut entièrement dû à Mao Tsé-toung et à nul autre, avait semé sur son passage bien des graines nouvelles de Révolution, même chez les minorités nationales non Han : les Miaos, les Tibétains, les Lolos. Dans les Bases Rouges antérieures, malgré la Terreur Blanche et les méthodes massives de « terre rase » appliquées par Tchiang, les cellules clandestines avaient survécu

Ainsi, en 1964, je rencontrai, au foyer des survivants de Chinkan-shan, montagne de la Crête des Puits, où Mao Tsé-toung avait établi sa base en 1927, un très vieux paysan qui avait gardé cachée pendant des années, enfouie dans le sol de terre sous son lit, une jarre pleine de sel. Il attendait le retour de l'Armée Rouge; ce paysan était un de ceux qui fournirent à la base communiste le sel dont elle avait été privée par le blocus de Tchiang. Pendant vingt-deux ans, ce vieux paysan avait attendu, gardant la jarre enterrée sous son lit...

Au Setchouan, province féodale entre toutes, quand l'Armée Rouge traversa les villages, en faisant de la propagande, les femmes, les femmes opprimées du Setchouan, furent les premières révoltées, organisèrent des milices, et pillèrent les logis des propriétaires ainsi que leurs granges où s'accumulait le grain.

Beaucoup de ces femmes parcoururent des lieues pour récolter des vivres qu'elles rapportèrent aux armées de la Longue Marche. Et quand les soldats partirent, les femmes leur donnèrent des chaussures, pas seulement les sandales de paille qu'on met pour patauger sur les routes de boue, mais aussi les plus précieuses chaussures de drap faites de couches d'étoffe de coton collées l'une sur l'autre pour les semelles et cousues, très régulièrement, épaisseur sur épaisseur, où les femmes brodaient le nom du soldat sur la semelle intérieure.

Mon aiguille servant de plume,
J'écris nettement, en cousant,
Votre nom et mes pensées...

chantaient-elles, et ce n'était pas un tendre badinage, mais l'amour révolutionnaire plus noble que le badinage.

Et les soldats emportaient ces chaussures, ils se les

attachaient autour du cou, ne les portaient jamais, mais les gardaient propres en souvenir des paysannes qui les avaient confectionnées et envoyées; qui avaient demandé le nom des soldats et en avaient péniblement copié les caractères, car elles ne savaient pas lire... Dans les représailles qui s'ensuivirent, les propriétaires et les Seigneurs de Guerre massacrèrent hommes et femmes. Là aussi, dans ces campagnes si paisibles en apparence, les gens attendaient, attendaient le retour de l'Armée Rouge. Ce fut au milieu de ces gens silencieux, en attente, que se formèrent des groupes de volontaires qui entrèrent en action. Ils furent les créateurs de nombreuses Bases Rouges nouvelles, opérant, pendant toute la guerre sino-japonaise, derrière les lignes ennemies.

Dans la célèbre chaîne de montagnes, Chinkanshan [1], les partisans clandestins restèrent actifs tout au long de la décennie entre 1927 et 1937, en dépit des massacres répétés. En 1937, quand la guerre contre les Japonais commença ouvertement, quand naquit le Front uni, ce fut le maréchal Tchen Yi, l'actuel ministre des Affaires étrangères en Chine, qui fut envoyé dans cette région pour parler aux partisans du Front Uni avec Tchiang Kai-shek, et pour réorganiser les volontaires dispersés pour en faire un groupe de l'Armée Nouvelle, noyau de la célèbre Nouvelle 4e Armée.

Tchen Yi, né au Setchouan, rejoignit Mao Tsé-toung au début de 1928, en même temps que Tchou Teh. En octobre 1934 quand le gros des forces communistes partit pour la Longue Marche, Tchen Yi resta en arrière pour couvrir ce départ et créer une base clandestine d'opérations dans les plaines les plus basses du fleuve Yangtsé. Il y travailla jusqu'au milieu de 1936, en combattant contre des armées de Tchiang bien supérieures en force.

A l'été de 1937, la pression du Kouo-min-tang sur les partisans commença à mollir, à cause des opéra-

1. Voir Han Suyin, *Une Fleur mortelle.*

tions militaires contre le Japon. Tchen Yi qui, pendant ce temps, était allé à Yenan, revint alors pour rassembler les guérillas, réorganiser les troupes laissées à l'arrière et leur parler de la situation nouvelle causée par l'invasion japonaise; le Front uni avec Tchiang Kai-shek...

Parce qu'il était vêtu d'une tunique du style mandarin (pour échapper aux assassins du Kouo-min-tang), les partisans le prirent pour un traître lorsqu'il se mit à parler du « Front uni avec Tchiang Kai-shek ». Il fut brutalement frappé, et il lui fallut beaucoup de temps et d'énergie pour persuader ces combattants méfiants qu'il disait la vérité, et que la politique du Parti était maintenant l'alliance avec Tchiang. « Quoi ! crièrent-ils, un Front uni avec Tchiang, ce fils de tortue ! » Tant de leurs camarades partisans et de leurs parents étaient morts, ou avaient été torturés, qu'ils n'arrivaient pas à croire qu'il leur fallait maintenant coopérer avec Tchiang. Finalement, ils acceptèrent la parole de Tchen Yi et son explication que le principal problème était maintenant de résister aux Japonais. Le voyage de retour de Tchen Yi fut aussi périlleux que l'aller. A un moment, poursuivi par quelque animal : ours ou léopard, il dut se cacher dans une petite grotte.

Tchiang voulait que ces partisans de guérillas, réorganisés en unités, fussent incorporés dans les armées du Kouo-min-tang. Mais Mao Tsé-toung refusa; il tenait à l'autonomie dans la coopération car, ainsi qu'il devait le dire plus tard : « Nous ne devons pas être trop crédules... sur cette question du pouvoir... » Sachant que le but ultime de Tchiang était l'anéantissement des Armées Rouges, placer les partisans en son pouvoir eût été un véritable meurtre.

De la reconstitution d'unités aussi dispersées sortit la Nouvelle 4e Armée, complétée en janvier 1938, et dont le quartier général était à Nantch'ang au Kiangsi. Comme toutes les armées communistes, dont Mao Tsé-toung avait fixé le modèle, non seulement elle combattait, mais elle instruisait politiquement;

c'était un instrument d'éducation idéologique en même temps qu'une mécanique physique de combat.

On ne manquait pas de volontaires, car « comme souffle le vent printanier » la nouvelle que « L'Armée Rouge revenait » attirait à elle les paysans; ils apportaient de vieux fusils à pierre qu'ils avaient enterrés, des couteaux, des lances, des gourdins, du sel, de la nourriture... C'était un grand rassemblement et, en peu de temps, l'effectif de la Nouvelle 4e Armée passa de 13 000 à 30 000, puis à 60 000 hommes.

Le triangle formé par les cités de Nankin, Wou-hou, et Kin-Kiang, zone d'opérations fermée pour le Japon et l'une des régions les plus fertiles du bassin inférieur du Yangtsé, devint le terrain de chasse de la Nouvelle Quatrième. Ses succès, si près de grandes et importantes villes inquiétaient énormément Tchiang Kai-shek qui accusaient la Nouvelle 4e Armée de s'agrandir et de se consolider « arbitrairement » sans en avoir reçu l'ordre du Conseil de la Défense. Tchiang leur coupa toute fourniture d'armes, de munitions et d'argent; il interdit à la Nouvelle 4e Armée d'organiser les masses villageoises, de réunir des conseils du peuple et des milices paysannes. En conséquence, et aussi parce que certains commandants de la Nouvelle Quatrième avaient tendance à plier devant Tchiang, des dissensions se produisirent, que raconte Agnès Smedley. Ces unités n'étaient pas toutes politiquement solides néanmoins, elles avaient, en 1940, à ce que rapporte Agnès Smedley, l'équipe médicale et le personnel hospitalier les meilleurs, 10 hôpitaux, 2 autres destinés à l'enseignement médical, 300 groupes d'ambulances de premiers secours.

Moins d'un mois après leur arrivée sur leur terrain d'opérations en avril 1938, les guérillas de la Nouvelle Quatrième avaient repris leurs activités. En huit mois, elles livrèrent 231 combats, prirent 1 539 fusils, 32 mitrailleuses, 48 mitraillettes et 50 000 cartouches. Elles tuèrent ou blessèrent 3 000 hommes et détruisirent 200 camions ennemis. Au milieu de l'année 1939, elles occupaient toute la campagne. Les Japonais ne pouvaient installer leurs garnisons que dans les villes, qu'ils fortifiaient, et toutes les routes à travers la campagne leur demeuraient infranchissables.

Parce que la Nouvelle Quatrième s'étalait sur un vaste territoire, il y en avait une partie au nord et l'autre au sud du fleuve Yangtsé. Elle avait déjà eu des conflits armés avec les troupes du Kouo-min-tang pendant l'été de 1939. En 1940, les relations entre communistes et Kouo-min-tang se dégradèrent gravement. Dans la zone où opérait la Nouvelle 4e Armée, s'infiltrèrent — sur l'ordre de Tai Lee — 80 000 membres de sociétés secrètes appartenant aux Triades de Changhai. Une attaque de grande envergure contre la Nouvelle 4e Armée fut lancée en octobre 1940 par le général T'ang En-p'o, 200 000 hommes marchant contre les colonnes stationnées au nord du fleuve, sous le commandement de Tchen Yi.

Mais, ce fut en janvier 1941 que l' « incident » de la Nouvelle 4e Armée comme on l'appela se produisit. Entre le 7 et le 13 janvier, la Nouvelle 4e Armée reçut de Tchiang Kai-shek l'ordre de traverser le fleuve Yangtsé et de se « regrouper » à plusieurs centaines de milles au nord, pour se joindre à la 8e Armée de Marche. Quand certaines unités exécutèrent cet ordre (et cela fut en soi une erreur), 12 000 hommes, y compris le corps médical, tombèrent dans une embuscade : 8 000 furent assassinés, et parmi eux la plus grande partie du personnel sanitaire...

Ce massacre (car ce ne fut pas autre chose) fut perpétré par 60 000 soldats du Kouo-min-tang. Le Kouo-min-tang prétendit que la Nouvelle 4e Armée avait attaqué son quartier général; que c'était là un cas d'« insubordination », et que l'action engagée contre cette armée visait à « restaurer la discipline militaire ». Yenan démentit cette fable, et Mao Tsé-toung nomma Tchen Yi commandant intérimaire de la Nouvelle 4e Armée.

Ce massacre de la Nouvelle 4e Armée bouleversa un grand nombre de patriotes chinois qui comprirent brusquement que Tchiang n'avait pas changé; il était resté le Tchiang de 1927; dès qu'il le pourrait, il déclencherait de nouveau la guerre civile. En fait, en 1943, Tchiang essaya de lancer une offensive contre Yenan. Mais il ne put s'assurer le soutien des Seigneurs de Guerre locaux, au Setchouan et au Yunnan. Aussi dut-il y renoncer jusqu'en 1945 où il persuada les Américains de l'aider en cette entreprise.

En apprenant le massacre de la Nouvelle 4e Armée, les habitants de Tchoungking, et le peuple de Chine furent secoués par une indignation massive, torrentielle. Les correspondants occidentaux eux-mêmes furent profondément bouleversés : « C'est une horrible histoire », disait à Pao Archibald Kerr, avec son habituelle franchise. Pour moi, ce fut un tel choc que je ne pus plus me contenir. Je criai à Pao : « C'est abominable, abominable ! » Je montais et descendais les rues en échelle de Tchoungking en suffoquant de rage. Oh ! comme je voyais soudain clair, trop clair ! Il fallait se débarrasser de Tchiang ! A partir de ce jour, je fus convaincue, au plus profond de moi-même, moralement certaine, que Tchiang partirait et qu'il y aurait en Chine un grand changement, le grand changement que l'on souhaitait, que l'on désirait ardemment...

Je ne fus pas la seule à crier : « C'est abominable ! » Bien d'autres, qui avaient peur de parler, nourrissaient dans leur cœur une colère qui à partir de ce jour allait rompre le lien fragile qui les accrochait à un vain espoir : Tchiang Kai-shek. Je fis face à Pao : « La voilà, la voilà, ta vertu !... Tuer ses propres compatriotes... et pendant ce temps la guerre continue... » Pendant trois jours, Pao eut l'air penaud; le regard fuyant, il me répondit d'une voix hésitante : « Ce n'est pas du tout cela. » Mais un peu plus tard, il retrouva sa sérénité. « Combien des nôtres les communistes ont-ils tués ? C'était un cas d'insubordination... La Nouvelle 4e Armée n'a pas obéi aux ordres du Conseil militaire... le Chef a dit... même les communistes en conviennent... » Mais ni sa voix ni son attitude n'étaient encore assurées, il n'avait pas son habituelle arrogance, bien qu'il eût vite repris le masque de sincérité outragée qui était son refuge quand on le prenait en flagrant délit de mensonge.

Et quelques soirs plus tard, en me promenant dans la rue, je rencontrai Koung Peng.

Koung Peng, comme Yuenling, avait été étudiante à l'université de Yen-tching en même temps que moi, mais je n'avais pas fait sa connaissance. Elle avait joué un rôle très important dans le mouvement étudiant de décembre 1935 et en 1936, puis elle était allée à Yenan. Je l'avais rencontrée à Tchoungking une fois, accompagnée d'une autre de nos condisciples et j'avais l'impression qu'elle était secrétaire de l'Association des Jeunes Femmes chrétiennes. Je ne sais pas pourquoi j'avais cette impression; peut-être parce que mon autre camarade d'études travaillait précisément dans ce foyer féminin. Mais Koung Peng était alors la secrétaire de Tchou En-lai, qui se trouvait à Tchoungking en tant que représentant du Comité de Liaison pour un Front uni. Tchou En-lai était presque prisonnier; il habitait, avec sa femme, deux secrétaires et trois aides, une petite maison dans une rue étroite, et cette maison était infestée d'agents de Tai Lee installés à l'étage supérieur et à l'étage inférieur à celui où les sept communistes vivaient et travaillaient.

Ce soir-là, passant dans la rue, à mon retour d'une visite à mes cousins de la Banque Meifeng, je vis Koung Peng qui venait vers moi de la direction opposée, et nous nous arrêtâmes toutes les deux. Koung Peng avait toujours été une très paisible personne, qui gardait son sang-froid, rayonnante de pensée et d'intelligence, son équilibre et sa beauté intérieure en faisaient l'être le plus fascinant que j'aie jamais connu, et cependant elle restait (elle l'est encore aujourd'hui) inconsciente de son propre charme et du pouvoir de sa beauté et de sa profonde intelligence. Soudain, en la voyant, je sentis couler mes larmes; je lui dis à quel point je trouvais tout horrible, la Nouvelle 4e Armée, Pao, tout, les paroles jaillissaient de mes lèvres, en désordre, avec mon horreur de tout ce que je voyais et je ne savais que faire.

Et Koung Peng resta là sans dire un mot, mais j'eus l'étrange sensation qu'un réconfort me venait d'elle. Je rentrai à la maison et quand Pao me demanda pourquoi j'arrivais si tard, je répondis : « Je suis allée voir mes cousins à la banque. » Et peut-être un peu de la force de Peng était-il passé en moi car il ne se dérangea pas pour me battre, mais resta étendu, tranquille et silencieux.

Bien des années plus tard, Koung Peng me confia que, ce soir-là, elle avait failli se décider — après en avoir parlé avec Teng Ying-tch'ao, la femme de Tchou En-lai — à me demander de me joindre à eux... Mais j'aurais pu jouer la comédie, j'aurais pu essayer de me faufiler dans leur intimité... J'aurais pu appartenir, comme Yuenling à la « fausse gauche ». Ils étaient forcés de se montrer très prudents...

Si à ce moment-là l'on m'avait offert de choisir l'autre côté, l'autre front; si l'on m'avait proposé d'aller à Yenan, y serais-je allée ? Mon esprit n'était-il pas chargé encore de chaînes, plongé par les brutalités de Pao dans la confusion ? Moi-même, n'étais-je pas trop timorée, trop découragée pour prendre une décision ?

Je ne saurai jamais si, dans le cas où Koung Peng en avait alors assumé le risque, toute ma vie n'aurait pas été totalement différente... Mais Koung Peng ne parla pas, et j'ignorais que cela eût pu se produire, je restai donc seule, apeurée, et ce ne fut qu'en 1956 que Koung Peng me parla de ce choix possible qui était passé à côté de moi. Quinze ans, c'est bien long... trop long !...

Mais je comprends fort bien que Koung Peng n'ait pas pu prendre le risque de se fier à moi : l'enjeu était trop important. Et j'étais alors trop ignorante, j'accordais ma confiance à Yuenling (bien que je ne lui aie jamais parlé de ma rencontre avec Koung Peng, peut-être avertie par un sixième sens, ou simplement parce que cette rencontre m'était trop précieuse pour que je la partage). Finalement, cela n'a guère d'importance, mais toute connaissance acquise si péniblement devient en soi un rappel constant de souffrance.

L'attaque de janvier 1941 contre la Nouvelle 4e Armée fut le point culminant d'une série d'agressions semblables, dont ne parla aucun des journaux de Tchoungking. Déjà, en juillet 1940, Mao Tsé-toung avait lancé un appel en faveur de l'*unité jusqu'au bout*, le maintien d'un Front uni, en dépit des attaques constantes des troupes de Tchiang et des actions menées par les Chemises Bleues. La résistance aux Japonais jusqu'à la fin de la guerre venait en premier, mais cela ne signifiait pas la capitulation au Kouomin-tang. En décembre 1940, Mao avait écrit : « Aujourd'hui, dans la grande marée des attaques anticommunistes la politique que nous adoptons est de toute première importance... *en aucun cas*, le Parti ne modifiera sa politique de Front uni pendant toute la durée de la guerre de résistance au Japon... » Et ce fut une version dénaturée de cette déclaration que Pao m'avait montrée comme « preuve » que les communistes avaient reconnu qu'ils étaient dans leur tort...

En mars 1941, quand le choc et l'indignation du massacre de janvier se furent un peu atténués, Tchiang Kai-shek prononça un discours anticommuniste, et le Conseil politique du Peuple vota une résolution anticommuniste, accusant le Parti communiste de « manquer d'unité ». Des voix s'élevèrent à l'extrême droite, réclamant qu'on mît au ban les « partis étrangers ». Certains des fonctionnaires du Kouomin-tang se réjouissaient méchamment de la lâcheté des membres du Conseil politique du Peuple (choisis et nommés la plupart par le gouvernement Kouomin-tang, sauf un unique représentant des communistes). « On n'aurait qu'à pousser doucement ces gens pour qu'ils tombent. » Ils racontaient l'histoire de membres qu'on avait « poussés doucement » et disaient aussi que Tchiang leur avait déclaré : « Eh bien, et après ? Naturellement, vous êtes d'accord ? » Et ils avaient répondu, en tremblant de peur, que oui, qu'ils étaient d'accord. Le délégué communiste du Conseil politique du Peuple, Toung Pi-wou, avait quitté la salle.

Le Parti communiste envoya le 6 mars un télégramme pour refuser d'assister à la session du Conseil politique du Peuple avant que certaines modifications y fussent apportées et que des mesures de « règlement provisionnel » eussent été prises au sujet du massacre de la Nouvelle 4e Armée. Le 18 mars, Mao Tsé-toung écrivit des directives intérieures au Parti, analysant ce qu'il appela la seconde agression anticommuniste, et notant que c'était là « la reprise des hostilités armées dans une guerre civile... ». Mais en dépit de l'intense provocation, une politique de concession et de conciliation serait suivie dans l'intérêt général, parce que le conflit avec le Japon demeurait encore ce qui importait le plus, et les luttes intestines lui étaient subordonnées.

En avril 1941, le *Times and Advertiser* japonais publia le plan de paix universelle élaboré par le Japon. Dans l'océan Pacifique, le Japon exigeait la démilitarisation de toutes les bases navales britanniques et américaines réclamant aussi que l'influence américaine ne s'étendît pas au-delà des îles Hawaii.

En même temps, le Japon signait un pacte de non-agression avec l'Union des Soviets; ainsi le Japon se protégeait vers l'intérieur contre une attaque de flanc déclenchée par les Russes tout en établissant ses plans d'invasion du Sud-Est asiatique.

Le 6 avril 1941, l'Allemagne envahit la Yougoslavie, le 27 avril, la Grèce capitulait devant Hitler. Cette même année à la fin de janvier, la mission militaire chinoise au Sud-Est asiatique (dont Pao faisait partie) avait commencé sa tournée. En avril, elle était à Delhi, les plus hautes autorités militaires britanniques lui ayant assuré que tous les plans répondant à toutes les éventualités avaient été établis, et que Hong-Kong, comme Singapour, était absolument imprenable...

Pour moi, l'événement marquant du printemps de 1941 à Tchoungking fut le discours de Tchou En-lai. L'endroit choisi était un petit creux entre deux collines. De chaque côté, avaient été creusés des abris contre les raids aériens. Une grande foule était assemblée deux heures avant que Tchou apparût, certaines gens grimpés à des perches, ou bâtissant des estrades avec des tables et des chaises qu'ils apportaient de chez eux, pour mieux le voir.

C'était la première fois que je voyais Tchou En-lai, cet homme svelte, au visage mince, aux abondants cheveux noirs, très calme, très élégant, tous ses gestes souples. Tchou En-lai est peut-être l'homme d'Etat le plus intelligent, possédant le plus d'abnégation oublieuse de soi, la subtilité, la patience et la perspicacité les plus grandes de tous les hommes d'Etat vivants aujourd'hui dans le monde. On ressentait en le voyant un choc presque physique de certitude, d'empire sur soi, et d'intelligence. En fait, je devais découvrir, au cours des années suivantes, qu'il possédait un des meilleurs esprits du monde, capable de penser à des choix divers et à plusieurs niveaux à la fois; capable d'exprimer, par quelques brèves suggestions faites avec un minimum de mots, le résultat de nombreuses heures de méditation. Lorsqu'il se dressa sur une table, afin que toute la foule pût le voir, ses yeux se promenèrent calmement de visage en visage; nous passâmes tous sous son regard, attendant ses paroles. Il parla pendant près de quatre heures, et nous l'écoutâmes pendant quatre heures, sans fatigue. Il aurait pu continuer à jamais. Ce fut un des discours les plus directs, les moins compliqués, les plus dépouillés de toute rhétorique, qu'on pût entendre, un discours presque laborieusement fondamental; mais chaque mot comptait.

Tchou En-lai expliqua l'attitude du Parti communiste à l'endroit des attaques menées contre lui par le

Kouo-min-tang, et exposa clairement le fait que tout était subordonné à la lutte nationale. En même temps, on ne capitulerait pas devant « ceux qui penchaient vers une capitulation devant l'ennemi, par une liquidation totale des véritables intérêts du peuple chinois ». La précision et la clarté avec lesquelles il définissait cette politique consistant à subordonner certains problèmes momentanés au problème primordial de la guerre de salut national composaient un chef-d'œuvre d'euphémisme sans s'écarter des principes les plus intransigeants. Quand il eut fini, j'avais un grand désir d'aller lui parler, mais j'étais trop timide et la foule m'emportant, je le suivis de loin, mais ne pus arriver jusqu'à lui. Dans la foule, je vis Pao Houa, le cousin de Pao, à quelques pas de moi. Je le regardai, il me regarda, mais nous nous tînmes très tranquilles. En revenant à la maison, il me semblait marcher sur des nuages, toute crainte m'ayant quittée, illuminée de logique et de raison; Yuenling vint me voir, je lui confiai que j'avais tant aimé le discours de Tchou En-lai et elle fut de mon avis, de sorte que je me mis à croire en elle plus que jamais.

Durant les quatre mois de 1941 que Pao passa en voyage, je retournai à Tcheng Tou, et revins à temps pour son retour. Une fois de plus la triste ronde des bombardiers recommençait et la terrible chaleur de l'été nous accablait. Cette fois nous mîmes quelques-uns de nos objets en sûreté à la Banque Meifeng, et quand, au mois d'août, notre appartement du Jardin de la Famille Tchang s'écroula sous les bombes, la plupart des choses que Pao avait rapportées furent sauvées. Et c'étaient des choses absurdes et pitoyables, mais qui semblaient à Tchoungking d'un luxe incroyable, inouï. Boîtes en marqueterie incrustées de bois de santal et d'ivoire, éléphants sculptés dans l'ébène, métrages de soie à saris, velours et voilage, cinq paires de chaussures à hauts talons (que je ne pus jamais porter), deux casseroles, du vernis à ongles, des lampes d'albâtre, des plaques de nacre irisée... Une profusion d'objets de bazar, avec cette pointe brillante d'éclat indien qui dans une ville sevrée de tout ce qui brille était si tentante. Je vois maintenant que ce qu'avait acheté Pao ne coûtait pas cher, mais cela semblait à l'époque le sommet de la folle prodigalité Et j'étais morose, ironique. A quoi bon faire semblant ? Je lui déclarai que je ne croyais pas à la « mission ». « Mission » pour quoi ? Je distribuai en cadeaux presque tous mes tissus, sauf une soie brune brodée de roses et une coupe de velours noir; les deux devinrent robes qui durèrent huit ans, jusqu'en 1949.

Ce fut ce printemps-là aussi que je rencontrai Cecilia et Francis Pan. Bien qu'aujourd'hui nos tendances (les Pan sont restés avec Tchiang Kai-shek) nous aient séparés, par leur bonté personnelle pour moi, les Pan se sont montrés grandement différents de beaucoup d'autres. Non seulement ils m'ont aidée en des jours de détresse, mais ils se sont dérangés pour moi quand j'étais dans un dénuement complet. Si peu que je partage leur attachement fidèle à un ordre révolu, leur solide et immuable amitié personnelle fait partie de cette même profession de fidélité. « Je n'ai qu'un cœur », dit Cecilia Pan avec feu, voulant dire qu'elle ne changera jamais; et moi qui ai changé, parce qu'il a bien fallu que je comprenne que ce n'était pas une classe, mais un *peuple,* le peuple de Chine, qui mérite une fidélité et un amour au-delà de toutes les autres vocations mineures, pourtant, je comprends l'attitude de Cecilia bien que je ne l'imite pas.

Je fis la connaissance de Cecilia Pan quand Pao m'ordonna de lui rendre visite ainsi qu'à son mari qui était un fonctionnaire important du ministère des Finances. Je me rendis donc chez eux, officiellement, et trouvai Cecilia Pan qui attendait debout, fort digne dans une belle robe à col montant, pas un cheveu en désordre, le visage serein, au milieu des décombres de son salon dont le toit venait de s'écrouler sous les bombes. Je la verrai toujours ainsi, m'offrant avec des gestes d'une grâce exquise, une tasse de café que nous bûmes, assises dans des fauteuils qu'on venait d'épousseter avec soin, tandis qu'autour de nous des débris de pierre et de mortier et des plaques de plâtre échappées au mur semblaient nous contempler avec une surprise désolée.

J'invitai Cecilia à déjeuner dans notre appartement qui, bien qu'infiniment plus modeste que son luxueux salon, se parait d'une grande natte rouge tissée couvrant le sol. Tous les visiteurs étaient stupéfiés par mon énorme natte rouge; personne n'avait d'autres nattes que bleues, grises ou tabac, et de petites dimensions. Ma natte était une folie, faite et teinte sur commande par un des innombrables artisans du Setchouan, et si bon marché ! Je couchais dessus quand il faisait trop chaud; aux jours gris et brumeux, elle embellissait et réchauffait la pièce. J'avais la passion de ces objets fabriqués au Setchouan, les étoffes de lin imprimées à la main, la cotonnade bleue, tout ce que les dames de Changhai méprisaient comme étant grossier, et qui me paraissait à moi d'une grande, grande beauté, plein de vie et de talent tellement supérieur aux vulgaires copies de poteries occidentales, les verreries bon marché, les soies artificielles si hautement prisées, importées de Changhai par les agents des monopoles de Tai Lee. Je trouvais tant de beauté dans les sièges et les canapés de bambou faits par des artisans locaux, dans les paniers et les barils de bambou que fabriquaient et employaient les pauvres, que je n'achetais que ces choses, et Pao avait honte de mon mauvais goût. Cecilia déclara que ma natte rouge lui plaisait. Ce fut peut-être de sa part une exquise courtoisie, mais c'était aussi du courage, car même le mot « rouge » était alors banni. Une natte rouge couvrant tout le sol d'une pièce n'était-elle pas l'indice de pensées dangereuses ?

En juin 1941, Pao et moi nous retournâmes à Tcheng Tou avec Troisième Oncle. Après l'intense fatigue de sa mission militaire dans le Sud-Est asiatique, Pao eut un court congé et pour échapper pendant quelques jours à la canicule et aux bombardiers, nous partîmes pour Tcheng Tou. Le 22 juin, tandis que je faisais une visite à Marian Manley à l'hôpital, j'entendis des rumeurs, des rires et les cris de petits vendeurs de journaux dans la rue; l'animation de ces rues quand je les traversai me demeura vague jusqu'à ce que je fusse de retour dans la maison de Troisième Oncle dans la ruelle du Marché aux Moutons : Sixième Frère avait rapporté un journal avec la nouvelle que Hitler avait envahi l'Union soviétique.

Pendant les jours suivants, les journaux publièrent des cartes géographiques montrant le territoire où des flèches marquaient l'avance des troupes germaniques livrant leur « guerre-éclair ». Pao jubilait, ses amis aussi; Ho Ying-k'in était sûr que Hitler vaincrait. Le soir, Troisième Oncle, en s'éventant la poitrine avec un éventail en feuille de palmier, fit la conversation avec Pao dans la cour. Pao lui fit une conférence sur la « nation forte », voulant dire l'Allemagne; et lui expliqua que la pureté d'une race en gardait les hommes vigoureux, et pourquoi les Russes étaient trop faibles. Troisième Oncle, hochant et hochant la tête, lui demandait quelles étaient les dimensions et la population de la Russie; je voyais à sa figure qu'il n'était pas convaincu.

Pao suivit les nouvelles de la guerre avec bonheur, car l'avance des Allemands fut en vérité très rapide. Je pensai à mes trois amis, les étudiants russes, et j'aurais voulu leur exprimer mes sentiments qui étaient entièrement de leur côté. Et tandis que, de jour en jour, nous parvenaient les nouvelles des victoires allemandes, ma tristesse augmentait; finalement Pao, débordant de joie, repartit pour Sian et le quartier général de Hou Tson-nan. Je retournai pendant quelques semaines trop courtes à l'hôpital d'obstétrique de la rue du Petit Bambou Céleste.

La vie devenait beaucoup plus dure à l'Université. Les prix en hausse constante, l'inflation affectaient beaucoup les étudiants. Leur riz était brut, et s'ajoutant aux gros haricots durs et au piment, leur donnait de l'entérite. L'odeur forte du riz brun n'était pas agréable, et un bol de riz blanc était un luxe, qu'on ne trouvait que chez les riches et dans les restaurants. Bien que Tcheng Tou fût mieux ravitaillé en nourriture que Tchoungking le riz était mêlé à des pierres pour en augmenter le poids. Il y avait deux sortes de poids, le grand et le petit, ce dernier la moitié de l'autre de sorte qu'un catty de riz pouvait être 600 ou 300 grammes. C'était pour faire échec à la fixation des prix qui fut tentée et ne réussit naturellement pas.

La moisson n'avait pas été bonne, mais les dettes se payaient encore en nature, et même le gouvernement s'était mis à le faire. Le grain qu'il recueillait ainsi était supposé aller dans les greniers de l'Etat mais allait en réalité dans ceux d'une bande d'accapareurs, dont beaucoup étaient fonctionnaires du gouvernement.

L'Armée et certaines organisations comme celle qui employait Pao, étaient payées en riz, afin d'assurer une fourniture de base à l'administration. Un sac de riz au marché noir représenta bientôt trois fois le salaire mensuel de Pao.

On ne trouvait ni sel ni savon; la toujours débrouillarde Miss Wang, cette sage-femme qui faisait tout bien, m'apprit à employer pour me laver les cheveux une certaine plante qui rendait l'eau savonneuse. Et pour remplacer le sel, les gens faisaient brûler des brindilles vertes dont ils récoltaient les cendres qu'ils employaient...

Un soir, il y eut beaucoup d'agitation à l'université. Le général Fong Yu-hiang le vaillant militariste du Nord, populaire parce qu'il avait été le premier à résister aux Japonais en 1932, devait venir parler aux étudiants assemblés sur le terrain de sports. Personne ne voulait manquer son discours, et en compagnie de Houang Seyouan, Shen, Wang et d'autres sages-femmes, je partis de bonne heure, mais il y avait déjà une grande foule. Dans le noir, seulement éclairé par quelques lanternes-tempête, le grand et corpulent Fong Yu-hiang, à la tête carrée, vêtu d'un simple uniforme de coton, avec son bel accent du Nord, parla du fascisme attaquant les peuples démocratiques du monde; il prophétisa que la Chine vaincrait le Japon et que la Russie triompherait de Hitler. Nous applaudissions à tour de bras, et les étudiants étaient en effervescence car nous souhaitions tous la victoire de la Russie. Un peu plus tard, l'évêque catholique Yupin, prononça lui aussi une allocution. Cet évêque était très actif et ramassait de l'argent en Amérique au bénéfice des missions catholiques chinoises. Lui aussi venait de la Chine du Nord, ce qui lui donnait de l'autorité. C'était quelqu'un de particulièrement astucieux et madré, avec une grande confiance en lui et un don oratoire. Il affirmait que l'Allemagne et la Russie allaient se détruire mutuellement; car elles pratiquaient la même espèce de totalitarisme.

Nous retournâmes à la Maternité et nous parlâmes de Napoléon et de l'hiver en Russie, mais quelqu'un rétorqua que cela s'était passé il y avait très longtemps, et que les Allemands étaient forts; mais nous attendions impatiemment l'hiver.

En attendant, les journaux continuaient de décrire d'imaginaires victoires sur le « front » voulant dire le front de Tchiang mais on ne publiait pas de cartes. Tout le monde tournait en ridicule ces victoires : même Pao. En réalité, il y avait eu en mai 1941 une attaque lancée par 50 000 Japonais dans la zone du Fleuve Jaune. 250 000 soldats du Kouo-min-tang s'y trouvaient; l'Armée Rouge combattit pour soutenir ces troupes, mais Tchiang retira ses soldats délibérément au bout de trois semaines, laissant le terrain aux Japonais et abandonnant les communistes... Son plan était inchangé : usure des forces communistes...

Pendant cet été de 1941, le gouvernement de Tchiang annonça que la Chine était « enfin » reconnue en tant que grande puissance sur le même plan que les autres. Les Etats-Unis et la Grande-Bretagne avaient enfin déclaré leur intention de renoncer à leurs droits d'extra-territorialité qui duraient depuis 1842 : cent ans. Depuis cent ans, aucun Européen ou Américain en Chine ne tombait sous la juridiction des tribunaux chinois. Ils pouvaient entrer en Chine sans passeport et y rester aussi longtemps qu'ils le voulaient, voler, piller, assassiner, écraser des passants avec leur voiture, introduire des narcotiques, de l'opium et des fusils sans jamais être poursuivis par la justice. Cet état permanent d'exploitation privilégiée était réservé non seulement à des civils, des militaires et des hommes d'affaires, mais aussi aux missionnaires.

Et maintenant, le gouvernement du Kouo-min-tang proclamait que les puissances occidentales abandonnaient « volontairement » ces « droits ». L'internationalisation de la guerre donnait à la Chine un rôle mondial; et Tchiang était impatient de jouer à l'homme d'Etat international. En réalité, cette promesse d'envisager l'abandon de ces privilèges était destinée à garder la Chine dans le troupeau des alliés; car à mesure qu'on avançait dans l'année 1941, Tchiang réclamait ouvertement des fonds supplémentaires, sans quoi, disait-il, il négocierait une paix séparée avec le Japon. Un demi-milliard de dollars était la somme que Tchiang réclamait maintenant. Et il avait bien choisi son moment, car tout indiquait que le souci et l'inquiétude ne cessaient de croître aux Etats-Unis au sujet des intentions japonaises.

Pendant tout cet été de 1941, les Armées Rouges lancèrent des attaques sur tous les fronts du nord de la Chine contre les troupes japonaises, tandis que Tchiang restait inactif. Jusqu'au 24 novembre, deux semaines avant Pearl Harbour, l'envoyé japonais Kurusu faisait encore miroiter aux yeux de Roosevelt la possibilité de négociations entre le Japon et les Etats-Unis. Pourtant, des deux côtés, on se préparait à la guerre. Dès septembre, les Japonais avaient mis sur pied leur attaque contre la flotte américaine à Pearl Harbour, flotte qui était mouillée là depuis mai 1941, prête à bondir sur le Japon, ou à protéger la colonie américaine des Philippines.

En Europe, l'Amérique avait reconnu Pétain et le

régime de Vichy; ils traitaient avec une froideur permanente le général de Gaulle et les Français Libres, car Roosevelt avait l'intention de diviser définitivement la France en deux... Cette ambiguïté dans la politique américaine s'étendait aussi à l'Indochine qui — Roosevelt le déclara sans ambages à Stilwell — deviendrait « territoire sous mandat », ostensiblement soumis au contrôle international, en réalité sous la domination américaine. Mais, en 1941, les Japonais étaient déjà solidement installés en Indochine, dans des bases que leur avait cédées le gouvernement de Pétain.

A la fin de l'été 1941, une grande partie de Tchoungking avait été aplatie par les bombes, y compris notre propre maison du Jardin de la Famille Chang qui fut détruite à la fin d'août. En fouillant dans les décombres, nous retrouvâmes une demi-bouteille de cognac (rapportée des Indes) et le bois du lit. Troisième Oncle nous offrit de nouveau l'hospitalité; cette fois à Ta-Er-Woh, la maison qui appartenait à la banque Meifeng, en dehors de la ville de Tchoungking. Il y avait là une grande abondance de collines couvertes d'arbres, la couche de sol était épaisse, car nous étions dans l'intérieur des terres; et sur les pentes se dressaient quelques « villas » de gens riches, qui pouvaient y dormir en paix, loin des bombardements.

Sur l'autre flanc de l'étroite vallée, nous apercevions une autre pente boisée, et à mi-chemin du sommet l'imposante demeure du général Chang Tchen, chef de la mission au Sud-Est asiatique, et qui devait être plus tard ambassadeur aux Etats-Unis.

Il y avait aussi la maison d'un Seigneur de Guerre du Setchouan qui avait installé quatre de ses épouses dans un grand palais vertigineux plein de serviteurs, de crachoirs et de pots d'orchidées. Le nombre de quatre femmes était prémédité : elles pouvaient se distraire en jouant au mah-jong ce qui eût été difficile à trois ou à cinq. Les quatre femmes jouaient au mah-jong tous les jours, toute la journée; elles n'avaient jamais l'air lavées, leurs vêtements étaient fripés comme si elles sortaient tout habillées de leur lit, sans être coiffées, elles se mettaient à jouer, puis retournaient se coucher sans cesser de tenir les pions d'ivoire et de bambou.

Nous n'étions pas là depuis deux semaines que — Pao et moi — nous fûmes terrassés par la malaria. Pao commença par un accès de fièvre tierce, puis ce fut mon tour avec un rhume intense, des vomissements et de la température. Ma malaria était la forme la plus maligne, du type qui s'était introduit en Chine par la route de Birmanie. Certaines gens en mouraient très rapidement, en douze heures, d'autres mettaient une semaine ou plus. D'abord, je crus chez moi à une fièvre tierce et je pris les pilules de quinine qu'avaient données à Pao les services du conseil médical. Ces pilules étaient authentiques, ce n'étaient pas les imitations qu'on vendait aux gens ordinaires dans les pharmacies.

Mais les pilules n'eurent aucun effet et, en moins de trois jours de la première crise, j'étais presque incapable de me lever et je ne pouvais que vomir et frissonner, frissonner et vomir. Pao était de service et montait la garde au siège d' « Obéir et Servir », et j'étais seule avec Yao Niang, la concubine, pour qui la malaria était chose banale. Heureusement, la femme du général Chang Tchen vint me voir, poussée par quoi, je ne le saurai jamais. C'était une dame plantureuse et énergique dont les yeux étaient perçants et le corps actif. J'allai la recevoir dans la grande salle, titubai et fus incapable de parler. Elle passa immédiatement à l'action, m'envoya un bon médecin, entraîné à l'allemande, qui ne soignait que les hauts fonctionnaires comme le général Chang. Le docteur me dit que c'était une malaria maligne et me fit deux piqûres d'atébrine qui coûtaient cinquante dollars l'une. Trois jours après, j'allais beaucoup mieux, je traversai le vallon, avec une servante qui m'aidait à marcher, et montai jusqu'à la maison Chang afin de remercier madame Chang Tchen. Mais je trouvai là une autre Mme Chang, non pas l'alerte et charmante femme à qui je devais la vie et une visite de politesse, mais une personne mince au visage de cire totalement différente de la première... la deuxième Mme Chang. Profondément confuse, après quelques phrases polies, je me retirai.

En septembre de cette année, une véritable tragédie se produisit. Environ douze mille personnes furent asphyxiées dans un abri public de Tchoungking (on disait même qu'ils étaient vingt mille). J'ai déjà dit combien ces abris étaient défectueux. Cette horreur se produisit pendant un des derniers raids de l'année, un samedi après-midi. On ne voyait pas d'avions, mais le signal de fin d'alerte se fit attendre pendant des heures; les gardes armés enfermèrent les gens dans l'abri et s'en allèrent sur la Rive Sud jouer au mah-jong ou voir un film... L'idée d'enfermer les gens était une folie, commise au nom de l'« ordre », pour empêcher le va-et-vient constant de ceux qui allaient respirer à l'entrée de l'abri. Au lieu d'améliorer la ventilation, on avait dressé des barreaux de fer et cette grille était verrouillée tant que durait l'alerte. Dans cet abri particulièrement vaste, les gens se mirent à secouer les grilles pour essayer de sortir, mais les verrous résistèrent et personne ne vint. Les gardiens restèrent absents une dizaine d'heures.

Il fallut plus d'une semaine pour débarrasser l'abri de ces cadavres; des rues entières furent dépeuplées, des familles entières moururent ensemble. Pendant une semaine dans la fraîcheur naissante de la nuit, les camions allèrent et vinrent, emportant les corps et des hommes munis de masques enlevèrent à la pelle les restes en décomposition...

Peut-être était-il inévitable qu'en automne 1941,

nous fussions invités par Tai Lee, et c'était un « suprême honneur ». Pao n'était pas seulement membre de sa clique, mais il était devenu l'un de ses favoris; sa calligraphie et sa physionomie avaient fait une bonne impression; il s'était « hissé » si rapidement à travers la hiérarchie que les gens commençaient à l'appeler la « Jeune Citadelle »... Plus que jamais, Pao consultait les astrologues et maintenant que les missions militaires et diplomatiques à l'étranger étaient du ressort de l'organisation de Tai Lee, il était certain que Tai Lee avait l'intention d'envoyer Pao comme attaché militaire soit en Angleterre soit aux Etats-Unis. Nous fûmes donc invités à dîner chez Tai Lee.

« Je ne veux pas y aller, dis-je. On m'a trop parlé de ce qu'il faisait. Je ne l'aime pas.

— Mais il faut que tu viennes », dit Pao, tout charme et cajolerie, et qui alla jusqu'à m'offrir des fleurs. On m'avait raconté des absurdités, ajouta-t-il. Ne savais-je pas que toute la politique était laide, oui, et les politiciens étaient forcés de faire de vilaines choses, mais les communistes eux-mêmes avaient admis que la Nouvelle 4e Armée était dans son tort. Ils avaient accepté la remontrance de Tchiang : tout cela était maintenant fini. « Crois-moi, il ne faut pas que tu t'imagines toujours que l'autre côté de la barricade est le meilleur. » Il disait cela parce qu'un devin à qui il avait montré ma photographie s'était écrié que j'appartenais au type de gens qui croient toujours que les fleurs poussant derrière le mur ont le parfum le plus délicieux : ce qui contenait une implication illicite et immorale. Pao l'appliquait à ce qu'il devinait en moi, une naissante opposition politique. Tchou En-lai avait fait un discours public à Tchoungking, n'est-ce pas ? On lui avait permis de parler, n'était-ce pas une grande bienveillance à l'endroit de ces communistes qui avaient fait tant de mal ? Pao pouvait être extrêmement persuasif; digne, patient et raisonnable, il plaidait : « Tu ne comprends rien à la politique, pourquoi refuses-tu de voir Tai Lee ? Comment veux-tu juger quelqu'un que tu n'as jamais vu ? »

Puis il se mit en colère et me dit qu'il tirerait sur moi si je refusais de l'accompagner. Il sortit même son revolver et en frappa la table. Puis il menaça ma famille. « Fais attention, dit-il, où serait ton Troisième Oncle sans moi ? Je peux le faire remettre en prison... »

Il parlait ainsi parce que Troisième Oncle avait été récemment kidnappé par les hommes de Tai Lee, peu après le voyage de Pao aux Indes et mis en prison pour avoir joué au mah-jong. La vraie raison n'était pas le mah-jong. Il y avait là une tentative de chantage contre certains membres de la « gentry » du Setchouan, capitalistes, tels Troisième Oncle et ses amis, sous le prétexte qu'ils avaient violé les édits concernant la « mobilisation spirituelle » (qui interdisaient la fréquentation des prostituées, les jeux de hasard et l'opium); et cela faisait partie des pressions exercées pour se procurer des produits locaux, destinés aux monopoles des Chemises Bleues.

Personne ne faisait la moindre attention aux édits pour la « mobilisation spirituelle ». Il n'y avait jamais eu tant de prostituées à Tchoungking; l'inflation forçait des familles tout à fait respectables à diriger vers le trottoir leur surplus d'enfants femelles. En 1941, avec le nombre croissant de missions militaires, et les rumeurs répandues par le gouvernement Tchiang selon lesquelles les pouvoirs occidentaux se préparaient à abandonner leur stratégie en Europe d'abord, en Chine ensuite, d'importants contingents d'aviateurs et de « marines » américains étaient attendus d'un moment à l'autre. Les prostituées se préparaient, certaines s'étaient même teint les cheveux d'une stupéfiante couleur jaune. La ville de Kunming, au Yunnan, était choisie comme base des aviateurs américains; on leur bâtissait des logis où l'on envoyait par avion baignoires et cabinets à chasse d'eau. Naturellement les filles se déplaçaient, et s'installaient à Kunming, pour se mettre à la disposition des Américains...

Les seules personnes frappées par ces édits furent

les « natifs » du Setchouan. Ils se mirent à jouer au mah-jong derrière leurs volets clos, sur des tables couvertes de feutre vert pour étouffer le bruit des pions. Pendant ce temps, au-dehors, sur les trottoirs, les prostituées qui se baptisaient étudiantes, et se promenaient en portant livres et cahiers, étaient harcelées et invitées à des « soirées de conversation » par les bureaucrates militaires de Tchiang.

Quand, un soir, Troisième Oncle fut emmené pour avoir été surpris en train de jouer, ce fut Deuxième Frère qui vint de la banque nous prévenir. Pao se rendit à la police et l'on relâcha aussitôt Troisième Oncle et ses amis, en disant qu'il y avait eu un malentendu. Pao, naturellement, était ravi d'étaler son influence; et maintenant il me rappelait ce qu'il avait fait pour Troisième Oncle.

« Tu n'as pas besoin de dire un seul mot à Tai Lee mais, je te le jure, c'est un homme très bien. »

Je mis ma robe de velours noir et allai à ce dîner avec Pao. Je pensais : « Il y a tant de mauvaises gens en liberté, et nous mangeons et buvons avec eux et nous leur sourions... Cela n'en fait qu'un de plus. »

Une longue limousine noire vint nous chercher, une de ces limousines dont l'image est toujours associée aux services secrets. Un garde du corps nous fit un grand salut de sa cape et de son chapeau de feutre. La mode était pour les hommes ces longues capes tombant aux genoux, parce que Tchiang Kai-shek en portait une. Le visage du garde était sévère; ses mains pâles, un peu flasques, sortaient de dessous sa cape. Pao avait rapporté de ses voyages quelques disques de gramophone, dont deux de l'*Ave Maria* de Gounod, et un appareil pour les jouer. Pendant des heures entières, il jouait l'*Ave Maria*, afin de manifester son culte de Tchiang Kai-shek. Cette fois, Pao apportait l'enregistrement de l'*Ave Maria* à Tai Lee, en cadeau.

La voiture nous conduisit à Fou T'ou Kouan et au-delà, vers une des résidences de Tai Lee, sur une falaise avec un abri blindé contre les attaques aériennes. Nous fûmes introduits et franchîmes deux ou trois portes, conduits par de jeunes hommes à l'air sévère, portant des uniformes noirs et des gants blancs; nous descendîmes un escalier et nous trouvâmes devant Tai Lee. J'ai toujours pensé depuis que nous étions là au sous-sol et non au niveau de la rue, car nous étions descendus sans remonter; mais il est aussi possible, tant d'immeubles à Tchoungking étant perchés sur des falaises abruptes, que cette grande maison commençât à un niveau et descendît à un autre, sans être pour cela au sous-sol. Quoi qu'il en soit, cette descente ajoutait à la solennité et à l'importance de la rencontre; le Roi des Enfers n'aurait pu réussir meilleure mise en scène : les rideaux de soie, les lumineuses lanternes rouges, le silence sinistre... L'aspect de Tai Lee, petit, mince, tout vêtu de noir, avec de très épais sourcils, le teint si basané qu'il aurait pu passer pour un Arabe, allait de pair avec le décor théâtral. La couleur foncée de ses joues et de son menton, ses yeux lourds au regard pénétrant, l'uniforme noir, tout contribuait à créer une impression mélodramatique, mais lorsqu'il se déplaçait, on savait qu'il était dangereux, du danger caché dans une vipère lovée.

Il nous serra la main et nous invita à nous asseoir, nous bûmes du thé, délicatement. La conversation fut d'abord faite de lieux communs, Pao prenant pour parler ses meilleures manières de jeune homme de bonne famille. Il raconta à Tai Lee que j'étais convalescente d'une grave maladie (malaria). Tai Lee demanda subitement combien nous avions d'enfants et Pao répondit : une fille à Tcheng Tou. Mais oui, j'étais supposée avoir un enfant, fiction commode non seulement pour expliquer mes fréquentes disparitions quand Pao ne souhaitait pas m'exhiber en public, mais aussi quand j'allais faire un tour à Tcheng Tou. D'ailleurs, il y avait une autre raison qui ne m'apparaissait pas au début, mais qui devint claire un peu plus tard.

Tai Lee demanda où j'avais fait mes études et Pao répondit :« En Angleterre. » Tai Lee approuva d'un hochement de tête, comme si cela mettait fin à un doute. Puis Pao se mit à parler de la situation en Angleterre, au Sud-Est asiatique et aux Indes. Il déclarait que la Grande-Bretagne était incapable de se battre. Elle était finie, mais essayait de décider l'Amérique à l'aider. Tai Lee disait que l'Angleterre courait à la faillite et liquidait son actif partout dans le monde, mais obtenait un prêt-bail, tandis que la Chine ne voyait pas venir de prêt-bail, ce qui était vrai. Il n'aimait pas Quo Tai-shi, le ministre des Affaires étrangères pro-anglais; et à ce moment ils étaient à couteaux tirés; une cabale se montait contre Quo, afin de le faire tomber. Tai Lee haïssait les Anglais parce qu'il avait été arrêté naguère à Hong-Kong lorsqu'il n'était qu'un petit escroc, et on l'avait gardé deux jours en prison, puis relaxé avec des excuses. De la bouche de Pao sortaient de belles phrases, toute douceur et paisible flatterie; il avait pris son air le plus « sincère »; pas un mot déplacé. Il écoutait attentivement tout ce que disait Tai Lee.

Vint le repas : mets délicats, fruits de mer si rares dans cette province continentale à plus de mille kilomètres de toute mer. Les bâtonnets de Tai Lee voletaient pour moi sur les morceaux de choix. Pao et lui se dressèrent pour boire à la santé l'un de l'autre; les brèves questions de Tai Lee assuraient la continuité de la conversation. Pendant un moment de délire, je me demandai ce qui arriverait si je feignais brusquement la folie furieuse, si je giflais Tai Lee et me roulais par terre. Mais la seule pensée du contact de cette joue sous ma main me répugnait. Sous un rideau de soie soulevé, on apercevait dans une autre pièce des vases de laque, des abat-jour roses à franges et deux gardes du corps, en uniforme noir, qui surveillaient les domestiques apportant et remportant la nourriture. Tai Lee me demanda alors si je connaissais un remède contre le mal de gorge auquel il était sujet. « Elle est docteur », avait dit Pao. Puis brusquement, ils parlèrent d'astrologie et des diseurs de bonne aventure; Tai expliqua quelque chose de très mystérieux et délicat au sujet de ce devin aveugle qui vous palpait les os... Puis le repas se termina, et, après une tasse de thé, nous prîmes congé car la politesse chinoise interdit qu'on s'attarde longtemps après un repas. Nous partîmes, emmenés dans la même voiture. Et le lendemain, Pao me dit que je m'étais très bien tenue. « Tu n'as pas trop parlé », me dit-il. Je n'avais pas prononcé un mot.

X

Quelque chose tourmentait Pao, et cela finit par se révéler; depuis plusieurs mois, nous touchions des rations de riz. Le riz était distribué à tous les fonctionnaires afin de « stabiliser » les prix (sans résultat). Et Pao avait touché trois rations au lieu de deux; je crois qu'il donnait la troisième à son cousin Pao Houa qui la vendait au marché noir, ou la donnait à quelqu'un en paiement d'un « service » rendu. Pao avait obtenu ces trois rations en inscrivant un enfant né à Tcheng Tou.

Or, un grand nombre de ses « Frères Bénévoles » disaient qu'ils n'avaient jamais vu cet enfant... pas même en photographie. Pao était intensément préoccupé par le changement qui se dessinait dans sa carrière qui était un poste d'attaché militaire. Il craignait qu'une accusation insidieuse pût le disqualifier.

Ce qu'il me reprochait surtout était ma stérilité. Si seulement j'étais enceinte, si seulement j'avais un fils, tout irait bien... Son supérieur, le général Hioung que nous rencontrâmes au cours d'une réception avait beaucoup d'enfants; d'autres se vantaient de leurs possibilités de reproduction, comme ils se vantaient du nombre de bols de riz qu'ils étaient capables d'absorber — six ou sept à un repas — ou des « artistes » qu'ils invitaient à une « petite conversation nocturne ».

Le fait que Pao réclamait constamment un enfant n'était pas étrange. Il est normal qu'un homme souhaite avoir des enfants. Et cela me tenait dans un état incessant de tension. Les consultations d'astrologues, de diseuses de bonne aventure, aboutissaient toujours à la même histoire : j'aurais d'abord une fille, ensuite deux fils. Pao m'avait donc inventé un enfant femelle, dans l'espoir que son désir allait engendrer sa propre réalisation.

Un autre désavantage pour Pao était qu'il n'avait jamais exercé de commandement actif sur un champ de bataille; aussi ne se trouvait-il pas en situation de soudoyer, par quelque promotion, d'utiles subalternes. Et ils étaient utiles ! On racontait l'histoire d'un officier peu galonné qui, en ajoutant un simple trait au nom d'un homme, avait envoyé un innocent à la mort... et celle d'un autre à qui l'on demanda le dossier concernant un détournement de fonds et qui égara les pièces pendant quatre ans. De la même manière, un simple scribe pouvait, en mettant dans ses rapports le nom de Pao sous les yeux de Tchiang, attirer sur lui l'attention du Tout-Puissant... et il ne serait pas oublié. Une angoisse croissante envahissait Pao; aurait-il assez d'appuis pour se tailler un chemin à travers ce buisson de rivalités qui absorbait toute l'énergie des fonctionnaires de Tchiang ? Echapperait-il aux mille pièges, faits de sordides ragots qui pouvaient détruire les plans les mieux élaborés ? Avait-il été assez aimable, avait-il assez impressionné ses supérieurs ? Tout cela le tourmentait. Si seulement il avait un fils, il se sentirait beaucoup plus fort... il réclamait un fils, un fils, un fils, comme s'il avait quarante-cinq ans au lieu d'en avoir vingt-cinq, et dans sa frustration me rouait de coups. Puis surgit cette question de rations de riz... pouvait-on supposer que la vérité fût révélée au sujet de cet enfant, prétendu à l'abri au sein de ma famille à Tcheng Tou ?...

A l'automne de 1941, je retournai à Tcheng Tou pour dire adieu à Troisième Oncle, à Troisième Tante, à ma famille, à tous mes amis, et pour acheter un enfant.

Marian Manley savait que Pao réclamait instamment un enfant, je le lui avais confié, et elle essaya de m'aider; elle m'examina, ne me trouva rien de défectueux. Je fus aussi examinée par une autre doctoresse de Tchoungking qui me fit un traitement électrique pour stimuler la matrice, traitement qui était alors (et vainement) en vogue. Des tests faits au cours des deux années précédentes n'avaient révélé ni obstruction ni maladie; mais les facteurs psychologiques n'étaient pas considérés comme ils le furent depuis, bien que Marian parlât de tension nerveuse aiguë, les études de Hans Selye sur les maladies psychosomatiques et sur les effets de l'angoisse mentale sur le corps commençaient à peine à se répandre dans les milieux médicaux. Marian me parla d'autres couples qui étaient devenus fertiles après l'adoption d'un enfant, et elle était sûre que si j'arrivais à me détendre, comme elle disait, je pourrais être enceinte. Mais comment pouvais-je me détendre auprès de Pao ?

Cet automne-là, l'inflation faisait des ravages dans le budget de nombreux employés salariés et de petits commerçants; ceux qui vivaient de leur salaire voyaient leur capacité d'achat réduite à presque rien, leurs économies disparaître; ils vendaient leurs vêtements et leurs meubles; beaucoup de gens faisaient deux, trois métiers à la fois afin de gagner davantage, mais dans cette course effrénée ils n'arrivaient pas à rattraper les prix en hausse. Seuls, les restaurateurs gagnaient de l'argent, ainsi que les propriétaires et les usuriers qui accaparaient le riz, les textiles, les combustibles. A Tchoungking régnait le scandale criant du beurre frais et des oranges importés d'Amérique par avion pour les membres des familles Kung et Soong pendant que les gens se battaient pour quelques trognons de choux, dans les marchés, et que les bébés mouraient de béribéri. Beaucoup de gens avaient constamment faim, maigrissaient, devenaient apathiques et ne quittaient plus leur logis parce qu'ils étaient trop faibles pour marcher, ils restaient couchés, incapables de travailler; les mendiants pullulaient et il y avait un marché actif d'enfants femelles à vendre dans n'importe quelle ville, à des familles fortunées.

Il y avait des bagarres, et aussi des révoltes parmi les paysans enrôlés de force. Quelques années auparavant, à Mienyang, sur la route de Sian en construction, les paysans avaient été racolés pour la construction de la route. Tous les matériaux devaient être fournis par les habitants des districts traversés par la route, et quelque 20 000 personnes avaient été recrutées de cette manière et mises à la tâche, sans nourriture. Or, la chose se produisait de nouveau, mais sur une plus vaste échelle; les paysans n'eurent pas le temps de faire leurs récoltes et ils se révoltèrent; environ 2 000 furent tués et d'autres expédiés à l'armée. Sur 6 000 envoyés dans le Nord-Ouest comme « soldats », 700 seulement survécurent.

Une des sages-femmes que je connaissais à l'hôpital avait une parente, mère de quatre filles dont la quatrième n'avait que trois mois. La mère désirait vendre la troisième fille, parce qu'elle trouvait que les deux aînées étaient trop âgées, et en savaient assez pour pousser des cris et pleurer; la plus jeune, le bébé, était trop petite pour que sa mère pût s'en séparer bien qu'elle déclarât qu'elle la vendrait plus tard, « car il vaut mieux qu'elle vive au lieu de mourir de faim », ajoutait-elle. C'est ainsi qu'elle vendait la troisième, la moyenne, qui à peine trottinante, n'avait qu'un an et demi. La mère avait demandé à la sage-femme de l'aider à trouver acquéreur.

La sage-femme me dit que la petite fille n'était pas très jolie, et qu'elle avait en outre mauvais caractère. Mais je pourrais jeter un coup d'œil sur elle. On en demandait mille dollars, c'était cher; on pouvait se procurer une petite fille solide pour cinq cents ou même trois cents dollars. Certaines sages-femmes me conseillaient d'offrir cinq cents dollars et de marchander : « La mère n'espère pas qu'on lui en donne mille dollars, ce n'est qu'un prix proposé. » Mais ce prix venait de ce que la mère était « éduquée », qu'elle savait lire et écrire. La petite fille avait déjà séjourné dans une autre famille, à l'essai, mais au bout d'un mois, ces gens l'avaient rendue, disant qu'elle était trop volontaire et manquait de souplesse.

Un matin, Houang Seyoun entra dans ma chambre, une petite fille dans les bras. Elle était en haillons, et semblait pétrifiée de peur, avec une grosse larme au bord de chaque paupière. Je tombai amoureuse d'elle. Elle avait des plaies sur le visage et le corps, il était évident qu'elle avait été maltraitée cruellement; de fines veines bleues couraient sous sa peau claire qui commençait à se rider légèrement, et dans un pli sous son oreille gauche, il y avait une petite tache de teigne. Elle avait une adorable figure de bébé aux grands yeux ronds et graves, les yeux les plus ronds et les plus bruns que j'aie jamais vus, et elle me regardait très sérieusement, d'un regard fixe, solennel et candide, tandis que ses larmes se mettaient à rouler lentement, silencieusement le long de ses joues. Mon cœur se serra à la pensée de toute la souffrance contenue que représentaient ces larmes silencieuses chez ce petit être de dix-huit mois. Elle avait peur du bruit, des voix trop fortes et elle murmurait : « Veux pas, veux pas », quand elle voyait des visages inconnus s'approcher d'elle pour l'examiner. Elle ne cria pas quand je la pris dans mes bras et me laissa l'emporter; j'allai chercher de l'eau chaude, la lavai, la séchai; j'examinai ses horribles plaies et elle me laissa faire. Alors la servante apporta un bol de riz tendre cuit avec de petits morceaux de foie et ses larmes changèrent d'aspect; elle se mit à pleurer de joie et cria : « *fan, fan* » ce qui veut dire : du riz, du riz, et elle se jeta sur le riz et vida le bol.

Je payai les mille dollars sans marchander, sans demander de faire un essai, pendant que Houang Seyouan faisait « tst-tst » entre ses dents et disait que j'aurais pu l'avoir pour moins cher et que la petite avait bien de la chance, et je répliquai que c'était moi qui avais de la chance, car c'était le plus bel enfant que j'eusse jamais vu; les gens sont-ils aveugles à la beauté ?

C'était plus que j'avais jamais désiré, cette adorable petite fille qui pendant deux jours me dévisagea pensivement, ne quittant son air solennel que pour bondir sur ses repas, en pleurant de joie chaque fois. Le troisième jour, tout à coup, elle me posa doucement la main sur la joue et sourit.

J'étais si heureuse que je l'emportai dans la chambre de Houang Seyouan en m'écriant : « Regardez, regardez, elle sourit ! » Toutes les sages-femmes vinrent la voir sourire, et dirent alors qu'elle était vraiment jolie et l'une d'elles critiqua la mère qui se séparait d'elle, mais cette mère n'était ni blâmable ni condamnable, car elle n'avait songé qu'à sauver son enfant; il fallait accuser l'injustice despotique, l'inflation, la misère, la guerre. Il y avait en Chine des millions de cas semblables, des millions d'enfants semblables, c'était si commun que tout le monde trouvait parfaitement normal de vendre ses enfants en période de famine... Et je savais que la mère n'agissait pas ainsi d'un cœur léger mais parce qu'elle y était obligée et que cela valait mieux que de tuer l'enfant, comme certains le faisaient, pour lui épargner la misère... Et cette petite fille avait une grande force de caractère, ce qui l'avait fait rejeter par ces autres gens qui voulaient acquérir une esclave : elle n'était ni soumise ni rampante. Elle savait ce qu'elle voulait, si jeune qu'elle fût.

Toutes les sages-femmes s'occupèrent de son trousseau : Houang Seyouan lui tricota un bonnet, Miss Wang lui fit des chaussures de feutre, Shen lui cousit une veste et un pantalon, et Marian Manley lui découpa dans une de ses vieilles robes de lainage, un petit manteau d'hiver doublé. Quant à Miss Hsu elle lui acheta une poupée, objet très coûteux à Tcheng Tou.

Peut-être Miss Hsu voulait-elle me remercier pour le terrain, qui avait coûté le même prix que la petite fille (mais la terre avait déjà doublé de prix en six semaines). La petite fille contempla la poupée, fixement, pendant très longtemps, puis elle lui toucha le nez, et ensuite son propre nez, les yeux de la poupée et les siens, c'était son premier jouet, et elle tenait la poupée serrée contre son cœur, dormait avec elle et ne la jetait jamais à droite et à gauche comme font les autres enfants; j'étais forcée de la lui enlever, pour faire sa toilette ou l'habiller. Et puis, Marian découvrit un livre d'enfant, à grosses lettres, A, B, C, qu'une famille de missionnaires avait abandonné, et l'enfant le regarda solennellement, puis montrant du doigt la lettre T elle dit : « Avion, boum, boum », ce qui révélait qu'elle avait connu les bombardements.

Plus tard, je lui achetai un autre jouet, un petit ours, et cela aussi coûtait terriblement cher, environ le prix de six mètres de tissu de coton. Quand je revins à Tchoungking, je vendis tout le reste des objets inutiles que Pao avait rapportés des Indes, ceux que je n'avais pas distribués en cadeaux, et je trouvai des acheteuses enthousiastes parmi certaines dames riches de Tchoungking, le prix d'une paire de souliers à talons hauts était alors équivalent au salaire de Second Frère à la banque pendant huit mois; et un ridicule sac à main en fausses perles coûtait cinq cents dollars, la moitié du prix de la petite fille... J'eus ainsi un peu d'argent et j'achetai des jouets, des chaussures et quelques vêtements pour le bébé sans rien demander à Pao.

La petite tache de teigne près de l'oreille de l'enfant prit bientôt une couleur rouge mat et s'étala, limitée par un bord saillant. « C'est un érysipèle », dis-je à Marian qui fut de mon avis. Peu après, la moitié de son visage et la moitié de son dos furent de la même couleur rouge et l'enfant avait la fièvre. Il fallait que nous trouvions des sulfamides, ce qui était difficile, le prix d'un comprimé étant vingt-cinq dollars, mais je parvins, avec l'aide de Marian, à m'en faire céder par l'hôpital. Je lavai cette tache et toutes les autres plaies de la tête et du corps de l'enfant; la peau de ses fesses et de ses jambes se mit à peler, des cloques se formèrent et s'emplirent de pus. Jamais elle ne se plaignit quand je la nettoyais.

Pendant ce temps, le morceau de papier attestant la vente me fut remis et tout fut réglé. « Vous auriez dû exiger des vêtements avec la petite, me dit Miss Hsu, il ne faut pas vous laisser exploiter. » Mais je me sentais riche, riche de cette ravissante petite fille aux yeux adorables, à la figure grave, et j'aurais payé je ne sais combien de fois plus, très joyeusement. Miss Hsu avait beau hocher la tête devant le prix excessif payé pour un enfant qui était malade, qui m'était arrivé en si mauvais état. Sa prompte guérison émerveilla tout le monde.

L'enfant se mit à sourire plus fréquemment à de plus nombreuses personnes, et la nouvelle de ces sourires circulait dans toute l'école des sages-femmes. « Elle m'a souri aujourd'hui, Meimei[1] m'a souri. » Deux fossettes se creusaient dans ses joues et elle était moins maigre. Au bout de deux semaines, ses plaies se fermèrent et je la ramenai à Tchoungking par avion; petite et maintenant confiante, montrant du doigt les objets dans sa brusque sécurité, parlant, et de temps en temps volontaire comme doit l'être un bébé, mais patiente et silencieuse lorsqu'elle souffrait, et me regardant en attendant que je m'en aperçoive...

A Tchoungking, j'appris que Pao n'était plus chez Troisième Oncle, et qu'il nous avait loué une chambre près du centre de la ville; c'était une bonne chambre, au plancher de bois, avec un lit, une commode, une table, dans un logement appartenant à un fonctionnaire qui, quelques années auparavant, avait construit cette maison quand la terre et la construction étaient bon marché. Par une chance exceptionnelle, elle avait été épargnée par les bombes.

1. Petite sœur.

Les offres de gens qui proposaient de nous loger, ou qui nous invitaient à manger dans de luxueux restaurants étaient maintenant fréquentes, à cause de la réussite de Pao. Mrs. Ling, la femme du fonctionnaire, nous avait donné sa plus belle chambre en façade, et s'était retirée dans une pièce plus exiguë, qui ressemblait à un cabinet de débarras, près de la cuisine, avec ses deux enfants. C'était une femme menue et remarquablement compétente. Mais il n'y avait pas de lit pour l'enfant que je ramenais; alors, ayant vidé un tiroir de la commode, j'en fis un lit et, pour protéger l'enfant contre les rats, je le plaçai sur une table, entourée de treillis métallique que je fixai avec des clous et de la ficelle au-dessus du berceau improvisé, comme je l'avais vu faire à l'hôpital d'obstétrique. La petite y était bien couchée et bougeait très peu pendant son sommeil. Elle grossissait, continuait à manger voracement, et un jour que je lui avais donné une petite mandarine en guise de jouet, elle la dévora entièrement : écorce, peau des quartiers, pépins, tout. Maintenant, ses plaies guérissaient, la teigne avait disparu. Elle faisait de courtes promenades avec moi; et ses cheveux qui se décoloraient par manque de vitamines se mettaient à épaissir.

Je n'avais pas averti Pao du jour de mon arrivée, car l'obtention de billets d'avion était imprévisible : il fallait soudoyer l'employé qui enregistrait la demande, soudoyer l'employé qui vendait le billet, soudoyer le contrôleur qui timbrait le billet... J'arrivai donc dans l'après-midi et quand Pao rentra le soir il vit la petite qui mangeait son bol de riz et de foie installée devant la table basse. Elle aimait la viande, mangeait très proprement, sans jamais laisser un grain de riz; elle rattrapait les derniers avec ses doigts qu'elle suçait ensuite, et terminait en léchant le bol. Il dit d'une voix forte : « Ah ! voilà la petite », car l'enfant était là et il ne pouvait la renier; ne touchait-il pas des rations de riz pour un enfant depuis plusieurs mois ?

Au bout de deux ou trois jours, la voyant si paisible, car elle ne faisait pas de bruit la nuit, et comme elle le contemplait de ses yeux ronds qui ne cillaient pas, lui aussi fut emporté par une vague d'affection car Pao n'était pas un homme dur, ce n'était qu'un homme égaré, égaré par sa propre ambition; il n'était pas pire, mais peut-être un peu moins calculateur que bien d'autres hommes de son âge dans la fidélité des attachements où il se fourvoyait, emprisonné dans ce système hallucinant qui nous rendait tous fous.

Il me demanda : « Que vas-tu en faire ? — La faire vivre avec nous, répondis-je. — Bon. Nous pouvons la dresser à devenir ta *yat-ou*[1] », dit-il, revenant à la tradition qui consistait à acheter des petites filles pour en faire des domestiques ou des esclaves qu'on revendait ensuite comme concubines à quelque vieillard. Je déchirai le morceau de papier qui avait servi d'acte de vente. Je ne la laisserais jamais devenir esclave, devenir autre chose qu'elle-même. Ce chaud petit corps si précieux, si aimant, si confiant, ne serait pas vendu une seconde fois, je ne voulais pas obéir à la tradition chinoise et me servir d'elle comme servante, soutien de ma vieillesse, une manière d'assurance... je ne répondis pas à Pao.

Et j'étais contente, heureuse, de n'avoir pas d'enfant de Pao. Car trop de souffrance s'éterniserait d'une génération à l'autre. Celui-ci, qui n'était pas de moi, mais était tout à moi, par l'amour et la volonté, qui n'était pas un produit biologique fortuit, engendré dans les ténèbres, peu souhaité, imprévisible, mais à moi par choix et intention, beaucoup plus que ne pourraient l'être ma chair et mon sang, cet enfant, dis-je, me contentait tout à fait, me contentait à jamais.

Car l'amour est le seul vrai lien, et il n'y a de parents et d'enfants que là où il y a de l'amour. Et je me réjouis, aujourd'hui encore, de n'avoir pas eu d'enfant, car je crois que je n'aurais pas pu l'aimer

1. Servante esclave.

sans me tourmenter, me tourmenter sans cesse, et presque le haïr. Je me demanderais constamment quelle part de mon être pourrait le conduire à l'autodestruction. Je ne souhaitais pas voir une reproduction de moi-même, difficile, se châtiant soi-même, se détruisant soi-même. Cet enfant serait mon amour. Il l'a été.

Le début de l'hiver ramena son brouillard cannibale, engloutissant maisons, ruines et collines. Le Grand Fleuve bourbeux, ses houles en décrue progressive, ralentissait son allure à mesure que baissaient ses lourdes eaux. De tous côtés montait le bruit des marteaux, et sur les collines on pouvait voir de petits hommes dressant de courts fûts d'arbres destinés à de nouvelles maisons; les tuiles qui avaient été arrachées aux toits par le souffle des bombes étaient replacées en rangs bien égaux sur de nouveaux toits. Des auvents, pendaient les perches de bambou sur lesquelles flottaient les vêtements d'hiver en train de s'aérer dans les derniers halètements du soleil asphyxié. L'hiver. Tchoungking se reconstruit, mais cette année les choses coûtent si cher que de vastes surfaces sont désertes, restent désertes. Les prix montent, montent, montent, un repas au restaurant coûte aujourd'hui cent cinquante yuans; il en coûtait soixante-quinze il y a six mois...

Octobre 1941. La mission militaire américaine à Tchoungking fut considérablement renforcée; multiplication des révoltes de paysans; travailleurs mourant de faim, de malaria et de choléra pendant qu'ils creusaient la terre... Une nouvelle campagne anticommuniste. Une nouvelle campagne « spirituelle de confiance en soi ». A Kunming, on préparait un hôtel et plusieurs résidences destinés aux Américains; toute une série de conseillers, et aussi des techniciens et du personnel volant pour les Forces aériennes, en outre, des « marines »... Le papier-monnaie imprimé en Angleterre arrivait par tonnes le long de la route de Birmanie et, plus tard, allait être transporté par la voie des airs au-dessus de l'Himalaya, quand la route de

Birmanie fut tombée aux mains des Japonais, en mai 1942. En 1942, 150 tonnes de papier-monnaie furent apportées en Chine par air.

A Tchoungking, les cinémas passaient un film américain en couleur, tout en filles et lingeries, si différent de nos vies que nous en restâmes bouche bée, et que la nudité des actrices provoqua dans la foule des cris de dérision.

Nouveaux édits contre la hausse des prix, contre la corruption; mais les prix continuèrent à monter. Evacuation obligatoire des villes pour certaines familles afin d'empêcher la hausse des prix... Les journaux osaient même critiquer « certains hauts fonctionnaires » menant une vie de luxe au sein même de la misère.

Mais pendant cet hiver précoce, l'attention fut détournée des vrais problèmes : l'inflation, la faim, les morts dans les abris, la corruption, les émeutes, par un incident banal; un scandale personnel est sans doute la diversion la plus efficace quand la tyrannie est aux prises avec les difficultés.

La cabale contre Quo Tai-shi, ministre des Affaires étrangères, que Tai Lee et Hou Tson-nan détestaient tous les deux prenait tournure. Quo était anti-Hitler, anti-Japon, pro-Anglais. Cela ne suffisait pas à Tai Lee pour le « déboulonner ». Quo fut accusé de s'être mal conduit avec une jeune personne, qui n'était pas sa femme. Il n'y avait pas un atome de preuve, il n'y en aurait jamais; un vague bruit courait que le ministre et une jeune fille séduisante et intelligente, à peu près de mon âge, miss S., étudiante de la même année que moi à l'université de Yen-tching, s'intéressaient l'un à l'autre. Tout d'un coup, la « Société » de Tchoungking, les échelons supérieurs du gouvernement, ne parlèrent plus que de cela. Pas un mot de la famine, des émeutes, de la censure, de la chasse aux sorcières, de l'inflation, de la corruption, des camps de concentration, mais de la liaison supposée d'un ministre ! « Parfaitement stupide », dis-je quand me parvint la rumeur. Pao déversa sur moi des flots de vertueuses vitupérations comme si cette médiocre médisance privée était la chose la plus désastreuse, la plus inouïe, la plus choquante qui se fût jamais produite, menaçant de déséquilibrer à jamais notre vertueux gouvernement, compromettant l'issue de la guerre !

Pendant ce temps, Tai Lee, et bien d'autres, se lançaient dans maintes aventures galantes; Tai Lee rouait de coups une jeune fille qu'il avait séduite et l'expédiait dans une de ses « écoles »; même le Tout-Puissant, Tchiang, eut, dit-on, le visage labouré de coups d'ongles au sujet d'une certaine n° 3... Le récit de ce qui s'est passé pendant que la mission militaire était à Singapour commence à se répandre. Vingt ans plus tard, en 1962, on me raconte à Singapour les amours de Pao avec une beauté locale maintenant propriétaire d'un grand restaurant... dont j'étais — dans mon ignorance — une bonne cliente (et que je continuai de fréquenter).

Mais tout cela fut étouffé, disparut dans tout le bruit qu'on fit autour de Quo et de son flirt imaginaire; tandis que Mme Quo démentait partout que son mari s'intéressât à une autre femme qu'elle, ce qui ne faisait qu'ajouter aux conjectures plus d'indignation délectable... Brusquement toutes les femmes devenaient des parangons de pruderie, condamnant miss S. avec horreur. Car les rapports sexuels ont toujours été un sujet de conversations sans danger, ce que ne sont pas les révoltes de paysans, la corruption ou l'inflation...

Le 1er décembre, Pao rentra, m'apportant la nouvelle qu'il était nommé attaché militaire suppléant à Londres, pour trois ans. Cette perspective l'enchantait, bien qu'il eût préféré Washington.

Nous devions partir pour Londres le 9 décembre via Hong-Kong, Honolulu et les Etats-Unis. La seule chose qui inquiétât Pao était que le consul général à Honolulu était ce même docteur Yang qui avait été attaché militaire de Presse et que nous avions rencontré à Bruxelles; le docteur Yang allait-il me reconnaître ? Allait-il dire qu'il m'avait connue comme étudiante à Bruxelles, alors que Pao racontait à tout le monde que j'avais fait mes études en Angleterre ? Je fus cynique : « Pourquoi as-tu raconté tant de mensonges ? »

Je commençai à faire les bagages tandis que Pao déblatérait contre le docteur Yang. Au dernier moment, il décida que nous n'emmènerions pas l'enfant, et fit une nouvelle scène. Par lassitude, je télégraphiai pour demander à Jessie Parfitt à Tcheng Tou si elle pourrait garder la petite, mais, sagement, Jessie refusa (je m'y attendais).

Et puis, le matin du 8 décembre, vint la nouvelle de Pearl Harbour.

Ce fut Pao qui, à peine était-il parti pour son bureau ce matin-là, revint à la maison pour me l'apprendre; il rapportait le journal. Des bruits éclatèrent audehors presque immédiatement : cris de marchands de journaux, éditions spéciales, flot de gens sortant de chez eux pour acheter les journaux, puis se groupant, et le bruit de leurs voix dominant le ronron de la circulation.

Pao jubilait; tout le Conseil militaire jubilait; Tchiang était si heureux qu'il chanta un vieil air d'opéra et qu'il se joua *Ave Maria* toute cette journée. Les fonctionnaires du gouvernement Kouo-min-tang, le visage extasié, se congratulèrent comme si nous avions remporté une grande victoire. De leur point de vue, c'en était une, ils n'attendaient que cela : que l'Amérique soit en guerre avec le Japon ! Enfin, enfin, l'Amérique et le Japon étaient en guerre ! Maintenant, la Chine allait devenir encore plus importante. L'argent et le matériel américains allaient affluer; un prêt-bail d'un demi-milliard, d'un milliard entier, au lieu d'un misérable 1,5 % (l'Angleterre en recevait 95 %). La flotte américaine avait été en partie détruite et la prochaine cible des Japonais serait Hong-Kong et le Sud-Est asiatique.

Que le Japon eût fait cela, que le Japon eût écrasé

la Grande Flotte Blanche, rendait les officiers de Whampoa presque délirants d'allégresse, à la fois parce que le Japon avait porté un coup terrible à une Puissance Blanche, ce qui permettait à la clique pro-japonaise de souligner les échecs des Blancs et aussi parce que les critiques blessantes concernant le chaos chinois, l'incapacité, la défaite de la Chine pouvaient maintenant être accueillies par un haussement d'épaules et un triomphant : « Et vous ? »

« Désormais, l'Amérique ne pourra plus jouer de double jeu », dit un fonctionnaire ce soir-là, au cours d'un dîner, s'adressant au cercle de visages radieux entourant la table. Il disait cela parce que la mission Kurusu à Washington — qui devait donner au State Department l'impression illusoire que le Japon hésitait — alors que l'Armée était prête à attaquer — avait beaucoup inquiété Tchoungking. Comme les Chinois se gaussaient des Américains ! Car c'était un dimanche, un « week-end », que la flotte des « gros garçons », comme les Japonais avaient surnommé les Américains, avait été surprise. « Ils étaient trop occupés à boire et à forniquer ! » s'écria un général chinois fort ivre, levant son verre pour boire à l'avenir. Maintenant l'Amérique serait forcée de soutenir Tchiang. C'est-à-dire que des dollars américains tomberaient dans les poches des fonctionnaires, dans les poches des commandants de l'armée, des canons destinés à Hou Tson-nan pour la guerre imminente contre Mao Tsé-toung à Yenan...

La joie causée par Pearl Harbour dépassait encore celle qu'avaient produite les victoires allemandes en Russie, bien que Pao prît un air solennel et teinté de commisération quand il voyait David Barrett. Le Kouo-min-tang avait considéré avec faveur une alliance avec les Puissances de l'Axe et l'entrée en guerre de l'Amérique ne modifiait pas du tout ces projets à long terme. On concevait que le Japon eût plus que jamais besoin de l'invisible coopération de Tchiang. Quo Tai-shi poussait Tchiang à déclarer la guerre au Japon et à l'Allemagne, en promettant que

Tchiang recevrait alors un prêt de 100 millions de livres sterling. Le 9 décembre, la guerre fut déclarée au Japon et à l'Allemagne et Tchiang reçut un prêt de 50 millions de sterling.

Le front asiatique, pensait-on à Tchoungking, serait le premier souci des Etats-Unis à cause de la situation de l'Amérique comme puissance du Pacifique. Cet espoir s'écroula bientôt. Frank Knox, du gouvernement d'Etat, fit un discours disant qu'il fallait avant tout battre Hitler. Puis, se suivant de très près, vinrent les avances du Japon, à une vitesse dépassant toutes les conjectures. Hong-Kong fut attaqué deux jours après Pearl Harbour et tomba le 25 décembre, quelques heures avant que les vaisseaux de guerre de Pearl Harbour, déjà japonais, eussent appareillé de la baie de Cam Ranh en Indochine pour frapper et détruire la flotte britannique d'Extrême-Orient. Guam, Wake, les îles Mariannes furent attaqués.

Nos plans étaient changés; nous prendrions l'avion pour Kunming, puis en survolant l'Himalaya pour un aéroport du Nord de la Birmanie et de là à Calcutta, aux Indes. De Calcutta, Pao gagnerait Londres, par les airs, et la petite fille et moi nous continuerions par le train jusqu'à Bombay où nous prendrions un bateau pour Londres. Et puisque le canal de Suez était fermé aux bateaux réguliers de passagers, à cause de la guerre en Afrique du Nord, nous serions forcées de doubler le cap de Bonne-Espérance et de traverser l'Atlantique... Voyage long et détourné.

En janvier 1942 commencèrent sur terre les attaques japonaises contre la Malaisie et Singapour; l'Angleterre était en guerre avec le Japon; la nomination de Pao prit une importance accrue.

Au début de janvier, nous quittâmes Tchoungking pour franchir en avion l'Himalaya, vers un aéroport de la Birmanie du Nord. Nous nous levâmes à deux heures du matin et nous étions sur la piste d'atterrissage de Shuang Hupa à trois heures et demie. C'est dans un épais brouillard que péniblement nous descendîmes les marches conduisant au fleuve qui était alors à son niveau le plus bas, et que nous traversâmes par le bac jusqu'à l'île allongée au milieu du courant. Des huttes de paille servaient de salles d'attente, il n'y avait pas de bâtiments permanents pour un aéroport qui était sous l'eau la moitié de l'année.

Deux Américains et un Anglais prenaient le même avion que nous, ainsi que quelques fonctionnaires chinois. Je tenais dans mes bras la petite fille enveloppée d'une couverture. A la lueur de lampes à pétrole, nous attendîmes, et puis Tai Lee arriva portant une cape noire et un chapeau de feutre couleur taupe; avec des gardes du corps le précédant et le suivant, il fit une entrée majestueuse, dans un silence général. Son chapeau, assez haut pour grandir celui qui le portait, était presque surréaliste par son air de vivante malignité; ainsi coiffé, il faisait songer irrésistiblement à un gangster de cinéma à la mine assez comique et tout à fait patibulaire. Les officiers chinois, y compris Pao, claquèrent des talons, le saluèrent militairement. Des ordres retentirent, on versa du thé. Tai Lee demanda quand l'avion décollait; il était venu pour prendre congé des fonctionnaires importants qui partaient avec nous et aussi de Pao, mais il n'attendrait pas. Tantôt il souriait, avec cette chute de la lèvre inférieure et du menton qui était son sourire, et l'instant d'après il se transformait en tornade, en un ouragan de fureur, sa cape balayait les airs, son corps courtaud bousculant tout ce qui l'entourait, l'écume à la bouche. Mais le chapeau gardait son aspect de couvre-chef de comédie, étranger au cyclone déchaîné qu'il coiffait. Pao et les gardes du corps suivaient Tai Lee qui faisait les cent pas, en vociférant comme un énergumène.

Le départ était retardé : cause de sa fureur, les services météorologiques avaient averti qu'un orage menaçait dans la montagne et les pilotes avaient décidé d'attendre deux heures de plus... Tai Lee empoigna brusquement par le milieu la canne qu'il portait, une longue et lisse canne à épée dont la poignée était terminée en pomme d'ivoire. Tai Lee avait fait faire deux de ces cannes, et en avait donné une à Tchiang Kai-shek. Il se mit à la faire tournoyer et à en frapper la table de bois qui servait aux vérifications des bagages par la douane.

Au mépris des avertissements de la météo, les pilotes lancèrent les machines et notre appareil décolla, tandis que Pao agitait le bras et faisait le salut militaire.

En février 1946, Tai Lee allait mourir dans un accident d'avion, parce qu'une fois de plus il ne voulut pas écouter les conseils de la météo et obligea le pilote à voler, en dépit des prévisions atmosphériques...

Notre vol vers Kunming fut secoué par les bourrasques, les nuages noirs porteurs d'orage heurtaient l'avion dangereusement; à un certain moment, notre appareil tomba à environ deux cents mètres d'altitude : nous éclatâmes de rire en nous retrouvant vivants. Mais l'aérodrome de Kunming était accessible et nous prîmes une heure de repos avant de remonter dans l'avion pour survoler les crêtes de l'Himalaya. Ces voyages sont devenus beaucoup plus coutumiers, et les risques courus à cette époque font un récit monotone; mais il n'y avait pas alors d'avions à réaction, nous volions haut, la pressurisation était insuffisante et nous souffrions du mal de l'air. Par les hublots, nous apercevions les chaînes de montagnes, au-dessous de nous, autour de nous, et au-dessus de nous. Des pics neigeux, d'un bleu de glace, roses, violets ou blanc aveuglant, dressaient leurs gigantesques masses tandis que notre avion semblait sombrer et se ruer sur eux. Des avalanches de clarté solaire surgissant entre les nuées noires d'un côté, les arcs-en-ciel éblouissants de l'autre. De vastes abîmes de ténèbres s'ouvraient, dans lesquels plongeait notre avion secoué. Puis, dans leur pureté, excluant toute crainte, comme si la mort elle-même se faisait légèreté, surgissaient de nouveau les pics incroyablement immuables et limpides, qui nous surveillaient de leur lointain regard de dieux, lorsque notre avion effleurait leur énorme, hallucinante splendeur et s'éloignait. Et tout ce que contenait l'avion, sièges, ailes, cahotait, tremblait et grinçait sans interruption. Nous étions tous silencieux : en proie à de croissantes appréhensions et à d'affreuses nausées.

Puis, l'avion se posa à Lashio dans la verdure et l'intense chaleur et je portais deux tuniques capitonnées, celle du dessus dégoûtante parce que la petite fille avait vomi. L'enfant, pâlie par la chaleur, était ruisselante de transpiration, Pao se dépouillait couche par couche de ses vêtements superposés, mais je ne pouvais enlever qu'une robe matelassée. Puis, l'avion de nouveau, et ce fut dans la brume verte du soir, Calcutta, brûlant, fumant, du bétail dans les rues, poussière et clameurs. La fatigue nous avait alors plongés dans un état d'hypnose.

Le *Great Eastern Hotel* nous donna une chambre de château, avec d'énormes lits, des moustiquaires, une salle de bain semblable à une sombre caverne. Mais il ne nous fut pas possible de choir dans nos lits pour y dormir, car nous étions invités à dîner par le consul de Chine à Calcutta et sa jolie femme qui étaient venus nous accueillir. Je dus habiller l'enfant et l'emmener, car je ne pouvais la laisser seule dans la chambre. Les Anglais en tenue de soirée firent tche, tche, tche... et critiquèrent à haute voix cette mère contre nature qui forçait cet amour de petit bébé à descendre dîner avec des adultes... Elle était si fatiguée qu'elle ne voulut pas manger. Le lendemain matin, elle refusa de nouveau toute nourriture, elle n'avait pas l'habitude de ces aliments, elle n'aimait ni les bananes, ni le lait, elle ne voulait que du riz...

Trois jours après, Pao prenait l'avion pour Londres.

Il était heureux et débordait de confiance. La Malaisie, les Philippines étaient attaquées, elles tombaient... Le *Prince of Wales* et le *Repulse* avaient été coulés par les Japonais. En se préparant à partir pour l'aéroport, Pao me confia que le dernier devin qu'il avait consulté (un physionomiste) avait eu raison : la grandeur lui viendrait : « Il a vu la lumière irradier de mon front », me dit-il en examinant avec une profonde satisfaction son visage dans le miroir : longue vie, brillant avenir pour la « Jeune Citadelle », la plus fidèle, sûre et chevaleresque de la puissance de Tchiang, Tang Pao-houang. Cela prouvait que Tai Lee savait bien choisir les bons disciples. Cette agréable perspective rendait Pao aussi affable et charmant qu'il pouvait l'être. En trois courtes années, il était monté jusqu'au sommet : il était le plus jeune attaché militaire jamais élevé à ce grade, car il n'avait que vingt-neuf ans. La rapidité avec laquelle il passait d'une humeur à l'autre, de la rage à la douceur et à la tendresse attentive ne cessait de mc plonger dans la perplexité, jusqu'au jour où je découvris que beaucoup de Chinois de sa classe possédaient le même talent.

En quittant Calcutta, Pao choisit un nom pour la petite fille qu'il appela poétiquement Yungmei : Fleur de Prunier, de Tcheng Tou; car elle était née le troisième jour de la nouvelle année chinoise, au moment où toutes les demeures s'ornent de fleurs de prunier. Et puis, d'un air pensif, il me dit : « Peut-être nous portera-t-elle bonheur ? » Je ne répondis pas mais serrai Yungmei contre moi, en faisant à Pao un geste d'adieu, sur l'aéroport, et je guidai la main de Yungmei qui lui fit aussi un geste d'adieu. Puis, nous rentrâmes toutes les deux à l'hôtel et tout en essayant de la faire manger, je lui dis : « Et maintenant, Yungmei, nous allons tâcher de nous en tirer ensemble. » Car je savais que je ne pouvais plus imaginer ma vie séparée de la sienne et que jamais je ne renoncerais à elle.

DEUXIÈME PARTIE

1942-1948

XI

NOUS restâmes, Yungmei et moi, près de quatre semaines aux Indes, en janvier et au début de février 1942. Nous habitâmes pendant quinze jours le *Great Eastern Hotel* de Calcutta, puis nous prîmes le train pour Bombay où nous descendîmes à l'hôtel Taj Mahal. Vingt-cinq ans plus tard, je retrouvai ces deux hôtels à peu près inchangés, avec leurs colonnes de marbre, leurs hauts plafonds en coupole, leur inimitable et solennelle lourdeur victorienne, rehaussée d'une inextirpable poussière. Je suis toujours stupéfiée par ce mélange de la décrépitude impériale et du labeur constant d'une armée de porteurs, de garçons, et de parias, balayant et nettoyant éternellement, avec cet air de fataliste sagesse résignée à l'éternité de ses gestes, ces pesants monuments de marbre.

Je n'ai pas le souvenir d'y avoir rencontré un seul Indien qui ne fût pas un domestique, un porteur, un *wallah*[1] de quelque chose; à cette époque, les Indiens n'existaient qu'à titre d'utilités et les « wallahs instruits » n'étaient que des parvenus, des têtes brûlées, dont la place était la prison. Pas un Indien ne rési-

1. Anglo-Indien : employé, serviteur... (*N.d.T.*)

dait dans un hôtel : ces édifices étaient réservés aux Anglais, ou aux diplomates comme nous.

Le consul de Chine à Calcutta et, plus tard, celui de Bombay, et leurs femmes prirent soin de nous avec application : ils nous couvraient de cadeaux de sollicitude, d'infatigable courtoisie et d'innombrables sourires. Ils couraient les magasins avec nous, nous nourrissaient, nous distrayaient. J'avais surtout besoin de vêtements d'été pour Yungmei, car il ferait très chaud sur le bateau en traversant l'équateur, et je n'avais pour elle que quelques vêtements d'hiver. Pour réduire ces frais de toilette, je revins pour moi-même à la tenue d'étudiante (chemisiers, shorts, pantalon) avec l'espoir d'acheter en Angleterre ce dont j'aurais besoin et je ne me chargeai que de ce qui allait me servir pendant la traversée. J'achetai un très petit collier de corail pour Yungmei et deux opales laiteuses pour m'en faire des boucles d'oreilles, ce qui, pensais-je, me tiendrait lieu de « bijoux » dans ma nouvelle situation.

Yungmei devenait très difficile, et c'était compréhensible : sa vie de bébé avait été trop bousculée; elle était désorientée et fatiguée, et mangeait mal; je ne savais pas ce qui lui convenait et j'essayais tout; je vis son regard fixe me reprocher un repas de lait et de bananes. Puis, je m'aperçus qu'elle avait des vers, un jour où, en la lavant dans l'eau chaude du bain, j'en vis un lui sortir de l'anus, remuer lentement son extrémité aveugle et rentrer.

Les ascarides, vers ronds parasitaires, sont très répandus, encore aujourd'hui, dans de nombreuses régions de l'Asie. L'infestation en était de 90 p. 100 dans le Setchouan producteur de riz, où l'emploi du fumier humain et surtout l'habitude de manger les légumes non cuits mais conservés dans une solution salée aidaient à sa propagation. J'aurais dû traiter le bébé, mais, en raison de toutes ses autres maladies, j'avais omis de le faire. J'allai chez le pharmacien acheter le vermifuge approprié et le résultat fut stupéfiant. Le lendemain, elle expulsa vingt-cinq grands vers en rouleaux; je dûs les lui extraire à la main, car ils étaient énormes, certains se tortillaient encore faiblement, et je me demandais comment un si petit corps avait pu en contenir autant. Après cela, sa santé s'améliora, mais je ne pouvais toujours pas la laisser seule, elle poussait des cris incessants si je la quittais, ne fût-ce que pour aller dans la salle de bain.

J'essayai d'engager une *ayah* indienne pour s'occuper d'elle; l'hôtel me procura une femme d'âge mûr, décharnée, avec des lobes d'oreilles étirés jusqu'à n'être plus que des ficelles par de lourds anneaux de cuivre (en touffes et de la taille d'anneaux de doubles rideaux) qui fit aussitôt sauter le bébé sur ses genoux en lui chantant des berceuses. Yungmei se mit à hurler et ne cessa pas de hurler. Une heure après, je payai l'ayah pour qu'elle s'en aille. Et je décidai d'emporter l'enfant partout où j'irais, puisqu'elle n'acceptait que moi. Et, sortie victorieuse du combat, elle consentit à se nourrir.

L'après-midi, j'emmenais Yungmei au *Maidan,* ce vaste espace découvert de Calcutta où l'on pouvait se promener dans la douceur de ce bel hiver aussi chaud que le printemps à Tcheng Tou. On voyait des groupes d'Indiens vêtus de blanc, flânant en lointaines, inapprochables frises. On ne voyait autour de soi que peu de traces de l'art indien, tant la possession de la race « supérieure », des gens au pouvoir, était profondément ancrée. Le cliquetis des tramways au bruyantes sonnettes et aux engrenages grinçants, l'aspect sordide et nonchalant des foules, restaient sans aucun sens, car leurs mouvements m'étaient incompréhensibles, la présence insolite des Anglais sur le *Chandnichauk* [1], les vaches errant lentement, ruminant et se soulageant, les hordes de mendiants, mutilés, gémissant, et tendant la main avec persévérance, constamment pourchassés par des agents de police aux guêtres blanches qui les repoussaient de leurs bâtons noirs jusque dans les boyaux fétides de sombres ruel-

1. Boulevard principal de Calcutta.

les; les odeurs, ces odeurs qu'aujourd'hui je connais et aime, tout cela m'apparaissait étranger : seule la pauvreté, à laquelle j'étais habituée, me fournissait un lien avec la Chine.

Les Indes britanniques m'étaient beaucoup plus mal connues que l'Europe. A ce moment-là en Asie, à cause de l'orientation du pouvoir colonial, à cause de notre propre éducation occidentalisée, nombreux étaient ceux d'entre nous qui restaient plus séparés les uns des autres, plus ignorants des pays asiatiques voisins et de leurs conditions de vie, qu'ils ne l'étaient des puissances occidentales qui nous tenaient sous leur dépendance. Prisonnière de ces préjugés aveugles, je n'établissais aucun rapport entre ces grands ébranlements, le mécontentement massif qui bouillonnait sous cette impassibilité, sous cette apparente acceptation d'une misère inhumaine, et les révolutions dont les germes se développaient déjà en Asie.

Dans les rues principales et les gares de chemin de fer apparaissaient des inscriptions et des affiches : V pour victoire, le talismanique V, peint en marron sur les murs blanchis à la chaux. Mais dans une venelle écartée de Calcutta, juste derrière l'hôtel, à l'endroit où les marchands ambulants musulmans vendaient des pis de vache rôtis (friandise que je mangeai sans savoir ce que c'était jusqu'en 1957), je vis, barbouillé sur un mur : Vive Subhas Chandra Bose. Et Chandra Bose était à la tête d'une Armée Indienne de Libération Nationale patronnée par le Japon. Un « Vive le Congrès » clandestin, à demi effacé, se lisait encore. Gandhi était en prison, ainsi que Nehru, ainsi que bien d'autres « têtes brûlées ».

Les journaux anglais de Calcutta, *The Statesman*, l'*Hindustan Star*, parlaient des batailles livrées en Europe, du front russe, de l'Afrique et de Rommel. A la dernière page, se trouvait une brève allusion au discours d'un Babou indien prêchant la « fidélité », disant la « cause alliée est nôtre », réclamant à l'Inde une contribution accrue à l' « effort de guerre » : cela en trois paragraphes. En bas de colonne, une ligne signalait la famine et les projets de secours. Le « carnet mondain » parlait d'un bal de charité donné au Nouvel An et qui avait été un « grand succès », près de 3 000 roupies qui seraient consacrées aux victimes de la famine...

Les diplomates chinois de Bombay n'avaient que mépris pour les Indiens. « Ils ont une mentalité d'esclaves. » Ils racontaient que les Anglais réprimaient les révoltes massivement : les prisons étaient pleines et l'on en construisait de nouvelles. Leurs épouses parlaient de la saleté, de l'incapacité des Indiens et de leur penchant au vol. Ne voyaient-ils pas que les mêmes conditions régnaient en Chine ? Que nous étions, nous aussi, presque des esclaves ? Que l'éclatante misère de l'Inde, étalée au soleil, était la même que la nôtre à Tchoungking ? Nous ne le voyions pas... Aucun de nous n'avait la prescience que les choses pourraient changer un jour aux Indes, le mythe du fatalisme indien sans espoir était trop fort. Et cependant, il y avait eu des soulèvements, et l'on distinguait le début d'une énorme famine au Bengale, famine qui allait tuer deux millions de gens, famine qui fut l'œuvre des hommes, les autorités britanniques ayant réquisitionné le riz, sans se préoccuper des souffrances des Indiens... Et le nom à moitié effacé de Subhas Chandra Bose avait pour l'Inde un sens plus profond et bien plus durable que les graffiti dans une écriture d'enfant sage, les V pour Victoire tracés sur le badigeon blanc neuf des gares de chemin de fer.

Je ne rencontrai alors personne qui crût à Gandhi, car les gens que je rencontrai n'étaient pas des Indiens, mais des diplomates chinois et, à Bombay, une Américaine, missionnaire d'un grand dévouement mais qui jugeait qu'il fallait « aiguillonner » les Indiens pour les obliger à lutter pour leur salut. Je ne parlai qu'à un Indien (qui ne fût pas un domestique) au cours de ces semaines passées aux Indes. Quant aux Anglais, leur regard nous traversait positivement, ces dieux et ces déesses pleins d'assurance qui se rendaient au Club de gymkhana pour les bals saisonniers; leur rire même, confiant et enjoué, rendait un son autoritaire.

Sur le Maidan, le Bengali, qui avec douceur et circonspection s'approcha de Yungmei et de moi d'un pas oblique, était auréolé d'oiseaux : corbeaux, lustrés et gras, dont l'immense troupe s'abattait sur la ville. Au milieu des multitudes de corbeaux qui se posaient, Yungmei courait la main tendue, en criant : « Canards, canards », en chinois, et l'un d'eux lui pinça le doigt dans son bec. « Bonsoir, madame », dit l'homme solennellement, et nous entamâmes une longue conversation sur les corbeaux tout en marchant : « Nous croyons que ce sont des âmes, madame... Nous croyons que toute vie est sacrée. » Le ciel empourpré, ce merveilleux ciel du soir indien, gorgé d'une éblouissante poussière, planait au-dessus du Bengali silencieusement indigné que je permette à Yungmei de courir après les corbeaux. Il me parla aussi de l'Inde, « cette terre des dieux » et « notre mère l'Inde »; notre conversation n'avait ni substance ni armature, et reste fugitive et sans visage. Seul le timbre de sa voix psalmodiante, et son étrange anglais affecté et déférent, qui me faisait tendre l'oreille, demeurent dans ma mémoire. Ce ne fut que le soir, quand la femme du consul de Chine me dit avec une persuasion indignée et prudente qu'on ne doit jamais parler à des Indiens inconnus rencontrés par hasard dans le Maidan, car « tout ce qu'ils veulent c'est vous demander de l'argent, ou lire les lignes de votre main, et ils iraient jusqu'à vous attaquer », que le vieil homme se mit à vivre dans mon esprit, que son humanité devint la mienne. Et puis, je savais qu'il avait envie d'en dire bien davantage, tentant de s'exprimer et ne trouvant dans son anglais sans souplesse que des formules guindées, fabriquées par les Anglais, à l'usage de son propre pays, les mots qu'il employait lui vidaient l'âme de tout sens, car il ne pouvait, à l'aide du vocable des autres, exprimer ce qu'il voulait.

Et la grande nuit de l'Inde, joyeuse et plaintive, s'avançait majestueusement, avec l'odeur de la poussière que retenaient captive les branches d'arbre enchevêtrées où pendaient des excréments de chauves-souris. Et l'étrange hôtel avec ses lustres, ses immenses salons pleins d'Anglais des deux sexes, en train de danser à la musique d'un orchestre anglais qui jouait *Moi et mon ombre* et *Alouette*, ne laissait pas pénétrer la nuit indienne.

A Bombay, au Taj Mahal (colonnes de marbre, serviteurs vêtus d'écarlate et de blanc), je rencontrai miss S. la séduisante jeune fille qui pendant quelque temps à Tchoungking fut en butte à tant de méchanceté.

Elle avait la typhoïde, disait-on, et restait au lit, elle attendait le même bateau que moi. Elle se rendait au Canada. La femme du consul venait la soigner, lui apporter des fruits et du bouillon de poulet fait à la maison. Je la trouvai douce et triste. Elle se leva un après-midi pour m'accompagner dans le bazar où je voulais faire des emplettes. Elle savait admirablement acheter. Les bijoutiers sortaient pour elle leurs colliers d'or, des pierres précieuses qu'elle regardait d'un œil critique, tordant les chaînes et retournant les gemmes entre ses doigts. J'étais subjuguée par son calme, la sérénité qu'elle m'opposait, et bien que — d'après Pao — toute sa vie fût gâchée, elle me semblait, à moi, fort peu atteinte, et jamais elle ne fit allusion aux vilenies dont elle avait souffert. Une seule fois, elle eut une défaillance, et ce fut quelques semaines plus tard, sur le bateau. Je me rendis compte alors qu'elle souffrait non pas de typhoïde, mais de dépression nerveuse; et sagement elle se soignait en restant au lit. Elle resta au lit tout le temps de la traversée ne se levant que pour faire sa toilette.

Je fus plus que jamais convaincue alors que rien ne s'était passé et qu'elle avait été victime de la haine de Tai Lee pour Quo Tai-shi. Elle n'était certainement ni ambitieuse ni intrigante; mais elle avait du savoir-faire, et je n'en avais pas, de la pondération, alors que j'étais brusque ou timide, s'habillait avec goût et sens pratique, tandis que les camisoles que j'avais achetées étaient voyantes et mes chaussures n'étaient pas à ma pointure. Le sentiment de mon infériorité était plus fort que jamais quand le bateau arriva enfin. Nous montâmes à bord, et nous partageâmes une cabine de première classe pendant sept semaines.

Il s'était passé bien des choses depuis ce dimanche matin 7 décembre, où 360 avions japonais décollèrent de 6 porte-avions pour détruire la marine américaine à Pearl Harbour. Le 16 décembre, les Japonais avaient débarqué à Bornéo. Quelques jours plus tard, les forces japonaises passaient au Siam, en Birmanie. Le 7 janvier, Kuala Lumpur, capitale de la Malaisie, était prise. Avant le 25 janvier, les Japonais avaient conquis la Malaisie. Singapour, la « forteresse imprenable » tomba le 15 février. En mars 1942 toutes les îles néerlandaises, devenues depuis l'Indonésie, étaient en leur pouvoir. Mac Arthur, avec 95 000 hommes, était assiégé sur la péninsule de Batan, enfermé dans les énormes tunnels creusés sous l'île de Corregidor.

La rumeur suivant laquelle les Japonais allaient lancer une attaque contre l'Inde, d'un moment à l'autre, avait déclenché un exode partant des villes de Madras et de Bombay. On disait que l'océan Indien était infesté de sous-marins japonais.

Notre bateau le *Tjiluwah* qui fit voile de Bombay au début de février était bondé : missionnaires, hommes d'affaires, Américains fuyant les Philippines, réfugiés de Hong-Kong et de Changhai, Hollandais des îles néerlandaises. Réfugié de marque et traité avec grand respect, Sir Victor Sassoon, des Sassoon de Changhai, possesseur d'une énorme fortune. Il monta à bord avec sa claudication, son monocle et la qualité d'arrogance spéciale à Changhai qui nous apparaît maintenant comme une sorte de parodie.

Nous suivions un itinéraire en zigzag, le bateau

grinçant, toutes écoutilles fermées et dans le black-out le soir. On étouffait. Les passagers américains discutaient interminablement, échangeant comme des balles leurs arguments au sujet de Pearl Harbour, accusant leur gouvernement de s'être mal préparé. Les Britanniques ne parlaient pas de la guerre, ils lisaient les communiqués quotidiens dans la presse, en silence. Une Américaine fit sur leur mutisme cette réflexion : « Ils font comme si rien n'était arrivé... ils bavardent, sur le temps qu'il fait, le bridge, et ils font des plaisanteries dignes de *Punch,* et pourtant le monde ne sera plus jamais ce qu'il était. » Les cabines étaient pleines; l'eau était rationnée, il y avait des douzaines d'enfants à bord, car chaque famille de missionnaire en comptait au moins trois, et l'on avait l'impression qu'ils avaient tous moins de sept ans.

Quand nous arrivâmes dans l'Atlantique, la peur des sous-marins japonais fut remplacée par la peur des sous-marins allemands et les zigzags de notre marche s'accentuèrent. Je contemplais la succession d'angles aigus que notre sillage laissait sur l'océan. Yungmei se couvrit d'éruptions causées par la chaleur. Les toilettes étaient insuffisantes et l'eau fut de nouveau rationnée. Pour encourager l'amitié et la bonne volonté, un tournoi de bridge fut organisé; je ne savais pas jouer au bridge, n'ayant essayé que deux fois, mais j'y pris part et fus éliminée très rapidement; je m'en félicitai car les rancœurs qui suivirent ce tournoi entre femmes persistèrent, pour certaines, jusqu'au bout de la traversée.

La manie particulière aux voyages en mer s'emparait de nous; le bateau devenait notre univers, et tout le reste en était écarté, classé comme les rêves dans les réserves de la nuit. Tout ce qui se passait sur le bateau, et sur le bateau seul, si insignifiant que ce fût, assumait la dimension d'un événement. Un théâtre d'amateurs fut organisé : un jeune professeur américain et moi fûmes partenaires dans une sinistre pièce insuffisamment répétée, mais poliment applaudie, car les gens se seraient ennuyés tout autant si nous ne l'avions pas jouée. Victor Sassoon, pour qui un grand fauteuil était réservé au milieu du premier rang, fit son entrée d'une allure royale et de la même allure royale fit sa sortie au bout de vingt minutes. Il y eut trois ou quatre ménages rompus et le même nombre d'aventures amoureuses illicites, le tout réel ou irréel, création d'un petit monde entouré d'eau, où une prise de bec au sujet d'une chaise longue se changeait en épopée. Et le point fixe, étoile polaire des heures passées à couvrir les eaux d'un réseau de sillages entrecroisés, était le communiqué quotidien étudié avec une immense ferveur, discuté autour du bar ou sur le pont promenade.

Je rencontrai un jeune journaliste américain avec qui je bavardai : il me fit une longue conférence sur le démembrement (à accomplir plus tard) de l'Inde; c'était un admirateur fervent du chef musulman Jinnah, il détestait Nehru mais il détestait aussi les Anglais, et pensait que ce serait une bonne chose si les Anglais perdaient leur empire, et si les Etats-Unis prenaient leur suite pour montrer ce qu'il était possible d'accomplir aux Indes et dans le Sud-Est asiatique. Il était partisan, sans réserve, de mettre sous mandat (américain) tous ces territoires, et proposait qu'on donnât aux Chinois une partie de l'Indochine française (le nord) « sous la surveillance d'experts américains ». Je regrette de n'avoir pas écouté plus attentivement; une grande partie de ce qu'il me disait était sérieuse et l'on en discutait alors activement à Washington.

Quand nous arrivâmes au cap de Bonne-Espérance, nous passâmes deux demi-journées à terre, dans un hôtel où nous fûmes bien reçues, en dépit de la couleur de notre peau. C'était l'hôtel spécial sur la plage réservé aux diplomates de race non blanche. Nous vîmes la Montagne de la Table, le soleil et l'air vif nous ranimèrent, et nous pûmes enfin nous laver convenablement.

A travers l'Atlantique, entourés des soliloques de

l'océan, monde sans fin; chaque grincement, chaque halètement de la machine, souffle du temps. L'aiguille du temps ne cessait de nous coudre, de nous ourler, de nous attacher les uns aux autres : Mrs. Jones et Mrs. Wells ne se parlent plus, leurs enfants ne jouent plus ensemble; la blonde va divorcer d'avec son mari pour épouser l'autre dès qu'on sera à Miami; tout le monde parle, parle et tous ces mots font craquer le bateau. Je parle au médecin du bord et lui confie que je vais poursuivre mes études de médecine; il rit et me dit que c'est impossible, que je serai forcée de tout recommencer à zéro. L'amour et la haine connaissent la longueur de la promenade sans fin qui fait le tour du pont; la lutte des classes est entre les premières et les secondes; une passion fugitive et éternelle assouvit son besoin de destruction vaine et tout est plus important que tout ce qui a précédé. Le communiqué quotidien est soumis à l'examen hautain et monoclé de Victor Sassoon qui déclare d'un ton péremptoire : « Nous serons de retour à Changhai l'année prochaine. »

De tout cela nous sommes, miss S. et moi, presque à l'abri. Elle, parce qu'elle passe au lit tout le voyage (sauf le soir où elle descendit pour le dîner mais y renonça après la première cuillerée de soupe) et moi, à cause de Yungmei qui se dressait, debout sur son petit lit et hurlait si je quittais la cabine. J'épuisai peu à peu la bibliothèque du bord, un livre par jour, et à cause de Yungmei, je lisais dans notre salle de douche privée, assise par terre. A cause d'elle, j'échappais aux dîners des adultes, cette occasion de pavaner, de parader, l'heure où l'on se fait des grâces; j'entendais les passagers sortir de la salle à manger; voix fortes, autoritaires qui s'affirment, tentent de dominer. Je vois ces gens qui changent, que le bateau change et remodèle en d'autres êtres qu'ils renieront un jour... Moi aussi, je suis autre ici; totalement maternelle, je mange à la table des enfants avec Yungmei et quelques missionnaires mères de famille qui se relayent pour surveiller le repas des enfants, et deux *ayahs* chinoises emmenées par deux familles américaines pour prendre soin de leur progéniture...

Nous accostâmes à Kingston à la Jamaïque et nous fûmes accueillies par les Chinois de l'endroit : la famille Lim et la famille Tai; miss S. s'habilla et brossa avec un grand soin ses beaux cheveux longs. Deux ou trois heures au soleil brûlant de cette île aveuglée de lumière, parmi les fleurs de la Passion qui se tendaient vers nous du fond de leur luxuriante verdure, lui causèrent une fatigue trop grande. Après avoir pris le thé sous les palmiers lisses et les arbres-de-pluie aux feuilles enroulées serrant dans leurs plis une promesse de vent, miss S. se sentit souffrante de nouveau et dut regagner son lit.

Les Chinois de la Jamaïque vivaient dans l'aisance; ils nous emmenèrent dans leur voiture jusqu'à leurs maisons des collines, pour nous montrer la beauté du littoral, et le jacaranda qui s'épanouit dans la chaleur veloutée des jardins nocturnes. Ils étaient comme tant de Chinois d'outre-mer intensément patriotes et posaient beaucoup de questions sur la Chine. Certains avaient un peu de sang noir et cela les embellissait mais, à ma grande surprise, les autres en avaient honte et parlaient en les dénigrant de ceux d'entre eux dont la peau était plus sombre, sans voir l'éclatante vitalité et la beauté qu'ils y gagnaient. Ils envoyaient de l'argent en Chine en même temps que leurs fils et leurs filles, et bien que certains fussent incapables de parler la langue chinoise, leur cœur était dans leur pays et tout ce qui concernait la terre ancestrale les touchait au vif.

Ensuite à Miami, et de là à New York, dans le froid d'une fin de mars. Hôtel trop coûteux pour mon budget, peu commode en outre avec un très jeune enfant, le Waldorf Towers. Heureusement, l'Américaine avec qui je m'étais liée d'amitié sur le bateau me trouva un petit hôtel en appartements : avec une salle de bains et une minuscule cuisine, au prix de 14 dollars par jour (la moitié de ce que je payais au Waldorf). La même femme me donna l'adresse d'une agence où je pourrais me procurer une bonne d'enfants et j'en engageai une, anglaise, rapide, capable, propre qui venait de neuf heures à cinq heures, et à qui je donnais 50 dollars par semaine. Je gagnai ainsi la possibilité de faire un peu de ce qu'on attendait de moi : visites, déjeuners en ville, achats dans les magasins, car mes robes commençaient à s'en aller.

Nannie [1] m'apprit où et comment l'on achetait des vêtements d'enfants, chez Lord and Taylor. Yungmei était ravissante dans ces robes. « Ce sont des robes anglaises », disait Nannie orgueilleusement. Toutes les choses de bonne qualité venaient d'Angleterre et tout le monde me conseillait de tout acheter en Amérique, car on ne pouvait plus rien trouver en Angleterre, disaient-ils. Les Américains envoyaient des colis de nourriture et de vêtements dans cette Angleterre bombardée, plongée dans la disette. J'achetai trois robes et deux costumes, trois paires de chaussures, des bas, un manteau et une jaquette de fourrure, une robe du soir et une robe d'après-midi. Si j'ajoute une robe noire supplémentaire que j'achetai à Londres, je me trouvai habillée pour six ans.

Les Chinois que nous rencontrâmes à New York et à Washington étaient pour la plupart des diplomates, ils nous accueillirent avec beaucoup de bonté. Ils organisèrent des réceptions qui me plongèrent dans de grandes difficultés car je ne pouvais laisser Yungmei seule la nuit. Je me rappelle une de ces soirées. Je dus laisser Yungmei seule et pris un taxi. Je trouvai dans un vaste appartement quarante personnes installées à des tables de mah-jong, en pleine activité. Je fus soudain transportée en Chine par le clic-clac rythmique des pions qui marquaient les secondes et les minutes de notre époque de décadence, coups d'ongle frappant sur le cercueil de notre système.

1. Diminutif courant pour une nourrice ou bonne de très jeune enfant. (*N.d.T.*)

L'atmosphère de ce lieu n'était plus celle de l'Amérique, c'était Changhai, gracieuse, scintillante, insensible, croûte fragile d'abondance, pellicule superficielle volontairement ignorante de la fondrière fondamentale, et ce spectacle me frappa en pleine poitrine. Je ne pouvais distraire ma pensée de la guerre : énormes batailles en Russie et dans le Pacifique. De la cuisine me parvenaient des odeurs délicieuses : les joues roses, mon hôtesse, penchée sur une casserole, faisait sauter de grosses crevettes... Yungmei dans son lit de bébé, peut-être éveillée, attendant, ses grands yeux ronds allumés dans la pénombre. Je partis au bout de dix minutes.

Un autre jour, je descendis au bar, pour boire un verre avec le journaliste américain du bateau qui (ainsi que l'avait fait la dame américaine à la façon typique de ce pays) venait me proposer son aide si j'en avais besoin. Nous avions tout juste commandé nos consommations quand le garçon vint m'avertir que Yungmei se promenait dans les couloirs, toute nue. Elle avait ôté sa chemise de nuit, s'était glissée hors du lit et circulait dans l'état de nature. J'étais donc emprisonnée le soir, et comme l'existence des « baby-sitters » m'était inconnue, je ne pus m'échapper en ces cinq semaines que deux fois, un soir pour un concert, un autre pour un ballet, parce que des amies américaines s'offrirent pour garder Yungmei.

Nous visitâmes Washington, les cerisiers en fleurs autour de la Maison Blanche; nous fîmes une visite à l'ambassadeur d'Angleterre, Lord Halifax et à sa femme, tous les deux d'une taille impressionnante, statuesque; nous prîmes le thé en devisant avec une gravité noblement guindée. En revenant à New York, je trouvai des amis américains désireux d'organiser des réceptions en mon honneur; je ne savais pas qu'ils trouvaient tant de joie à « recevoir ». Pour moi, Tchoungking, les privations de Tcheng Tou, étaient encore vivantes et tout ce que je voyais là me semblait être pure extravagance. Mais les Américaines que je rencontrais voulaient toutes faire quelque chose pour m'aider; l'une d'elles proposa de veiller sur Yungmei pendant que j'irais voir en soirée le premier ballet russe dansé en Amérique depuis longtemps. Juste avant le lever du rideau, Helen Hayes vint à l'avant-scène annoncer le désastre de Corregidor; tout le public se leva, observant le silence pour les morts du Pacifique. L'ambassadeur de Russie, Litvinov et sa femme se levèrent sous les applaudissements généraux; Litvinov m'apparut comme un reflet miroitant dans des verres de lunettes, et un visage rond au-dessus d'un costume de soirée noir. Quelqu'un me raconta — et c'était absolument faux — que sa femme portait les bijoux de feu la tsarine.

Au cours de cet avril de 1942, non seulement la mer de Java mais aussi l'océan Indien étaient tombés presque en totalité au pouvoir des Japonais. Les bases de la Royal Navy à Trincomalee (Ceylan), et ce qui restait en Asie de la flotte britannique, furent soumises aux bombardements massifs des avions japonais. On pensait qu'ils allaient faire une descente sur Suez, pour y effectuer une liaison avec les armées nord-africaines de Hitler. Mais cela ne se produisit pas. Au contraire, ils tournèrent bride, parce qu'ils voulaient consolider leurs gains dans le Sud-Est asiatique et, le même mois d'avril, Mac Arthur, qui, après sa défaite, avait regagné en avion l'Amérique, laissant ses troupes capituler à Bataan, retourna en Australie pour diriger la défense de cette île, mal à l'aise (à l'époque), et pour établir un très long rempart, d'îles fortifiées au nord de la Nouvelle-Guinée. Puis survinrent la bataille de la mer de Corail dans laquelle les pertes américaines dépassèrent les pertes japonaises; et la bataille de Midway conduisant à Guadalcanal en août 1942. La bataille de Midway marqua le tournant de la guerre du Pacifique. Après cela, les Japonais, lentement, connurent la défaite.

Il régnait aux Etats-Unis une crainte presque hystérique de l'attaque; on signalait des sous-marins japonais sur la côte de Californie; j'entendis huer les Japonais résidant en Amérique : les gens voulaient les faire emprisonner, les jeter à la mer. Une immense nation, rude, vigoureuse, hurlante, extraordinairement émotive, déraisonnablement impatiente, tout à fait scandalisée de ce qui lui arrivait. Pearl Harbour lui semblait être la chose la plus horrifiante, la plus impardonnable. En entendant leurs discours, je gardais le silence, et je pensais à la Chine et à tout ce que le peuple chinois avait souffert et souffrait encore... infiniment plus cruellement.

La Chine était devenue particulièrement à la mode : Eleanor Roosevelt présida un meeting pour l'Aide à la Chine. Mais la conduite des diplomates chinois qui vivaient dans un grand luxe aux Etats-Unis était parfois signalée à mon attention par les Américains; car la grivèlerie et la corruption du Kouo-ming-tang se retrouvaient dans les missions diplomatiques à l'étranger.

Je reçus une lettre de Marian Manley, me donnant le nom de son agent à New York; je lui téléphonai et allai le voir, car on ne m'avait rien dit de la publication de *Destination Tchoungking*. On m'en donna un exemplaire à lire. Les éditeurs y avaient fait un grand nombre de modifications, et je n'en fus pas très satisfaite, car on avait encore coupé dans mes critiques timides du dernier chapitre. Mais comme ils avaient en tout traité avec Marian, ils n'étaient pas du tout convaincus que j'eusse quelque chose à faire avec ce livre et se méfiaient de moi.

Des semaines de ce printemps électrique à New York, aucune image cohérente ne demeure si ce n'est le brio nerveux des Américains, leur explosive façon de parler en « haute puissance », leur manque total de réticence sur quelque sujet que ce soit, leur élasticité, leur émotivité, la façon dont ils s'engageaient à fond et se dégageaient aussi complètement, leur inexpérience et leur énergie, leurs engouements et leurs déclarations contradictoires, leur richesse et (même alors) la pauvreté sordide des quartiers noirs (j'avais visité Harlem). Ils étaient débordants de vie, exténuants. Enthousiastes et généreux, ils étaient pourtant intensément égocentristes, excessifs et tendus, et luttaient sans cesse pour se convaincre de leur propre perfection.

Mais, après Tchoungking, j'étais surtout abasourdie par leurs propos, cette possibilité de dire n'importe quoi, entendre les gens dire tout haut ce qui à Tchoungking nous aurait fait fusiller; j'avais oublié à Tchoungking la notion même de libre parole et à New York, elle me confondait. Mais surtout je trouvais là une terreur du danger physique qui me surprenait, peut-être parce que les gens qui, comme moi, ont été bombardés n'ont plus peur des bombardements. L'affolement à New York devant les raids aériens sur Londres était plus intense que je ne le constatai plus tard à Londres ou dans toute l'Angleterre. On essaya même de me dissuader d'aller en Angleterre. « Ils viennent tous ici, me disaient-ils, ici ou au Canada. » Ils parlaient de quelques milliers (en comptant les enfants) d'Anglais appartenant à la classe aisée, comme s'il s'était agi d'un exode massif.

Une femme qui habitait le même hôtel que moi avait changé sa chambre au huitième pour une chambre au premier, parce qu'elle avait peur que les bombes n'écrasent le haut de cet immeuble de dix-huit étages. Elle me demanda de quelle hauteur étaient les maisons de Tchoungking et quand je lui appris que les plus hautes avaient trois étages, et que la plupart étaient en bois, elle n'arrivait pas à comprendre comment nous pouvions avoir survécu.

L'Amérique était riche, belle et puissante, et la guerre l'enrichissait encore; un seul Américain évoqua devant moi le souvenir de la « dépression », et m'avoua qu'il avait eu faim : c'était le garçon d'ascenseur de l'hôtel. Il me donna une poignée de main et me dit qu'il aimait beaucoup la Russie et la Chine.

Un matin de mai, nous prîmes l'avion pour l'Angleterre. La première escale était aux Bermudes et nous y restâmes deux jours; j'y fis la connaissance d'un certain docteur Wilkinson qui nous emmena, Yungmei et moi, faire une promenade en voiture à cheval, une ravissante promenade par un ravissant après-midi. Vingt ans plus tard, en 1962, je devais revoir le docteur Wilkinson à Singapour, à un meeting de l'Association mondiale pour le Planning familial; il était aussi vif, aussi spirituel et aussi aimable qu'aux Bermudes, vingt ans auparavant.

De là, l'avion fila par-dessus l'Atlantique jusqu'à l'arrêt suivant, les îles du Cap-Vert, possession portugaise; attente au soleil, fouettées par le vent marin, longues promenades autour d'une ville blanche murée, cuite par le soleil. De là à Lisbonne; nouveau vol et, en pleine bourrasque de pluie, nous longeâmes la côte portugaise, volant bas, l'appareil cahotant si fort que beaucoup de passagers avaient mal au cœur, tandis qu'on nous racontait que nous survolions le pays du Porto, et qu'on nous distribuait des petites bouteilles de la célébrité locale.

Enfin, l'Angleterre, pluvieuse, à la tombée du jour, et Pao, légèrement engraissé, exubérant, qui nous conduisit à Londres en voiture. Il avait loué une des meilleures chambres du Claridge, pour fêter mon arrivée; l'immense salle de bain était un mausolée de marbre noir. Le lendemain nous partîmes pour Egham, où il nous avait déniché une petite maison. Pao était plein de projets, concernant sa carrière et l'avenir... Il était le plus jeune des attachés militaires, tout le monde l'admirait; nous allions commencer une vie nouvelle et heureuse. Sa carrière serait une réussite... Il fallait que je l'y aide.

Oui, je l'y aiderais. Je ferais de mon mieux...

Dans New Oxford Street, je regarde les gens calmes, disciplinés, de Londres, si calmes au milieu de la guerre qui continue, serrés les uns contre les autres, et disciplinés et patients, au milieu des cratères que creusent les bombes dans le sol de Londres, des panneaux qui leur rappellent : « *Votre déplacement est-*

il vraiment nécessaire ? » J'étais au seuil d'une nouvelle existence. Et tout d'abord, je comprenais que le tableau de peur, de faim et de misère qu'on peignait à New York était faux. Comparée à Tchoungking, Londres était le bien-être et l'ordre. Au Claridge, au Dorset, un grand nombre de gens riches allaient dîner en tenue de soirée. Cela était-il vraiment la guerre?

A Egham la petite maison, louée meublée, était confortable, et une domestique d'âge mûr qui faisait la cuisine y était attachée. Je n'avais donc qu'à rester chez moi, aider aux soins du ménage et à la cuisine, soigner Yungmei et être heureuse. Peut-être pouvais-je en outre aider à l'effort de guerre en plantant quelques légumes et en élevant des poulets dans la cour de derrière. Nos voisins directs étaient un couple de retraités, le mari, ancien soldat, donnait des leçons d'équitation à un groupe d'enfants du voisinage.

Tous les matins, Pao se rendait en voiture jusqu'à l'ambassade de Portland Place, au bureau de l'attaché militaire. « Tout ce que tu as à faire c'est être heureuse », me disait Pao. Il avait un poste de responsabilité : consolider (c'était le mot qu'il employait) les liens entre l'Angleterre combattante et la Chine combattante. Je regardais par la fenêtre le gazon vert et gras, les feuilles printanières, les haies que l'aubépine couvrait d'une écume blanche. Il y avait tout le lait nécessaire pour Yungmei. Nous touchions des rations supplémentaires par l'ambassade, nous ne manquerions de rien. Pao était certain que les Allemands seraient finalement victorieux, et que la Russie s'effondrerait, mais en attendant nous étions en Angleterre.

Mai 1942, et les Anglais avaient essuyé une défaite totale en Birmanie. La route de Birmanie était coupée, seule restait la route des airs, de Chine à l'Assam, aux Indes en survolant l'Himalaya : un pont aérien à 7 000 mètres au-dessus du sol.

A la fin du mois de mai, la campagne de Birmanie était terminée, les forces britanniques et indiennes traversant la frontière regagnèrent les Indes.

Pao et ses collègues de l'ambassade de Chine étaient

fort occupés car des projets s'élaboraient, projets d'inspiration américaine, pour la reconquête de la Birmanie, et l'ouverture d'un deuxième front en Asie. Un général américain, Joe Stilwell, était en Chine pour reconstituer l'armée chinoise, et dans ces grands projets, la Birmanie était de toute première importance. On préparait la seconde campagne de Birmanie; et dès le début, à cause des visées différentes des « Alliés » : Etats-Unis, Grande-Bretagne, et Tchiang Kai-shek, ces projets étaient voués à l'échec.

C'était pour Pao et moi le début d'une nouvelle période de trois ans, où les choses allèrent aussi mal qu'à Tchoungking, pour les mêmes raisons. Pao essayait de me modeler en une personne que je ne pourrais jamais être.

Je ne l'en blâme pas, sa persévérance était, à sa manière, admirable. Mais l'imprévisible iconoclaste ne peut être dompté, et malgré toute ma bonne volonté et ma docilité, malgré mes efforts pour devenir ce que je n'étais pas, et quelques réussites éphémères, je demeurais moi-même.

Si Pao m'avait permis de m'occuper, une demi-journée régulièrement, à quelque chose d'utile, de constructif, comme je le lui demandais, peut-être les choses eussent-elles été différentes. S'il avait discuté avec moi, peut-être aurions-nous pu avoir l'un sur l'autre une bonne influence. Mais Pao ne voulut jamais que je sois autre chose qu'un accessoire dans sa carrière, un objet utile à ses plans, et sa carrière n'avait plus alors aucun sens à mes yeux, et je ne comprenais plus ses plans. Ses rêves de gloire personnelle me restaient étrangers, leur but, celui de devenir un second Hou Tson-nan, une seconde réplique de Tchiang Kai-shek, me semblait absurde.

Sentant qu'après la guerre de grands changements s'accompliraient en Chine, j'étais hantée par l'urgent besoin de comprendre la signification des événements, et trop ignorante pour saisir l'image dans son ensemble. Tout ce que je savais, c'est que je ne croyais plus en Tchiang Kai-shek. La carrière de Pao me semblait donc être un gaspillage d'efforts et de temps. Son travail à Londres, me paraissait avoir bien peu de rapport avec l'état de guerre. Si l'on m'avait demandé alors : En somme, que voudriez-vous que Poa fasse? J'aurais répondu : Qu'il quitte le gouvernement, qu'il devienne une personne privée, et qu'il travaille...

Et pourtant quel air affairé, important et grave ils avaient, ces attachés militaires, des forces aériennes ou maritimes, ces diplomates de l'ambassade qui parlaient d'un deuxième front en Asie; réclamant des subsides, des prêts, des équipements; se ruant à droite et à gauche, en folles dépenses d'activités pêle-mêle dans un désert de confusion! Car de même que Tchiang Kai-shek envoyait des ordres et des contrordres à ses généraux ou, méprisant la chaîne régulière de la hiérarchie, lançait à ses cadets des commandements qui s'opposaient l'un à l'autre, de même un flot de télégrammes contradictoires et de missions chinoises déferlait de Tchoungking, à Londres et à Washington, tous péremptoires et exigeant une obéissance immédiate. Il n'y avait qu'un foyer commun aux conflits et aux bruits discordants de cette stupéfiante surabondance d'ordres et d'immédiats contrordres et c'étaient les demandes d'argent.

A ce propos, c'était auprès des Etats-Unis, plutôt que de la Grande-Bretagne que Tchiang espérait trouver l'aide nécessaire, et libérer certaines des priorités assignées à Londres par Washington pour les fronts de guerre en Afrique devint la préoccupation majeure de l'ambassade de Chine en Angleterre.

Pearl Harbour avait forcé les Etats-Unis à déclarer la guerre au Japon et sottement Hitler en déclarant la guerre aux Etats-Unis les rapprocha (bien qu'un fort élément pro-allemand penchât vers la neutralité dans la guerre européenne) de la Grande-Bretagne. Le grand souci des Anglais fut que les ressources des Etats-Unis n'aillent pas à un théâtre d'opérations asiatique, mais au front d'Europe, à la Grande-

Bretagne elle-même, qui avait tant besoin de ravitaillement en nourriture, et en matériel destiné aux forces du Moyen-Orient.

Au début de 1942 le choix entre l'action offensive du Pacifique et celle des théâtres de guerre euro-africains était donc le constant problème subjacent. Laquelle viendrait en premier? A quoi l'Amérique donnerait-elle l'indiscutable priorité?

En janvier 1942 une conférence réunie à Washington créa un Comité composé de chefs d'état-major américano-britanniques et il fut alors décidé qu'une invasion de l'Europe était essentielle pour vaincre Hitler, et que cet objectif était d'une « importance primordiale ».

Lorsqu'il l'apprit, Tchiang Kai-shek se mit fort en colère. En février 1942, il visita les Indes (voyage préparé l'année précédente) et fit un discours où il déclara que la Chine et les Indes avaient une « destinée commune », insulte pour les Britanniques qui connaissaient l'agitation des masses indiennes et qui, pour son appel à la non-coopération dans la guerre, maintenaient Gandhi en prison.

Pendant toutes les années de guerre, une opposition fondamentale au sujet de leurs plans séparait visiblement Tchiang du gouvernement britannique; et l'un des points de friction les plus évidents était le front de Birmanie. Jamais aucun territoire, aucune armée, aucun plan de campagne ne devait être soumis à autant de bousillage, d'indécision et de brusques changements de plans que l'infortuné front de Birmanie, jusqu'à ce que Mountbatten arrivât et changeât la situation.

Ainsi, Pao et les autres diplomates couraient çà et là, affairés et pleins d'importance. Tout m'ennuyait. Et je peux dire aujourd'hui que même si j'avais rempli tous les espoirs de Pao, si j'avais été parfaite épouse, bonne ménagère, si j'avais servi sa carrière, le résultat final aurait été exactement le même pour Pao. Populaire ou non, capable ou non, il n'y avait rien qu'un diplomate chinois aux ordres de Tchiang pût faire pour modifier l'aspect des formidables courants historiques qui secouaient le monde en guerre. Nul apport d'argent, de marchandises ou d'équipements américains n'empêcherait la chute de Tchiang.

Mais je ne pouvais exprimer tout cela, même pas pour moi-même car mes connaissances étaient trop vagues. J'avais au fond des entrailles une sensation de vide, comme si tout ce que nous faisions était rongé et creusé par les vers avant même d'être achevé. J'essayais d'être heureuse, j'essayais de croire qu'il était important d'être femme de diplomate, et je m'ennuyais mortellement.

L'esprit de caste était très frappant en Angleterre à ce moment-là. En tant que femme d'attaché, circulant dans les milieux diplomatiques, je fus surprise par la subtilité odieuse des distinctions, si différentes des gouffres énormes qui séparaient les classes sociales en Chine. En Angleterre, les bornes indicatrices étaient faites d'insinuations, d'accents, d'attitudes, pas de vêtements. J'étais au début incapable de comprendre les gradations ténues de la hiérarchie sociale; respecter les distances correctes, appropriées, avec les commerçants, avec le jardinier qui venait deux fois par semaine (et qui s'aperçut très vite que j'avais peur de lui), avec la femme de ménage qui venait nettoyer la maison et filait en emportant la viande du garde-manger... je ne connaissais pas le genre de conversation qui convenait à chaque classe.

Dans ce milieu diplomatique, ma tendance à exprimer à haute voix des opinions peu orthodoxes, mon peu de talent dans les menus propos, mon ignorance des suggestions qui permettent de jauger et de placer une personne, mon manque de discrétion et d'habileté à parler pour ne rien dire avec une joyeuse intensité, ou à manifester un enthousiasme et un intérêt exagérés... tout, tout concourait à me donner l'impression que j'étais singulière et déplacée. Bien que les élégances mondaines fussent à leur minimum du fait de la guerre, fréquenter la haute société britannique était apprendre un nouveau langage, un autre code de signaux.

Heureusement, Londres était plein de diplomates étrangers. Français libres, Polonais, Tchèques, Norvégiens et plus tard Américains et les défaillances n'étaient pas rares, la présence de nombreuses jolies filles de parenté vague, occupant des postes de secrétaires (plus elles étaient jolies, plus elles semblaient réussir à échapper au recrutement des services) facilitait l'organisation de grandes réceptions où l'alcool diplomatique mettait au second plan la conduite de chacun. Quand les Américains surgirent en grand nombre, en 1943, leur arrivée fut le signal d'une prolifération de cercles privés, qui poussèrent comme des champignons, par douzaines, dans de belles maisons préparées pour cet usage, à une distance prudente de Londres (mais d'accès facile par automobile). A ces cercles, les diplomates aussi étaient admis, et on y dansait joyeusement, pour soutenir le moral de tous nos braves combattants.

L'Angleterre reste finalement pour moi non pas ces dîners au Dorchester, ou au restaurant Czardas, non pas les soirées en grande tenue au club des Alliés, mais en tout et pour tout, le merveilleux peuple anglais, que je parvins enfin à connaître, en dépit de cette vie étrange (que personnellement je trouvais assommante à l'extrême) des ambassades. J'entrepris une série de visites aux usines des Midlands, aux A.T.S. [1] et aux W.A.A.F. [2] et aux jeunes filles des services de l'aérostation. Tout cela me soutenait et me nourrissait parce que cela avait un sens. Partant pour l'atelier dans les matins humides et durs, travaillant la nuit, je voyais s'écouler le flot des ouvrières anglaises ordinaires aux commandes de leurs machines, les cheveux serrés sous des bonnets, je visitai des cantines et but de leur thé. Et j'aurais aimé continuer à le faire longtemps car c'était très intéressant et très instructif. Emplacements

1. A.T.S. : Auxiliary Territorial Service.
2. W.A.A.F. : Women's Auxiliary Air Force.

bombardés, garderies d'enfants, une ou deux universités; partout le recrutement massif des femmes et leur utilisation partout où il y avait de très rudes travaux à faire; le sens de l'organisation, la gaieté, le calme impassible des femmes dans les équipes de nuit; c'était la vraie mesure du peuple anglais et pas les cocktails des ambassades, ni les femmes d'un âge indistinct, à la voix traînante, aux cheveux admirablement teints, qui faisaient un travail que je ne comprenais pas bien. Mais il y avait, cela va de soi, de merveilleuses exceptions, des femmes très riches et très belles, qui — vraiment — lavaient les parquets dans les hôpitaux, maniaient des machines, faisaient un travail dangereux et n'en parlaient jamais... et celles-là, je voulais les connaître. Et certaines parlaient de l'injustice sociale qui existait en Angleterre et que la guerre avait révélée.

L'évacuation de 750 000 enfants des bas quartiers de Londres et des grandes villes dans les districts ruraux avait mis au jour la pourriture, la sordide pauvreté, la sous-alimentation; des enfants estropiés et rachitiques, soumis au régime physique et mental de ce milieu à peine meilleur que celui de n'importe quel pays asiatique. Deux femmes dont je fis la connaissance, épouvantées par ce qui s'était révélé, me firent part de leurs efforts pour abolir de telles conditions de vie. « Après la guerre, les taudis devront disparaître. » Dans toutes ces initiatives, des noms de femmes, l'activité des femmes retinrent mon attention, et le résultat fut que mon malaise s'aggrava, condamnée que j'étais à ce qui m'apparaissait comme une vie inutile. Et la force de persuasion de ce que je ressentais fut si grande que pendant quelque temps Pao sembla ébranlé. Il alla même jusqu'à envisager brusquement de quitter son poste pour étudier... la science économique !

Quelqu'un nous présenta alors un M. Owen, petit homme paisible, à lunettes, doué d'un grand bon sens. Nous songions à suivre des conférences hors programme à la London School of Economics et il avait l'air de nous encourager. Mais Pao n'était pas vraiment capable d'étudier; il ne lisait jamais pour son plaisir, ou pour s'instruire, mais seulement avec l'intention d'impressionner quelqu'un pour aider à sa carrière. Il fut vite évident qu'il ne changerait pas de route. Je ne tentai plus de le changer; mais mon ambition de devenir docteur en médecine, qui ne faisait que sommeiller en moi, se réveilla avec violence. J'étais presque obsédée par ce désir de terminer ce que j'avais commencé; et tout ce que je voyais autour de moi ne faisait qu'accroître cette aspiration.

Donc une fois de plus j'étais partagée, dans le temps et dans l'espace, entre ce que je faisais et ce que je voulais faire, et je ne parvenais pas à une réconciliation intérieure. Seule Yungmei, son développement, était une certitude, une responsabilité fixe comprise et acceptée. Les autres obligations de ma situation devenaient tous les jours plus futiles; je me voyais captive de ces irrémédiables banalités extraordinairement absorbantes : visites mondaines à faire, tasses de thé à boire, menus propos à échanger. Manger et boire chez Prunier, au Savoy, au Ritz, au Dorchester, avec d'autres diplomates, entendre Lady X.. et Lord Y... déclarer que j'avais été parfaitement charmante, et le dire d'un air aimablement protecteur et sur un ton auquel je devenais allergique... l'irréelle, absurde hypocrisie! Je me sentais morne et hébétée : « A quoi rime tout cela? » Une réception, avec ses bruyants rires creux m'affadissait l'esprit et augmentait mon agitation inquiète.

Au bout des deux premiers mois en Angleterre et à Egham (où je prenais deux fois par semaine des leçons d'équitation avec notre voisin, pour acquérir au moins un art qui ne me forçât pas à papoter dans un salon), Pao insista pour que je place Yungmei dans une maison d'enfants, comme venait de le faire un autre couple chinois, afin de me libérer et me permettre de m'acquitter de mes fonctions mondaines. En outre, il désirait passer plus de temps à Londres. Nous cherchâmes un logement et le trouvâmes dans Welbeck Street, un somptueux local au septième étage de Walbeck House, assez bon marché, et garni à grands frais d'un lourd ameublement gothique, en chêne authentique, entièrement sculpté, sous des tentures de velours, un piano de concert, des tapis sur le sol. Et seulement deux guinées plus cher de loyer par semaine que la petite maison d'Egham.

Il y eut une kyrielle de difficultés. J'étais sans domestiques, incapable de m'occuper du ménage, de la cuisine, de faire la queue, de veiller sur Yungmei, et de mener ma vie de femme de diplomate, par-dessus le marché. Je ne pouvais trouver personne pour s'occuper de l'enfant. Ce couple chinois de l'ambassade suggéra un foyer d'enfants, leur fils y était et parfaitement heureux; Londres, à cause des bombardements, était malsain pour les petits. Je cédai et nous plaçâmes Yungmei dans une école maternelle un peu en dehors de Londres. Il y avait quinze jours qu'elle y était quand j'allai la voir car je ne pouvais pas dormir à force de penser à elle, en train de fouiller la nuit de ses yeux grands ouverts; je la trouvai occupée à jouer dans la petite cour derrière la maison qui était en réalité un petit pavillon où l'on prenait environ une douzaine d'enfants. Elle avait grossi et paraissait bien portante. Elle me regarda fixement, puis je la pris par la main et la directrice lui dit : « Montre ta chambre à maman. » Nous entrâmes pour regarder son petit lit, à côté de deux autres lits de bébés dans sa chambre, et Yungmei me dit en ouvrant un tiroir : « Regarde, maman, c'est là que je mets mes affaires... » puis elle se mit brusquement à pleurer et s'accrocha à moi en criant : « Maman, ne pars pas » et je me mis à pleurer, moi aussi, et je la ramenai. Bombardement ou non, quoi qu'il arrive, la voir pleurer était plus que je ne pouvais supporter. « Tu resteras avec moi! lui dis-je, ne pleure pas, je suis avec toi, je ne te quitte pas. » Tant que je pourrais la garder, il n'y aurait pas pour elle d'école maternelle, quoi que fassent ou disent les gens. Mais mes amis chinois trouvèrent cela fort étrange; leur enfant adorait l'école et il était très difficile de trouver quelqu'un, à Londres, pour garder un enfant. En vérité, c'était très difficile.

Ce fut bientôt l'automne, puis l'hiver de 1942. Les nouvelles de la guerre en Afrique éclipsaient toutes les autres, puis il y eut El-Alamein. J'étais cuisinière, je faisais le ménage, je faisais la queue, et Pao amenait ses amis dans l'appartement, où ils laissaient traîner des verres de tous les côtés, et demandaient à manger à minuit. Je me décharnais à force de fatigue, et à force aussi de la profonde et remuante colère qui était en moi devant l'absurdité totale de ma vie. Je n'étais pas une bonne ménagère, parce que je n'avais pas envie de l'être encore une fois, mon instinct me disait que ce n'était pas ce que je devrais faire et que je me perdais à y passer mon temps. Aujourd'hui, je suis une très bonne ménagère, parce que cela signifie quelque chose, et que c'est devenu un corollaire, une diversion, maintenant que j'exerce le métier de mon choix.

Je continuai de mettre partout des annonces pour trouver une bonne d'enfant, une cuisinière... mais elles étaient introuvables. Elles travaillaient dans les services de l'armée ou dans les usines. Finalement je trouvai une très vieille nourrice qui déclara qu'elle viendrait seulement à la condition qu'elle pourrait passer l'été à Bognor Régis. Elle ne faisait rien, qu'habiller Yungmei, l'emmener en promenade, et la mettre au lit. J'étais forcée de lui préparer ses repas et de lui apporter son petit déjeuner dans sa chambre. Au bout de trois semaines, elle m'apprit qu'elle avait l'habitude d'être mieux traitée. J'en trouvai une autre : elle arpentait les pièces en se parlant à voix basse, et faisait bouillir des carottes dans du lait. Le soir je l'entendais passer devant la porte de ma chambre en traînant les pieds et en parlant seule. Elle se préparait à emmener Yungmei en promenade, un jour très froid, sans manteau; heureusement, je la vis sortir de la maison avec l'enfant et l'arrêtai. Un peu plus tard, je l'entendis préparer un bain et me précipitai à temps pour l'empêcher de plonger Yungmei dans une baignoire pleine d'eau presque bouillante; alors je compris qu'elle était folle et la congédiai; la semaine suivante, je la vis déambuler dans la rue en chemise de nuit, devant les grands magasins Selfridge. J'espère que quelqu'un s'est aperçu qu'elle n'avait pas sa tête à elle et a pris soin d'elle; mais pendant ces jours durs et froids du début de l'hiver, tout le monde était très occupé, et il se mêlait beaucoup de fatigue à tout ce courage ! La vie était dure à Londres, entre le ciel d'un gris morne, l'extinction des lumières, et les ballons de protection qui dansaient par milliers leur ballet statique dans le ciel.

Après la démente, je me trouvai de nouveau seule pour soigner Yungmei; et comme je ne pouvais pas la laisser seule le soir, je ne pouvais pas sortir; pourtant Pao voulait que je l'accompagne dans les réceptions. Au début de ce séjour à Londres personne n'avait encore fait de remarque sur les traits de mon visage; avec une politesse parfaite, les Anglais acceptaient tout ce que disait Pao, même quand ils savaient que ce n'était pas vrai. Même s'ils s'étaient aperçus que j'étais eurasienne ils n'en soufflaient mot. Aussi Pao pensait-il qu'on le croyait et puisqu'on jugeait que j'étais « décorative », en dépit de mon franc-parler parfois gênant, nous étions « populaires ».

Il était, naturellement, à peu près de rigueur que Pao rendît visite à beaucoup de militaires britanniques; nous rencontrions ainsi de nombreuses célébrités, rencontres agréables, encore que fugitives. Une des plus amusantes fut une visite au capitaine Liddell Hart, qui était grand, dégingandé, parlait vite et bien, et était complètement exempt de toute contrainte. Il était impossible d'avoir avec Liddell Hart des rapports seulement superficiels car il pénétrait en votre esprit comme une trombe, impétueux, passant d'un sujet à un autre, agitant bras et jambes avec un feu et une hâte non dissimulés et des arguments mordants, et il parlait avec passion de son sujet favori, la guerre. Nous rendîmes aussi visite au bien moins populaire général Fuller qui vivait dans une semi-retraite, parce que ses idées étaient considérées comme trop proches de celles qu'entretenaient les militaires allemands, et dont la femme était allemande. Fuller jouissait d'un grand prestige auprès de Tchiang Kai-shek, probablement à cause de cette prétendue affinité; Pao alla donc le voir, et lui dit que les conseillers allemands de Tchiang avaient donné à leur Chef ses livres à lire.

Ce fut alors, au moment où je pataugeais dans des difficultés domestiques, encore compliquées par les corvées mondaines, que miraculeusement, Mabel Marcham-Gillam, connue dans la suite sous le nom de Gillie, fit son apparition. Elle avait été recommandée à Pao par un officier anglais, un de ses condisciples à Sandhurst, dont les enfants avaient reçu les soins de Gillie. Et ce fut Gillie qui pendant de longues années s'occupa de Yungmei, quand je ne le pouvais pas. Elle était, ne pouvait être que le produit de cette société anglaise, imbue de ses privilèges de caste, où la « nannie », la gouvernante, est un accessoire indispensable dont les fonctions sont déterminées par toutes les lois qui sans être écrites étaient pratiquées dans l'Angleterre demeurée impériale jusqu'en 1945. Sa vie entière fut consacrée aux enfants des autres et quand elle vint chez moi, je ne me doutais pas qu'elle était aussi part essentielle du système d'éducation des rejetons de la classe dominante.

« J'espère que vous ne vous promenez pas dans les couloirs la nuit et j'espère que vous ne parlez pas seule... » dis-je à Gillie à notre première entrevue. A ce moment, les nannies avec leur canotier, leur manteau marine, leurs gants et leurs souliers plats, m'apparaissaient comme des cas présumés d'aliénation mentale. Gillie me répondit que non, elle ne se promenait pas dans les couloirs la nuit. « Quand prenez-vous votre bain ? » lui demandai-je ensuite. (La nannie folle se faisait couler trois bains par jour.) Quelques années plus tard, Gillie me rappela ces questions, ajoutant qu'elle m'avait trouvée bien étrange, mais elle avait décidé de m'accorder une chance, et cela parce qu'elle avait vu

Yungmei. Un seul regard avait suffi à Gillie comme un seul m'avait suffi.

Et ce fut réellement le salut pour Yungmei : car elle finissait par être sous-alimentée, sans appétit, mangeant à n'importe quelle heure, récalcitrante et geignarde. Les deux déplorables nannies l'avaient presque privée de nourriture, car je n'étais pas toujours là pour les surveiller. Quand Gillie vint, tout se remit en place; Yungmei était bien soignée, ses vêtements étaient propres, elle était heureuse, et elle se mit à parler dans la jolie langue appliquée des gens tout à fait distingués. Et ce n'était pas tout : Gillie m'aidait à faire la cuisine, le ménage et le marché; grâce à sa présence stabilisante, je pus enfin trouver aussi une femme de ménage, excellente, qui nettoyait à fond l'appartement trois fois par semaine, et qui était la personne la plus honnête et la plus laborieuse qu'on pût voir.

Alors, rebondissant une fois de plus, je me mis à prendre — pour m'occuper l'esprit — des leçons de russe, une heure deux fois par semaine, à l'école Berlitz d'Oxford Street, tout près de chez nous. Ce fut Stalingrad, cette héroïque et gigantesque résistance de la population de cette grande cité qui enflamma mon imagination. Je lisais avidement, je dévorais tout ce que je pouvais concernant les campagnes russes.

Nous étions trois dans la classe de russe : deux hommes et moi-même. A la façon réticente des Anglais nous étions assis autour de la table et nous ne nous parlions jamais, et je ne sus jamais le nom des deux autres. L'un d'eux abandonna au bout de quelques semaines. Je me rappelle bien notre professeur, il ressemblait beaucoup aux portraits de Lénine, avec une paire de lunettes en plus; il avait une petite barbe, d'un blanc éclatant; il était amoureux de sa propre langue, et se mettait en rage en nous entendant bégayer. J'apprenais très vite avec lui. Mais quand Pao sut que mon professeur était un HOMME, il me supprima Berlitz.

Je me procurai alors une femme professeur,

Mrs. Kirilova, petite personne rondelette, charmante, extrêmement négligée dans sa tenue mais d'une bonne humeur exubérante. Nous passions beaucoup de temps à lire de la poésie, et j'allai une ou deux fois dans son petit appartement encombré et poussiéreux. Je n'appris pas beaucoup de russe avec elle, mais j'appris à rire à intervalles réguliers. Elle était mon moment de gaieté, et j'avais deux fois par semaine ma séance de bonne humeur, loin de Pao et de ses sombres fureurs qui étaient revenues. Ce fut chez Mrs. Kirilova que je rencontrai une Ecossaise charmante, Mrs. Cluny, qui possédait un énorme château et des terres près d'Aberdeen et était à Londres pour prendre des leçons de danse avec le corps de ballet. Environ deux ans plus tard, quand Pao eut quitté l'Angleterre, j'emmenai Yungmei et Gillie passer deux semaines de congé à Aberdeen dans le château de Mrs. Cluny.

Mrs. Cluny était grande, mince, blonde, avec une merveilleuse silhouette (grâce au ballet) et un esprit plein d'une fantaisie peu commune. Tout à fait bonne, assez riche pour faire ce qui lui plaisait, elle adorait les animaux et en faisait vivre toute une foule dans son parc; poneys des Shetland, une quantité de chiens et de chats, tortues, paons, dindons, moutons, et un canard favori, qui n'avait qu'une patte et dormait sur un coussin de satin dans la somptueuse chambre à coucher de Mrs. Cluny. Elle élevait aussi des taureaux qui gagnaient des prix. Notre séjour à Aberdeen coïncida avec la Journée des Etudiants de l'université d'Aberdeen, un joyeux et bruyant désordre se déchaîna dans les rues et nous fûmes emportées dans la foule par ses tourbillons. Cela ressemblait beaucoup à l'université de ma jeunesse à Bruxelles où, un jour de l'année, pour la Saint-Verhaeren, la cité appartenait aux étudiants : certains brisaient quelques fenêtres, mais, à part l'exceptionnelle consommation de bière, ils ne faisaient pas grand mal.

Je possède plusieurs photographies de cette heureuse quinzaine à Aberdeen, une de Mrs. Cluny avec son canard, tous deux assis, elle dans son lit à haut baldaquin, meuble royal, et le canard dressé et raide à côté d'elle, sur son coussin de satin bleu.

Bien que la solde d'un attaché militaire chinois fût petite, nous nous en tirâmes très bien au début, et nous donnâmes même de grands cocktails où venaient beaucoup de gens, mais nous ne pouvions en donner que deux par an, car cela nous coûtait chaque fois environ 150 à 200 livres. Les diplomates chinois préféraient pour la plupart habiter Finchley ou des régions moins coûteuses et ils ne recevaient pas sans compter. La plupart économisaient au contraire leurs devises étrangères autant qu'ils le pouvaient (ce qui leur fut très utile quand le régime Tchiang s'écroula, les laissant presque tous se débrouiller). Cependant, voulant avant tout bien faire, je me donnais beaucoup de mal pour recevoir convenablement. Un dîner en l'honneur du général Le Gentilhomme, qui représentait la France libre, nous coûta 70 livres et fut un désastre complet à cause du temps. Ce jour-là, il prit fantaisie à l'épais brouillard brun, ou « purée de pois » qui, avec ses reflets dorés vous donne une sensation tiède de solitude en une prison viscérale, de s'abattre sur nous. Nous devions être seize autour de l'énorme table de chêne sculpté, assis sur les chaises gothiques recouvertes de tapisserie au petit point; j'avais engagé un cuisinier chinois, le meilleur de Londres, qui faisait des plats délicieux mais laissait un fouillis terrible dans la cuisine. Ce soir-là, le gaz — toujours à basse pression en temps de guerre à Londres — refusa singulièrement de coopérer; il sortait une frêle flamme bleutée de l'énorme réchaud à gaz; pour rendre la grande salle moins austère, j'avais essayé d'allumer une espèce de feu dans la monumentale cheminée de marbre et on m'avait vendu des boulets de coke, du genre galet, qui (m'avait-on assuré) donneraient une flamme magnifique. Il était impossible de se procurer des bûches.

Pleine d'espoir, je les empilai dans l'âtre et toujours pleine d'espoir mis le feu à l'amoncellement de boulets et de papier journal. Les premiers invités arrivèrent; en dépit du brouillard, ils avaient tous trouvé le chemin; l'ambassadeur de Chine, le docteur Wellington Koo, l'invité d'honneur français : général Le Gentilhomme, d'autres invités distingués... on prit des rafraîchissements, puis l'on passa à table. La soupe fut servie, et lentement le brouillard ajouté à la fumée produite par mon amalgame de coke, au lieu de monter dans la cheminée, descendit et s'infiltra dans la pièce. Au premier service, non seulement tous les convives toussaient discrètement, mais nous nous distinguions à peine à travers le mélange de brouillard et de fumée vaporeuse; au dessert, la conversation du vaillant et expert général Le Gentilhomme commença de languir, tandis qu'il poignardait la bombe glacée *Général de Gaulle* (une création du cuisinier chinois) d'une main hésitante. Le docteur Wellington Koo dont la vue était basse se leva, au moment où nous retournions dans la grande salle pour prendre le café, et me serra la main de nouveau : il m'avait prise pour une nouvelle invitée. Après cette sinistre aventure, nous essayâmes de recevoir au restaurant, mais l'addition était très élevée.

Nos réceptions n'étaient pas toujours des désastres; il y en eut même qui furent classées dans les succès mémorables. Mais ma sensation de complète futilité, le sentiment que j'étais mise hors d'état de penser et précipitée dans une éternelle maison de fous (de fous très polis, bien sûr, tous les bruits éclatant en coulisse), que tout ce que je faisais n'était que perte de temps, sans aucun rapport avec les véritables problèmes. Ce découragement empirait au point de devenir intolérable. La guerre du désert, Tobrouk, Stalingrad, le carnage et la démence, et la Chine, la Chine de 1942, dans laquelle seules l'inflation et la famine prospéraient. Tout cela était pour moi réel et me donnait des remords. Je ne me sentais « moi-même » que lorsque je fuyais la diplomatie, dans les trains omnibus surchargés, toujours en retard, parmi les machines rugissantes et les alignements de vigoureuses ouvrières semblables à des automates, sous la nappe de musique sirupeuse qui tombe sur elles goute à goutte; dans le froid glacial des taudis de Manchester où l'on m'a promenée pour me montrer le plan de reconstruction d'une université, une usine, et quelques centres A.T.S. [1]. Et cette inquiétude, ce trauma grandissant, qu'était-ce sinon la capsule qui cache une vérité inexprimée ? Je n'arrivais pas (pour employer une expression américaine) à m'identifier avec le moi dont je ne montrais qu'une imitation, et plus je m'y appliquais, plus je devenais à moi-même intolérable.

Wellington Koo, qui avait été ambassadeur à Washington, était en cette année 1942 nommé à Londres. Sa femme, fille du Roi du Sucre à Java, l'y avait rejoint au bout de quelques mois. Lorsqu'elle fit son apparition à Londres, avec un chapeau de la 5e Avenue, et couverte de zibeline, tenant ses chiens pékinois en laisse, elle fit sensation. Huilan Koo, tel était son nom, était originale et par conséquent encline à la controverse. Elle avait beaucoup de courage et de vitalité, elle avait collaboré à la rédaction d'un livre, une autobiographie, publié aux Etats-Unis que son mari, à force d'argent, essayait de faire retirer de la circulation...

Elle était notre ambassadrice et pendant quelque temps, nous nous réunissions assez souvent. J'aimais beaucoup ses chiens et à cause d'eux une espèce d'amitié grandit entre nous. Huilan possédait toute une mine d'histoires sur des gens et des lieux. Quand nous étions ensemble, les petits pékinois, agités et joueurs autant que des enfants, suffisaient à nous amuser. Ils éveillaient en moi une grande nostalgie d'enfance.

Tous les après-midi, dans le Parc central de Pékin

1. Auxiliary Territorial Service. (*N.d.T.*)

où nous allions jouer, mes sœurs et moi, quand nous étions petites, un eunuque énorme passait devant nous dans la grande allée de sycomores, portant les plus petits de ses pékinois, tandis qu'une douzaine d'autres folâtraient autour de lui.

Un certain printemps, il arriva avec trois chiots nouveaux, un minuscule semblable à une flamme, tout bronze et or rouge, avec une queue en nageoire de cyprin, et deux blanc et noir; c'était merveilleux de les voir caracoler de l'allure fringante des pur-sang de course, leurs jappements étaient courageux quand leurs gueules minuscules attaquaient les pieds des bancs de bois ! De vieux hommes, promenant leurs oiseaux en cage, s'arrêtaient pour les admirer. Ils valaient un prix considérable, environ trois ou quatre cents dollars d'argent chacun. Intelligent comme un singe, brave comme un lion, avec sa queue de poisson rouge en panache comme une pivoine épanouie et des yeux semblables à des boules de cristal, tel est le pékinois, chien de chasse des empereurs mandchous. Nous fûmes si enthousiasmées par les petits chiens que le lendemain, qui était un samedi, nous persuadâmes mon père de nous accompagner au Parc. Nous attendîmes l'eunuque et il apparut à l'heure habituelle, majestueux et courtois, dans une longue robe bleue, avec ses précieux et merveilleux chiens en miniature batifolant autour de lui; les trois bébés pékinois couraient de côté et d'autre et s'envolaient comme des plumes, la queue en panache. Tiza et moi, nous ne pûmes nous retenir de courir à eux les mains tendues pour les caresser. Les pékinois sont des chiens intrépides, et ceux-là se laissaient sans crainte porter et serrer entre nos bras. Pendant ce temps, mon père bavardait avec l'eunuque, qui lui raconta qu'il allait vendre un des chiots blanc et noir à une dame anglaise. « C'est l'Anglaise qui passe dans la rue Toung Tchang An, dans sa voiture tous les après-midi » dit papa.

C'était un des spectacles de Pékin; tous les après-midi, dans sa voiture à deux chevaux, entre deux valets en livrée vert et blanc et un cocher, cette Anglaise portant un chapeau et une voilette, roide comme une reine, faisait sa promenade; et dans la voiture, avec elle, il y avait ses pékinois favoris. Quand la voiture arrivait près de la rue Hataman un des valets sortait les chiens qui trottaient un peu, faisaient leurs petits besoins, remontaient dans la voiture, et le cortège rentrait à la maison.

Je ne sus jamais le nom de cette Anglaise : elle appartenait à un autre univers; mais son souvenir me revint, bien des années plus tard, quand à Londres, avec Huilan Koo et les pékinois nous traversions majestueusement Hyde Park dans la magnifique Rolls Royce de l'ambassade de Chine. Huilan Koo se mit à me parler de son grand-père, qui était un Taiping et s'était révolté contre l'empereur, et qui, pour éviter d'être écorché vif, s'était enfui dans une jonque, jusqu'à Java où il avait fait fortune. Son père (le fils du Taiping) était devenu le Roi du Sucre de Java. Il avait tant d'enfants qu'il n'arrivait pas à les compter, pas plus qu'il ne pouvait compter son argent, et il avait acheté à Huilan Koo un palais à Pékin. Elle raconta tout cela dans le livre que son mari acheta pour en détruire l'édition tout entière.

A l'automne, mon amie Lieou Houalan passa quelque temps chez nous. La mère de Houalan était polonaise et son père chinois était un avocat qui avait vécu et travaillé en Russie pendant de nombreuses années. Houalan faisait ses études en Angleterre. Plus tard, elle retourna en Chine et quand vint la Libération, y resta; je l'y revis, une année après l'autre.

Houalan était de petite taille, parlait anglais avec un fort accent russe, portait toujours un costume tailleur noir ou gris avec une blouse blanche et de sévères chaussures à talon plat. Le froid avait rendu ses mains rugueuses, elle avait la voix grave, et transportait toujours un livre dans son sac. Elle fumait beaucoup et ses doigts étaient bruns de nicotine.

Nous avions été en classe ensemble au couvent de Pékin, mais pas dans la même classe; elle avait gardé le même sérieux, la même solidité qu'à l'école. Nous allions ensemble à Regent's Park nous asseoir au soleil de l'été, tandis que les enfants jouaient autour de nous. Plusieurs fois elle m'accompagna au club des Alliés ou dans des réceptions, mais elle détestait ces endroits et y demeurait muette comme une carpe.

Houalan vivait la nuit plus que le jour. Ses rideaux de « défense passive » bien tirés, elle lisait jusqu'à trois ou quatre heures du matin; dans le cendrier près d'elle s'accumulaient les mégots; le matin, elle se levait et faisait du café pour toute la maisonnée.

Une nuit, vers deux heures du matin, au milieu d'un bombardement assez violent, je frappai à sa porte. J'allais descendre au sous-sol, avec Yungmei enveloppée dans une couverture. Le portier était d'avis qu'il valait mieux s'abriter, car le fracas de la D.C.A. était assez impressionnant, et il était monté pour nous le dire. C'était un Ecossais austère et moustachu, à l'allure militaire. Je frappai à la porte de Houalan sous laquelle je voyais filtrer de la lumière. « Il faut descendre, Houalan, nous allons au sous-sol. — Je me lave les cheveux », répondit-elle. Elle avait pris l'habitude de se laver constamment la figure, les mains et les cheveux; elle se plaignait de ce que sa peau et ses cheveux étaient sales ou gras ou les deux. « Ne vous lavez pas les cheveux aussi souvent, Houalan, vous les abîmerez. — Il le faut bien, ils sont tellement gras. » Elle continua de se laver la tête pendant tout le raid aérien qui fut intense cette nuit-là. Tout absorbée par ses vocations, elle ne connaissait pas la peur.

Un autre visiteur fréquent de notre appartement de Welbeck Street était Yeh Kung-tchao, George Yeh, alors conseiller à l'ambassade de Chine, chargé de la presse et de l'information. Il avait fait ses études en Angleterre et c'était un savant tant en chinois qu'en anglais, mais on lui avait refusé une chambre à l'hôtel Raffles de Singapour en 1941, parce qu'il était chinois;

et il en parlait souvent, car, ex-Bleu [1] de Cambridge avec deux places de premier, cette humiliation l'avait profondément blessé. Il s'en vengeait d'une façon mordante, caustique, sarcastique qui ravissait les Anglais. Il buvait du whisky avec Pao et les heures de la nuit passaient. Un jour, je lui demandai s'il était vrai qu'à l'ambassade de Chine tout le monde disait du mal de moi. « Etes-vous folle ? dit-il. Pourquoi ? — Pour rien », répondis-je. George Yeh se moquait de tout le monde, y compris de lui-même, mais aussi, par moments il posait à l'homme torturé par une blessure secrète. J'aimais à l'écouter, mais il me déçut, car il refusa de parler amicalement à Pao pour lui demander de cesser les campagnes (il n'y avait pas d'autre mot) de mensonges qu'il menait contre moi.

En 1948, George Yeh partit pour Formose, dans le sillage de Tchiang Kai-shek. Un ami anglais qui se trouvait avec lui m'écrivit : « Les précieuses antiquités enlevées en 1932 des Palais impériaux de Pékin par le Kouo-min-tang sont mises en caisses. Nous les emportons à Formose; peut-être serons-nous « forcés de les vendre qui sait ? » m'a dit George Yeh en ricanant. » En 1949, dans une lettre pleine d'amertume que je conservai, George Yeh m'écrivait : « Tout est perdu... Il me faut maintenant manger et boire avec des gens que je méprise profondément et les servir. » Mais il avait fait son choix, et il continua à les servir. Ainsi, chacun de nous façonne son propre sort : en accuser les autres est oiseux et sans profit.

L'écrivain Siao Tsien, qui retourna plus tard en Chine, que je rencontrai à Pékin en 1956 (il fut dénoncé comme homme de droite en 1957 et vit tranquillement depuis dans un poste en province) venait parfois en visite à Welbeck Street. Il avait publié *A Harp With a Thousand Strings* [2] où il introduisit un passage de *Destination Tchoungking*. Il donna un exemplaire de son livre à Pao avec une dédicace dans

1. Equipe de sports représentant l'Université. (*N.d.T.*)
2. Une harpe aux mille cordes.

laquelle il lui demandait sa « précieuse critique »; il oublia de m'en donner un. L'ouvrage est encore aujourd'hui dans ma bibliothèque.

S.I. Hsiung qui écrivit *Lady Precious Stream* [1] se promenait aussi en longue tunique, l'air d'un mandarin; et Tchiang Yee, avec sa série du *Silent Traveller* [2] et ses ravissantes aquarelles, était aussi à Londres. Siao Tsien était le grand favori de Dorothy Woodman (du *New Statesman)* qui l'admirait beaucoup. Il avait trouvé le chemin de son cœur grâce à un petit chat perdu qu'il avait (me raconta-t-il) sauvé au moment où l'animal se noyait dans la mer, en nageant jusqu'au rivage portant le minet sur sa tête. C'était, affirmait-il, un petit chat « oriental ». En réalité, il l'avait acheté dans une boutique pour en faire cadeau à cette Dorothy Woodman au cœur tendre qui aimait tant les bêtes qu'elle était devenue, et restée végétarienne résolue.

Au cours de l'été, nous fûmes présentés au roi et à la reine au château de Windsor, en même temps que l'ambassadeur de Tchécoslovaquie et sa femme. Nous n'apprîmes que nous allions rencontrer le roi George VI et la reine Elizabeth qu'après le déjeuner auquel nous étions invités par des amis qui servaient la Famille royale; lorsqu'on nous l'annonça, la femme de l'ambassadeur tchèque se troubla légèrement et me chuchota : « Je n'ai pas de gants... pouvez-vous m'en prêter ? — Rien qu'un, chuchotai-je à mon tour, est-ce que cela fera l'affaire ? »

Je ne possédais comme bijoux que les boucles d'oreilles en opale que j'avais achetées aux Indes et fait monter à New York, et mon alliance. Dans les occasions officielles, toutefois, soirées au club des Alliés, ou dîners dans les ambassades, je pouvais emprunter les diamants de mon amie Phyllis Tai.

Phyllis était une jeune Chinoise originaire des Antilles. Sa sœur, Eileen Tai dansait dans un corps de

1. Madame Précieux Ruisseau.
2. Voyageur silencieux.

ballet à Londres. Le sculpteur Epstein avait immortalisé Eileen par un bronze qui figura dans une exposition d'œuvres d'art vendues au cours d'une campagne d'aide à la Chine. Eileen regagna la Chine et elle dirige aujourd'hui l'école du corps de ballet à Pékin.

Phyllis était une danseuse merveilleuse, et une admirable hôtesse. Elle mettait de la vie dans n'importe quelle réception. Elle avait un sens exubérant de la conversation légère, une luxuriante chevelure très brune et légèrement ondulée, une silhouette longue et svelte, des jambes parfaites, et portait de ravissantes robes chinoises. Elle avait épousé un Chinois très riche de Singapour où elle vécut jusqu'à la chute de Singapour en février 1942. Elle fut parmi les très rares Chinois qui s'échappèrent sur les bateaux « réservés aux Blancs » et put fuir juste à temps. Cette fuite fut rendue possible par le sacrifice d'un ami anglais qui abandonna pour elle sa place retenue sur le bateau, et dont on n'entendit jamais plus parler. Quand Phyllis quitta Singapour, elle n'emportait qu'une petite serviette pour s'essuyer la figure, et ses diamants.

Elle débarqua en Angleterre où elle retrouva quelques personnes de sa famille, et elle devint bientôt le grand ornement des réceptions du club des Alliés où se retrouvaient les diplomates de toutes les nations.

Je tombai sous le charme de son gai bavardage, de son empressement à divertir tous ceux qui l'entouraient, à écouter d'un visage ravi les propos du plus gâteux des généraux. Je n'avais pas besoin, en sa présence, de parler ou de feindre le moindre intérêt; je pouvais lui abandonner mes invités les plus bilieux, et je savais qu'ils seraient charmés par l'attention qu'elle prêtait à leurs mots d'esprit. Pao lui-même était aimable avec Phyllis, bien qu'il la prît en grippe un peu plus tard, l'accusât de « non-vertu » et m'interdît de l'inviter mais Phyllis éclatait de rire et continuait de venir me voir comme si de rien n'était.

Ce fut Phyllis qui suggéra que je porte ses diamants. « Tu as l'air trop austère, s'écria-t-elle. Tes vêtements sont trop stricts. Je te prêterai mes diamants pour aller dans le monde. » Et, dans une petite boîte en carton, elle me laissa pour 12 000 livres sterling de pierres précieuses dont je pouvais disposer comme il me plairait. Pendant quinze jours, je portai ses diamants et me sentis incomparable et « quelqu'un d'autre ». « Es-tu sûre que tu ne veux pas les garder plus longtemps ? dit Phyllis. Ils sont à toi, chaque fois que tu voudras les emprunter. » Et je les portai le jour où nous allâmes au château de Windsor.

A notre retour de Windsor, Pao débordait de joie; il fit reproduire toute une série de photographies qu'il envoya en Chine. L'idée que cette poignée de main échangée avec un monarque constitutionnel marquait un succès personnel dans sa carrière prit une ampleur toute spéciale, et peut-être était-il vrai que cette présentation fût — socialement — un grand pas en avant. Mais je refusais de considérer l'aventure sous cet angle, car il obscurcissait le plaisant après-midi, le soleil, le délicat ton pastel du manteau et du chapeau de la reine, mais surtout le sourire très doux et spontané de George VI s'effaçait, et pour moi c'était ce très gentil sourire et la manière aimable dont le roi avait demandé : « Que pensez-vous de notre climat ? » qui me rendaient heureuse, et non l'idée du succès.

Ma première rencontre avec Jonathan Cape, qui devait devenir plus tard un ami très fidèle en même temps que mon éditeur, prit place un après-midi, à la fin de 1942, quand, ayant reçu une lettre de lui, je me rendis au 30 Bedford Square pour le voir. Jonathan était grand, extrêmement beau avec ses cheveux blancs. Dans son bureau au magnifique plafond, aux murs tapissés de livres, je me sentis délivrée, pendant un moment bref, des énormes tensions qui m'habitaient.

Jonathan voulait me parler de la publication de *Destination Tchoungking*. Je lui racontai que je n'avais pas vraiment écrit ce livre, pas seule, c'était une collaboration. Il me répondit que tous les premiers livres étaient des collaborations d'une sorte ou d'une autre. Je contemplais, derrière lui, les rayonnages chargés d'œuvres d'auteurs : allais-je vraiment m'introduire parmi eux ? « Mais je ne sais pas écrire, dis-je, je ne suis pas un écrivain, mon seul désir est de devenir médecin. — Tant que vous vous sentirez disposée, de temps en temps, à fixer quelque chose sur le papier », répliqua Jonathan, qui m'emmena ensuite déjeuner au restaurant de l'Etoile dont il était un habitué. J'étais très intimidée; je déjeunais seule avec un homme... que dirait Pao s'il le savait ? Je n'avais pas dit un mot à Pao de tout cela, et je priai Jonathan de ne pas m'écrire à mon appartement : je lui téléphonerais s'il y avait une question à débattre. Mais il se passa plus d'une année avant que je le revisse et je n'osai jamais lui téléphoner.

Comme à Tchoungking, captif des mots, hanté par d'imaginaires fantômes qu'engendraient de vagues rumeurs, acharné à se faire du mal, Pao se remit à me persécuter, à sa façon capricieuse, contradictoire, presque psychopathique.

De même que Tchiang donnait à un général l'ordre d'avancer, et deux heures plus tard le forçait à battre en retraite, pour lui commander quelques heures plus tard de se préparer à l'attaque, de même Pao me hurlait avec fureur : « Tu ne dois pas parler à ces gens ! » « Je te défends de rire... » « Ne prends pas cet air triste !... » « Je veux que tu refuses de danser... » « Il faut que tu danses... » « Pourquoi ne parles-tu pas ? » etc. Ainsi, une fois de plus, il créait un monde de phantasmes à mon sujet. Il se mit aussi à prendre ombrage d'imaginaires affronts qu'on lui infligeait et sous le prétexte que mon anglais était meilleur que le sien et que je pouvais « traduire » ses griefs à sa place, sollicitait ma collaboration pour assouvir sa vengeance. On l'avait placé dans une réception à un rang inférieur à celui qui correspondait à son grade : il fallait que j'écrive une lettre en son nom. Quand l'officier britannique, en son ignorance, vint présenter ses excuses, Pao lui dit : « Ma femme en a été offensée », ce qui était un mensonge, car je ne m'en étais même pas aperçue. En conséquence, je me remis à tenir secrètes les choses les plus innocentes. Mon déjeuner avec Jonathan resta donc caché, mais la nécessité même de faire mystère d'un inoffensif repas me rendait tendue et nerveuse; ainsi, de petit épisode en petit épisode, les phantasmes assumaient de monstrueuses proportions. Quand vint l'été de 1943, je me dirigeais tout droit vers une totale dépression nerveuse.

XII

Destination Tchoungking fut publié en Angleterre à l'automne de 1942. Pao l'apprit par le commandant Kerr, un des officiers de liaison britanniques, qui lui en fit des compliments. Cela correspondait à l'époque : la guerre, la « solidarité alliée », toutes ces formules avec lesquelles il était possible de boire à la santé de Tchiang Kai-shek, Staline et Sa Majesté le roi d'Angleterre sans incongruité. Le livre eut de bonnes critiques. Sa publication coïncidait avec un renouveau d'intérêt pour la Chine manifesté par l'intermédiaire du *China Campaign Committee* et de l'*aide à la Chine*. C'est à ce propos que nous fîmes la connaissance de Stafford Cripps et de sa femme Isobel, en même temps que de Kingsley Martin, Dorothy Woodman et Margery Fry, tous plongés dans diverses activités concernant la Chine. Ils étaient assez différents de la marquise de W., lady F. et lady B., des officiers supérieures et des diplomates que nous rencontrions obligatoirement, par nécessité professionnelle. La marquise me terrifiait, Lady F. et Lady B. dorlotaient Pao, et Lady M., la douairière, était destinée à jouer un assez étrange rôle de marraine (avec les meilleures intentions du monde) dans mes rapports avec mon mari.

De mon côté, la sympathie fut beaucoup plus rapide avec les Cripps, avec Dorothy et Kingsley et Margery Fry, qu'avec les autres; ils avaient une conscience sociale, les conversations intelligentes ne leur faisaient pas peur. Dans les cercles très conservateurs où nous nous trouvions, Stafford Cripps était à cette époque considéré comme un homme de gauche et l'on parlait de lui comme d'un extrémiste à peu près athée. Mais avec la fatigue de la guerre, les mœurs en transformation, les bruits courant sur le plan Beveridge, cette réputation cédait à l'estime. Stafford était allé voir Tchiang à Tchoungking, il était sans doute plus capable que bien d'autres visiteurs de juger les événements qui se déroulaient en Chine. Pao me donna l'ordre au début de n'avoir aucune relation avec les Cripps. « Ce sont des communistes. » Il comprit ensuite que dans la société anglaise, les Cripps ne pouvaient être qualifiés ainsi, et il décida que nous devions les fréquenter. Quant à Dorothy Woodman et Kingsley Martin, Pao ne les aimait pas, se moquait d'eux, et leur faisait des grâces.

La première fois que nous allâmes voir Stafford et Isobel Cripps, ce fut dans leur appartement de Whitehall Court, pendant l'hiver de 1942. C'était un énorme appartement bien meublé, mais il n'y avait pas de cuisine. Cela ne gênait en rien les Cripps : ils étaient végétariens, ne mangeaient que des crudités et conservaient leurs aliments enfermés dans un coffre de la salle de bains.

Les Cripps nous avaient invités à prendre le thé : Isobel ouvrit la porte. Grande, bien en chair, mais gracieuse, marchant à pas feutrés, Isobel réalisait l'harmonie entre ses yeux très bleus et sa voix douce; c'est la femme possédant la plus grande maîtrise de soi, non sans ténacité, que j'aie jamais rencontrée en Angleterre. Ses vêtements étaient toujours gris ou bleus et son manque apparent de chaleur causé par sa timidité déconcertait bien des gens qui la trouvaient rébarbative; mais elle était en fait si scrupuleuse qu'elle avait tendance à retarder parfois trop longtemps ses jugements ou l'expression d'une émotion, dans un effort intense d'impartialité. Isobel croyait que les émanations de la pensée comme les ondes hertziennes pouvaient à elles seules exercer à distance d'apaisantes et curatives influences et elle professait l'opinion que dans toute maladie l'élément spirituel est d'une énorme importance. En cela, sans doute avait-elle instinctivement raison. Les Cripps croyaient aux régimes alimentaires et à certaines attitudes du corps comme remèdes de maladies chroniques. Envers moi, Isobel fut toujours chaleureuse, compréhensive et bonne. Ses lettres pleines de sagesse étaient le reflet de son inébranlable constance. Sa ténacité, toujours exempte de passion, triomphait de toute opposition à ses desseins parfaitement équilibrés.

J'aimais aussi Stafford, grand, la tête tenue très haute (presque jusqu'au plafond me semblait-il) avec son visage allongé et son grand menton obstiné. Il était encore plus timide que sa femme. Parleur brillant, dont les traits d'esprit étaient fulgurants et concis, il avait pour aborder les faits une méthode scientifique qui ne se pliait pas à d'autres interprétations; et il était inflexible et rigoureusement exact dans ses affirmations. Il émanait de lui une intégrité totale et par conséquent une légère grisaille parce que ses intentions profondes étaient souvent mal comprises et ses phrases d'une franchise sans compromis étaient répétées sans enjolivures. Il avait, de cette façon, pendant sa visite en Chine, dit à Tchiang Kai-shek quelques vérités calmement inexorables qui l'avaient rendu parfaitement antipathique à Tchiang.

Archibald Clark Kerr, ambassadeur de Grande-Bretagne à Tchoungking, était un ami de Stafford, et il vint aussi prendre le thé ce jour-là. La conversation roulait sur le Commonwealth et son avenir, sur un projet d'organisation internationale (qui devint les Nations Unies), et aussi sur la guerre en Afrique. Stafford répétait qu'il fallait que les choses changent, et parlait des iniquités sociales que la guerre avait fait découvrir en Angleterre. En Asie, aussi, bien des situations seraient mises en question après la guerre. « Qui sera vainqueur, à votre idée ? » demanda Pao, les sourcils relevés comme si c'était une question posée de bonne foi. « Oh ! nous vaincrons, cela va de soi », répliqua Stafford d'un air absolument détaché, tandis qu'Isobel versait du lait dans la tasse de thé de Pao. Mais ce n'était pas du tout ce que Pao avait voulu dire.

Isobel Cripps s'occupait très activement de l'Association de l'aide à la Chine dont elle était présidente. Il y avait diverses manifestations : causeries, ventes de charité, expositions, quêtes dans les rues; mais il y avait aussi des querelles intestines. Quelle somme d'argent destinée aux ambulances militaires devait aller au parti de Tchiang, et combien aux gens de Yenan ? Une organisation plus militante, le *China Campaign Committee*, avec Dorothy Woodman, attribuait une part de l'argent à un hôpital de Yenan. Isobel me disait combien il était difficile de rester « impartial ». Des personnes très diverses appartenaient à cette Fondation. Duchesses et mairesses, mais aussi syndicalistes et membres travaillistes du gouvernement; la peur du « communisme » était vive chez certains d'entre eux, et tout au long de l'année la répartition des fonds posait un problème délicat.

Kingsley Martin, Dorothy Woodman, Margery Fry, J.B. Priestley et sa femme nous invitèrent à dîner dans un restaurant de Soho. Avant de connaître Dorothy, j'avais entendu Pao parler d'elle. Elle s'intéressait passionnément aux affaires asiatiques, qu'il fût question de Chine, d'Indonésie, de Birmanie ou d'Inde. Ce goût immense de notre énorme continent, sa défense pertinente et franchement déclarée de la cause nationale opposée au colonialisme à tous crins, devaient lui valoir le surnom de Mère Asie. Elle était belle et plantureuse et, bien qu'elle fût végétarienne, elle faisait la cuisine et la faisait merveilleusement. Comme elle avait tendance à grossir, elle se mettait de temps en temps au régime et reparaissait ayant perdu une dizaine de kilos. Au restaurant, elle me complimenta pour *Destination Tchoungking*. « Qui vous l'a dit ? — Un petit oiseau », répliqua Dorothy, de cette manière faussement timide dont elle cachait sa pénétrante intelligence. Je l'aimais beaucoup.

Je fus heureuse aussi de rencontrer J.B. Priestley dont j'avais lu *The Good Companions*[1] et notre conversation fut aisée. Pendant un court moment, je me sentis délivrée de mes contraintes timides et des regards furtifs que je lançais vers Pao (en me demandant ce qui m'arriverait en rentrant à la maison si ma conduite lui avait déplu). Nous bavardions et nous étions tous sous le charme du spirituel Kingsley Martin. Son aspect méphistophélique et la bonté de son cœur, son recul immédiat et sensible devant toute laideur, me le rendaient cher. Pendant plusieurs années, Dorothy et Kingsley furent placés dans un petit panthéon à moi, composé d'êtres supérieurs, que je ne pourrais jamais égaler, dont je conservais dans mon esprit les opinions sur l'art, la musique, le jardinage, la politique, afin de les ruminer aux heures de détresse atroce que me causait mon infériorité, et c'était la majorité de mes heures de veille.

Ces mêmes pensées, toutefois, ne me hantaient pas au sujet de Margery Fry; et c'est un hommage que je rends à cette femme remarquable, à l'abord si simple et si vivant qu'on ne la découvrait que graduellement. Elle était, de tous les gens présents, la moins pontifiante, à première vue la moins impressionnante. Assise en face de Priestley, mangeant son riz et les mets chinois posés devant elle avec application sinon avec appétit, Margery parlait sur un ton à la fois caustique et bienveillant tandis que ses yeux gris-brun scintillaient lorsqu'elle plongeait son regard dans les plats. Adolescente sans âge, elfe aux lumineux cheveux gris auréolant ce remarquable visage, ce ne fut que bien plus tard que je me rendis compte de la qualité de sa conversation sous la forme d'une série continue de

1. *Les Bons Compagnons.*

petits chefs-d'œuvre. Vingt-cinq ans plus tard, je devais noter la ressemblance entre Bertrand Russell et Margery Fry, quand je rendis visite au comte, que je trouvai, à quatre-vingt-douze ans, ingambe et disert. C'était une parenté non de traits physiques mais d'esprit : une candeur de chérubin intransigeant.

Je m'épanouissais, parlais sans préoccupation ni crainte de « ce que dirait Pao », ou du prix que je devrais payer sous forme de mauvais traitements, pour m'être montrée moi-même; ce groupe de convives me laissa un souvenir étincelant et ce ne fut qu'au moment où nous quittâmes le restaurant pour retrouver les heures d'asservissement maussade de cette prison où tout dépendait d'un froncement de sourcils de Pao, que mes pensées et mes désirs, s'effondrant, redevinrent des ombres sans substance, même à mes yeux.

Je rentrais dans cette crépusculaire région de méfiance morbide qui peu à peu, massivement, me coupait du monde réel. Avec une obsédante terreur, d'heure en heure, je doutais, soupçonnais, soupesais ce qui était arrivé, ce qui n'était pas arrivé. Je connais maintenant le spectre fétide et feutré qui hante, la destruction sans cause qui fait que l'on n'est pas tout à fait présent, le moindre pas qui devient cauchemar, les hallucinations de phrases à demi entendues, les hantises où je voyais bouger les lèvres autour de moi, entendais des paroles, serrais des mains, répondais en riant à quelque remarque, et tout le temps, entre les actes, les gestes, les mots, il y avait cette vitreuse substance appelée doute. Irréalité. Avait-on *vraiment* dit cela ? N'avais-je pas mal *entendu ?* Quelle serait la *bonne* réponse ? Les mots avaient-ils une *autre* signification, que je n'avais pas pénétrée ? Je restais éveillée pendant des heures, à ressasser mainte et mainte fois tout ce qui avait été dit, fait, et tout était plein de significations *autres*. Pao me demanderait de lui expliquer telle ou telle autre chose, et je savais que si je lui rapportais fidèlement ce qui avait été dit, ce qu'on avait répondu, il me chercherait querelle, trouverait quelque chose de suspect. Il me demanderait pourquoi j'avais dit ceci ou cela et ce serait prétexte à des heures d'interrogatoire et, plus tard, je refuserais de voir qui que ce soit... Je sortais donc de chez moi dans la terreur, je revenais dans la terreur, j'hésitais à prendre part à toute conversation un peu plus intelligente que les autres par crainte des représailles à venir, et maintenant, je commençais à ne plus savoir ce que signifiait tout ce qui se passait.

Après ce dîner au restaurant chinois, Margery m'invita à aller chez elle, 48, Clarendon Road, Holland Park.

Quand je sonnai à la porte une semaine plus tard, Margery guettait déjà par la grande baie vitrée qui donnait sur un petit jardin devant la façade. La maison était étroite, avec de nombreuses portes qu'embellissaient des peintures de paysages chinois, avec de hautes pagodes et des montagnes; deux bronzes de l'époque Han sur la cheminée, des livres un peu partout. Margery, exubérante, dans une robe sans mode, portant une masse de colliers, avec sa mèche de cheveux couleur d'acier brillant qui lui retombait sur l'œil chaque fois qu'elle secouait la tête d'un mouvement prompt et brusque d'oiseau, Margery me dégelait, bien qu'il fît froid chez elle. Nous nous promenâmes derrière la maison, sur la grande pelouse où elle observait les oiseaux à leur saison propice; dans l'âtre, la rampe de gaz était de taille médiocre et la chaleur qu'elle répandait insuffisante, mais Margery rayonnait et vibrait de vitalité.

Elle connaissait Liao Hungying, mon amie de Tcheng Tou, et Miss S., et elle avait découvert chez les deux des trésors de charme et de bonté; car elle s'intéressait intensément aux gens tels qu'ils sont, et aimait leurs points faibles autant que leurs vertus. L'immense étendue de son vocabulaire, la façon dont son esprit se précipitait impétueusement d'un sujet à l'autre, mais sans jamais perdre de vue l'objectif essentiel de son propos — le retour au commencement fondamental et précis, qu'elle parlât art, littérature, oiseaux, Chine, mais en entrecoupant tout d'anecdotes — sa verve agissait sur moi comme un envoûtement. Réforme des prisons, éducation des femmes, aventures de Margery en Chine racontées sans fioritures, tout cela galopait dans la pièce comme une troupe d'heureux poulains au milieu des doux paysages peints sur les portes. J'étais plus que séduite; je reconnaissais le genre de conversation qui me donnait des forces, à la manière d'une transfusion de sang. Margery était de mon espèce et elle pouvait m'apprendre beaucoup...

Pourtant, il n'en fut pas ainsi; il y avait une différence essentielle entre nous; mais la ressemblance me poussa j'imagine à lui confier mon ambition d'étudier la médecine... ambition que les difficultés et le temps qui fuyait ne faisaient qu'accroître.

Après cela, je me mis à passer régulièrement un moment au 48, Clarendon Road environ deux fois par mois. Je prenais le thé ou je déjeunais avec Margery. Tout ce qu'elle disait était beau à écouter, de merveilleuses phrases coulaient de ses lèvres; elle me calmait et me consolait en me racontant des histoires de toutes sortes : sur ses amis de la France libre, ses sœurs, son frère Roger qui était mort mais dont elle me prêta les livres.

Au sortir de ces heures ensoleillées par l'amitié, je regagnais l'appartement de Welbeck Street, où j'en étais à ne plus vouloir décacheter les lettres, par crainte de je ne sais quoi; où, à six heures mon cœur commençait à battre follement et douloureusement, dans l'attente d'un pas botté, qui approchait et à ce moment Margery devenait soudain non plus Margery mais une sorcière que je soupçonnais de m'avoir soutiré des choses que je n'aurais jamais dû dire...

Personne ne savait alors, même pas Margery, que Pao avait recommencé à me maltraiter. L'enfer banal de la vie conjugale ne peut qu'ennuyer les autres. Selon Pao, Isobel, Stafford et Kingsley eux-mêmes, et Dorothy Woodman lui faisaient des remarques au sujet de ma conduite... La seule personne qu'il omettait, ignorait involontairement était Margery Fry.

Or, à mesure que notre cercle de connaissances et d'amis se solidifiait, Pao réunissait autour de lui un groupe de vénérables et respectables dames mûrissantes et même mûres, qui toutes nous invitaient instamment à aller nous détendre, pendant le « week-end », dans leurs maisons de campagne, et qui toutes aimaient tendrement Pao.

Les relations mère-fils ainsi établies appartenaient à la tradition féodale chinoise, mais l'inconsciente identification de ces respectables douairières avec l'image maternelle ne s'imposait jamais à elles, pas plus que je ne la soupçonnai pendant de nombreuses années.

La douairière, Lady M., en était une. Elle habitait à Londres un appartement empli de meubles et d'argenterie de l'époque victorienne, nous servait du thé dans une théière du XVIIIe siècle, portait un chapeau couvert de plumes et brodé de perles : c'était un personnage distingué, riche et influent. Pao allait souvent prendre le thé et bavarder avec Lady M. (ou d'autres dames du même genre) et me disait en rentrant combien ces dames trouvaient à redire à ma conduite. Il reproduisait ainsi le classique modèle de la belle-mère chinoise qui naguère transformait la vie de sa bru en un véritable enfer.

Un jour, il me rapporta que Lady M. avait employé le mot « métisse » en parlant de moi. Furieuse, sans penser au goût de Pao pour le mensonge, j'allai trouver Lady M. et lui fis connaître ma façon de penser. La douairière eut l'air absolument stupéfaite. Je suis maintenant certaine que Pao avait soit inventé cette histoire soit exagéré une remarque faite en passant. A son tour, Lady M. se mit en colère et conclut que j'étais « une jeune femme inquiétante ». Si quelque chose put la convaincre que je n'étais pas « tout à fait équilibrée », ce fut bien cette entrevue que j'avais sottement provoquée.

Il est vrai, cependant, qu'il y avait inconsciemment

chez ces dames une crainte bien enracinée du « sang-mêlé », l'Anglo-Indien, le « chi-chi », ni chair ni poisson, évocateur d'un monde panaché, châtié et repoussé, ses implications d'illégitime descendance... C'était, il y a vingt ans, un sentiment très répandu. Le mépris pour les eurasiens était bien plus commun qu'aujourd'hui. Toutes les exceptions citées d'un ton patelin (« charmant garçon, je crois que sa grand-mère était anglo-indienne, mais lui, il est très bien, *absolument* charmant, un parfait gentleman ») ne faisant que confirmer leur genre de strabisme : éloignement, dégoût, compensé (et au-delà) par une jovialité, une cordialité supplémentaire, montrant résolument qu'on n'est surtout pas raciste... L'eurasienne est un danger : c'est la maîtresse, l'intruse, la honte-conçue-dans-la-nuit. Et lorsque, aujourd'hui, des chefs d'opinion, des hommes politiques anglais déplorent les croisements de races, en parlent en termes de « hors-castes inadaptés », ils expriment exactement le sentiment qui il y a vingt ans régnait couramment et ouvertement. C'est précisément ce préjugé qui fait les inadaptés, et les inadaptés ne sont pas les eurasiens mais les autres, les racistes.

A la visite suivante que nous fîmes à Lady M., elle rougit de bonheur en voyant Pao et ne m'adressa pas la parole. L'instinctif lien de caste, que cette société Kiplinesque connaissait si bien, rendait Pao plus acceptable que la capricieuse vagabonde que j'étais, avec mes réflexions bizarres, mes étourderies, et l'étiquette eurasienne attachée à moi. Inconsciemment, Lady M. (entre autres) contribuait à me pousser dans le chemin que j'allais prendre.

Un soir, Pao amena chez nous une jeune femme, canadienne, rousse aux yeux verts. Il l'avait rencontrée au bal du club des Alliés où il était allé avec George Yeh. Ils revinrent donc et je fis le dîner et, pendant que j'y travaillais dans la cuisine, il vint voir ce que je préparais et me dit : « Il faut faire un bon dîner parce que c'est une femme-docteur. » Elle n'était pas docteur, mais infirmière, et il passa la fin de la semaine suivante avec elle, sans me dire où il allait. Je restai éveillée la plus grande partie de ces nuits dans la crainte qu'il ne lui fût arrivé un accident, inquiète et me demandant où il était; je téléphonai à son secrétaire et à l'attaché naval chinois. Ils m'assurèrent tous les deux qu'ils allaient essayer d'avoir des renseignements mais je n'en entendis plus parler jusqu'au lundi après-midi où Pao revint et se mit en fureur quand je lui dis que j'avais appelé l'attaché naval (qu'il détestait particulièrement). Plus tard, lorsqu'il fut parti pour dîner dehors (tandis que je pleurais comme une Madeleine), je découvris la photographie de la fille, avec cette dédicace : « Souvenir de ta très heureuse petite femme », dans la poche de sa tunique. Je crois qu'il l'y avait laissée délibérément.

Mes pleurs redoublèrent; ce n'était pas le fait de l'infidélité physique qui me torturait, mais toute la méprisable comédie que cela représentait. En outre, je tombais de fatigue. Les jours suivants, la jeune fille reparut, prit le café avec nous, sortit avec Pao, et ils eurent grand soin de me répéter qu'elle était docteur... alors que j'avais été incapable de terminer mes études de médecine.

Une semaine plus tard, je l'appelai au téléphone et lui dis que j'allais me plaindre d'elle si elle continuait. Elle m'assura « qu'ils n'avaient rien fait de mal » que ce n'était qu'une plaisanterie; oui, Pao avait passé le week-end avec elle, mais en tout bien tout honneur; elle l'avait, me dit-elle, menacé de le faire mordre par son chien; non, elle n'était pas docteur, mais son père l'était. Puis, elle fit volte-face et me menaça : son père était un haut fonctionnaire et il prendrait des mesures contre la « sale eurasienne » que j'étais...

Elle ne revint jamais, et pendant quelques jours Pao ne parla que du temps qu'il faisait, et me demanda ce que j'aimerais manger, car il voulait m'inviter à déjeuner. Je lui opposai un silence total et il y renonça, resta assis sur le divan, les sourcils froncés, et fit semblant de lire; ou bien il fermait les yeux, rejetait la tête en arrière et faisait semblant de sommeiller. Nous circulions dans la même maison, comme invisibles l'un pour l'autre, tels deux spectres hautains; nous dormions dans le grand lit aux tentures et pompons de satin, nous nous levions sans échanger un mot, car nous étions glacés, chacun en proie à son cauchemar personnel, dont nulle parole ne pouvait le délivrer.

Et puis la douairière Lady M. vint m'enseigner mes devoirs d'épouse. « Il ne se plaint pas, ne dit pas un mot, mais je vois bien qu'il est très malheureux », me dit-elle en me lançant un regard pétrifiant; je répondis que je voulais étudier la médecine et devenir docteur. Ses yeux bleus lancèrent les éclairs d'une désapprobation glacée. Elle me demanda de me joindre à elle pour prier Dieu qu'il me donnât la volonté de « connaître mon devoir et d'accomplir mon devoir » par-dessus tout. Elle ajouta que le destin de la Femme exigeait qu'elle fît passer avant toute chose, avant tout autre désir le Mari, les Enfants et le Foyer. Nous priâmes donc, du moins elle pria, puis rentra chez elle.

Après sa visite, je me mis à mesurer de l'œil la hauteur des fenêtres de l'appartement jusqu'à la cour. Devais-je me suicider ? Devrais-je laisser un message ? Les gens pourraient croire que Lady M. m'avait poussée à la mort, sa réputation en souffrirait... Tant de pensées aussi folles traversèrent ma querelleuse et enfantine cervelle que je finis par en rire, libérée pour un moment; je m'éloignai de la fenêtre, sauvée par mon autre moi, celui qui toujours questionne chacune de mes paroles, chacun de mes actes. Car, en dépit de la terreur et de l'incohérence grandissantes (et je sentais la nuit m'envahir, elle attendait et je guettais du coin de l'œil le monstre connu, la Peur, qui rôdait dans sa grande et noire cape de démence), il y avait Yungmei, qui était la vie et la beauté. Je me détournai de la fenêtre et me mis brusquement à comploter, rassemblant les derniers fils de cohérence qui me restaient pour faire des plans qui tiennent bien debout.

Je m'arrangeai pour envoyer Yungmei et Gillie en vacances au bord de la mer. Gillie ne se plaisait pas à Londres. Les bombardements lui faisaient une peur horrible; quand les avions arrivaient la nuit, elle prenait Yungmei et descendait au sous-sol. Depuis assez longtemps, elle faisait des allusions à un départ pour la campagne, me parlait des familles où elle avait soigné les enfants et qui les avaient envoyés à la campagne, loin des bombes, en sécurité... et l'une de ces familles riches et bonnes lui avait proposé de les recevoir, elle et Yungmei, comme « invitées payantes »; en outre Gillie, bien entendu, ne coûtait rien à personne, au contraire, car partout où elle passait, non seulement elle soignait Yungmei, mais elle s'occupait aussi des autres enfants, à l'extrême joie des mères exténuées qu'elle soulageait, ou des grands-mères énergiques et abasourdies restées seules pour « tenir tête » à la progéniture, pendant que les maris étaient à la guerre, et que les femmes intrépides livraient la bataille des rations, des queues d'attente et des maisons sans domestiques.

Yungmei aimait beaucoup Gillie et était heureuse près d'elle, tandis que je sentais mon cerveau s'atrophier si vite que je voulais mettre l'enfant en sûreté dès maintenant, la protéger (fût-ce contre moi-même) pendant que je résoudrais mon propre problème-cauchemar avec Pao.

Ainsi délivrée pendant quelques semaines du souci de Yungmei et de Gillie, je pus m'offrir le luxe de tomber malade, de lâcher prise. Mais j'attendis, luttant contre moi-même, j'attendis la dernière goutte, l'événement qui me précipiterait finalement dans l'action et il se mêlait à ma décision tant de fourberie et de froide détermination que je ne puis me vanter d'avoir jamais été vraiment malade; j'avais trop constamment conscience du côté fantomatique mais il fallait que ce fût fait.

Et cela vint. Pao exigeait maintenant la suppression

de l'édition anglaise de *Destination Tchoungking*. Il me roua de coups de poing et de coups de pied pendant plusieurs jours, en criant : « Arrête cela, ordonne aux éditeurs de tout arrêter. » Mais il ne fit rien lui-même, préférant que j'en assume seule la responsabilité. Il y avait le précédent de Wellington Koo qui avait arrêté la diffusion du livre de sa femme. J'appelai Jonathan Cape au téléphone. Il venait de se remarier et il m'invita à prendre le thé avec sa femme Kathleen : je les trouvai en train d'installer autour de leur cheminée, en guise de pare-feu, une grande galerie de cuivre repoussé à la main. Jonathan me dit : « Depuis combien de temps votre mari vous traite-t-il avec brutalité ? » Je ne cessais de pleurer. J'étais ivre de larmes quand je partis de chez eux. Mais Jonathan ne fit que rire quand je lui parlai de Wellington Koo et de son interdit contre le livre de sa femme, et naturellement ne fit rien au sujet du mien.

Ce fut chez Margery Fry que je décidai d'aller, peut-être parce qu'elle m'avait dit un jour que, si j'avais besoin de repos, je pouvais aller chez elle. Elle avait une chambre d'amis, tout au haut de sa maison. Je lui donnai un coup de fil : « Margery, je ne suis pas bien. Puis-je venir passer quelques jours chez vous ? — Bien sûr, répondit-elle, apportez votre brosse à dents. » Rien de surprenant à ce que je dise à Margery « je ne suis pas bien », je ne pouvais plus m'arrêter de pleurer, et la dernière fois que je l'avais vue, les larmes ne cessaient de couler sur mes joues. Plus tard, j'étais prise d'un rire inextinguible. Je me rappelai Miss S. et sa façon de se soigner, lorsqu'elle se mettait au lit et y restait des semaines jusqu'à ce qu'elle se sentît mieux. Je savais que si je dormais longtemps, longtemps, je guérirais sans médecin ni pilules. Et deux fois dans ma vie, j'ai mis ce système en pratique.

Je pris ma brosse à dents et une chemise de nuit, mais j'oubliai une serviette de toilette et une robe de rechange. J'écrivis à Pao une lettre où je lui disais : « Je ne peux plus supporter ma vie, et je pars pour quelques jours me reposer », et que je laissai sur la table de l'entrée. Je mis la clef sous le paillasson. Le portier à la petite moustache toucha du doigt sa casquette et me fit descendre par l'ascenseur. Pao allait rentrer entre cinq heures et sept heures, ou tard dans la nuit; je ne serais pas à la maison. Je cessai de me demander s'il y avait des provisions dans le réfrigérateur. Et je me retrouvai dans le métro direction Holland Park, puis remontant Clarendon Road, et devant l'étroite et haute maison de Margery. Et Margery était là, derrière la grande fenêtre, les rochers de la petite rocaille me semblèrent tout à fait familiers, le thé était prêt sur un plateau et je retrouvai le chauffage au gaz qui ne triomphait pas du froid.

Je pus alors confier à Margery, entre de longues gorgées de thé et de lait, une partie de tout ce qui s'était passé, et mon récit me parut absurde et décousu, un flot de balivernes, en sorte que je faillis repartir immédiatement, si ce n'est que mes larmes ne cessaient pas de couler.

Margery me mit au lit : « Vous avez l'air d'une épave. » Pendant une semaine, je restai couchée, ne me levant que pour prendre un bain de temps en temps, et après les trois premiers jours pour les repas. J'eus une crise d'affolement et de terreur et je demandai que mes rideaux fussent tirés pour ne plus voir le jour. Je refusai de descendre, même dans le salon de Margery. Et Margery, cette adorable et merveilleuse personne, me laissa au lit et le soir insista pour me monter elle-même mon dîner... effort considérable pour une femme de près de soixante-dix ans. Ainsi, égoïstement, je cédai et, revenant à un état de dépendance enfantine, je m'endormis.

Le lendemain, dans l'après-midi, Pao se présenta au 48 de Clarendon Road. Il lui fut facile de me retrouver; il savait que je ne pouvais m'être réfugiée que chez trois personnes ou quatre : chez Isobel Cripps, Dorothy Woodman, ou Margery Fry. Il appela Margery au téléphone. Elle l'invita à venir la voir, il vint et ils parlèrent. Après son départ, Margery entra dans ma chambre. « Mes pauvres jambes », dit-elle, car sa maison n'était qu'escaliers et elle n'avait qu'une cuisinière fort âgée. Je la regardai à travers mes larmes, c'était pour moi qu'elle montait et descendait ainsi. Elle me raconta que Pao lui avait dit des choses qui paraissaient très raisonnables. « Enfin, mon petit, il est d'accord pour que vous vous reposiez pendant quelques jours, et il a promis de ne pas vous tourmenter... il s'est vraiment montré plein de bon sens », conclut Margery. Il lui avait aussi raconté que Yungmei n'était pas ma fille, ce que je n'avais jamais dit parce que je ne voulais pas introduire l'enfant dans ces histoires, je voulais lui épargner mes propres souffrances, la protéger à la fois contre Pao et contre moi.

Je me remis à pleurer. Comme Pao était noble et bon de me permettre de me reposer ! J'allais dormir quelques jours, recouvrer mes forces et puis j'essaierais de nouveau... j'écrivis une carte postale à Yungmei et à Gillie.

Le lendemain matin, on sonna : c'était un bouquet de fleurs, des marguerites jaunes, avec des feuilles teintes en rouge flamboyant, envoyé par Pao. Je me remis à pleurer et Margery renâcla; elle avait surmonté ce qu'elle appelait la « pommade » de Pao : « J'ai dans l'idée que ses sentiments sont à peu près aussi authentiques que ce feuillage », dit-elle. « Dites-lui que je suis à bout de forces, et que tout ce que je désire c'est me reposer pendant quelques jours », suppliai-je, inutilement, et je me levai pour mettre le bouquet dans un vase près de mon lit.

Margery me donna des livres à lire, ceux de son frère Roger Fry sur l'art chinois, pour me changer les idées. Je refusai de voir un docteur, mais elle insista. « Je ne suis pas malade, simplement troublée mentalement et très, très fatiguée. » J'écrivis une autre carte postale à Yungmei : je lui en envoyais une chaque jour, habitude que je gardai pendant des années toutes les fois que j'étais loin d'elle.

Cet après-midi-là, en m'agitant sur les oreillers je

songeai au passé. Pao revenant à Wouhan pour me chercher; Pao me repêchant à Koueilin quand la foule m'avait poussée dans le fleuve... il était bon, noble et généreux, tout ce qui arrivait était ma faute... Ce même soir, vers huit heures, la sonnette de la porte tinta, Margery était dans ma chambre et buvait près de moi sa tasse de café d'après dîner. Les stores du black-out étaient baissés. Elle descendit répondre à la porte d'entrée. Puis j'entendis le bruit de pas lourds montant l'escalier. Margery reparut, et derrière elle deux hommes en blouse blanche. C'étaient des infirmiers, présentant un ordre signé par un docteur. A la requête de Pao, je devais être transportée dans une clinique, afin d'être examinée pour dérangement mental... Derrière les deux brancardiers, soigné, tiré à quatre épingles et débordant d'énergie, venait Pao qui se précipita sur moi et me dit en chinois : « Lève-toi, je t'emmène. Lève-toi.

— Colonel Tang, vous aviez promis, vous m'aviez promis de la laisser en paix pendant quelques jours... » s'écria Margery.

Les brancardiers entrèrent dans la chambre en penchant soigneusement la civière de côté pour ne rien heurter et attendirent, tenant la toile blanche entre eux, tandis que je me dressais dans mon lit et me mettais à hurler. « Emportez-la », ordonna Pao. Il interdit à Margery de s'en mêler. « Savez-vous que je peux vous faire arrêter ? C'est ma femme, je l'emmène, je peux veiller sur elle. » Les infirmiers s'approchèrent et je criai : « Je ne veux pas partir ! Je ne veux pas partir !... je vous en prie, ne m'emportez pas, je suis si fatiguée. » Un des infirmiers dit à Pao : « Je regrette, monsieur, mais nous ne pouvons pas l'emporter contre sa volonté. » Margery dit à Pao : « Colonel Tang, descendons ensemble et parlons de cette affaire. » L'infirmier se tourna vers Margery et dit : « Elle ne me fait pas l'effet d'être folle. » Il consulta son compagnon et ils commencèrent à redescendre du même pas lourd, prudent et délibéré, en disant à Pao dans l'escalier : « Tous nos regrets, monsieur, mais nous ne pouvons pas l'emporter, ce n'est pas bien. » Alors, Margery dit à Pao : « Suivez-moi, nous allons discuter de la situation. » « Est-ce un cas de sévices ? » demanda l'un des infirmiers à Margery dans l'escalier. Je n'entendis pas sa réponse.

Pao se mit à crier après eux : « Je vous ordonne de l'emporter... Je suis attaché militaire. » Puis un agent de police surgit, emplissant la porte de sa masse encapotée. Il dit à Pao : « Descendez, monsieur, s'il vous plaît, et nous allons discuter de votre cas », et Pao répondit : « Mais c'est ma femme, c'est ma femme ! » et l'agent répliquait : « Mais oui, mais oui, monsieur, mais l'on ne peut mettre une personne à l'hôpital sans son consentement » et l'on eût dit que Pao et l'agent allaient se mettre à discuter, et je criai à l'agent : « Oh ! je vous en prie, je vous en prie, ne l'arrêtez pas, il ne sait pas ce qu'il fait », et Pao vint à moi et dit : « Chérie, ma chérie, c'est bien. Repose-toi ici », et il essaya de m'embrasser mais je me tournai face au mur en disant : « Oh ! pourquoi fais-tu ces choses, pourquoi les fais-tu ? C'est tellement bête. » Et je me mis à rire sans pouvoir m'arrêter, et Pao partit. Une demi-heure après, tout était calme, et Margery remonta l'air fatigué, les traits tirés, deux plis noirs allant de son nez à son menton.

Le lendemain, Margery me révéla que Pao avait présenté les faits sous un faux jour à un docteur de Wimpole Street. Il lui avait fait signer un certificat permettant de m'hospitaliser et de me mettre en observation pour dérangement cérébral. Mais ce que Pao ignorait c'est que la loi anglaise ne permet pas ces hospitalisations; bien que sa qualité de diplomate eût persuadé le docteur de donner un ordre sans prendre le soin préliminaire d'examiner le sujet (moi), les infirmiers se servirent de ce qu'ils savaient pour empêcher que la loi ne fût violée.

Alors, Pao essaya d'entamer une action légale contre Margery. Il avait un don diabolique pour déterrer les cancans, avec l'aide probable en ce cas de l'une ou l'autre de ses tendres amies les douairières. Il apparut que, quelques dizaines d'années auparavant, certains bruits avaient couru au sujet d'une parente de Margery et de son amitié avec une autre femme; Margery y était certainement étrangère, mais Pao exhuma cette histoire comme si elle en était l'héroïne, et aidé par un avocat très inexpérimenté menaça de l'attaquer en justice. « Mais il est fou, votre mari, complètement fou, c'est vraiment un homme très méchant », s'écria Margery, abasourdie par tant de vilenie.

Alors, Isobel Cripps, alertée par Pao (qui se plaignit à elle de ce que Margery me « séquestrait ») vint me voir; deux jours seulement avaient passé depuis la scène avec les infirmiers. La rapidité et l'énergie avec lesquelles Pao se livrait à ces activités étaient véritablement stupéfiantes. « N'a-t-il rien à faire ? » demandait Margery. D'abord, Isobel ne comprit pas la situation, et comme elle n'en connaissait pas les arrière-plans, son ton (suivant Margery) lorsqu'elle répondit au téléphone était à la fois agacé et réprobateur, car — en tant que présidente de l'Association pour l'aide à la Chine et possédant un sens profond de sa responsabilité — elle n'ignorait pas que de tels incidents auraient des ramifications d'un caractère scandaleux. Elle n'avait entendu que la version de Pao, et lorsqu'elle répondit à Margery au téléphone, elle fut à la fois raide et glacée. (Le charme fatal de Pao, une fois de plus.)

Isobel vint donc me voir et je lui exposai ma propre version. Je lui confiai qu'une des choses importantes que je ne pouvais plus supporter était l'obligation de mentir à tout le monde : car j'étais eurasienne et non pure chinoise et Pao avait fait de cela une chose honteuse et je ne pouvais plus vivre dans le mensonge. Et Isobel dit d'un air pensif : « Mais il ne faut pas dire eurasienne, mon petit, ce n'est pas un joli mot. — Mais, protestai-je, je ne peux pas employer d'autre mot, c'est ce que je suis. »

Qu'Isobel eût dit cela, que le terme même désignât une chose dont il fallait avoir honte, si forts étaient le sentiment de caste et le racisme inhérent aux classes supérieures de la société anglo-saxonne, je ne l'oubliai jamais, d'autant plus qu'Isobel elle-même était complètement libre de tout racisme. Jamais femme ne vécut qui fût plus avertie qu'elle des maux qui en découlent, ou qui le combattît avec plus de force; mais elle m'informait sagement d'un fait, d'un préjugé qui existait. « Ça m'est égal, dis-je. Je veux le dire. Je veux que tout le monde le sache. »

Isobel m'écouta jusqu'au bout, tranquillement, puis me dit qu'elle allait en parler avec Pao, ce qu'elle fit. Et elle ajouta que je ne pouvais pas rester chez Margery, car maintenant que Pao avait réveillé ce scandale, on ne pouvait savoir jusqu'où cela irait. Margery menaçait de porter plainte contre Pao pour diffamation et cela ne ferait que des complications. Il fut donc décidé que j'irais chez la sœur et le beau-frère d'Isobel qui habitaient une grande maison à la campagne. Et j'y allai.

Je dois avouer, à ma honte, que je ne mesurai pas alors la gravité des menaces de Pao, car ses accusations (très graves à l'époque) je ne les compris pas. Je me demandais de quoi, exactement, il soupçonnait Margery. Je ne commençai à comprendre que quelques années plus tard, quand je fus étudiante en médecine. Je fus alors bouleversée à l'idée que la bonté, l'intégrité de Margery, lorsqu'elle m'avait secourue, aient été l'objet d'une déformation aussi perfide... et elle avait alors près de soixante-dix ans.

La maison de la sœur d'Isobel Cripps fut une halte, un lieu de repos, et ce ne fut pas le seul. Une autre amie, Margaret Godley dont le caractère était impétueux et redresseur de torts, qui dans une querelle prenait parti et combattait avec opiniâtreté, m'invita aussi à séjourner dans une paisible maison de campagne, comme « invitée payante ». Je dois beaucoup à celles qui m'hébergèrent et me supportèrent. Yungmei vint me rejoindre avec Gillie. Loin de la présence de Pao, cause d'hystérie, je recouvrai la santé. En attendant, Pao avait de longues conversations avec Isobel Cripps; Isobel m'écrivit : « Il règne une telle confusion dans son esprit, c'est absolument incroyable ! » et une autre fois : « Il invente des choses dans sa tête et puis se force à y croire. » Et bientôt, au bout de six semaines de séparation, j'avais épuisé mes larmes et retrouvé mon rire, et chaque fois qu'Isobel parlait de Pao, je pouffais irrésistiblement.

Isobel nous tint séparés jusqu'au jour où elle m'annonça qu'elle avait arrangé une rencontre avec Pao, en présence de Stafford. Viendrais-je ? Puisqu'elle m'avait prise en main je ne pus que répondre oui.

J'étais beaucoup plus forte, j'avais recommencé à manger et à lire; les mots sincérité, vertu, me faisaient encore rire nerveusement; je riais parfois à m'en donner le vertige. La campagne était ravissante; comment n'avais-je pas remarqué jusque-là que l'Angleterre était si belle ? C'était un signe indéniable de ma guérison : je m'éloignais de la folie qui est hyperégocentrisme. Chaque jour m'apportait une nouvelle découverte : celle d'un être humain, ou d'une chose. Des choses, la grâce aimable; des gens, la fidélité logique, profonde, tenace. Et je me remis à rêver tout éveillée devant les arbres, à regarder le ciel, à lire. Le désir de faire quelque chose revint, plus fort que jamais. Et je savais désormais qu'il me fallait devenir médecin, advînt que pourrait.

En guise de préliminaire à la rencontre avec Pao, Isobel m'emmena un jour dîner avec Myra Hess, la grande pianiste, qui, dans son vaste et bel appartement plein de fleurs, où un énorme piano concentrait l'attention, joua du Mozart avec cette science et cet amour exquis qui sont à la source de l'enchantement et elle m'ouvrit tout un monde nouveau. Mes larmes se remirent à couler, mais c'étaient des larmes de joie, de bonheur recouvré, flottant sur un grand fleuve sonore. Et, plus tard, quand je redevins étudiante, je fréquentai les concerts de la National Gallery et de l'Albert Hall pour entendre Myra Hess et d'autres artistes. Mais je ne pouvais le faire que seule, et jamais plus d'une heure à la fois; au bout d'une heure j'étais fatiguée et ne pouvais plus rien absorber.

Alors renaquit, poussant clameurs et vociférations, le désir de connaître, de savoir... Je voulais briser cet esclavage, cette obligation de faire ce qui me déplaisait, de perdre mon temps, mon précieux temps, le seul trésor qui se possède et se dépense.

Un après-midi, nous nous retrouvâmes, Pao et moi, à l'heure du thé chez Isobel et Stafford Cripps; on était en décembre, deux jours avant Noël. Stafford était un peu gêné, il tirait de grosses bouffées de sa pipe, puis la vidait en la cognant et la remplissait de nouveau. Et Pao entra, le visage ouvert et franc, dans un uniforme neuf, aussi beau et aussi charmant qu'il pouvait l'être. Il parla très bien : disant qu'il était le seul fautif, promettant de s'amender. Sur un ton grave, il évoqua la Chine, la nécessité de mettre de côté nos sentiments privés pour l'amour de la Chine; car maintenant, la Chine se battait pour survivre : Isobel et Stafford furent grandement impressionnés par ces discours. Naturellement Pao jouait la carte patriotique; c'était alors, et cela demeurerait pour moi et pour beaucoup d'entre nous, l'appel au sacrifice et à l'abnégation.

Ce fut à ces conditions que je répondis : oui, j'allais revenir; et on nous laissa seuls, et Pao me dit qu'il m'aimait; et, la vérité se faisant jour, il m'apprit qu'une mission militaire chinoise conduite par le général Hsiung était récemment arrivée pour discuter de certaines questions militaires; ce même soir, un dîner avait été organisé en leur honneur... accepterais-je d'y aller ? Il avait raconté à tout le monde que j'avais été gravement malade, mais que j'allais beaucoup mieux. Je le regardai fixement : son visage rayonnait d'une ardeur juvénile, parfaitement fausse, mais réelle à ses yeux; et je pensai, avec lassitude : « Pourquoi fais-tu toujours cela ? » et je répondis tout haut : « Oui, j'irai. Mais je veux étudier la médecine. » Il répondit : « Naturellement, tout ce que tu voudras. » J'aurais désormais le droit de faire jusqu'à la plus petite chose, tout ce que je voudrais.

J'assistai donc au dîner. Il y avait sept ou huit militaires; ils apportaient sur eux les relents de Tchoungking et de sa corruption; ils parlaient d'inexistantes victoires. « Il suffirait que je rencontre les officiers britanniques, disait le général Hsiung et je les ferais tourner comme des totons », et il se faisait gloire de la façon dont Tchiang faisait marcher les Américains, et avait liquidé Stilwell. Une partie se jouait, dont j'avais déjà été témoin, dans ce jeu du pouvoir, sinueux, subtil, insidieux. Et tout se répétait. Mais je n'étais plus vulnérable.

Hiver 1943-1944. Héroïque défense de Stalingrad; la guerre du désert avec, sous le commandement de Montgomery, un renversement en faveur des Alliés; on parle beaucoup d'un second front en Europe; rencontre de Tchiang avec Roosevelt et Churchill au Caire, puis à Téhéran où les promesses faites à Tchiang au Caire sont annulées...

En août 1943, sous l'amiral Lord Louis Mountbatten devenu commandant suprême des Alliés, le commandement du Sud-Est asiatique est organisé. Mountbatten avait pris l'avion pour Tchoungking afin de voir Tchiang et il avait appris à son arrivée (écrivit-il dans *Paris-Match*) que Stilwell venait d'être sacqué par Tchiang Kai-shek.

Cet irascible général Joe Stilwell (Joe au Vinaigre) avait été placé en poste à Tchoungking par Washington depuis 1942. La stratégie américaine (abandonnée depuis) consistait à organiser les énormes effectifs chinois, à les équiper et à les dresser, à leur donner un commandement américain, et ensuite à s'en servir dans les campagnes territoriales massives en Asie, contre le Japon.

Une des grandes campagnes préparées sur ce modèle intéressait la Birmanie, et ce fut le début des campagnes birmanes de mai 1942 à mai 1945. Le conflit des objectifs alliés était très clair en Birmanie, et les effectifs envoyés là devinrent « l'armée oubliée » sur le « front oublié ».

La grande stratégie de Stilwell concernant la Birmanie, consistait à entraîner trente divisions chinoises : les contingents X, Y et Z : l'un à Ramgarh aux Indes, un à Kunming, un à Koueilin. Les trois armées, lorsqu'elles seraient prêtes, accompliraient d'énormes marches, se regrouperaient, et établiraient un front allant des Indes au littoral oriental de la Chine, coupant ainsi toutes les voies de communication avec le Japon, et débarrassant la Birmanie du Nord. Cela fait, une route serait construite, reliant l'Inde à la Chine à travers l'Assam et la Birmanie du Nord. Appelée tantôt Route de la Birmanie du Nord, tantôt Route Stilwell, elle était appelée à remplacer l'ancienne route de Birmanie, tombée en mai 1942 aux mains des Japonais.

Avant même Pearl Harbour, pendant l'été de 1941, le Conseil militaire chinois était convenu de mettre trente divisions à la disposition des Américains. Mais quand Stilwell demanda que fût rempli cet engagement, Tchiang se servit de Ho Ying-k'in, qui possédait un véritable génie dans l'art de n'arriver jamais à aucun résultat, pour faire à Stilwell des promesses évasives, jamais exécutées. Etant donné que la moitié des divisions de Tchiang n'existaient que sur le papier, et qu'aucune ne comptait plus de la moitié des hommes inscrits comme « vivants », il n'est pas surprenant que ces fantômes ne se soient jamais matérialisés.

Pour soutenir le moral des populations, une attaque aérienne sur le Japon fut organisée par Doolittle en avril 1942, et les Japonais, en représailles, détruisirent le champ d'aviation de la côte chinoise à Tchekiang, puis se retirèrent, montrant ainsi qu'ils n'ignoraient pas l'intention des Américains d'utiliser les terrains d'aviation, les ports et les effectifs chinois dans une attaque contre le Japon. Tchiang, mécontent de la priorité donnée aux autres fronts, joua son tour de passe-passe habituel : il donna à ses troupes l'ordre de ne rien faire pour empêcher la destruction des aérodromes par les Japonais. Stilwell qui n'arrivait jamais à comprendre les mobiles qui poussaient Tchiang à agir ou à ne pas agir, était furibond et se plaignait de ce qu'on le tînt embourbé dans ce qu'il appelait le « cloaque » de Tchoungking. Il traitait Tchiang de lunatique, d'écervelé qui se contredisait sans cesse, et de Vieille Cacahuète. (En fait Vieille Cacachuète était le nom inventé pour Tchiang par le groupe des Chinois, d'éducation américaine qui entouraient T.V. Soong, son beau-frère.) Finalement, Stilwell écrivit que la Chine ne pourrait progresser que si elle était délivrée de Tchiang Kai-shek. A la conférence de Téhéran en décembre 1943, qui suivit immédiatement la conférence du Caire, Roosevelt et Staline opérèrent des coupes sombres dans la stratégie américaine à laquelle Stilwell avait travaillé avec tant de ferveur pendant deux ans. Ainsi les campagnes birmanes projetées ne furent-elles que parades, inutile sacrifice d'hommes mal équipés, dans une inutile « épreuve de force ».

Les Alliés renièrent ainsi le semi-engagement contracté à l'endroit de Tchiang au Caire en novembre 1943 par un changement fondamental de stratégie. Stilwell fut sacrifié, non par Tchiang mais par son propre gouvernement, avant qu'il en fût lui-même informé car le plan tout entier d'une attaque par voie de terre contre le Japon devait être abandonné. Le bruit court qu'on y avait déjà renoncé secrètement avant la conférence de Téhéran, en fait au début de 1943.

Le plan Stilwell, eût-il été exécuté, aurait placé les armées américaines et chinoises dans les colonies britanniques, au Sud-Est asiatique, en Birmanie. Les armées chinoises équipées et entraînées comme Stilwell désirait qu'elles le fussent, opposeraient un défi à la domination britannique dans le Sud-Est asiatique. L'ambition avouée de l'Amérique : prendre en Asie la place de la Grande-Bretagne, incitait les Anglais à s'accrocher à leurs positions, cela va sans dire. Non seulement ils ne voulaient pas de la domination américano-chinoise, ils ne voulaient pas non plus de la domination américaine. Ils s'attendaient fermement que leurs territoires leur fussent rendus après la guerre. Ce jeu ambivalent était bien connu dans les cercles chinois de Londres et une sourde hostilité montait entre les Chinois et la classe dirigeante britannique.

Quand Mountbatten se rendit en Birmanie après le mois d'août 1943, il y trouva une situation épouvantable. Comme il le raconte de si vivante manière, le taux était sur cent soldats, cent trente-cinq hospitalisations par an pour malaria; pour un blessé, cent vingt hommes étaient mis hors de combat par cette maladie. L'affreux gâchis de la campagne de Birmanie en 1942 était encore vivant à la mémoire des officiers britanniques, et le gâchis se poursuivait. Le front de Birmanie était encore le tout dernier sur la liste des priorités et il le resta une année de plus. Il n'y avait ni avions, ni matériel, ni équipement. Les navires qu'on y envoyait étaient rappelés; seul Wingate et ses Chindits dont les opérations, semblables à celles de la Force 132 en Malaisie, étaient entreprises pour des raisons psychologiques et aussi dans le but de récolter des informations (mesurer l'influence communiste locale afin de la combattre ultérieurement comme en Yougoslavie et en Grèce), empêchèrent que la Birmanie ne fût complètement oubliée dans la Presse, par le public...

Mountbatten raconte comment il persuada Tchiang Kai-shek de ne pas congédier Stilwell cette année-là (septembre 1943) en lui promettant d'établir promptement un deuxième front en Birmanie. Mais les deux tiers de la flotte de Mountbatten lui furent brusquement enlevés de nouveau, après son arrivée dans les ports indiens, et renvoyés en opération dans la Méditerranée, après décembre 1943.

Tchiang l'apprit par Roosevelt (ce qui était cocasse !). Au Caire, Tchiang lui avait demandé un milliard de dollars. « Je ne vais pas donner un milliard à cette ... », dit Roosevelt, qui révéla que la Méditerranée était « ultra-prioritaire ». Cela donnait à Tchiang une excellente excuse pour se débarrasser de Stilwell. Si les autres chefs d'Etat ne tenaient pas leurs promesses, pourquoi lui ? Et Tchiang menaça une fois de plus de faire la paix avec le Japon et obtint ainsi un demi-milliard de dollars.

Tchiang demanda à Mountbatten qui serait responsable de l'administration civile et du maintien de l'ordre dans les territoires birmans où seraient utilisées les troupes chinoises; Mountbatten répondit que ce seraient les Anglais. Cela pour Tchiang signifiait que les Chinois allaient vraiment se battre pour restaurer le pouvoir britannique en Birmanie. Les Anglais proposèrent une mission des Affaires civiles dont les officiers, accompagnant les forces alliées, prendraient toutes les mesures nécessaires afin de « canaliser les communications » entre les gens du pays et les Chinois. Ainsi, les troupes chinoises se battraient mais n'auraient aucun contact avec la population des territoires où ils se trouvaient. Le général de division Sir Adrian Carton de Wiart V.C. [1] devait mettre au point ces dispositions. Il y aurait un service de liaison à Kunming. Carton de Wiart vint dîner chez nous et fut charmant; il déjeuna avec la Mission chinoise au War Office, et le général Hsiung, drapé dans sa cape, fut emmené en tournée d'inspection des établissements militaires.

Tchiang refusa de laisser les forces chinoises opérer sous le commandement de Mountbatten, sauf en ce qui concernait les divisions chinoises déjà cantonnées à Ramgarh aux Indes. Ordres et commandements, contrordres et contre-commandements affluèrent à Londres, comme à Washington; Wellington Koo était si surmené qu'il semblait atteint de léthargie. Les attachés (terre, mer et air) étaient contournés à la fois par Tchiang — de sa manière habituelle — et par les Britanniques qui cherchaient à établir leur propre service de liaison en Chine.

1. Victoria Cross.

De novembre 1943 à mai 1944, les troupes chinoises ne bougèrent pas; et personne ne put les faire bouger. Ces temporisations, la « versatilité » de Tchiang exaspéraient Stilwell qui semblait ignorer que son propre gouvernement avait changé d'idée et sapé ses plans.

En mai 1944, les forces chinoises se mirent à traverser la rivière Salween, mais les Anglais ne reçurent aucune communication concernant ce mouvement. Un Carton de Wiart fort inquiet renouvela sa demande d'autorisation d'envoyer immédiatement une mission d'observateurs civils britanniques « pour accompagner les troupes chinoises » en Birmanie. Une clause fut introduite par les Anglais, exigeant que les « contrevenants civils de nationalité britannique » (c'est-à-dire les Birmans qui, appartenant à une colonie, répondaient à cette définition) fussent jugés exclusivement par des tribunaux dépendant de l'administration politique britannique, créée en vue de la réoccupation des territoires du Sud-Est asiatique après la guerre.

En juin 1944 quelques fonctionnaires britanniques reçurent l'autorisation des Chinois de se rendre en avion à Kunming; mais l'on ne put à aucun moment arracher à Tchiang Kai-shek son adhésion à quelque que ce fût ni la permission officielle d'envoyer la mission.

Cependant, en janvier 1944, les Japonais avaient lancé une opération majeure et avaient pénétré en Assam, en traversant la rivière Chindwin avec de gros effectifs, et l'on connut une période critique (mars 1944) pendant laquelle il semblait que l'Assam allait être investi et Calcutta menacée.

Si les Japonais avaient réussi, ils auraient coupé les voies de communication menant aux aéroports assurant le pont aérien avec la Chine.

Les Japonais, en outre, renforcèrent leur propagande en promettant à l'Inde son indépendance. Subhas Chandra Bose, dont ils soutenaient l'Armée de l'Indépendance Indienne, était originaire du Bengale, et ils espéraient fomenter un mouvement pour l'indépendance au Bengale.

La première moitié de 1944 fut ainsi témoin de l'effondrement de la seconde campagne de Birmanie, de l'abandon de tous les plans destinés à utiliser la Chine comme base d'attaque, et la stratégie américaine devint une série de bonds d'île en île, pour attaquer directement le Japon par les îles du Pacifique conquises une à une. Mais les Etats-Unis étaient également décidés à maintenir la Chine dans la guerre, pour utiliser au maximum son potentiel militaire et sa situation géographique stratégique, dans l'intention d'édifier après la guerre, en Extrême-Orient, un ordre politique dominé par l'Amérique. Les réalités poursuivies étaient l'introduction de la présence américaine comme pouvoir dominant en Extrême-Orient, pour remplacer les « colonialistes » : Grande-Bretagne, France et Hollande, à la fois militairement et économiquement. Une conséquence de cette vision fut qu'à partir de cette année-là l'Amérique s'engagea encore plus profondément en Chine où le Kouo-min-tang, graduellement plus soumis à l'Amérique et dépendant d'elle, devint dans la suite un instrument de la politique américaine.

Mais la Chine ne pouvait remplir le rôle qu'on lui assignait si elle continuait à patauger dans la confusion d'une guerre civile; d'où le grand projet d'un gouvernement de « coalition » dans lequel le Kouo-min-tang et les communistes « collaboreraient », afin d'introduire des réformes qui rendraient plus viable la structure érigée par Tchiang Kai-shek, et dilueraient la force communiste en un brouet de pseudo-démocratie.

Roosevelt devint de plus en plus accessible aux chantages de Tchiang, dans l'illusion que la Chine épaulerait partout la politique des Etats-Unis. Tchiang et sa femme firent tout ce qu'ils purent pour renforcer cette illusion; Mme Tchiang au cours de sa visite aux Etats-Unis, dans l'hiver de 1942-1943, ayant affirmé à Harry Hopkins que « la Chine marcherait de front avec les Etats-Unis » à la fin de la guerre.

La bataille d'Imphal, en juin 1944, brisa l'offensive japonaise en Birmanie. Cette victoire était due à la réorganisation des forces birmanes par Mountbatten. De nouveau, Tchiang se garda de résister à un raid japonais sur la Chine qui coïncidait avec un nouvel assaut désespéré des Japonais en Birmanie.

Mountbatten comprit que Tchiang devait à tout prix être maintenu dans la guerre; mais Tchiang préparait alors une offensive générale, mobilisant toutes ses forces contre Yenan, la Base Rouge de Mao Tsétoung. Mountbatten gagna Tchoungking par air pour discuter avec Tchiang.

La troisième campagne de Birmanie recouvrant sa vigueur, en janvier 1945, la Birmanie du Nord était enfin débarrassée de tous les Japonais et en juin la reconquête de la Birmanie était accomplie.

Le résultat paradoxal de ces événements disparates et de ces plans hypocrites est révélateur.

Si les idées de Stilwell concernant la campagne de Birmanie avaient été adoptées, et si la route Stilwell avait été dégagée plus vite, le régime de Tchiang aurait été fortement consolidé, car l'offensive préparée par Stilwell aurait assuré à Tchiang des arrières considérables, très riches, où les bases communistes étaient inexistantes.

Mais il en fut autrement et au début de 1945, lorsque la Birmanie du Nord fut enfin libérée, la désagrégation économique et politique de Tchiang était telle qu'elle le laissait beaucoup plus faible vis-à-vis des communistes qu'il ne l'avait été en 1942. Pourtant, il avait pris sa part dans le sabotage des efforts de Stilwell.

Mais si ces efforts avaient réussi, la puissance militaire américaine en Chine aurait été beaucoup plus grande qu'elle ne l'était à la fin de la guerre en août 1945.

Et ce fut au cours de ces années que les armées communistes grandirent considérablement, à la fois par la force et par le territoire occupé, et cela non dans l'inertie, mais à force de combats ininterrompus, pénibles, sans répit, de guerre de mouvement, de lutte de guérillas à l'arrière des lignes japonaises, si bien qu'à la fin de la guerre l'équilibre du pouvoir était en Chine irréversiblement déplacé.

On me persuada de retourner vivre avec Pao. Margery jugeait qu'Isobel avait tort de me le conseiller, que je devrais rompre nettement et refaire ma vie.

Je rentrai dans le grand appartement de Welbeck Street. Isobel pensait que je devrais déménager, que ce logement était un lieu de malheur, comme si changer de maison pouvait nous changer...

Pendant plusieurs semaines tout alla beaucoup mieux; nous pouvions même nous parler, en prenant des précautions. Je dis à Pao que je voulais étudier la médecine parce que le temps était venu de compléter mes études. « De grands changements se produiront en Chine, le peuple ne peut pas continuer à vivre dans cette misère. » Je m'imaginais, exerçant la profession de médecin, et cette idée n'était pas chez moi nouvelle, je la caressais depuis très longtemps et la ténacité, l'obstination avec laquelle j'avais considéré mon projet comme retardé mais non abandonné, pendant toutes ces années, me poussait maintenant vers son aboutissement : rentrer à l'Université et compléter mes études médicales, comme j'avais souhaité le faire à l'âge de douze ans (j'en avais maintenant vingt-sept).

Pao, de son côté, semblait indécis; les nouvelles de l'inflation en Chine inquiétaient les diplomates chinois : des directives concernant la réduction des dépenses leur arrivaient de Tchoungking. Les acerbes critiques du régime exprimées par George Yeh, dans l'intimité de notre appartement, avaient peut-être impressionné Pao.

Isobel me recommanda alors à la *Hunter Street Shool of Medicine for Women* [1]. J'avais mon certificat de l'université de Bruxelles (que Troisième Oncle avait conservé pour moi).

Au printemps de 1944, je reçus l'autorisation d'entrer à l'école de médecine pour les femmes, au *Royal Free Hospital* pourvu que je passe un examen d'entrée dont les épreuves auraient lieu à l'école de médecine, en mars 1945... Il faudrait donc que je suive, à l'école de Hunter Street, des cours de « révision » en anatomie, physiologie et surtout en biochimie, que j'ignorais complètement. La biochimie ne figurait pas au programme de la Faculté des sciences naturelles à l'université de Bruxelles; ce cours avait lieu plus tard, en quatrième année.

Il faudrait aussi que je refasse en anglais toutes mes études d'anatomie, de physiologie et de chimie, sans compter la biochimie et un sujet nouveau la pharmacologie. Il fallait que je fasse tout cela entre le printemps de 1944 et mars 1945 et je serais forcée, pour commencer, de travailler chez moi jusqu'à ce que je puisse suivre à plein temps les conférences et les classes d'anatomie à l'automne de 1944.

Pourrais-je y parvenir ? J'avais quitté l'université de Bruxelles pour rentrer en Chine sept ans auparavant... décision qui m'avait procuré bien des jours d'un bonheur fort discutable, mais que je ne regrettais pas. Ces jours valaient la peine d'être vécus, j'en suis aujourd'hui, trente ans plus tard, plus profondément certaine encore.

Je devais donc repartir en 1945 du point où j'avais abandonné en 1938, mais avec sept ans d'expérience accumulée, et je me défendis de penser que ce recommencement serait vraiment très difficile.

Je ne considérai aucun projet qui tînt compte des difficultés. Je fixai seulement mon esprit sur le but que je voulais atteindre. Et l'argent ? Et que ferais-je de Yungmei, de Gillie, que ferais-je de Pao ? Il

1. Ecole de Médecine (d'Hunter Street) pour les Femmes. (*N.d.T.*)

semblait inimaginable que la femme de l'attaché militaire chinois se mît brusquement à étudier la médecine.

L'inflation en Chine semblait maintenant astronomique : le dollar américain se payait 25 000 dollars chinois au marché noir, et cela fut bien pire dans la suite. Les prix moyens étaient en février 1944 deux cent cinquante fois plus élevés que ceux de l'été 1942. La présence d'un nombre croissant de soldats américains et d'autres mandataires en Chine entre 1941 et 1945, avait un très mauvais effet sur l'inflation. Les activités militaires américaines en Chine devaient être financées en dollars chinois : les Tigres Volants du général américain Chennault et la 14e Armée de l'air, Stilwell et son Etat-major, l'entraînement et l'entretien des forces chinoises par les Américains, le pont aérien au-dessus de l'Himalaya, les bombardements, ces appels supplémentaires au trésor public pour le paiement des Américains ne pouvaient aboutir, écrivait Arthur Young, le conseiller financier américain, qu'à « une constante accélération dans la fabrication du papier-monnaie ».

Depuis l'automne 1942, les fonctionnaires américains en Chine avaient été payés en dollars-papier des U.S.A. qu'ils pouvaient revendre librement sur le marché libre; cela donna une poussée de plus à la dévaluation du dollar chinois. De nombreuses frictions se produisaient entre les Etats-Unis et Tchiang sur les problèmes monétaires et les Chinois insistaient obstinément sur le taux de 20 à 1 au lieu de 100 à 1 parce que, disait Young, Roosevelt avait donné sa promesse « indéterminée » de payer tous les frais de l'effort militaire américain en Chine : promesse qui ne fut pas tenue, puisque la nourriture, le logement, les divertissements, les routes, la construction d'aéroports (pour laquelle 300 000 hommes furent enrôlés de force d'un seul coup) étaient payés par les Chinois. Au milieu de 1944, la Chine payait 200 millions de dollars (chinois) par mois pour la nourriture et le logement des forces américaines. En 1945, les prix avaient monté considérablement et ce même budget montait à 25 milliards de dollars chinois par mois...

A cause de cette inflation, je savais qu'il me faudrait pourvoir à mes propres dépenses. Je prévoyais qu'avant longtemps je devrais gagner ma vie et celle de Yungmei et de Gillie... Comment allais-je y arriver ? Je ne voulais pas demander d'argent à Pao, je voulais être libre.

Par l'intermédiaire d'Isobel Cripps, je fis une demande au British Council. Me serait-il possible d'obtenir une bourse ? L'idée qu'une femme de diplomate sollicitait une bourse d'études pouvait paraître ridicule, mais — en fait — plusieurs jeunes membres de l'ambassade de Chine se mettaient déjà, discrètement, en quête d'emplois de conférencier ou de bourses universitaires.

La réponse du British Council fut que si je réussissais à passer l'examen d'entrée en mars 1945, ma demande serait considérée favorablement, et je me mis au travail.

Alors, les bombes volantes ayant commencé à pleuvoir sur Londres, nous trouvâmes une maison en dehors de la ville, Barney Cottage, Maiden's Green, près de Winkfield, petite maison avec un jardin, banale mais propre. Je commençai à préparer notre déménagement. On était en janvier 1944. En mars, je m'aperçus que j'étais enceinte.

Enceinte, enfin. Enceinte au plus mauvais moment. Qu'allais-je faire ? L'enfant naîtrait. Je l'élèverais avec Yungmei; je me débrouillerais. Et je ferais mes études, sans rien changer à mes projets.

Après une visite au gynécologue, le docteur Greene-Armytage, qui confirma ma grossesse, je rentrai à l'appartement de Welbeck Street et mis Pao au courant. Je croyais qu'il serait heureux, mais il ne le fut pas, à cause de l'inflation, et peut-être parce qu'il s'était résigné à vivre dans le calme et accueillait mal de nouvelles difficultés. L'euphorie d'un début de grossesse m'emplissait d'une énergie nouvelle. Rien ne me paraissait hors d'atteinte ni impossible. Je n'avais plus peur. C'était Pao qui circulait avec un visage troublé, et il était furieux contre les Anglais parce qu'il avait posé sa candidature pour assister à un cours du Collège des Officiers d'état-major et n'avait pas été accepté. De plus en plus, lui et ses amis parlaient, en discours brefs mais significatifs, de guerre civile, du « banditisme rouge ». « Il y aura de grands changements, répétais-je, après la guerre. — Si les Américains nous soutiennent, tout ira bien », disait Pao.

Un après-midi, en revenant de la blanchisserie avec quelques draps et deux costumes, je sentis en montant le perron de Welbeck House une vive et brusque douleur interne... une douleur si fulgurante que je faillis m'évanouir. Je réussis pourtant à prendre l'ascenseur et à ouvrir la porte de l'appartement; puis j'allai dans la chambre à coucher et m'étendis sur le lit. Mais la douleur devint de plus en plus aiguë, comme un arrachement intolérable. « Quelque chose est en train d'éclater en moi, c'est peut-être une fausse couche. » Je me traînai jusqu'au téléphone et j'appelai Pao. « Viens, s'il te plaît, lui dis-je. Je crois que je vais faire une fausse couche. » Je souffrais tellement que j'allais sans cesse à la toilette. « Téléphone au gynécologue, s'il te plaît. » Pao le fit. Greene-Armytage envoya une voiture d'ambulance et je fus transportée à la London Clinic et mise au lit. Pao avait une réception ce soir-là : il y alla. Je lui dis que je m'arrangerais sans lui.

Greene-Armytage vint et me demanda ce qui était arrivé : je lui racontai que j'avais porté le blanchissage, et lui décrivis la douleur. Il installa une infirmière pour me garder, et me laissa au lit, et je pensai : tout va bien. Je veux garder le bébé. Allongée à plat, je souffrais moins... Je ne saignais pas : à peine quelques petites taches sur mon linge. Je dis à l'infirmière que je voulais garder le bébé, puis je m'abandonnai à la douleur. Celle-ci continua toute la nuit et monta dans mon épaule droite, qui me fit souffrir horriblement à son tour. Je vomissais constamment. L'infirmière était une jeune Irlandaise d'une patience inlassable. Vers le matin, j'avais beaucoup de mal à respirer et je haletais. Toutes les demi-heures l'infirmière me prenait le pouls. Et puis, à cinq heures du matin, je dis à ma garde : « Je me sens beaucoup mieux à présent, je n'ai presque plus mal au ventre, tout s'arrange. Il n'y a plus que cette épaule : assommante. » Je devins euphorique et éclatai de rire. « Vous voyez, je vais guérir. — Oui, mon petit », dit-elle. Elle se mit à me raser et m'expliqua : « Maintenant, nous allons subir un petit examen, le docteur Greene-Armytage est arrivé. — Bon. Mais je veux avoir ce bébé. »

Dans la salle d'opération, je trouvai Greene-Armytage en blouse stérile et masque. A ce moment, je respirais à grands souffles hoquetants, le pouls à 160 et la température tombée à 35°, signe d'hémorragie interne. L'anesthésiste me mit un masque et je cessai d'exister, plongée dans l'inconscient; mais sans la moindre appréhension car j'avais en Greene-Armytage une confiance totale. Quand je m'éveillai, j'étais dans mon lit, une bouteille de sang se vidait dans mes veines en goutte à goutte, et mon ventre était enfermé dans un pansement. Plus tard, Greene-Armytage vint me voir et m'apprit que j'avais eu une grossesse extra-utérine qui avait éclaté, que j'avais perdu beaucoup de sang, mais que j'irais très bien à présent. « Et ne vous faites pas de souci, vous pouvez avoir de nouvelles grossesses. Il y a un autre tube, vous savez. » Je lui répondis oui, en riant, puis je m'endormis.

Ma convalescence fut merveilleuse; j'avais un poste de radio et j'écoutai la pièce de Ben Jonson *Volpone*; je riais et je me sentais heureuse presque sans interruption. Au-dehors, les V1 rugissaient puis devenaient brusquement muets, mais personne à l'intérieur de la clinique ne s'en souciait. Pao venait et j'essayais de lui expliquer ce qui s'était passé, mais il faisait les cent pas dans ma chambre et me disait qu'il allait être forcé de retourner en Chine à la fin de ses trois années de mission, pour y « conduire des armées ». « Tu veux dire pour te battre contre les Japonais ? — Non pour me battre contre les bandits communistes. » Quand il me quittait, je lisais les poèmes d'Aragon, que j'avais trouvés chez Bumpus dans Oxford Street, juste avant d'aller chez le blanchisseur, le jour où je m'étais fait éclater la trompe utérine. Maintenant, je lisais ce qui me plaisait; Pao ne pouvait plus m'imposer ou m'interdire une lecture en me terrorisant.

Au bout d'une semaine, je quittai la London Clinic. Pendant ce temps, Pao, Gillie et Yungmei s'étaient installés à Barney Cottage et j'y fus conduite directement. Il faisait encore très froid, mais le printemps approchait. Nous étions loin des alertes londoniennes. Pendant une semaine encore, j'eus une infirmière irlandaise, une très gentille personne qu'une amie m'avait recommandée. Je regardais la cicatrice de mon ventre et m'inquiétais des marques qu'elle me laisserait; je pus bientôt aller et venir; puis, ce fut le printemps anglais : une orgie de parfums d'aubépine et de chèvrefeuille, et je me plongeai dans mes traités d'anatomie ou fis de longues promenades avec Yungmei et Gillie. Puis juin 1944 arriva et le second front d'Europe fut ouvert par un beau jour éclatant de lumière, où nous vîmes les avions traverser le ciel vers l'Europe, par centaines et par milliers, emplissant les airs de leurs vrombissements et Gillie leur faisait de grands signes, que Yungmei imitait, et nos voisins venaient chez nous, nous allions chez eux, et nous étions tous bien heureux, car vite, très vite peut-être, la guerre serait terminée...

L'été de 1944 se passa dans une agitation constante, ce n'étaient que nouvelles de grandes batailles, victoires en Europe, ravissant été en Angleterre. Pao et les autres attachés militaires affairés et entraînés dans ce rythme accéléré de la guerre, inondés de papiers par le War Office. Les attachés avaient hâte de partir pour l'Europe, afin de voir la guerre de près et des visites organisées des champs de bataille leur furent réservées, le War Office envoyant scrupuleusement des photographies-souvenirs de ces visites. L'une d'elles représentait Pao entouré de prisonniers allemands, soldats tout jeunes, recrues des derniers mois désespérés. Le visage de Pao commençait à se flétrir. Il avait souhaité la victoire des Allemands. Le régime Tchiang considérait avec beaucoup d'inquiétude la défaite de l'Allemagne et la nécessité, possible d'affronter, sur une frontière d'une longueur démesurée une Russie forte qui aiderait activement un Parti communiste chinois à prendre le pouvoir... Et tout cet été-là, à Barney Cottage, je me reposai et étudiai, et je pris des forces pour me préparer à la vie qui m'attendait; mais je ne discutai jamais de cet avenir avec Pao. Et bien que mes livres fussent étalés, il faisait semblant de ne pas les voir, et les jours passaient : un silence morose tirait entre nous son rideau de nuit et nous ne pouvions pas nous parler.

XIII

En septembre 1944, j'entrai à l'école de médecine de Hunter Street et fis mon second début dans la vie d'étudiante, sans renoncer complètement, puisque Pao était encore là, à ma vie d'épouse de l'attaché militaire.

Ainsi, pendant quelque temps, je fus deux personnes distinctes, mais par un hasard de circonstances, ces deux vies en vinrent à se gêner.

On me voyait passer dans Bond Street en pantalon et mackintosh en compagnie d'une camarade d'école, et répondant au salut surpris et consterné d'une des aimables douairières de Pao. J'emmenais une de mes nouvelles connaissances prendre le thé à l'hôtel Dorchester, avec une personne appartenant au monde diplomatique. Cela déconcertait bien des gens. Quant à moi, je ne me souciais plus de ce qui n'en valait pas la peine.

Pour la raison précise que j'avais enfin ouvert une brèche dans les murailles étanches de la vie que j'étais supposée mener, j'avais aussi laissé derrière moi toute rancœur, tout ressentiment. Je n'avais aucun désir de me venger, ni de Pao, ni de ses charmants amis qui avaient contribué à me rendre la vie encore plus déplaisante. Les douairières, les « honorables »,

Tel et Tel, ces gens animés d'excellentes intentions et si pointilleusement attachés à leur protocole. Le sentiment qu'ils m'inspiraient était presque de la condescendance. En s'attendrissant sur Pao et en me saluant d'un signe de tête glacial, ils réussissaient encore à exprimer leur désapprobation, mais cela ne me meurtrissait plus.

Ma première impression quand je redevins étudiante fut ma propre terreur en pénétrant dans ce qu'on appelait le *quad* [1], la grande cour entourée d'un cloître classique en ogive, de me trouver au milieu de jeunes filles, en troupe, en groupes serrés, toutes bruyantes, en pays de connaissance, se parlant d'une voix stridente, à pleins poumons, dans un jargon que je ne comprenais pas... l'argot des étudiants anglais.

Pendant cette première demi-heure de panique, l'une d'elles m'aborda : « Dites donc, voulez-vous partager mon placard ? » C'était Cherry Heath, qui devait devenir ma meilleure amie. Je la suivis docilement dans la salle des placards et la première expression qu'elle m'enseigna fut : « I must see a man about a dog [2]. » Deux autres jeunes filles qui étaient ses amies arrivèrent ensuite, me furent présentées et je déjeunai avec elles à la cantine, après avoir fait la queue pour récolter la soupe, le ragoût et le gâteau sucré à la saccharine.

Cherry se révéla inestimable; amie solide, fille capable, pleine de ressources, énergique, possédant sur le bout du doigt le « savoir-faire » de la vie des étudiants. Personne mieux que Cherry ne savait trouver une chambre où se loger, des repas bon marché et copieux; « faire du plat » aux logeuses méfiantes pour leur soutirer de l'eau chaude ou des tasses de thé, et obtenir le plus possible du shilling qu'on glissait dans le petit réchaud à gaz à tous usages qui se trouve dans la plupart des chambres d'étudiants.

1. Diminutif de *quadrangle*, grande cour carrée au centre d'un collège d'université.

2. « J'ai quelqu'un à voir au sujet d'un chien » : phrase convenue, signifiant : je vais aux W.-C.

La seconde impression de cette personne nouvelle que j'allais devenir : moi, étudiante en médecine, fut l'odeur de la salle de dissection, qui devait non seulement me devenir familière, mais inséparable de mes vêtements et de tous les objets qui m'appartenaient. Une troisième impression fut celle que me causa la vue des ballons de protection gris argent tissant leur filet au-dessus des millions de cheminées londoniennes, étendant au-dessus de nos têtes leur bénédiction de mauvais augure quand nous étions occupées à disséquer dans ces laboratoires.

J'avais inspecté un parc aérostatique un an avant; j'avais vu comment on fabriquait les « saucisses »; j'avais aussi rendu visite aux femmes qui cousaient des parachutes pour les pilotes de la R.A.F.; je racontai à Cherry que pour assurer un rendement maximum, on choisissait de temps en temps une ouvrière au hasard et on la lançait en parachute, afin que la négligence ne soit jamais cause du plus petit défaut. Cherry m'avoua plus tard qu'elle n'avait pas cru un mot de mon histoire. « Nous savons tous que les pépés mariées répètent des boniments », disait-elle. Cherry et ses camarades me trouvaient bizarre (gentiment bizarre, disaient-elles) et d'une naïveté amusante, mais elles ne croyaient pas que je fusse femme de diplomate, jusqu'au jour où je les emmenai goûter chez Gunthers[1]... Elles étaient convaincues « que je n'arriverais jamais au bout » voulant dire que je raterais mes examens. Cherry était même d'avis que c'était « jeter mon argent par la fenêtre » que de m'inscrire au concours d'entrée à l'hôpital.

Graduellement et sans scrupules, j'empruntais les notes de mes condisciples et je chipais leurs connaissances, cherchant partout le plus court chemin, laborieuse, apparemment stupide... Elles étaient généreuses, Cherry et ses amies, me renseignaient, me donnaient la substance des conférences que j'avais manquées. Ainsi,

1. Endroit à la mode pour le thé.

très rapidement, j'arrivai à me remettre à niveau et à rattraper le temps perdu.

Comme elles, je devenais assez mal lavée, assez indifférente aux taches qui souillaient mes vêtements; en revanche, je me trouvais enfin dans l'Angleterre en guerre; enfin dans la véritable Angleterre, avec le peuple anglais, partageant ses vraies difficultés et son inconfort, les corvées imposées par l'absence d'eau chaude, le manque de savon, les expédients, les queues devant les cantines, le froid, l'humidité, les marches pénibles, les mauvais repas, la disette de cigarettes, et comme j'aimai toutes les minutes de cette période d'austérité !

Maintenant les V1 et 2 traversaient le ciel de Londres et tombaient sur la ville, mais personne n'avait peur. Nous continuâmes à travailler, bien que les énormes verrières du labo, tout au haut de l'édifice, fussent assez dangereuses. J'emportais un parfum Chanel n° 5 (rapporté par un ami de Pao, colonel à la double brochette de médailles, revenu du continent) jusque dans la salle de dissection, et je répandais la senteur du formol, aux réceptions de l'hôtel Claridge.

Rome était tombée en juin 1944. L'offensive alliée en Italie remonta lentement la péninsule, à coups de griffes pendant vingt mois, puis reprit courage avec le débarquement du 6 juin en Normandie. Paris fut libéré le 25 août; les films d' « actualités » montrèrent les foules, les fleurs, les héros triomphants sur leurs chars; un peu plus tard, nous vîmes aussi dans les informations des Françaises dont on avait rasé la tête parce qu'elles avaient « collaboré » avec des Allemands, mais des images plus laides de la vengeance des Français contre les collaborateurs ne furent pas montrées, nous en entendîmes seulement parler.

Alors Montgomery, pour qui Cherry, comme beaucoup d'Anglais, avait une grande affection, fut nommé maréchal après sa victoire contre Rommel en Afrique du Nord, et il mena la Première Armée canadienne et la deuxième Armée britannique au-delà des Ardennes, près de 300 kilomètres en quatre jours, et Bruxelles fut libérée le 3 septembre; Anvers, le 4 septembre.

Du front russe nous arrivaient aussi des nouvelles de victoire sur victoire; sur les écrans, les hordes de prisonniers allemands défilaient dans les rues de Moscou; von Paulus et son visage secoué de tics nerveux; les Allemands capturés dans le désert; d'interminables files d'hommes chantant *Lili Marlène*. Et à mesure qu'approchait la victoire totale, Pao devenait plus sombre. Il était maintenant certain que l'Allemagne serait vaincue. Pao devait retourner en Chine « parce que nous allons désormais nous battre contre les Rouges ». La guerre civile que Tchiang préparait depuis tant d'années allait éclater. Au début de 1945, il était clair que l'immixtion américaine dans les affaires chinoises allait se poursuivre...

Il fallait que je m'éveille de bonne heure afin d'arriver à l'heure pour mes classes, et de Barney Cottage, Winkield, à Hunter Street, Londres, le trajet prenait plus de deux heures. J'achetai une motocyclette pour me porter jusqu'à la gare distante de 7 ou 8 kilomètres, et d'où partait un train direct pour St. Pancras. De St. Pancras j'allais à pied à Hunter Street. Il m'était parfois difficile de rentrer le soir.

Après décembre 1944, Pao vendit sa voiture; ses heures étaient irrégulières, il allait (seul) à de nombreuses réceptions; me laver et m'habiller pour une soirée chez les diplomates, en sortant tout droit de mes conférences et des séances de laboratoire à Hunter Street me devenait de plus en plus difficile. Aux week-ends, je retrouvais cette autre vie de dîners, soirées du samedi dans de luxueux clubs « fermés », et je passais le plus clair du dimanche et une partie de la nuit à étudier (à « chiader » comme nous disions alors) pour l'examen à venir.

Je n'étais pas la seule étudiante mariée; il y en avait une autre dans mon année, Sanchia, qui avait trois enfants : une belle femme pleine de vie, aux longs cheveux blonds, qui travaillait avec un zèle soutenu et échouait régulièrement à tous ses examens. Elle était résolue à continuer pendant des années et des années si c'était nécessaire, et elle devint finalement un très bon docteur. Je découvris qu'à l'école de médecine l'opinion générale de la majorité non mariée était que les gens mariés étaient des « casse-pieds ». Ce devait être aussi l'opinion de certains de nos conférenciers et professeurs; mais ils ne l'exprimaient jamais et se montraient scrupuleusement courtois avec nous toutes. Sanchia, épouse, apportait son bébé aux conférences, l'allaitait derrière une espèce d'écran qu'elle s'était fabriqué et décrivait longuement les joies de la vie conjugale à sa coterie d'admirateurs. Je me taisais sur le chapitre matrimonial, étant à peu près démariée à ce moment-là; non seulement le désir physique, mais la notion même d'amour sexuel avaient été complètement tués en moi, et cet état de glace devait durer quatre ans. Moi, qui avais été d'une saine normalité, je ne pouvais même plus évoquer sans nausée l'idée de l'acte physique. Je souffrais cruellement, en silence, de vaginisme, ce rétrécissement de tous les muscles, cette crispation de la chair, que les manuels de gynécologie décrivent avec tant de gravité. Et les rapports sexuels que j'endurais cependant m'étaient extrêmement douloureux, presque intolérables. Mais Pao allait bientôt partir, il s'en allait et je prenais patience, c'était une question de tenir quelques mois, quelques semaines de plus... aussi n'ajoutai-je jamais ce refus à mes autres manifestations d'indépendance, non seulement parce que j'avais pitié de lui maintenant que j'avais gagné la partie, mais en outre parce que je ne voulais pas lui donner l'occasion de faire une scène. Les relents de désinfectant rapportés de la salle d'anatomie, toutefois, neutralisaient fréquemment les élans de Pao, autant que le spectacle du crâne et d'ossements que j'éparpillais sur la table de la salle à manger... en outre, il y avait sous notre lit une cervelle qui marinait dans une casserole; pour ne rien dire de mes mains teintes de toutes les couleurs par des expériences de chimie.

Ces quatre années de l'été de ma vie, de vingt-huit à trente-deux ans, j'en prends note simplement, comme d'une observation clinique. Ce fut une période d'endurance, qui m'aida à mieux connaître beaucoup d'autres femmes quand je devins médecin. Je n'étais poursuivie par nulle imagination, nul rêve érotique. La notion tout entière d'amour physique avait tout simplement cessé de se manifester, ensevelie si profondément dans une non-existence salutaire qu'il me fallut quatre ans pour ressusciter.

Un jour, M., une de mes amies et moi, nous comparâmes nos observations sur ce sujet, assez détachées l'une et l'autre pour pouvoir parler de nos vies. La cruauté de son premier mari avait eu l'effet contraire sur M.; elle était devenue nymphomane. « Je ne sais pas avec combien d'hommes j'ai couché, littéralement des centaines, cela a duré trois ans. » Puis brusquement cette nécessité impérieuse l'avait quittée, elle n'était plus poussée par ce besoin de se prouver qu'elle était désirable. Elle s'était remariée et était restée parfaitement fidèle à son mari.

En dépit des sinistres prédictions de mon amie Cherry, sûre de mon échec, au bout de quatre mois, j'initiais du moins une autre étudiante aux mystères de la biochimie, parce que le meilleur procédé pour apprendre quelque chose consiste à l'enseigner. J'inventais à mon propre usage des exercices et des problèmes, je me posais des questions en anatomie et en physiologie et j'y répondais à haute voix. Puis, je découvris avec épouvante que je n'aurais pas fini à temps ma révision d'anatomie, j'avais trop de choses à me mettre en mémoire. Je décidai de laisser de côté un chapitre, celui de la jambe.

A mesure que l'hiver avançait je portais mon mackintosh tout le temps, car j'avais froid, froid de fatigue chronique, et de l'absence de bas dans mes pantalons longs; je découvris le réconfort d'une bonne tasse de thé brûlant avec du lait et du sucre, quand on a faim ou qu'on n'en peut plus, et j'en consommai des litres. Je mangeais du poisson et des frites dans des restaurants bon marché, car le retour jusqu'à Barney Cottage avec l'estomac vide, dans le froid, me donnait le vertige.

Pendant les vacances de Noël, une nouvelle mission militaire chinoise arriva, et je dus faire la cuisine pour ces invités et les accompagner dans des réceptions. Heureusement, mes tentatives culinaires étaient détestables et, très vite, la mission quitta Barney Cottage pour aller se nourrir dans un bon restaurant chinois à Londres.

Ainsi passa l'hiver glacial de 1944-1945. Des diamants de givre étincelaient sur les noires carcasses des arbres, les routes glissantes étaient dangereuses. Je roulais à motocyclette, Gillie faisait la cuisine et tenait la maison (la femme du jardinier venait faire les gros travaux) et je trouvais toujours quelque chose dans le four quand je rentrais le soir.

La cervelle que je conservais pour l'étudier, à Barney Cottage, sous mon lit, dans une grande casserole pleine d'une solution formique, était l'objet d'une grande curiosité de la part de Yungmei, maintenant une vigoureuse petite fille de quatre ans. Elle prenait un plaisir tout particulier à mener ses amies dans la chambre, à soulever le couvercle et à plonger le regard en disant : « Ça, c'est la cervelle de maman, elle la conserve sous son lit. »

La désapprobation générale dont les plus respectables de nos voisins entouraient ma conduite ne resta pas longtemps muette. Une charmante femme m'invita à prendre le thé et me sermonna sur mes devoirs d'épouse et de mère, disant que je devrais me consacrer à mon enfant au lieu de « traîner » en pantalon d'étudiant. Je la regardai d'un air somnolent, trop fatiguée pour m'expliquer et dangereusement au bord du fou rire. Il y avait quelque chose de si puissamment risible dans l'air pompeux dont ces femmes prononçaient leurs discours... Elles ne savaient pas à quel point l'avenir de Pao était mal assuré.

Pao lui-même l'ignorait : il ne pouvait pas croire à la chute de Tchiang. Mais, jusque dans mes os, je sentais frémir la révolution imminente. Je sentais le Grand Changement approcher, approcher... Un jour, Pao n'aurait plus autant de succès; il n'y avait pas d'avenir dans son ambition sèche et étroite... Je le lui avais dit, mais il ne m'écoutait pas. Un jour, il me faudrait nourrir Yungmei; je ne voulais pas que Yungmei fût vendue de nouveau. Je comptais sur ma propre force pour nous faire vivre toutes les deux.

Mon manque total de confiance en Pao ne pouvait mieux s'exprimer que par le fait de ne lui demander jamais d'argent. Je révélai un jour à l'une de ces rigoristes anglaises (j'en rencontrais beaucoup) que l'index des prix en Chine fixé à 100 en 1937 était, huit ans après, à 125 000, mais elle ne sembla pas avoir compris. Ce manque d'entendement, si commun chez les gens soi-disant « informés », le refus de voir se dessiner les événements, de les prévoir, contaminaient et contaminent encore les prétendus intellectuels d'Angleterre, à un degré pire peut-être que partout ailleurs. Sans doute à cause de leur conviction qu'en se débrouillant tant bien que mal on finit toujours par réussir ? Rien d'étonnant à ce que les programmes de télévision et de radio les plus « dernière heure » sur les événements politiques d'actualité soient souvent gâtés par des commentaires qui ne sont pas expurgés de tout ce qui est suranné.

En février 1945, les trois années de service comme attaché militaire se terminaient pour Pao. Les préparatifs de son retour en Chine impliquaient beaucoup d'emballages à faire, de réceptions où il fallait aller, de réceptions que nous devions rendre... Nos opinions divergentes s'exprimèrent plus clairement. Il me dit qu'il était forcé de s'engager dans la guerre civile qui approchait : « Parce que maintenant il faut que nous nous battions contre les communistes, et je dois me rattraper car je n'ai jamais conduit les troupes au combat. » Je répliquai : « Tu ne t'es jamais battu contre les Japonais et voilà que tu veux te battre contre les Chinois. C'est mal. Je suis sûre que les communistes vaincront. Il va y avoir une révolution en Chine, tu verras. » L'année d'avant, ces paroles auraient attiré sur ma tête sa grande fureur et de nombreux coups, mais maintenant il se sentait vaincu, et découragé. Il me surveillait parfois, pendant que j'étudiais. Et il me dit un jour : « Je ne te connaissais pas bien. Je découvre à quel point tu es obstinée... comme tu travailles assidûment quand tu désires vraiment quelque chose ! » Il comprenait, au fond du cœur que, dans toutes ces années, je n'avais jamais été pour lui une *personne*, rien qu'un objet qui lui appartenait, et l'étendue de ma victoire lui devenait de jour en jour plus évidente, en sorte que pendant les dernières semaines qui précédèrent son départ, tout fut entre nous d'une fragilité de verre.

Egoïstement, je ne voulais pas que Pao flanche, me reste sur les bras, choisisse de rester en Angleterre : que ferais-je de lui, oisif et tournant autour de moi ? Deux ans avant, je n'aurais pas été aussi résolue à me débarrasser de lui; j'avais essayé de lui faire abandonner sa carrière, se mettre à des études; maintenant, j'avais peur qu'il me devienne un fardeau, car je savais qu'il n'étudierait jamais, qu'il ne se mettrait jamais sérieusement à aucun travail. Il n'avait pas l'esprit tourné de cette manière. Il était incapable de penser au savoir, au bonheur de servir, à la joie de créer, de faire une chose parce qu'il est agréable de la faire. La vérité, pour Pao, était l'explication qui conviendrait au but qu'il désirait atteindre. Tout savoir devait être reconnu, le succès était l'accession au sommet du pouvoir sous le régime militariste de Tchiang Kai-shek, et servir était obéir aveuglément à un Chef.

Discussions, débats, cogitation, travail obstiné dans les ténèbres, impopularité... rien de tout cela n'avait de sens pour Pao. Même s'il parlait de temps en temps d'une ferme où il se retirerait pour vivre « en paysan », ce qu'il évoquait était la vie d'un propriétaire terrien au milieu des champs appartenant à sa famille.

Pao ne pouvait pas croire que mon dessein, en étudiant la médecine, était d'assouvir ma faim de savoir et d'agir; il ne pouvait pas comprendre que je n'aspirais pas à devenir directrice d'un hôpital ou ministre de la Santé publique... Et maintenant je voulais qu'il garde pour lui ses rêves brisés et son cœur brisé, en supposant qu'il eût vraiment conscience qu'ils étaient brisés. Et bien que je fusse encore persuadée qu'il pourrait choisir une vie qui ne serait pas au service de Tchiang Kai-shek, je voulais qu'il le fît tout seul. Je n'avais plus envie de l'épauler. Certes, j'avais, par moments, plus que jamais pitié de lui, mais je me durcissais contre cette tendance, car elle aurait gêné mes études.

Donc Pao se fit photographier, se commanda quelques costumes et quelques uniformes pour les emporter, et fit faire son portrait par un peintre de batailles; les autres attachés militaires donnèrent une soirée en son honneur et lui offrirent un plat d'argent sur lequel ils avaient fait graver leurs initiales. Il me le confia en garde et je l'ai encore.

Quelques personnes nous invitèrent : les Cripps, Kingsley et Dorothy Martin... D'autres ne furent pas très aimables : toutefois, leur aigre courtoisie, leur ton cassant me furent spécialement réservés. D'autres encore invitèrent Pao à de larmoyants petits dîners d'adieux. En pantalon et imperméable, parcourant Londres au pas de course, prenant peu à peu l'aspect de l'étudiante pauvre que je devenais réellement, et tellement plus semblable à mon vrai « moi » que la femme du très élégant attaché militaire, il était bien visible que j'avais quelque chose de détraqué, de tout à fait différent de Pao, toujours impeccable sous son uniforme.

Pao faisait parfois allusion à son grand amour pour moi, si mal compris... et le tragique est qu'en parlant ainsi il était parfaitement sincère. Car il m'aimait vraiment, et maintenant qu'il se savait vaincu, tout ce qu'il pouvait dire était qu'il m'aimait. Mais il ne pouvait s'adresser qu'à ma tête penchée sur les livres, au « moi » qui n'était plus là, près de lui, à sa disposition, mais parti, évadé, réfugié parmi les squelettes et les manuels, un moi dont les yeux vitreux voyaient à travers lui et ne le voyaient pas, dont les oreilles ne l'entendaient pas. Il m'emmenait dîner dans de coûteux restaurants et je mangeais en pensant à autre chose, sans savoir ce que je mangeais et sans m'en soucier. J'allais seule dans des gargotes et pour un shilling onze pence un demi penny [1] j'avalais un bouillon de queue de bœuf (qui était du cheval), des haricots sur toast, et je dévorais avec un appétit joyeux et vorace.

A un dîner de diplomates au Dorchester, je parlai de grenouilles décervelées pour les expériences; mes mains, tachées par les produits chimiques, avaient l'air déplacé dans les élégants « clubs » fermés des environs de Londres où la nourriture et le vin n'étaient pas rationnés et dont la clientèle se limitait à des Américains et des diplomates. Je m'endormais souvent dans ces joyeuses soirées. Isobel Cripps elle-même eut un choc quand j'arrivai pour dîner au Café Royal en mackintosh, répandant une odeur de cadavre au formol, mes livres sous le bras, en souliers plats boueux et sans bas. Je ne m'en excusai pas. J'avais juré de ne pas porter mon manteau de fourrure parce que je voulais le vendre quand Pao serait parti.

Pao se mit à penser à son voyage de retour en Chine. Il avait le choix. Il me demanda s'il devait passer par l'Amérique ou par la Russie. « Si j'étais toi, je partirais par la Russie. La Russie va jouer un grand rôle dans l'avenir; je pense que tu devrais bien regarder la Russie. » Mais Pao décida de retourner via les Etats-Unis.

A l'ambassade de Chine certains membres civils de

1. Près de 2 shillings. Disons : 1,95 F. (*N.d.T.*)

l'état-major pensaient déjà à se fixer en Amérique « si les choses tournaient mal ». Dire que la Révolution chinoise éclata aussi inattendue qu'un soudain coup de tonnerre au printemps est peut-être vrai aux Etats-Unis, si absorbés par ce que l'Amérique *voulait* faire de la Chine (son domaine et son marché les plus grands) plutôt que par les réalités de la situation chinoise. Mais ce n'était certainement pas vrai de beaucoup de diplomates chinois à Londres qui sentaient la terre trembler sous eux en 1945.

Par un petit matin, froid, pluvieux, venteux, de mars, à six heures trente, Pao prit le train à la gare d'Euston vers un port où il allait s'embarquer pour l'Amérique : le nom du port, celui du bateau et la date de son départ étaient gardés secrets. Nous avions passé les quelques derniers jours dans un certain hôtel de Londres qui avait une salle à manger sépulcrale, des garçons tremblotants (à qui leur âge seul avait épargné l'uniforme) et pour le petit déjeuner les saucisses les plus bourrées de mie de pain, ou même de sciure de bois (ni œuf ni toast) qu'on pût imaginer. Je me rappelle avoir protesté devant ce qu'on me servit et m'être fait rappeler, en réponse, qu'on était en guerre, l'avais-je oublié ?... mais à ce moment-là, certains commerçants prenaient visiblement plaisir à infliger les plus mauvais traitements à leurs clients, hospitalière habitude que je retrouvai en Angleterre longtemps après la fin de la guerre.

Nous n'avions plus rien à nous dire, Pao et moi. Il partait, je restais. Ni l'un ni l'autre ne faisions de projets, n'envisagions une décision, ne discutions de l'avenir, ayant beaucoup trop peur tous les deux de rompre l'harmonie temporaire fondée sur la certitude de notre proche séparation. Pao disait qu'il verrait comment les choses se présenteraient et puis il m'écrirait de venir le rejoindre. Je répondis que je voulais terminer mes études le plus tôt possible. Nos paroles étaient peut-être sincères, peut-être fausses; ce qui se préparait ne dépendait pas de notre décision. « Qui sait si un jour je ne serai pas forcé de prendre un poste de professeur dans une université ? » me dit Pao brusquement : envisageant pour lui-même un avenir vide d'autorité. Je me retins de lui rétorquer qu'il était incapable d'enseigner quoi que ce soit. Il avait appelé au téléphone Yungmei à Barney Cottage et il pleura en entendant sa voix joyeuse lui crier : « Adieu, Papa ! » Il avait le visage tordu par le tourment de sentir qu'il n'avait pas toujours raison en tout; le doute l'envahissait et le rongeait, il ne pouvait plus tolérer cette absence d'assurance.

Beau, bien fait, le buste droit, badine en main, l'air sûr de lui, Pao arpentait au pas de parade le quai de la gare et je le suivais en imperméable d'étudiante, mes livres sous le bras. Après avoir assisté au départ de Pao je devais retourner tout droit à Hunter Street, car les examens commençaient, par une épreuve de physiologie, ce même jour.

Le quai était presque désert, un décor pour une scène de tristesse, de séparation : une bruine glacée tombait mêlée à la suie noire qui s'accumule toujours à Londres. J'avais froid et mal au ventre. La pluie fouettait bruyamment le toit de tôle; l'horrible café du matin fait avec des grains d'on ne savait quoi, moulus, m'était resté sur l'estomac. Pao était resplendissant, avec ses chaussures bien cirées (cirées par moi) et sa capote neuve. Nous nous dîmes au revoir, il grimpa dans le train, se pencha à la vitre et agita sa badine quand le train s'ébranla.

Je regagnai Hunter Street, et ce même après-midi je passai les épreuves écrites de physiologie. A la gare de St. Pancras il y avait une longue queue de gens qui attendaient une tasse de thé, et il n'y avait qu'une cuiller attachée par une ficelle au comptoir... On faisait la queue pour avoir une tasse, la queue pour remuer le thé et remettre sur le comptoir la cuiller ruisselante encore, la queue pour payer le thé contenu dans la tasse chaude et grasse à force de contacts humains; je rentrai ce soir-là à Barney Cottage sur ma motocyclette qui grimpait en haletant la pente assez raide de Winkfield.

Les quelques journées qui suivirent furent enfiévrées par l'angoisse et le travail; des résultats dépendait l'obtention de la bourse du British Council qui me permettrait de poursuivre mes études de médecine. Bien que Pao eût promis de m'envoyer de l'argent, je savais que c'était une promesse en l'air, ne reposant sur aucune possibilité; un bol de riz coûtait alors environ 6 000 dollars chinois, ou *yuen*, et un seul dollar des Etats-Unis valait 100 000 yuen. En 1948, un dollar U.S. était devenu l'équivalent de 10 millions de yuen. Pao allait retrouver la monnaie chinoise; plus de change étranger, et bien que, grâce au trafic de l'or en barres et des marchandises de luxe qui était le privilège des militaires, il ne risquât guère de manquer de fonds, je ne pouvais m'imaginer recevant son argent, et j'avais raison, cela va de soi. Il était sorti de ma vie, en agitant sa badine, l'air sûr de lui, et c'était chose faite : maintenant je pouvais me détacher complètement de cette vie. A partir de ce jour, je ne retournai plus à l'ambassade de Chine, sauf une fois en 1947. De la même manière, je me détachai de tous mes amis « diplomatiques » en disparaissant tout simplement de cette vie pour n'y plus jamais revenir.

Le loyer de Barney Cottage était payé encore pour deux mois; nous n'avions pas besoin de bouger jusqu'au 1er mai; et après cela, il me faudrait trouver un moyen de faire vivre Yungmei et Gillie. Comment paierais-je les gages de Gillie ? Comment paierais-je la nourriture et le logement ? Comment me débrouillerais-je ? Je n'en savais rien. Trois personnes pouvaient-elles vivre avec 30 livres par mois, la somme que me rapporterait la bourse du British Council ? Le salaire de Gillie, à lui seul, en absorbait environ la moitié sans compter la nourriture, les vêtements, le loyer. Et comment envoyer Yungmei à l'école ?... Mais avant tout il fallait que je réussisse à mon examen.

Un soir, durant cette semaine d'examens, ma motocyclette tomba en panne. Je rentrai à la maison en la poussant, ce qui me prit trois heures à cause du poids de la machine et parce que la route était en pente. J'arrivai à Barney Cottage vers onze heures du soir, épuisée de fatigue, et le lendemain matin, à cinq heures et demie, Gillie m'éveilla et je retournai à Londres.

Je dormis à peine cette semaine-là, écrasée par le surmenage... l'échec serait si grave. Je regrettais d'avoir refusé, un an auparavant, une certaine somme d'argent qui m'avait été léguée : tout ce que possédait au monde Louis, mon ex-fiancé, en Belgique.

Car Louis avait reparu; un après-midi de 1943, nous traversions, Pao et moi, Piccadilly Circus et je le vis debout à côté de la palissade qui remplaçait Eros sur son socle; il portait l'uniforme de la Royal Air Force et me regardait fixement. Car Louis avait échappé aux Allemands, s'était réfugié en Angleterre et enrôlé dans la R.A.F.

Je le regardai comme s'il était transparent et passai. Pao était avec moi. Tout était fini. Que pourrions-nous dire, d'ailleurs ? Je n'éprouvais pas grand-chose. A dire vrai, quand une situation est vide de sens, l'attitude la plus franche consiste à la traiter comme telle.

Quelques jours après, je reçus une petite boîte de thé. Pas de nom. Louis. Il n'essaya pas de me voir. En 1944, un après-midi, un coup de téléphone d'un avoué belge de l'ambassade de Belgique, qu'on me relaya depuis Hunter Street, m'apprit que Louis avait été tué en Assam au cours d'une mission aérienne : une des sorties de la campagne de Birmanie en 1944. Son appareil s'était écrasé sur une montagne. Il me laissait par testament tout ce qu'il possédait; l'avoué voulait savoir comment me faire parvenir l'argent. Il était à la fois prudent et discret. Je répondis que je ne voulais pas de cet argent, il devait aller aux sœurs de Louis, en Belgique. Environ 640 livres furent partagées entre ses deux sœurs.

En circulant sur ma motocyclette, en buvant du thé brûlant pour chasser le froid dans de sales et vétustes buffets de gare, en couvrant des feuilles de papier écolier d'une accumulation de détails sur le système nerveux parasympathique, la réaction à l'acétylcholine, et sur les fonctions de la rate, je me tourmentais au sujet de l'argent.

Le 25 mars, nous étions rassemblées à l'école pour apprendre les résultats; ils étaient annoncés par ordre de classement, et lus par un membre de la direction, puis affichés au tableau de service. Si j'apprenais mon échec, je trouverais peut-être un emploi, comme secrétaire... Trouverais-je un studio-chambre à coucher assez grand pour y loger Gillie et Yungmei ? Naturellement, Gillie n'aimerait pas vivre à Londres dans un studio-chambre à coucher... Si elle me quittait, serais-je forcée de remettre Yungmei dans une école maternelle ? Le professeur d'anatomie entra, lut les numéros des candidates qui avaient passé, je figurais sur la liste. Cherry n'y était pas. Pour fêter mon succès, nous mangeâmes une portion supplémentaire de poisson et frites enveloppés dans du papier journal, que nous arrosâmes de trois tasses de thé brûlant, à la gare, ce soir-là; Cherry pleurait, son amie aussi, parce qu'elle aussi avait raté l'examen. Mais elles eurent l'élégance de me féliciter. Elles se représentèrent en octobre, furent reçues et sont devenues l'une et l'autre d'excellents médecins.

J'allais donc toucher 30 livres par mois du British Council pendant les trois années suivantes et qu'allais-je faire de Yungmei et de Gillie ?

Cependant Pao était arrivé aux Etats-Unis; il y était au moment de la mort de Roosevelt; il me raconta, en termes désolés, les funérailles du président, et me parla des Etats-Unis en termes enthousiastes. « Ces gens sont si généreux... ils sont prêts à nous aider jusqu'au bout... si différents de ces grippe-sous d'Anglais... » Il m'envoya le livre écrit par Mrs. Wellington Koo et que son mari avait supprimé : quelques exemplaires avaient échappé à l'exécution. Pao tentait ainsi de se faire pardonner sa conduite antérieure.

Plus tard, Pao m'écrivit de Tchoungking. D'abord, je lui répondis par de brefs billets pour lui dire que tout allait bien. Naturellement, il ne m'envoya jamais d'argent; je réglai sa note chez le photographe, environ 45 livres, une note de tailleur pour plus de 30 livres. Je vendis mon manteau de fourrure pour 90 livres qui couvrirent les dettes.

Revenu en Chine, Pao fut immédiatement entraîné dans les négociations entre le Kouo-min-tang et le Parti communiste, les Américains servant d' « arbitres ». On parla beaucoup d'un gouvernement de « coalition »; idée fidèlement conforme à toute l'attitude des Américains envers la Chine, originellement issue de leur notion que la Chine devait devenir, en Asie, la plus vaste propriété foncière pour les hommes d'affaires américains. Les Américains souhaitaient voir venir en Chine la paix et des réformes, mais pardessus tout, ils voulaient y être... et c'était leur plus grave erreur. Le temps du Pouvoir Blanc en Asie était révolu, mais ils ne paraissaient pas s'en être encore aperçus.

Pao m'écrivit en automne 1945 : « Nous ne pouvons pas nous fier aux communistes... ils nous mentent et nous trompent. Quels fourbes !... » Mais comme il parlait déjà, deux ans auparavant, d'annihiler les communistes avec l'aide américaine, cette explosion de vertu ne m'impressionna guère.

Je ne pouvais imaginer les communistes déposant les armes pour plaire aux Américains, au nom d'une « coalition » dans laquelle ils seraient inévitablement massacrés par Tchiang Kai-shek. Cela s'était déjà produit; pourquoi seraient-ils assez criminellement stupides pour déposer les armes en échange d'une inapplicable fiction légale ?

Je ne répondis pas à Pao cette fois, ni l'année suivante, à une autre lettre où il m'annonçait qu'il était promu et partait pour le Nord; en vérité, il gagna le Nord de la Chine et Pékin où il vit mon père. La façon dont mon père décrivit cette rencontre est tout à fait différente du récit que m'en fit Pao.

« J'ai vu ton père, écrivait Pao, il n'a vraiment aucune vitalité. Il ne cesse de sourire et de faire de petits saluts... Je voulais lui reprocher de t'avoir si mal élevée... Si j'avais su de quel milieu familial tu sortais, je ne me serais pas souillé en t'épousant... »

Il écrivait cela parce que mes deux sœurs avaient épousé deux G.Is américains, ce qui avait causé la fureur de Pao.

Beaucoup plus tard, je lus dans l'autobiographie de mon père sa propre version de cette rencontre. Mon père, comme tous les fonctionnaires, au moment où l'ancien régime avait été détruit et remplacé par un gouvernement communiste, avait rédigé son autobiographie, non pas une fois, mais à plusieurs reprises.

« Je savais que ma fille avait épousé un certain Tang Pao-houang. En 1946, il vint à Pékin. J'entendis parler de lui par mon ami Ping Shih, qui me conseilla d'aller le voir car c'était quelqu'un de très important; j'hésitais à le faire, mais je reçus un mot de ce Tang Pao-houang qui me donnait l'adresse de son hôtel. J'allai donc lui rendre visite. Nous ne nous dîmes rien de très important... Il me rendit ensuite ma visite mais ne resta pas très longtemps. Le bruit courait qu'il allait épouser une Miss Sun Chia-houei, fille d'un ancien Seigneur de Guerre, le général Sun. Elle avait suivi Tang Pao-houang à Pékin et résidait dans le même hôtel que lui. Je savais que ma fille et lui ne s'entendaient pas, mais je ne discutai pas de ce sujet avec lui. »

Une photographie avait été prise de Pao avec mon père et ma mère, debout sur les marches menant du jardin jusqu'à la véranda de notre maison. Je la trouvai, quand je retournai en Chine en 1956, au milieu de nombreuses photographies, dans la vieille malle que ma mère avait emportée de Belgique, tant d'années auparavant. Mon père conservait toutes ces photographies : il les étalait parfois sur son lit et, dans sa solitude, appelait en pleurant ma mère, la suppliant de revenir auprès de lui. Mais elle l'avait quitté et ne voulait plus revenir. Quoi qu'il en soit, je retournai près de lui et c'est ainsi que toutes ces choses tombèrent enfin entre mes mains.

Au début de 1947, une autre lettre m'arriva avec un long retard. C'était un cri de douleur et de colère poussé par Pao. L'histoire qu'il me racontait était très compliquée : un autre officier et lui montaient la garde au service de Tchiang Kai-shek, ils avaient échangé quelques réflexions qui avaient été entendues; on les avait ensuite répétées en les déformant dans un rapport à Tchiang... Pao avait été dégradé et, en punition, expédié... en Mandchourie, sur le champ de bataille... pauvre Pao, qui avait si longtemps échappé aux champs de bataille...

En même temps, je reçus une lettre de mon amie Yuenling qui était à Pékin. Elle m'écrivait qu'elle avait rencontré Pao, qu'il s'était plaint à elle de ce que je ne lui écrivais pas, et elle me suppliait de lui écrire car, ajoutait-elle, Pao avait une âme noble et belle, dont la haute vocation était sa patrie. Je lui répondis en disant que j'allais bien, que Yungmei grandissait, mais sans dire un mot de Pao. La guerre civile, qui avait commencé en 1946 par la rupture des négociations, s'étendait alors sur tout le pays. J'ajoutai une phrase pour dire que j'espérais qu'il n'y aurait pas d'effusion de sang.

Yuenling me répondit qu'il était nécessaire de « combattre le banditisme ». Pendant que je cherchais la clef de cette énigme, la nouvelle de la guerre éclata dans la presse anglaise, ce qui causa enfin un choc. *The Times* pontifiait; la paix était désirable dans cette Chine déchirée par la guerre et cela ne pourrait s'accomplir que par une « coalition ». Beaucoup d'abstruses suggestions de réformes furent proposées, la confiance accordée au petit parti d'intellectuels « non communistes » qui pourrait « sauver la situation » par des mesures judicieuses... si seulement la Chine les écoutait. Mais je savais qu'il ne pouvait y avoir de moyen terme; et, à mon avis, tout ce que publiaient les journaux occidentaux frôlait l'absurdité. Je me surpris à suivre les campagnes, indifférente à tous les bruits optimistes de « paix » et de « cessez-le-feu ». Comment ces palliatifs pourraient-ils agir ? Devant mes yeux, défilaient des spectacles auxquels j'avais assisté : les files de moribonds, encordés (quelquefois liés par des fils de fer). Hommes racolés pour l'armée. Les coups, la brutalité. Je revoyais Pao un jour dans la rue, se précipitant pour saisir au collet un jeune coolie, si lourdement chargé de balles de coton qu'il ne voyait pas où il allait, bien qu'il eût crié entre deux halètements : « Oh ! laissez un peu de place... un porteur chargé va passer ! » parce que, accidentellement, il avait touché le bras de Pao. Et Pao l'avait jeté à terre, les balles de coton s'étaient éparpillées, tandis que Pao lançait des coups de pied dans les côtes du jeune coolie. J'entends encore ses cris... et je ne pouvais que pleurer, et Pao ne faisait qu'agir comme bien d'autres auraient agi. Je ne pouvais imaginer que la « paix » ou une « coalition » fussent possibles.

Je continuai à étudier, cessai d'écrire à Pao et attendis l'issue de la guerre civile.

En 1945, quand se termina la seconde guerre mondiale, Troisième Oncle put envoyer deux de ses fils à l'étranger; son fils aîné, que j'appelais Troisième Frère, en Amérique, et Quatrième Frère, Kouangti, qu'il envoya à Londres. Sixième Frère resta en Chine.

Kouangti habitait loin de chez moi : il travaillait dans un institut de technologie au nord de Londres. On m'envoyait dans des hôpitaux de la banlieue de Londres, de sorte que nous nous rencontrions rarement, mais à l'été de 1947 je suivis à Londres un cours de trois mois sur les maladies du nez, de la gorge et de l'oreille. Cherry et moi avec une autre étudiante appelée Betty, nous partagions un appartement en sous-sol dans Doughty Street. Kouangti venait m'y voir de temps en temps, bien que le trajet depuis le nord de Londres fût sans attrait. Il me donnait des nouvelles de Troisième Oncle et de Troisième Tante. Il me donna aussi des nouvelles de l'inflation. Un bol de riz coûtait maintenant trente mille dollars; et dans les restaurants il fallait payer dès qu'on s'asseyait, car le prix du repas avait parfois augmenté de dix ou vingt pour cent avant qu'il fût terminé. « Les gens transportent de l'argent dans des brouettes et des valises pour payer leur billet d'autobus ! » disait Kouangti en riant, comme nous rions toujours devant une infortune sans remède.

Le 17 octobre 1947, trois mois avant mes examens finaux en médecine, Kouangti survint un matin de bonne heure dans mon sous-sol. « J'apporte de mauvaises nouvelles », dit-il. Pao était mort, tué, glorieusement, sur le champ de bataille en Mandchourie, près du bassin houiller de Fou Shoun.

Bien entendu, je fondis en larmes. Je pleurai beaucoup, me sentant profondément coupable; c'était ma faute, ma très grande faute... j'appelai Isobel Cripps au téléphone et lui appris la nouvelle. Margaret Godley vint me voir, resta près de moi pour me consoler. J'allai à l'hôpital Elizabeth Garrett Anderson, et fis le tour des salles, puis rentrai à la maison pour me remettre à pleurer. Pao était mort. « Mais non, ce n'est pas votre faute », disait Margaret Godley. « Je n'aurais pas dû le laisser partir », répliquai-je. Mais, avant que deux jours se fussent écoulés, mes remords avaient cessé.

Je n'avais pas reçu de confirmation officielle de l'ambassade de Chine... peut-être parce qu'ils n'avaient pas mon adresse. Délibérément, j'avais négligé de me rendre à l'ambassade, Kouangti me pressa d'y aller et de voir l'ambassadeur. Ce fut une entrevue glaciale. L'ambassadeur (ce n'était pas le docteur Wellington Koo, mais un certain docteur Tcheng) n'était au courant de rien... il ne savait rien. Quelques minutes après je me retrouvai dehors. Le lendemain, la nouvelle parvint à l'ambassade, et l'on m'envoya un grand certificat, portant des cachets de cire rouge. Ce document m'apprit que Pao avait fait « le sacrifice de sa vie noblement sur le champ de bataille », et qu'on me faisait, à titre de veuve, un don de dix millions de dollars chinois. En octobre 1947, je crois que cela représentait environ trois livres sterling. Je ne pris pas la peine d'aller chercher cet argent.

Je reçus ensuite une lettre de Troisième Oncle où il m'engageait instamment à rentrer en Chine pour les funérailles de Pao. Il était absolument nécessaire que la veuve du « héros » fût présente, « tenant son enfant par la main ». Un post-scriptum faisait allusion à une « certaine Miss Sun » qui prétendait être l'épouse légale de Pao et mettrait en danger mon héritage si je ne faisais acte de présence. Je déclarai à Kouangti que l'héritage m'était indifférent.

Kouangti était assis en face de moi, son visage sérieux froncé par le souci de me faire obéir à la tradition et suivre les conseils de son père. Pouvais-je, sans protester, permettre à une autre femme d'accompagner le cercueil de mon mari et d'accomplir les rites funèbres en tant que veuve ? « Oui, répondis-je. Quelle importance cela a-t-il ? » Kouangti télégraphia mon refus, en prétendant que j'étais malade, euphémisme bien compris. Une autre lettre, venant de mon père celle-là, m'arriva, m'exhortant à revenir pour revendiquer mes « droits », car Miss Sun racontait que j'avais été répudiée et qu'elle était l'épouse légitime. Mais les oiseaux assassinés cet été-là restèrent pour moi privés de vie. Je n'allais pas jouer la comédie du deuil. « Nous sommes en octobre et je passe en janvier mes examens de fin d'études, pour devenir docteur. Pao est déjà mort. Je n'ai pas assez d'argent pour aller en Chine et revenir. »

Et voilà que l'ambassadeur de Chine, vénérable vieillard qui devait terminer ses jours aux Etats-Unis comme expert des questions chinoises, me convoqua. Il me dit que j'étais la femme d'un héros, et qu'il me fallait agir en conséquence, retourner avec ma fille au sein de la famille de Pao, chez la mère de Pao. Selon la véritable tradition chinoise, mon devoir était désormais de la soutenir dans sa douleur. Jc lui répondis que je n'avais pas d'argent pour retourner en Chine. Le docteur Tcheng vit dans mes paroles une possible demande de fonds que j'adressais à l'ambassade (après tout, j'avais encore un passeport diplomatique), et il se hâta de me dire : « Il faut que vous soyez une veuve exemplaire. Et il faut que vous écriviez à votre belle-mère. Il faut que vous lui écriviez tous les dix jours. C'est la tradition. »

Les funérailles seraient célébrées sans moi; mon devoir tel que je le voyais, moi, était de passer mes examens de doctorat fixés à deux mois de ce jour. Je demandai à Kouangti s'il se rendait compte que dans la Chine en proie à la guerre les choses changeraient très vite. Mais comme beaucoup de Chinois séjournant alors à Londres, et peut-être aussi en Chine, il répugnait à commenter la politique. Les funérailles étaient encore les funérailles, et toute veuve devait y assister. Puisque j'étais pour lui Sœur Aînée et qu'étant mon cadet, il me devait le respect, Kouangti ne pouvait désapprouver ouvertement ce que je disais, et il était légèrement décontenancé : « Je vais écrire que vous êtes souffrante, incapable de voyager et qu'il faudra que vous soyez représentée, par procuration, aux funérailles. » Nous eûmes un long entretien, dans le vide, pour trouver dans la famille quelqu'un qui pourrait me remplacer. Et puis, toute la Mandchourie s'écroula, les armées communistes triomphantes déferlèrent à travers la Chine, et je n'entendis plus parler des funérailles, de la tradition, ni de Miss Sun.

Une pensée fugitive traversa ma tristesse : Pao m'avait demandé de me tuer s'il mourait, afin de laisser après moi un nom honorable, celui d'une veuve chaste, ajoutant à sa vertueuse famille un supplément de vertu. Mais je ne lui avais pas promis. Moins d'une semaine après, je m'étais remise au travail, assidûment.

Vers la fin du mois de novembre, je reçus un petit paquet : le journal intime de Pao qu'il m'envoyait.

L'envoi était accompagné d'une lettre datée du début d'octobre : dix jours environ avant sa mort.

La lettre était courte : cinq ou six lignes au plus : « Je pars pour le front où je vais me battre. Je ne sais pas ce qui va arriver, mais je crois que nous sommes tous perdus. Je ne t'ai pas très bien traitée, mais si le Ciel m'accorde la vie, je te traiterai mieux. »

Le journal était devant mes yeux; sans couvertures, probablement supprimées pour alléger le paquet, rien que les pages intérieures; l'écriture régulière et serrée, cette calligraphie qu'il avait travaillée pour acquérir la maîtrise de sa vigueur morale et gravir les échelons du succès, traits sans bavures ni maigreur, fermeté dans les déliés, régularité en signe de sang-froid... Je feuilletai, puis brûlai le journal intime dans le fourneau de la cuisine.

De loin en loin j'apercevais un mot, un paragraphe... Je savais que Pao avait souhaité que je lise ses nobles pensées; je songeai à son loyalisme torturé, à son amour pour moi... mais le seul mot de « Journal » menaçait de faire basculer mon équilibre mental et de me plonger dans une tempête de fou rire... il fallait d'abord que je pense à mes examens finaux; impossible de m'offrir le luxe de crises nerveuses, émotions violentes, tristesse, attendrissement, souvenirs, regrets... En avant, me dépassant moi-même dans ma hâte, pas le temps de pleurer, il me fallait poursuivre...

Cinq ans plus tard me trouvant à Hong-Kong, je reçus une lettre de Yuenling qui me donnait d'autres détails sur la mort de Pao. Yuenling était alors à Formose où elle avait suivi Tchiang Kai-shek. Elle me demandait d'aller la voir. Elle s'était mise à peindre des paysages, était mariée et avait un fils; elle m'envoyait des instantanés d'elle-même, grande, gracieuse, l'air heureux... Elle me racontait comment Pao était mort.

Sans les chercher, j'ai récolté, au cours des vingt dernières années, quatre versions de la mort de Pao.

Suivant la version officielle, Pao avait été tué dans la bataille, criblé de balles, en résistant héroïquement jusqu'au bout.

Dans un autre rapport tenu secret, les soldats de Pao, comme beaucoup de troupes du Kouo-min-tang, désertèrent en masse, se joignirent aux Armées Rouges, et le combat tourna en déroute. Pao était resté seul avec un subalterne à qui il avait demandé de lui passer son épée à travers le corps : l'homme ayant refusé, Pao s'était suicidé par un moyen non spécifié.

Une troisième histoire encore plus sensationnelle voulait que ses soldats, s'étant révoltés contre lui, l'eussent exécuté.

Le récit de Yuenling était encore plus macabre. Elle m'envoyait un beau paysage peint par elle, une image de montagne avec une rivière et un sage en contemplation, me la dédiait : « Très affectueusement » et exprimait l'espoir que j'irais la retrouver à Formose : retrouver Tchiang Kai-shek.

« Ces communistes sont des bêtes sauvages, écrivait-elle. Ils tuent de manière incroyablement barbare ! Quoi que tu fasses, ma chère amie, ne leur accorde pas ta confiance. Je crains que tu ne sois tentée, peut-être essaient-ils de te séduire... Rappelle-toi ce qu'ils ont fait à ton mari. Ils se sont emparés de lui, lui ont arraché les yeux, l'ont dépouillé de sa peau, attaché à un cheval qui l'a traîné jusqu'à ce qu'il en meure... »

Mais il y avait quelque temps que Yuenling était à Formose lorsqu'elle m'écrivit et certains récits s'améliorent avec le temps...

En 1958, je signalai toutes ces variantes à mon amie Koung Peng à Pékin, poussée à demi par un souvenir mélancolique, à demi dans l'espoir d'apprendre ce qui s'était vraiment passé. Mais je ne tirai pas un seul mot de Koung Peng.

Tant de sang avait coulé depuis trente ans... tant de morts à la guerre, au cours de cette interminable lutte, dans la Longue Marche, et la guerre civile; tant de gens qui n'avaient jamais su ce qu'étaient devenus épouse, enfants, parents, amant... d'autres qui avaient vu torturer sous leurs yeux ceux qu'ils aimaient... d'autres encore comme Mao Tsé-toung lui-même, qui avaient placé leurs enfants chez des paysans pendant la Longue Marche et ne les avaient plus retrouvés... De même qu'assister aux funérailles de Pao aurait été un geste rituel sans aucune signification, connaître la vérité sur sa mort n'était qu'un détail sans importance.

Le triomphe militaire du Parti communiste et de son armée qui atteignit son apogée en 1949 peut se comprendre si l'on considère que ce triomphe prolongeait l'héroïque épopée que fut la Longue Marche.

La Longue Marche avait commencé sous forme de retraite après l'encerclement des principales bases Rouges de la Chine du Sud en 1933. Tchiang avait rassemblé près de deux millions d'hommes, des chars et des avions pour sa cinquième et formidable campagne d'anéantissement. Il dévasta d'immenses territoires, dans une grande manœuvre en tenaille, pour jeter les communistes à la mer.

L'Armée Rouge traversa les forts en ciment, les rampes d'artillerie et les tranchées construites par Tchiang, en quatre cercles autour de la base. Elle se fraya un chemin afin de rompre l'encerclement et partit pour cette prodigieuse expédition appelée la Longue Marche à l'automne de 1934.

En dépit de ses succès, Mao Tsé-toung avait été en butte aux critiques de certains chefs communistes. Le Comité central, longtemps caché à Changhai, était fort préoccupé de questions théoriques; mais l'application concrète, en Chine, de la théorie à la pratique lui échappait. L'influence et la popularité de Mao parmi le peuple et les soldats étaient vraiment considérables. Bien qu'il eût eu beaucoup de difficultés, pendant environ trois ans, à faire adopter ses vues, il entretenait et perfectionnait ses idées. Les techniques militaires qu'il avait créées ne furent pas suivies et de grandes pertes en résultèrent; Mao Tsé-toung devait analyser plus tard les erreurs commises; parmi ces erreurs, une attitude sectaire envers le général Ts'ai Ting-k'ai, au Foukien, et sa 19e Armée de Marche, qui s'étaient battus avec tant de bravoure contre l'invasion japonaise de Changhai en 1932, et avaient été trahis par Tchiang Kai-shek. Mao Tsé-toung conseilla d'établir des liens avec ces troupes de patriotes non communistes, mais les autres passèrent outre, car la doctrine étroite de la « porte fermée » prévalait alors parmi certains leaders.

En octobre 1934, après de terribles combats, le blocus fut forcé et la masse de l'armée communiste et de ses partisans — 130 000 en tout — s'engouffra dans la brèche et se mit à marcher vers l'ouest.

A pied, par longues files, ils s'enfoncèrent dans le froid de l'automne, se dirigeant vers l'ouest, vers le Setchouan. Les femmes portaient leurs bébés sur le dos; des cochons, du riz, des machines (du petit arsenal de la Base Rouge), des valises; quelques charrettes pour les femmes enceintes, on emportait tout. La colonne avait 300 kilomètres de long, l'arrière-garde était à une semaine de marche de l'avant-garde. Attaqués journellement, à chaque heure, la nuit, bombardés par l'aviation, arrêtés par des embuscades sur toutes les routes, ils avançaient.

De ce cheminement naquit la Longue Marche, qui prit plus d'une année, traversant 11 provinces sur 18, 18 chaînes de montagnes par des cols enneigés, à quelque 13 000 pieds d'altitude; 12 000 kilomètres à pied à raison de 40 kilomètres par jour. Sur ces 130 000 personnes, 30 000 arrivèrent au but et beaucoup étaient de nouvelles recrues acquises chemin faisant.

Au cours des deux premiers mois de la Longue Marche, de graves querelles en divisèrent les chefs, sur les itinéraires à suivre, les objectifs de cette multitude en marche, sa destination, et l'endroit où se terminerait cet exode.

En janvier 1935, 30 p. 100 des marcheurs de

l'avant-garde (au nombre d'environ 40 000) étaient malades. A un endroit nommé Tsun-yi une halte fut décidée et une conférence eut lieu. Les deux principales factions étaient : celle de Mao Tsé-toung optant pour une base au nord-ouest de laquelle partirait la résistance aux incursions japonaises, et la faction « moscovite » des étudiants « revenus d'Europe », tels Li Lisan et autres, qui voulaient attaquer et tenir de « grandes villes » comme « futures bases solides ».

La conférence de Tsun-yi fut cruciale : à ce moment-là, commandants et simples soldats avaient compris que les idées de Mao Tsé-toung étaient les bonnes. Il fut élu secrétaire général du Parti et du Comité central, et sa tactique fut unanimement adoptée.

La première chose que fit Mao fut d'ordonner l'abandon de tous les fardeaux inutiles qui ralentissaient la marche des colonnes et les rendaient plus vulnérables aux attaques. Outils, argent, vêtements, jusqu'aux fusils, furent laissés en route et enterrés. Les enfants eux-mêmes furent confiés à des paysans, et, parmi eux, deux des propres enfants de Mao.

Ainsi allégée la Longue Marche se poursuivit. Le système d'opérations souple et flexible de Mao Tsé-toung lui valut une victoire en février 1935, quand quatre divisions des troupes du Kouo-min-tang furent dispersées. Ensuite, l'Armée Rouge entra dans la partie la plus dure, la plus pénible du voyage, la traversée des hautes montagnes et des fleuves de l'intérieur. A Pékin, je fis la connaissance d'une femme, une de celles qui avaient survécu à la Longue Marche; son très jeune bébé avait été placé dans un panier sur le dos d'une mule, avec d'autres colis. En traversant une très haute montagne, longeant à pas lents une étroite corniche de rocher, la mule glissa et tomba avec son chargement et le bébé au fond du précipice profond de près de 2 000 mètres. On n'avait pas le temps de s'arrêter pour faire des recherches, car l'armée ennemie n'était pas loin derrière... Finalement, les Armées Rouges arrivèrent à Yenan.

De 1937 à 1945, pendant toute la guerre sino-japonaise et la seconde guerre mondiale, les armées Rouges se battirent sans arrêt contre les Japonais et les troupes chinoises fantoches. Dans ces combats incessants, à la fois sur la première ligne et derrière les lignes japonaises, où elle introduisit les procédés de guérilla, l'Armée Rouge devenait forte, se nourrissait de batailles, soutenue par la population dans toutes les régions qu'elle traversait. Et de la semence qu'elle disséminait naissaient de nouveaux groupes de guérilla, de nouvelles armées, de nouvelles zones libérées.

Le plan de Tchiang consistait à organiser son propre front en le paralysant, laissant les communistes soutenir le plus fort de l'attaque, afin de les user : ce plan échoua totalement. La force de l'Armée Rouge résidait dans le fait qu'elle se battait sans trêve.

En même temps qu'elles se battaient les Armées Rouges *éduquaient* le peuple, rendant la population qui les entourait politiquement consciente. Les souvenirs de la Longue Marche écrits par Teng Ying-tchao, la femme de Tchou En-lai, décrivent ce processus :

« Les camarades-femmes qui participaient à la Longue Marche se montraient aussi fermes et aussi courageuses que les hommes... Dans la 1re Armée de Campagne, il y avait trente femme-cadres — les plus fortes portaient leur propre literie et des sacs de riz sur le dos. Partout où nos troupes s'arrêtaient pour se reposer, elles en profitaient pour faire de la propagande politique dans la population, pour soigner les blessés et les malades et aider à préparer les repas. Toutes les camarades-femmes allèrent jusqu'au bout de la Longue Marche, aucune ne défaillit ni ne mourut en route. Les trente, intégralement, arrivèrent à destination. »

Teng Ying-tchao, elle-même atteinte d'une grave tuberculose pulmonaire, ajoute :

« Etrange à dire, après une année de vie extrêmement dure dans la Longue Marche, je me trouvai guérie sans aucun traitement médical. »

A la fin de la guerre en 1945, le Pouvoir Rouge avait énormément grossi. Commençant par un million et demi d'habitants d'un coin du nord-ouest pauvre et dévoré par la sécheresse, il comptait maintenant une population et occupait une étendue où vivaient 93 millions de personnes. Les membres du Parti communiste, 40 000 en 1937, étaient 1 200 000 en 1945.

La guerre de guérillas, et la guerre mobile, produisaient leurs propres recrues de paysans volontaires qui s'enrôlaient par centaines de milliers : talents militaire et politique, cadres jeunes et enthousiastes de commandement militaire, tout cela l'Armée Rouge le possédait. De 35 000 hommes en 1936, l'Armée Rouge était montée à 910 000, avec 2 500 000 auxiliaires dans les milices populaires, en 1945...

Soixante pour cent de toutes les troupes japonaises en Chine et 98 p. 100 des armées fantoches (y compris celles qui passèrent aux Japonais sur l'ordre de Tchiang) étaient maintenues en lutte constante et acharnée par l'Armée Rouge.

Tchiang soumit les Zones Rouges à des mesures de contrainte militaires et économiques de plus en plus rigoureuses, les coupant de toutes les sources de ravitaillement sur leurs propres arrières. Elles furent attaquées par le Kouo-min-tang en quatre occasions majeures et des douzaines d'occasions mineures. Elles ne reçurent jamais aucune aide de l'Union soviétique ou de l'Amérique.

Comment, après une vingtaine d'années de combats révolutionnaires, put se développer cette formidable capacité de mettre en place un appareil militaire, exercer sur lui un contrôle politique, obtenir pour lui un écrasant appui populaire ? La réponse est sans aucun doute dans les idées de Mao Tsé-toung et leur application aux conditions régnant en Chine. Ainsi que le fait ressortir l'écrivain anglais John Gittings : « Au cours de vingt-deux années, de 1927 à 1949, le modèle d'une armée révolutionnaire populaire, qui seule pouvait garantir la victoire, fut créé par Mao Tsé-toung. » C'est ce modèle que remet aujourd'hui en avant la Révolution culturelle prolétarienne, contre les autres conceptions de l'Armée en tant qu'instrument hiérarchique du pouvoir, classe professionnelle au service d'un groupe souverain.

Ce fut le principe fondamental régissant les fonctions, développements et desseins de l'Armée Populaire de Libération, qui assura sa victoire dans la guerre civile contre Tchiang de 1946 à 1949. Aujourd'hui encore, dans une autre révolution — la Révolution Culturelle — c'est l'Armée qui doit sauvegarder les principes sur lesquels est fondé l'Etat socialiste de la Chine.

C'est ainsi que ce qu'on appelle aujourd'hui la pensée de Mao Tsé-toung se rattache indissolublement à la Révolution chinoise et à ses aboutissements militaires et politiques, à l'organisation et à l'existence du Parti communiste et de son Armée.

Cette identification prit une importance encore plus grande pendant les campagnes de 1946-1949 : la guerre civile.

Le Japon n'eut pas plus tôt capitulé en août 1945 que la course commençait entre Tchiang d'une part et les communistes de l'autre pour occuper le territoire et les villes que les Japonais venaient d'évacuer. Dès le commencement de cette entreprise, Tchiang obtint l'aide américaine dans la tâche de placer ses troupes sur des positions avantageuses en vue du conflit imminent.

Le premier pas fut franchi en août 1945, quelques jours après la capitulation du Japon, quand le général Mac Arthur, commandant suprême à Tokyo, donna son premier ordre (General Order, n° 1) à l'armée japonaise de ne se rendre qu'au Kouo-min-tang et, en attendant, de maintenir « l'ordre et la légalité ». Sur quoi, les Japonais, qui avaient déjà évacué certaines régions de la Mandchourie, se mirent à combattre les guérillas communistes en Mandchourie, avec l'approbation des Américains.

Dans l'intervalle, on organisait (directement sous les ordres de Washington) des transports aériens américains pour les troupes : 235 Dakota assurèrent un pont aérien à 110 000 soldats de Tchiang vers la Mandchourie et les villes de la Chine du Nord.

Le 12 août, des unités de l'Armée Rouge sortirent de Yenan pour pénétrer dans la Mongolie intérieure et, traversant à pied la Chine du Nord, atteignirent la Mandchourie, mouvement ouvertement annoncé par la radio de Yenan. l'objectif étant le contrôle des communications à travers la Chine du Nord et la Mandchourie avant que Tchiang s'en fût emparé.

La 5e Flotte des Etats-Unis débarqua un supplément de 50 000 marines. Les troupes américaines en Chine passèrent de 60 000 à 135 000 hommes, *après* la capitulation japonaise.

Une anecdote amusante dans l'installation de ce pont aérien américain est racontée par Anna Louise Strong alors correspondante américaine en Mandchourie. Pendant que les troupes du Kouo-min-tang (et les Américains) arrivaient par air, les troupes communistes avançaient péniblement à pied, en faisant 30 ou 40 kilomètres par jour. Mao donna à Lin Piao l'ordre d'organiser les guérillas en Mandchourie. Il arriva au terme de son voyage plus vite en se faisant transporter pour une partie du trajet par un avion américain du groupe de liaison envoyé à Yenan pour ramasser des aviateurs américains dont l'appareil avait été descendu en Chine du Nord. « Les Américains se rendirent-ils compte que cet homme frêle, à l'allure d'intellectuel, allait devenir aussi important ? » demande Strong. Evidemment non, puisqu'ils ont pris à bord ce passager apparemment inoffensif, condamnant ainsi les armées de Tchiang au désastre dans les batailles suivantes pour la conquête de la Mandchourie.

La campagne de Mandchourie menée par Lin Piao devait sa stratégie directrice aux plans établis par

Mao Tsé-toung. Il n'est donc pas du tout surprenant qu'aujourd'hui, dans la Révolution culturelle — lutte plus complexe, plus difficile que n'importe quelle guerre civile —, Lin Piao, vainqueur de Ping Hing-kouan, vainqueur de la Mandchourie, vainqueur de la Chine du Nord, l'homme qui réussit la traversée du Grand Fleuve pour gagner la Chine du Sud, apparaisse comme le second de Mao, son successeur, l'homme ayant le mieux compris et le plus fidèlement appliqué la pensée militaire qui conduisit à la victoire la Révolution chinoise en 1949.

A la fin d'août 1945, Mao Tsé-toung partit en avion pour Tchoungking où s'ouvrirent des négociations destinées à créer un gouvernement de « coalition » où les Américains seraient présents en tant qu' « arbitres et médiateurs ». Pendant ce temps avaient lieu tous ces mouvements de troupes et partout des chocs se produisaient entre communistes et soldats du Kouomin-tang, ces derniers attaquant et provoquant délibérément des conflits.

Le 10 octobre, on parvint à un accord, mais l'aide unilatérale donnée par les Etats-Unis à Tchiang se poursuivant, Tchiang inonda de ses troupes la Mandchourie. Lin Piao organisa les guérillas locales; jointes aux hommes arrivant de Yenan, elles formaient une armée populaire de 300 000 combattants. Les Américains placèrent des « équipes de trêve » dans les villes. Les Russes, qui étaient entrés dans la guerre le 9 août 1945, occupaient eux aussi certaines villes de Mandchourie, et Tchiang demanda aux Russes de « retarder » leur évacuation de la Mandchourie, afin d'empêcher la pénétration des troupes communistes chinoises dans les zones occupées par l'armée soviétique...

Cependant, les Etats-Unis continuaient à envoyer par avion des troupes à Tchiang et le 12 décembre 1945, les Russes autorisèrent les troupes de Tchiang à entrer dans leurs zones.

Lin Piao n'obtint aucune aide des Russes. Anna-Louise Strong est très nette sur ce point. A sa question : « Quelle aide avez-vous reçue des Russes ? —

Aucune, répondit catégoriquement Lin Piao. Ni troupes, ni armes, ni conseillers, rien. Tout ce qu'avait apporté en Mandchourie l'Armée des Soviets, en hommes et en armes, est reparti avec elle lorsqu'elle s'est retirée; toutes les armes et le ravitaillement en munitions que les Russes ont pris aux Japonais, ils les ont emportés en Russie ou détruits sur place. »

Les administrateurs des Soviets protégèrent pendant de longs mois les gens que Tchiang avait mis en place dans les villes de Mandchourie. « Les communistes chinois étaient fort mécontents, dit un commandant russe à Miss Strong, quand nous les avons chassés de Moukden pour les remplacer par les hommes de Tchiang. Mais que pouvions-nous faire ? Nous avions un traité avec Tchiang. »

Du côté des Etats-Unis, le général Marshall avait été désigné comme « arbitre » pour « rétablir la paix » en Chine. Le 10 janvier 1946, un nouvel accord intervint entre Tchiang et les communistes. Mais les combats reprirent, provoqués délibérément par Tchiang; les observateurs américains eux-mêmes furent catégoriques sur ce point. Marshall lui-même déclara que « le gouvernement (de Tchiang) abandonnait toute procédure démocratique et poursuivait une politique de force militaire dictatoriale ».

La guerre civile peut être décrite comme comprenant deux phases : la première correspondant aux tactiques de Mao, « quand l'ennemi avance, nous nous retirons », éclata en été 1946 et dura jusqu'à l'été 1947. D'abord, on eût dit que le Kouo-min-tang était vainqueur partout. En Mandchourie les principales villes lui appartenaient. « Toutes ces villes... seront des fardeaux sur le dos de Tchiang », disait Lin Piao.

La force du Kouo-min-tang se dissipait à force d'occuper les cités semblables à des forteresses, d'y tenir garnison, de s'y emmurer, les généraux refusant d'en bouger, refusant de se battre : et la corruption se mit bientôt à y sévir. Autour de ces villes, les communistes organisèrent les campagnes.

Pendant toute cette année, l'Armée Rouge en Mandchourie, sous les ordres de Lin Piao, s'occupait de réformes agraires, défrichait, plantait (afin de ne pas être à charge aux paysans) et récoltait; ils éduquaient les paysans, et consacraient à ces besognes plus de temps qu'à se battre. Cette politique continua d'être le principe même de son succès; n'étant pas un instrument de massacre mais une armée idéologique, qui enseignait et pratiquait des idées et des méthodes révolutionnaires, l'Armée Rouge était invincible.

Beaucoup d'experts militaires étrangers passaient leur temps à faire des paris : cinq contre un en faveur de Tchiang, trois contre un en faveur de Mao. Les communistes étaient en minorité. Tchiang avait un plus grand nombre de soldats, et un équipement américain. Mais il était impossible de comparer l'Armée Populaire de Libération, éducative, politiquement consciente, les soldats voués à leur tâche, avec les soldats de Tchiang Kai-shek, enrôlés de force, mal nourris, maltraités et trahis.

Au cours de cette année de repli stratégique, Mao Tsé-toung abandonna délibérément Yenan à Hou Tson-nan.

L'évacuation de Yenan fut magistrale; on n'y laissa rien; les médecins et les infirmières de l'hôpital de la Paix internationale emportèrent les malades dans la montagne deux jours avant le départ. Les mères qui venaient d'accoucher furent descendues en litière le long des collines abruptes creusées de grottes. Deux jours après le départ de Mao, Hou Tson-nan et ses hommes bien astiqués après des années passées dans l'oisiveté, entrèrent dans Yenan : cela fut annoncé comme une grande victoire, bien que Yenan fût vide, vidé, quand Hou y arriva. Pour célébrer ce triomphe, Hou Tson-nan se maria : il paraît qu'il avait juré de ne se marier qu'après la prise de Yenan.

A quelque vingt kilomètres de là, à Wah Yao Pu, le Parti communiste apprit la nouvelle : « Hou Tson-nan est tombé dans le piège. »

Après cela, ce fut un jeu. Les armées de Mao entraînèrent les troupes de Hou Tson-nan dans une immense ronde à travers la Chine du Nord. Pourchassant les communistes, Hou poussa ses hommes qui n'étaient pas habitués à marcher ni à se battre. « Quand l'ennemi est las, nous attaquons. » Hou Tson-nan avait épuisé ses vivres, ses lignes de communication étaient médiocres, ses soldats fatigués... l'Armée Rouge fondit sur eux et expédia cette affaire au plus vite.

En 1947, à l'été, l'Armée populaire de Libération passa partout à l'offensive.

Pendant les trois premiers mois de 1947, en Mandchourie, Lin Piao lança cinq offensives de sondage, selon la tactique d' « attaque et repli », avec de petits contingents d'environ soixante mille hommes. Ces attaques lassaient les troupes du Kouo-min-tang; elles annonçaient victoire sur victoire, quand les communistes attaquaient et se retiraient, mais elles étaient incapables de poursuivre les Armées Rouges, et se retranchaient dans leurs cités fortifiées. En mai, la 4e offensive, parfaitement préparée et exécutée, fut un succès; dans celle-là, Lin Piao utilisa trois cent mille hommes en plus de milices qui en réunissaient deux millions, par une manœuvre populaire classique, avec la participation active de la population de la Mandchourie [1] contre les troupes de Tchiang Kai-shek.

Alors l'avalanche s'ébranla : les Armées Rouges déferlèrent; Moukden, Changchoun, Kirin : villes encerclées restées au pouvoir du Kouo-min-tang. Au 10 juillet, la moitié du territoire naguère occupé par le Kouo-min-tang en Mandchourie était perdu, et le nombre des désertions de l'armée de Tchiang avait réduit de plus de 50 p. 100 la force de toutes les unités du Kouo-min-tang.

Les garnisons en débandade abandonnèrent des dépôts entiers, des trains de ravitaillement, des véhicules et des armes. Les Armées Rouges disposaient alors

1. La population de la Mandchourie est chinoise à 93 p. 100.

(comme le rapporte le consul américain de Moukden à la fin de mai 1947) d'une supériorité sans cesse croissante et de l'aide des unités clandestines, tandis que « l'apathie, le ressentiment, le défaitisme, une populace hostile, une indignation croissante devant l'inégalité entre l'enrichissement des officiers et la solde misérable des hommes »... précipitaient l'échec du Kouo-min-tang.

Tchiang s'obstina. Il envoya ses meilleures troupes en Mandchourie; et ce fut en Mandchourie qu'il perdit la bataille pour la souveraineté en Chine.

Les 6e et 7e offensives de Lin Piao eurent lieu pendant les six derniers mois de 1947. En Mandchourie même, l'avidité et la rapacité incroyables des généraux et des fonctionnaires du Kouo-min-tang (ils étaient allés jusqu'à piller les tombeaux dynastiques) leur avaient aliéné complètement la population.

Le commandement militaire était en pleine confusion, Tchiang continuant à jouer son jeu d'ordres et de contrordres, passant par-dessus la tête des commandants ou les changeant de poste suivant son caprice, dans un désordre dément.

La clique de Whampoa se livrait toujours aux mêmes manœuvres pour la conquête du pouvoir. Le taux du trafic des postes de commandement montait considérablement à mesure que les généraux se succédaient pour prendre leur part du pillage de la Mandchourie... « Le mécontentement, écrit F.F. Lieou avec tact (il servait dans les armées du Kouo-min-tang et il enseigne maintenant à Princeton) s'infiltrait jusque dans les classes les plus modestes. »

Le 15 septembre 1947 commença la dernière offensive. L'objectif était le chemin de fer Pékin-Moukden, pour couper la Mandchourie de la Chine du Nord.

Les armées communistes passèrent des tactiques de guérillas à l'emploi des chars et de l'artillerie. Tchiang rappela le général en chef et envoya Tou You-ming à sa place avec Hsiung Shibhui, chef de l'état-major du généralissime en Mandchourie, qui était à la tête d'une mission envoyée en Angleterre quelques années auparavant. L'arrogance de ces officiers de Whampoa était bien connue. Ce fut sous les ordres de Hsiung que Pao reçut un commandement en Mandchourie.

Cependant, en Chine proprement dite, les combats dirigés suivant les conceptions stratégiques de Mao aboutirent à la consolidation de grandes Bases Rouges nouvelles dans le Chensi et l'Honan. Le 25 décembre 1947, Mao Tsé-toung écrivait : « Nous sommes à un tournant de l'histoire. C'est le point décisif où, achevant sa courbe, l'autorité contre-révolutionnaire exercée depuis vingt ans par Tchiang Kai-shek va disparaître. C'est le point décisif où l'autorité impérialiste va disparaître en Chine... L'Armée populaire de Libération a fait tourner dans l'autre sens la roue de la contre-révolution; elle a fait rebrousser chemin à l'impérialisme des Etats-Unis, et à la bande de malfaiteurs dirigée par Tchiang Kai-shek... qu'elle a expédiée sur la route de la perdition. »

Ce fut au cours des campagnes commandées par Lin Piao en Mandchourie à l'automne puis en hiver 1947 que les hommes de Pao l'abandonnèrent ou le tuèrent. Par divisions entières, les soldats passaient dans le clan communiste et, une fois qu'ils y étaient, se transformaient et se battaient bien...

A l'été de 1948, 300 000 hommes de l'armée du Kouo-min-tang étaient immobilisés dans des cités mandchoues, entièrement nourris et équipés par des avions (en provenance des Etats-Unis) tandis que la population civile mourait de faim.

La phase finale se divise en quatre campagnes principales, entre septembre et décembre 1948, et se termine par la débâcle complète et totale des armées du Kouo-min-tang en Mandchourie.

Après cela, par marches forcées de 45 à 50 kilomètres par jour, les armées de Lin Piao pénétrèrent dans la Chine du Nord et les villes tombèrent : Tientsin, Pékin en janvier 1949; puis Lin Piao se précipita dans la Chine du Milieu et traversa le Grand Fleuve, le Yangtsé, en avril — 300 000 hommes franchirent en deux jours le cours d'eau large de 1 600 mètres — atteignant ainsi la Chine du Sud.

En été 1949, tout était terminé; la Chine était libérée, le règne de Tchiang Kai-shek, de Tai Lee et de ses Chemises Bleues avait pris fin.

XIV

L'ÉTÉ de 1945 fut radieux en Angleterre où le soleil se montrait beaucoup plus ardent que de coutume; mais cette impression n'était peut-être que la nuance de mon âme libérée de la tristesse. Je levais la tête vers ce précieux soleil, vers le ciel traversé d'oiseaux; il y avait des haies et des champs que des brises légères faisaient onduler, une herbe longue sur laquelle — épuisée de fatigue à force de pédaler sur ma bicyclette — je me laissais tomber : la belle campagne anglaise était moelleuse et riche, toute douceur ouatée. Je respirais le parfum des petites orchidées sauvages du Dorset et l'odeur de miel du Wiltshire aux pentes si sensuelles en leur trompeuse ingénuité, narguant toute grandeur de leurs molles courbes ondulantes.

Les bombardiers surgissaient souvent en bourdonnant, et chantaient leur terrible complainte en allant et venant par troupes dans l'air de l'été. Je me rappelle un certain après-midi où nous circulions à bicyclette dans de sinueux chemins creux entre les haies alourdies d'aubépine : chaque fleur une rayonnante étoile toute neuve; au-dessus de ma tête, une bombe volante passa en vrombissant, mais la fraîche et limpide campagne n'en avait cure. Nous voilant les yeux de la main, mâchonnant nos sandwiches, nous regardâmes en l'air, sans colère ni peur.

J'avais commencé mon stage à l'hôpital en avril; comme l'Ecole de médecine de Hunter Street avait été endommagée par un V1, on nous avait transportés dans des hôpitaux de la périphérie : Arlesy, St. Albans... Pendant les deux années suivantes, je travaillai, par périodes de trois mois, en médecine, chirurgie, etc. dans plusieurs hôpitaux, aux environs de Londres, où je revins à l' « Elizabeth Garrett Anderson » et au « Royal Free » lui-même. Je connus alors la vie des meublés, les dîners préparés par les logeuses; les shillings qu'on glisse dans la fente du minuscule réchaud à gaz, les courses à vélo par un froid glacial sur les routes couvertes de verglas; les repas trop fréquents de poisson et de frites, avalés debout; pas de bas, les chaussettes de laine qui mettaient huit jours à sécher, suspendues à une corde au-dessus du réchaud à gaz; un logement en sous-sol que je partageai en 1947 pendant neuf mois avec deux autres étudiantes et qui nous parut être le luxe, le bien-être, l'aisance, pour deux livres dix shillings par mois. Là, nous avions une minuscule cuisine, une baignoire, une chatte nommée Minnehaha, qui nous avait rencontrées au cours d'une promenade dans les Jardins de Lincoln Inn et nous avait adoptées. J'étais obligée de noyer ses petits, à intervalles réguliers, et finalement nous dûmes la faire châtrer puis la donner à d'autres amateurs de chats quand nous passâmes nos examens.

Je faisais mes tournées en blouse blanche (pas très propre), un stéthoscope dans ma poche; et je ne me voyais pas sous un autre aspect. Je m'imaginais, après de pénibles années, devenant enfin docteur en médecine et tout cela, en dépit de l'inconfort, était réconfortant. Car pendant toute cette période, je connus de bonnes amitiés, et, mieux encore, j'appris vraiment à vivre comme la plupart des Anglais vécurent pendant la guerre, et l'après-guerre, touchant les mêmes rations, avec la même sérénité dans le manque d'argent.

Je voyageais dans ces trains qui devaient d'après l'horaire, partir à dix-sept heures, mais qui s'immobilisaient pendant des heures dans les gares avant de daigner s'ébranler; un certain jour, je passai six heures et demie à attendre dans un compartiment bondé, où personne ne dit un seul mot à personne. J'avais souvent froid, j'étais souvent sale, mais c'était le bonheur : certains jours furent parmi mes plus heureux : jeunes et insouciants, mais d'autres le furent moins.

Car dans ce jardin d'été de mes souvenirs, tandis que mon cœur s'était assoupi, rôdait encore une sourde terreur, et c'était au sujet de Yungmei, dont la santé s'altérait. Je n'étais pas encore médecin et Yungmei tombait malade.

Les trente livres par mois que m'allouait le British Council me servaient à vivre; cela payait aussi mes frais d'études, mais il y avait Yungmei et Gillie. Cette bourse n'y suffisait pas. Il fallait que je trouve de l'argent par d'autres moyens, la vente de mes vêtements, mes droits d'auteur; je devins conservatrice du Muséum de Pathologie au « Royal Free Hospital », ce qui me rapportait cinq livres par mois. Mais mon aide la plus puissante fut Gillie elle-même.

Pendant près de deux ans, 1945 et 1946, Gillie fut le soutien de notre existence. Son dévouement envers Yungmei, sa propre ingéniosité à trouver voies et moyens pour rester auprès de nous, — et si l'on considère son respect des conventions sociales, le fait qu'elle vivait avec la personne la plus étrange, la plus discutable (je veux dire moi !) restait incompréhensible pour la plupart de ses amies — tout cela me permettait d'étudier, de lutter pour atteindre le but, qui était d'être reçue docteur dans le délai le plus court possible. Tant que je le pourrais, j'assurerais à Yungmei un foyer où elle serait à l'abri. Je ne pouvais pas l'entraîner avec moi dans mes sordides studios meublés, ou d'hôpital en hôpital. Le niveau de vie de Yungmei ne diminua pas en même temps que le mien; et cela fut rendu possible entièrement grâce à Gillie, qui se plaça, à la semaine, chez des gens aisés, emmenant Yungmei avec elle, et n'acceptant de moi qu'une livre par semaine. Ainsi Gillie travaillait pour faire vivre Yungmei.

Je dois insister sur ceci : à n'importe quel moment, Gillie aurait pu me quitter, me laissant sur les bras une Yungmei de cinq ans. Mais elle refusait obstinément de se séparer de Yungmei et stipulait qu'elle ne pourrait veiller sur d'autres enfants que si Yungmei venait avec elle; or, la disette de gouvernantes et le mérite incomparable de Gillie (car elle était en vérité une personne extraordinairement capable) faisaient qu'elle était inondée d'offres. Notre voisine à Winkfield, Lady F., dont Yungmei adorait nourrir le régiment de volailles, fut ravie le jour où Gillie accepta son offre car elle était fort à court de gens de service (ce qui arriva à tout le monde pendant la guerre). Gillie tira donc le reste de son salaire de Lady F. dont elle soignait les petits-enfants, mais elle se faisait payer moins cher à cause de la présence de Yungmei.

Quoi qu'il en soit, Yungmei dépérissait : elle devenait difficile, un peu hostile, et elle se tenait très mal à table. Il y avait eu trop de changement dans sa jeune vie, et cela se reflétait dans sa conduite avec Gillie et avec son hôtesse. Elle ne comprenait pas pourquoi elle ne me voyait que de loin en loin, pourquoi j'étais forcée de tant travailler, pourquoi certaines personnes en visite chez Lady F. faisaient parfois des réflexions irréfléchies. Elle avait intensément conscience d'être « la petite Chinoise »; son esprit fier décelait leur ton de condescendance, elle s'accrochait à moi quand j'étais là, refusait de manger et faisait des caprices quand je n'y étais pas. Comment lui expliquer que je travaillais pour elle et pour moi, qu'il fallait que je le fasse afin de gagner ma vie et la sienne ?

Aux fins de semaine j'essayais de la voir. Je n'osais pas rester trop longtemps, craignant d'abuser de l'hospitalité des autres. Un jour, j'emmenai Yungmei et pris une chambre dans un très petit hôtel, pour la garder avec moi pendant deux ou trois jours. Ce fut à cette occasion que je surpris la servante de l'hôtel, qui avait « de l'asthme» en train de dorloter et d'embrasser la petite. Et environ deux mois plus tard, Yungmei attrapa un « rhume », mais ce rhume ne guérissait pas. Elle se mit à vomir, fit de la température, perdit du poids. Le docteur que Lady F. fit venir diagnostiqua de la bronchite, mais un mauvais pressentiment me poussa à l'emmener à Londres et à la mettre entre les mains de la pédiatre du Royal Free Hospital, qui était spécialiste de la tuberculose infantile. J'avertis cette spécialiste qu'il me semblait que Yungmei souffrait d'une infection tuberculeuse primaire.

« Qu'est-ce qui vous fait penser à une infection primaire ? »

La doctoresse était sceptique, car il est bien connu que les étudiants en médecine ont tendance à croire que leurs amis ou eux-mêmes sont atteints des maladies qui figurent à leur programme du moment : or, nous étions en train d'étudier le complexe tuberculeux primaire. Mon désir de faire examiner ma fille pour cette maladie semblait trop bien tomber.

Je racontai au docteur l'histoire de la servante et son prétendu asthme, sa toux rauque très caractéristique et sa voix enrouée, et que j'avais trouvée en train d'embrasser Yungmei et de lui parler visage contre visage. Yungmei fut officiellement hospitalisée dans la salle des enfants pour subir des examens; en quarante-huit heures, elle perdit son accent raffiné assidûment acquis et se mit à parler avec un nasillement cockney [1] des plus irrésistibles.

Lorsque au bout de quatre semaines elle fut de nouveau confiée aux soins de Gillie, celle-ci fut épouvantée par le langage adopté par Yungmei.

Les radiographies révélèrent un poumon gravement atteint par une infection primaire. La doctoresse-spécialiste fit une conférence sur son cas. Yungmei était enchantée : « Elle parle de moi, c'est marrant ! »

1. Accent populaire de Londres. (*N.d.T.*)

et faisait des réflexions désobligeantes sur les étudiants groupés en demi-cercle autour d'elle, pour amuser un petit garçon couché dans le lit voisin du sien.

L'infection primaire avait été grave, c'était indubitable, mais avec des soins, du repos et de la nourriture, la résistance naturelle en aurait raison : la spécialiste était optimiste. Yungmei retourna auprès de Gillie, chez Lady F. On la pesa et l'on s'aperçut qu'elle avait encore perdu du poids pendant son séjour à l'hôpital, et cela encouragea Lady F. (un peu froissée) à déclarer triomphalement que son docteur était meilleur que le mien. Mais cela n'avait aucun rapport avec le but de l'examen qui était de déterminer l'affection dont souffrait l'enfant. A ce moment, malheureusement, Lady. F. et Gillie avaient considéré comme un affront pour la sollicitude qu'elles mettaient à soigner Yungmei le fait que j'avais consulté un autre docteur et emmené ma fille à l'hôpital alors que leur praticien local était tellement bon... il était inutile de leur donner des explications. Gillie se trouvait en face d'une Yungmei au langage cockney qui s'appliquait délibérément à devenir exaspérante; un enfant en pleine rébellion, qui vomissait régulièrement toutes les nuits parce qu'elle voulait rester avec moi. J'expliquai à Gillie que ces vomissements étaient psychologiques. Certaines gens de bonne volonté invoquèrent des raisons de race pour expliquer les méfaits de Yungmei qui avait tailladé un des plus beaux fauteuils anciens de Lady F. La pauvre chère Gillie se voyait assaillie de bons conseils de tous les côtés ! Elle finit par en être souffrante à son tour, ce qui n'est pas surprenant. Après tout, l'enfant lui était confiée, c'était presque le sien, elle s'en occupait la plus grande partie du temps, tandis que je ne faisais, lorsque je le pouvais, que de rares apparitions.

Je réussis à passer un week-end avec Yungmei dans le Dorset, près de Lulworth Cove; cela fit un trou dans la somme rapportée par *Destination Tchoungking* et précieusement thésaurisée. Pendant ces journées, Yungmei n'eut pas de vomissements et mangea comme un ogre. Je fus donc convaincue que l'affaire n'avait pour cause qu'une profonde rancune, et que je me trouvais en face du problème psychologique de Yungmei, se démolissant volontairement la santé, se tournant vers Gillie pour dire : « Quand ma maman est ici, vous pouvez vous en aller » et se révoltant sans cesse parce qu'elle était profondément malheureuse. Pauvre Gillie qui avait donné son cœur à Yungmei, qui lui sacrifiait son salaire, qui faisait tout ce qu'elle pouvait pour elle, et aussi pour moi ! Pauvre Yungmei, qui, à cinq ans, aurait voulu reconstituer l'édifice familial ! La nuit, je restais éveillée à réfléchir à ce problème, incapable de lui trouver une solution... et je retournai consulter la pédiatre. Elle me conseilla cette fois d'essayer l'école Caldecott dans le Sud de l'Angleterre. J'écrivis donc à Caldecott et, la semaine suivante, Miss Rendall, la directrice, vint à Londres et nous prîmes rendez-vous. Miss Rendall était une personne grande, assez corpulente, infiniment énergique et intelligente, et au bout d'un moment nous nous entendions à la perfection. Je lui parlai longuement de Yungmei, puis j'allai visiter l'école. C'était une très belle maison au milieu d'un vaste parc avec de magnifiques arbres et d'énormes pelouses. C'était devenu un foyer d'enfants anxieux, parfois déracinés, ou dont les parents menaient une vie malheureuse et communiquaient leur manque de bonheur à leurs enfants. Les enfants appartenaient à des communautés et des classes sociales diverses. J'en parlai à Gillie. Cela la bouleversa encore plus, car elle avait imaginé Yungmei fréquentant une école « bien », le genre de maison où allaient la plupart des autres enfants qu'elle avait élevés. Mais j'étais convaincue que Yungmei devait quitter le cadre raffiné et parfaitement dépourvu de réalité dans lequel j'avais essayé, sottement sans doute, de lui procurer bonheur et sécurité; milieu dans lequel les enfants changeaient de vêtements pour prendre le thé et ne se salissaient jamais, allaient à l'église le dimanche accompagnés de gouvernantes, et remerciaient toujours avec l'accent le plus parfait. Ce fut donc Caldecott pendant les deux ans qui suivirent, 1947 et 1948. Et cela entraîna le départ définitif de Gillie, ce qui me causa des nuits d'insomnie; mais cela valait mieux à la fois pour Gillie et pour Yungmei car ces tensions émotionnelles, comme peut en faire naître en Angleterre le climat de hiérarchie sociale, menaçaient de causer chez l'enfant de graves troubles émotifs. Il fallait qu'elle découvre son propre niveau, un niveau d'humanité ordinaire. C'est ce qu'allait lui apporter Caldecott.

L'école de Caldecott était à tout point de vue une institution admirable. Elle contenait beaucoup d'enfants, la plupart anglais, mais aussi français et italiens, quelques-uns issus de familles riches, d'autres pas. Il était excellent pour Yungmei d'être mêlée à ces enfants, car ils avaient tous souffert et la souffrance est un dénominateur commun; avec eux, Yungmei ne se sentait plus « à part »; m'avoir pour mère n'était plus un désastre; au contraire, dans un univers où la séparation et la nécessité d'endurer des situations désagréables étaient acceptées — tandis que dans les foyers respectables où elle avait vécu tout cela était supposé ne pas exister — elle commencerait à s'ouvrir au monde et mettrait un terme à ce refus intérieur de s'y mêler, qu'elle extériorisait sous forme de rébellion.

Il n'y a aucun doute que Yungmei fut sauvée par Caldecott; elle se développa, ses troubles pulmonaires disparurent. J'obtins une permission spéciale pour aller la voir une fois par mois, au lieu d'une fois par trimestre comme c'était habituel; et une fois par mois, fidèlement, je partais pour ce long voyage (long à l'époque), qui prenait plus de quatre heures aller et retour, par bus et train, et bien que nous ne passions ensemble que quelques heures, cela faisait une grande différence pour Yungmei. Maintenant, elle fanfaronnait auprès des autres : « Ma maman m'aime bien. Elle vient me voir tous les mois. » Ces visites nous étaient précieuses, à l'une et à l'autre, ainsi que les cartes postales que je lui envoyais, mes lettres, ce courant ininterrompu que je m'efforçais d'entretenir, tout le temps, afin qu'elle fût sûre d'être désirée, d'être aimée, et de n'être séparée de moi que par la faute des circonstances. Au bout d'environ six mois, je me sentis assez forte pour écrire à Gillie et lui proposer de venir prendre le thé et passer une journée en promenade avec Yungmei et moi. Gillie fit preuve d'une perspicacité et d'une compréhension remarquables, car elle avait, dans la parfaite générosité de son cœur, accepté ce qui était arrivé : et pourtant le coup avait été dur après tout ce qu'elle avait fait. Elle continua donc à être une de nos meilleures amies, d'une amitié sans faille, qui dure encore aujourd'hui où Yungmei est elle-même devenue mère (et meilleure mère que je ne l'ai jamais été).

Et notre vie se poursuivit. Mais maintenant je devais payer les notes de Caldecott, et elles s'élevaient à quatre guinées par semaine environ tout compris, ce qui faisait une énorme brèche dans mes trente livres par mois. Mais, à force de calculs, d'économies et de privations, j'y arrivais, en y ajoutant les billets de chemins de fer, les déjeuners avec Yungmei, à ses jours de sortie, sans oublier un jouet, un livre ou une boîte de bonbons. Et Cherry venait à mon secours; bien souvent, c'était elle qui payait le loyer et la nourriture dans notre commun logement.

Durant l'été de 1947, il redevint possible de voyager en Europe, bien qu'on ne pût emporter que cinq livres d'argent anglais. Yungmei, qui était en vacances, Cherry et moi, nous prîmes le bateau pour la Belgique, invitées à Bruxelles par Georgette Acker que j'avais connue à l'Université de Bruxelles environ dix ans auparavant, et qui avait fini par me retrouver à force de recherches par l'intermédiaire de l'ambassade de Belgique à Londres.

Georgette Acker avait été communiste à l'époque où nous étions condisciples. Quand la guerre éclata en

Chine, en 1937, elle et son mari appartenaient à l'association pour l'Amitié Sino-Belge, avec l'abbé Bolland pour qui je faisais si souvent des conférences sur la Chine. A part celui de l'abbé Bolland, je gardais surtout le souvenir de Georgette à cause de l'indomptable persévérance qu'elle mettait à tout ce qu'elle entreprenait. Dix ans plus tard, je la retrouvai la même : douce, aimable, menant joyeusement une vie qui était loin d'être facile, c'était une femme sincère, dont l'abnégation était une conviction intellectuelle; marxiste, qui, durant la guerre avait travaillé pour la Résistance dans les Ardennes; ensuite, revenant au Parti, avait trouvé « un tas de jeunes gens dans le commandement » qui l'avaient remise à sa place. Elle restait résolument convaincue que seul le communisme pouvait assurer un meilleur avenir à toute l'humanité, et elle parlait avec une cinglante ironie du Parti communiste belge : « des bourgeois occupés à compter leurs dividendes ». « L'avenir du monde est en Chine, surveillez la révolution qui s'y déroule, elle ébranlera le monde », ajoutait-elle presque en riant.

Je pus revoir, avec émotion, l'abbé Bolland, qui avait beaucoup vieilli, et que sa tension artérielle condamnait à une vie de reclus ou peu s'en faut. Il me questionna avidement sur la Chine. « Encore la guerre dans ce malheureux pays, dit-il, mon Dieu, comme je voudrais que la paix revînt en Chine un jour ! »

Nous allâmes au bord de la mer, à Ostende; je passai trois jours à chercher quelques membres de ma famille, découvris leurs rangs dégarnis; et je revis Hers. Un ami de Georgette m'ayant appris que Hers était dans un bureau de la Banque de Bruxelles, j'appelai la banque au téléphone et reconnus sa voix; il ne parut pas surpris de m'entendre, mais assez distant. Toutefois, il me demanda de venir à la banque et comme il était dix heures du matin j'y allai. Hers était installé dans un imposant bureau, tout de cuir brun et de masses solides et luisantes. Il n'avait pas changé. « Oh, oh ! dis-je, vous êtes monté en grade ! » Et il répliqua : « Je suis marié à présent; oui, je suis marié ! — Félicitations », dis-je. Il continua avec un visage comme un mur : « J'ai épousé une fille jeune, très jeune; et elle est d'une jalousie insensée. Quelqu'un lui a raconté des histoires à votre propos, et elle ne veut pas vous voir; elle est diaboliquement jalouse de moi, de mon passé, de tous les gens que j'ai connus; elle est très jeune. Je ne vous proposerai pas de vous la présenter, car je veux éviter une crise dans mon ménage. — Mais elle n'a aucune raison d'être jalouse de moi, rétorquai-je. — Je le sais, dit-il, mais on lui a empoisonné l'esprit, et elle vous hait. » J'éclatai de rire, trouvant ridicule que Hers, que j'avais toujours cru si indépendant, si capable d'imposer sa volonté à qui que ce soit, fût devenu soudain si timoré. « Vous savez bien, dis-je, que je ne me suis jamais intéressée qu'aux hommes de mon âge ! » Cette phrase m'échappa avant que j'en aie senti toute la rosserie car, en 1947, Hers avait soixante ans et sa femme était de quarante ans sa cadette.

Quelques années plus tard, je fis la connaissance de sa femme et m'aperçus qu'elle était belle, charmante et intelligente, tout à fait différente du portrait que Hers m'avait fait d'elle. Hers était devenu graduellement d'une dévotion excessive. (« La maison est toujours pleine de prêtres et de religieuses, me confia sa femme exaspérée, et je suis clouée dans la cuisine à préparer des repas pour trois enfants, je n'ai pas le temps de faire autre chose. ») Elle avait un don de sculpteur que Hers ne lui permit jamais de développer, en usant de ce simple moyen : la tenir sans cesse occupée par les corvées domestiques... jusqu'à ce qu'elle se révolte brutalement comme je l'avais fait. Or, en 1947, quand je vis Hers remuer ses papiers sur sa table d'un air gêné, son regard m'évitant, je faillis céder au fou rire. Je lui racontai que j'étudiais la médecine, que Pao commandait à des soldats quelque part en Chine, et que lorsque mes études médicales seraient terminées je rentrerais dans mon pays. « Retourner en Chine ? Vous êtes folle ! Vous avez toujours été folle, dit Hers, et je suis sûr que vous ne terminerez pas vos études de médecine. — Vous retardez en me disant cela : je termine à la fin de l'année. »

Je rendis aussi visite à la sœur de Louis, Jeanne. Nos échanges de lettres, commencés au moment du transfert de l'argent de Louis, avaient continué. Jeanne nous invita, Cherry, Yungmei et moi à passer une semaine chez elle à la campagne. Nous y allâmes, dans un petit train essoufflé qui nous amena clopin-clopant dans le village wallon où Jeanne vivait dans une ferme avec son fils. Il y avait une grande cour pleine de fumier, car — et c'est encore le cas dans certaines régions du Nord de la France — la richesse des gens se mesurait à la hauteur du tas de fumier amoncelé devant la ferme. On nous avertit toutefois que l'eau du puits était remarquablement douce (elle l'était) et il y avait autant de crème et de lait qu'on en désirait. Il y avait aussi d'innombrables mouches. Yungmei montra une fois de plus ses dons d'adaptation : elle et le jeune fils de Jeanne couraient partout, assistaient à la saillie d'une vache par un énorme taureau amené pour la circonstance, se battaient avec les enfants du village et ma fille apprenait le dialecte local avec tant de facilité que je ne la croyais plus capable de dire un mot d'anglais. Elle acquit en outre très rapidement les plus affligeantes habitudes du petit garçon de Jeanne : se curait le nez, mangeait avec ses doigts, espionnait les gens installés dans les cabinets ouverts. Jeanne ne pouvait comprendre que je ne consacre pas ma vie à la cause de la Wallonie. La Belgique, « cette hideuse et idiote fabrication », disait-elle, n'avait pas de réelle existence. Il y avait la Flandre et le pays wallon, ce dernier devrait être rattaché à la France. Louis avait été un membre fervent du Parti national wallon qui proclamait que Flamands et Wallons étaient de races différentes, parlaient des langues différentes, et que les Wallons étaient devenus un minorité opprimée. Le Parti Wallon protestait véhémentement contre l'obligation de parler flamand et contre la prédominance des Flamands dans le gouvernement. Après vingt ans, aujourd'hui encore, la querelle continue, et elle est devenue beaucoup plus vive, exacerbée par la détresse matérielle tangible où pataugent les Wallons.

Jeanne avait épousé cette cause avec toute la ferveur dont elle était capable. Elle était aveugle à tout ce qui se passait d'autre au monde, et elle pensait que mon devoir était de m'y consacrer en souvenir de Louis. Ce fut Cherry qui, parvenue la première au comble de l'exaspération, ne put plus tolérer les odeurs variées, l'agressivité des mouches, les vaches, les chiens (qui semblaient tous atteints de rage, grognaient, mordaient et devaient être refoulés à coups de bâton), l'eau douce (mais nous n'en avions qu'une petite cuvette pour nous trois), les cabinets : dans le champ juste derrière l'étable, une cabane gardée par un dogue féroce au bout d'une longue chaîne. Il atteignait presque les occupants de la hutte s'ils n'arrivaient pas à s'accroupir tout au fond, et il faisait tout son possible pour les attaquer, en se jetant sur eux, aboyant et cherchant à mordre. Cherry écrivit à Georgette Acker en lui demandant de nous envoyer un télégramme nous rappelant à Bruxelles. Quand il arriva, nous montrâmes le télégramme à Jeanne qui fut désolée de notre départ. La présence d'un autre invité à la ferme, un jeune homme assez bien bâti couvert d'acné (il en avait même sur les fesses, nous l'avions vu lorsqu'il nageait, vêtu d'un maillot fort réduit), agaçait aussi Cherry car il frétillait et tournait autour d'elle avec une telle insistance que la nuit elle calait la porte de notre chambre à l'aide d'une chaise.

Moi aussi, je m'aperçus que cet entourage pastoral me mettait les nerfs à vifs; s'ajoutant aux nausées d'un estomac qui supportait mal le mélange de crème et de mouches, il y avait l'inquiétude constante du danger couru par Yungmei d'avoir les yeux crevés par les bâtons pointus des petits garnements de la ferme avec qui elle se battait. Après des au revoir chaleureux, nous reprîmes le petit train à l'allure d'escargot pour revenir dans le sympathique appartement de Georgette à Bruxelles.

Dans la suite, lorsque j'entendis parler de Georgette Acker, elle était morte. Elle m'avait dit, quand nous étions chez elle, qu'un petit épithélioma — cancer de la peau — qu'elle avait sur le nez, venait d'être traité avec succès; personne ne savait que cette tumeur s'étendrait dans son corps et la tuerait, phénomène cancéreux peu commun.

De mes années d'étudiante en médecine, l'entrain, l'argot employé pour faire de l'esbroufe, le rire... ressuscitent quand je rencontre d'autres étudiantes du Royal Free de cette époque. Nous parlons alors de nos thurnes, de nos tôlières et nous évoquons, par leurs sobriquets, les consultants qui nous enseignaient et nous terrorisaient, nous faisaient réussir ou échouer aux examens. Etre étudiante, pendant ces années de guerre ou tout de suite après, était vivre plus que normalement dans l'inconfort, le manque d'hygiène et le froid; avoir faim plus souvent, et s'habituer aux ablutions rares si bien qu'un an après la guerre, Mrs. Lloyd Williams, directrice du Royal Free, devait nous engager à plus d'ordre et de propreté.

Pendant ces semaines et ces mois, je faisais des efforts incessants, poussant de l'avant avec obstination, incapable de comprendre les gens qui prenaient leur temps calmement et qui n'essayaient pas de tirer le maximum d'enseignement de la visite faite par le patron ou de l'examen des malades. Dès que j'en eus l'autorisation, au bout de deux ans et neuf mois, je m'inscrivis pour toutes les matières de l'examen à la fois, afin d'être diplômée aussi vite que possible; et je fus reçue, et conquis mon titre en un temps record. Un peu plus tard, je passai les examens de la faculté de médecine à l'université de Londres et sortis parmi les quatre premiers de deux mille concurrents.

Cette hâte, cette précipitation, cette agressive volonté d'aller de l'avant ne me faisaient pas que des amis. Que je fusse un monstre de travail ne pouvait se contester; mais cette énergie, quand je devins interne en chirurgie, me poussait à m'emparer de tous les lits vides que je trouvais, de sorte que je m'arrangeais pour avoir deux fois plus de malades à soigner que l'autre interne, ce qui n'était certainement pas honnête envers elle. Derrière mon dos, j'entendais, comme dans le char proverbial non seulement le Temps mais le Besoin qui me lançaient à fond de train dans cette course. Et, en plus de Yungmei, j'avais un autre souci, et son nom était une fois de plus, comme dix ans auparavant, la Chine.

Jamais un seul moment, je ne songeai à m'installer en Angleterre. Il fallait que je rentre, je ne m'écartai pas de cette route; je n'allais pas traîner en arrière, m'asseoir, flâner, me laisser vivre, en prendre à mon aise... j'allais lutter autant que je pourrais et retourner, retourner...

Aucun accident de santé ne gêna mon élan. Mes professeurs furent dans l'ensemble très bienveillants à mon égard, en particulier le chirurgien, le docteur Shattock. Le seul incident déplaisant dont je me souvienne fut causé par une certaine Mrs. Ledingham, médecin consultant, femme grande, assez exaltée, dont les colliers richement ornés cachaient les traces d'une ablation de la glande thyroïde, et qui à deux séances de l'après-midi appela, à voix forte et à plusieurs reprises, l'attention des étudiants sur le fait que les croisements de races produisaient souvent une pigmentation de la peau... observation étrangère à la médecine et qu'avait inspirée la présence d'un malade portugais aux traits négroïdes. Les caprices, les marottes et fantaisies des professeurs et des consultants qui traversaient noblement les salles en entraînant dans leur sillage notre troupe docile ou peureuse, faisaient partie de notre vie; nous leur donnions des surnoms et nous les imitions. Je sais à présent qu'ils comptaient parmi les gens les plus remarquables que j'aie rencontrés.

En août 1945, la bombe qui tomba sur Hiroshima me rendit très malheureuse pendant quelques jours. Nous nous trouvions à Welwyn Garden City et je me rappelle ce merveilleux après-midi d'août, les haies si vertes et les gros titres des journaux qu'on voyait entre toutes les mains. Bien des années plus tard, je lus la réaction de Kingsley Martin, son horreur identique à la mienne, cette dévorante indignation qui ne me laissait pas de repos. Je forçai Cherry à faire les cent pas avec moi dans la rue pleine de soleil en lui disant que c'était l'acte le plus criminel qui eût jamais été accompli... Je retrouve en moi ce goût d'horreur, de monstruosité, lourd de malédiction pour nous tous, et le commentaire de Cherry, qui fut celui de presque tous les étudiants, que cela « abrégeait la guerre » me mit dans une colère incroyable. Quoi qu'ils eussent fait, les Japonais ne méritaient pas cela; les gens qui mouraient étaient les hommes, les femmes et les enfants d'une ville; mais autour de moi, l'attitude générale était faite de suffisance et même de joie, une interne alla jusqu'à dire que le Japon tout entier aurait dû être bombardé. Mon inexplicable angoisse tomba dans le mutisme à mesure que passaient les jours, mais elle ne disparut jamais.

En septembre 1946, je partis pour l'Irlande où j'exerçai la gynécologie au Rotunda Hospital. Nous prîmes, Cherry et moi, le bateau de Dublin. Après cette Angleterre encore rationnée (un œuf par semaine), l'abondance des œufs en Irlande : deux ou trois au petit déjeuner tous les matins, nous apparut comme un luxe inimaginable. Par contre, l'abondance des puces dans les maisons pauvres nous frappa de stupeur. Je n'avais jamais vu de puces aussi grosses et grasses. « Ce sont les puces de Cabra », nous dit avec son généreux accent irlandais la servante qui nettoyait nos chambres.

Le district de Cabra se trouvait à quelque six kilomètres de l'hôpital; pour arriver à temps chez nos malades nous circulions à bicyclette; et très souvent nous arrivions trop tard. Pour être logé dans le district de Cabra, il fallait être extrêmement pauvre, au chômage, et avoir au moins cinq enfants. Pourtant nous y étions toujours accueillies par des bénédictions; autour de nos oreilles vibraient les chantantes voix irlandaises et les « docteurs » étaient reçues avec du thé, et du pain (blanc) beurré. Les accueillait aussi le hurlant nouveau-né. « Je suis désolée, docteur, j'ai bien essayé... mais je n'ai pu le retenir jusqu'à votre arrivée. » Les mères nous faisaient des excuses, comme si elles avaient commis une incongruité; toutes penaudes, nous coupions le cordon, appliquions légèrement de la teinture d'iode sur le tronçon.

Nous ne manquions jamais de besogne au Rotunda Hospital, imposant édifice à l'intérieur comme à l'extérieur. A l'intérieur, une multitude de salles d'accouchement, séparées par des paravents, rangée sur rangée de femmes, qui toutes connaissaient les mêmes douleurs et le même triomphe. Cette participation à ce miracle éternellement renouvelé qu'est la naissance se révélait dans son intégralité dès que nous nous mettions à agir. La production des bébés se poursuivait de façon ininterrompue derrière tel ou tel paravent. Nous nous y plongions, mais nous apprenions aussi à ne pas intervenir inutilement.

La Rotunda contenait d'abondantes réserves d'étudiants en médecine du sexe masculin qui n'étaient que trop disposés à faire faire aux étudiantes la tournée des bistrots de Dublin. Mon dégoût des hommes n'avait pas été guéri par l'Irlande. Il s'était plutôt aggravé, car la nuit même de notre arrivée quarante-deux bouteilles de bière (vides) furent lancées sur notre porte verrouillée : une toutes les dix minutes, cela dura la nuit entière. Cherry découvrit très vite un jeune médecin qui l'emmena se promener dans le Wicklow; mais nos meilleures soirées se passèrent dans la famille d'un chirurgien juif irlandais éminemment respectable, qui habitait sur la place Fitzwilliam. Le fils, étudiant laborieux, buveur d'eau qui faisait équipe avec nous, nous invita chez ses parents.

En leur compagnie nous fûmes généreusement nourries, on nous raconta l'Histoire d'Irlande avec trémolos et larmes d'indignation, devant l'abjecte conduite des Anglais. En vérité, les *limeys*[1] n'étaient pas populaires à Dublin. Nous vîmes ainsi un peu de Dublin, trop peu hélas, tout juste assez pour nous rappeler, avec mélancolie, combien de fois sa grisaille irréelle, les tours et détours de ses petites rues, et les belles couleurs de sa rivière que nous apercevions au passage, demeuraient pour nous autant de découvertes que nous avions à peine soupçonnées, en courant vers les bas quartiers surpeuplés, pour y cueillir un autre bébé né avant notre arrivée. Combien de fois les femmes nous supplièrent-elles d'arrêter leur nouvelle grossesse à son début... Mais nous n'avions pas le droit de les renseigner, si ce n'est pour leur indiquer les dates de sécurité, procédé parfaitement dénué d'efficacité. Nous rapportions des puces jusque chez nous et nous les aspergions de D.D.T. pour les chasser : elles me rappelaient les punaises du Setchouan.

Pendant que nous étions à la Rotunda, un jeune Anglais, John Coast, arriva brusquement à Dublin, pour moi. En dépit de mon hostilité envers tous les hommes, John Coast avait essayé d'éveiller mon intérêt. Je l'avais rencontré par l'intermédiaire de Dorothy Woodman qui, après la guerre, organisait toutes sortes de comités au bénéfice de l'Asie. D'une nature expansive et toujours généreuse, pleine de sollicitude pour la terre entière, Dorothy avait ouvert ses bras et sa demeure, sans compter sa jolie petite maison de campagne à maints étudiants asiatiques; les logeuses de garnis se montrant parcimonieuses sur la nourriture, je fréquentais quand je pouvais les « jeudis » de Dorothy, ouverts à tous, où elle préparait d'incroyables quantités d'excellente nourriture (entièrement végétarienne) pour une armée d'intellectuels asiatiques, appartenant vaguement (certains d'entre eux authentiquement) à un parti de gauche.

1. Péjoratif surnom des Anglais (surtout marins). (*N.d.T.*)

Dorothy Woodman, de même que Kingsley Martin sont en réalité des produits du génie administratif britannique : l'aile gauche de l'« Establishment[1] ». Ingénuité des Anglais qui soignent leurs futurs adversaires, les nourrissent attentivement et écoutent avec sympathie leurs injures condamnatoires; sachant que — les temps étant révolus — ces ennemis se rappelleraient leurs bontés. On pouvait discourir à perte de vue et tenir des propos merveilleusement audacieux et non-conformistes dans le vaste appartement de Dorothy et certains Asiatiques se rappelleraient ces heures comme les meilleures de leur vie...

Drapée dans une vague tunique orientale, Dorothy nous poussait à absorber des montagnes de nourriture, stimulait nos conversations par de moqueuses mais subtiles remarques, et elle prenait des rendez-vous avec ses Asiatiques pour les emmener au concert, au cinéma, ou dans des expositions de peinture.

Je n'étais pas un des poulains de Dorothy, je ne parlais pas politique, je n'avais pas le don de la discussion. Je n'apportais à ces réunions qu'un énorme appétit. Trop occupée pour parler, mangeant à une vitesse remarquable (mon temps était strictement limité), j'étais telle que Dorothy désespérait de moi et me traitait de « dilettante », épithète tout à fait inappropriée. « Vous vous refermez comme une huître », disait-elle. Elle aurait pu ajouter que c'était sur un sandwich que se refermait cette huître. Je hochais la tête : on ne parle pas la bouche pleine !... En dépit de cela, Dorothy était vraiment bonne pour moi, d'une façon qui est sans nul doute la preuve de sa bonté puisque je ne lui apportais strictement rien en échange. Je la revois, vêtue d'un *longyi* birman ou d'un *sarong* indonésien, d'un *sari* indien, ou de quelque *djellaba* et de colliers de corail, se précipitant de groupe en groupe, en s'écriant joyeusement : « J'ai perdu près de vingt kilos. » Son poids qui

1. Le système. (*N. de l'A.*)

montait et descendait était un grand sujet de conversation.

Dorothy s'intéressait beaucoup à la Chine et elle m'invita à un meeting organisé par le Comité de la Campagne de Chine où Michael Lindsay devait parler de Yenan.

Lindsay, qui n'était pas encore « lord » à l'époque, avait passé quelques années en Chine du Nord; il était allé à Yenan où il était resté très longtemps, et où il avait rencontré Mao Tsé-toung, Tchou En-lai et Tchou Teh; il avait épousé une jeune Chinoise de Yenan. Il était revenu en Angleterre et parlait de Yenan en termes élogieux.

Il était trop tôt pour prédire une victoire communiste, mais Lindsay disait clairement qu'à son opinion les communistes représentaient réellement les aspirations du peuple chinois. Vingt ans plus tard, en 1966, je me trouvai par hasard avec lui dans un colloque sur la Chine à l'université de Toronto, et il avait complètement changé; il était devenu agressivement hostile à la Chine nouvelle, hostile à Mao Tsé-toung, d'accord là-dessus avec sa femme... la fille qui avait autrefois suivi Mao jusque dans les grottes de Yenan.

Ce soir-là, Dorothy Woodman me présenta John Coast; il avait été prisonnier des Japonais pendant quatre ans, avait travaillé à la ligne de chemin de fer qu'ils avaient construite au Siam et était de retour en Angleterre où son livre *Railroad of Death*[1] venait d'être publié. John était assis derrière moi dans l'alignement des sièges; il insista pour m'emmener déjeuner le lendemain et me demanda immédiatement en mariage; il était, me dit-il, tombé amoureux du derrière de ma tête.

Comme il ne m'était plus possible même d'imaginer l'idée d'aimer un homme, je ne fus ni offensée ni troublée. Je lui répondis que je savais qu'il plaisantait; que je n'acceptais naturellement pas, car les hommes avaient tout à fait cessé de m'intéresser. Cela

1. Voie ferrée de la mort.

ne fit que le rendre plus acharné à me poursuivre; il m'invita à une soirée de ballets. Pendant plusieurs mois, toutes les deux semaines, il m'invita à entendre des concerts ou à voir des ballets, en espérant que je changerais d'idée.

Mais il ne comprenait pas à quel point j'étais fatiguée, fatiguée tout le temps, si fatiguée que je m'endormais presque aux ballets et que je m'endormis profondément à un concert. John était exaspéré quand je ne reconnaissais pas un air que nous avions entendu. Je suis tellement lasse, lui disais-je. Il ne pouvait pas comprendre pourquoi je travaillais d'arrache-pied, pourquoi j'aurais parfois préféré ne pas sortir avec lui parce que j'avais besoin de dormir. Sans aucun romantisme, mal habillée, mal coiffée, je voulais rester comme j'étais. Il était sûr qu'il pourrait m'améliorer. « Vous êtes si jolie... si vous renonciez à ces vêtements de jeune fille scout... » Je refusais de changer et il m'accusait de manquer d'humour et me déclarait atteinte de « trop grand sérieux ». Je l'étais.

John fit venir en Angleterre une troupe de danseurs indonésiens. L'animateur de la troupe était un jeune Indonésien petit, à l'œil vif, Suripno, qui m'est resté dans la mémoire car il était particulièrement brillant. Suripno fut fusillé comme communiste en Indonésie, dans l'affaire Madium, deux ans plus tard, en 1948 et il mourut en criant : « Vive la Révolution ! » Le ballet indonésien eut beaucoup de succès en Angleterre et, plus tard, John en emmena une troupe en Amérique.

John Coast vint passer trois jours à Dublin, pendant que je m'occupais de gynécologie à la Rotunda. Il accepta très bien mes occupations, mais commença à se rendre compte que la tâche de me transformer en une élégante beauté sûre d'elle et détendue n'était pas aussi facile qu'il le pensait. Il tomba alors amoureux de quelqu'un d'autre et nous restâmes bons amis. Plus tard, il obtint un emploi au Foreign Office et fut envoyé comme attaché culturel à Bangkok d'abord puis en Indonésie, où il devait écrire encore deux excellents livres : *Recruit to Revolution* et *Dancing out of Bali*[1].

Dès le début, Dorothy avait pris John Coast sous son aile; c'était un de ses protégés favoris avec Maung Ohn, un jeune Birman atteint de coxalgie. Le jour où John partit pour Bangkok, nous l'accompagnâmes au train ensemble, moi toujours irréductible, Dorothy caquetant et s'inquiétant du bien-être de John. Je crois qu'elle ne me pardonna jamais d'avoir résisté à John aussi obstinément; et John confirma cette brèche dans notre amitié en me donnant comme cadeau d'adieu une orchidée et en donnant à Dorothy une « rouge, rouge rose[2] »...

A part cette non-aventure, rien ne m'arriva dans ce secteur de ma vie. J'emportais partout avec moi, que ce fût à Londres ou à Dublin, dans ma thurne ou à Glynderbourne, la béatitude de mon état neutre. Rien ne pouvait m'émouvoir, simplement, et je restai dans cet état d'insensibilité d'un bout à l'autre des quatre années de mes études médicales et de mon internat; toute mon énergie dirigée dans un seul sens; tout l'amour et le souci dont j'étais encore capable allant uniquement à Yungmei. Ce fut une saison aride, sans tourment qui nourrit, sans craintes fébriles, sans colère, passion ni échec, mais une saison de besogne sans repos ni relâche. Pourtant, j'étais encore émue par les paysages, malgré la lutte que je menais contre ma tendance au rêve, et je m'élançais sur ma bicyclette jusqu'à ce que le paysage se réduisît à des kilomètres de bonne route, le vent dans la figure, épuisée et transpirante.

Yungmei seule était paix et douceur, comme la source aux Neuf Tons de musique, eau vive dans le temple taoïste, au Setchouan. Le sourire de Yungmei était plus que de la joie, c'était une tiédeur qui m'entourait, le bruissement des feuilles le long des sentiers bordés d'arbres où nous marchions. Avec une

1. *Recrue pour la Révolution, Danses de Bali.*
2. Allusion à un poème de Robert Burns. (*N.d.T.*)

application grave, Yungmei cueillait des boutons d'or au printemps; ses jambes devenues solides, son teint rose, me remplissaient de joie. Et je pensais parfois en la regardant jouer, si pleine de santé, à la menace de tuberculose qui était en elle, et je me demandais si le mal n'allait pas un jour s'éveiller sournoisement... alors, glacée de peur, vigilante et tendue, je retournais au travail, travail, travail... Seul, mon succès pouvait protéger Yungmei contre tout malheur...

En janvier 1948, je passai mes examens. J'acquis d'abord le diplôme de L.R.C.P.[1], puis de M.R.C.S.[2] qui me permettait d'entrer comme interne au Royal Free Hospital. Outre les quelques heures de travail que je consacrais au Museum de Pathologie de Hunter Street, j'avais aussi suivi, pendant les six derniers mois, des cours à l'école de médecine tropicale et de Santé publique; car je voulais me préparer à soigner des maladies commes le choléra et le typhus, la peste et la lèpre, presque inconnues en Europe, mais que j'avais vues sévir en Chine. Plus tard, je reçus le diplôme de M.B.B.S.[3] avec mentions spéciales en chirurgie et pathologie.

Tout au long de mes études médicales, j'eus l'impression qu'il y avait d'autres interprétations que celles qu'on nous enseignait et qui nous étaient communiquées avec une cérémonieuse gravité. Et cela s'appliquait autant à la médecine interne, où régnait la spécialisation à un haut degré, qu'en ce qui concernait la chirurgie, la gynécologie et l'obstétrique. En médecine interne, je ne me sentais pas d'accord avec les consultants qui voient le malade du point de vue d'un seul organe. Certains d'entre eux semblaient croire que, dans le corps, tout est gouverné par le fonctionnement du cœur ou du foie ou

1. Licencié du Collège Royal des Médecins.
2. Membre du Collège Royal des Chirurgiens.
3. Bachelier en Médecine et Chirurgie de l'Université de Londres.

de l'estomac; ce penchant naturel aurait pu être comique s'il n'avait engendré toute une série d'erreurs médicales. En chirurgie, c'était peut-être pire et l'ablation d'estomacs, de thyroïdes et autres organes était très souvent opérée quand on aurait sans doute pu les traiter autrement.

Mais qui étais-je pour exprimer mes doutes ? J'étudiai attentivement les ouvrages de Hans Selye sur les maladies psychosomatiques et sur la fatigue, dont les théories commençaient à être acceptées, et j'étais de plus en plus portée à sentir qu'une étude du « sujet tout entier » était indispensable à un traitement efficace, quelle que fût la maladie. Mais il restait beaucoup de croyances rassies sur lesquelles des réputations se bâtissaient depuis de nombreuses années. On nous enseignait des principes erronés, fondés sur une connaissance incomplète. On affirmait que la fièvre rhumatismale aiguë « n'existait pas » en Asie; pas plus que l'hypertension artérielle à cause de la consommation du riz et du tempérament « plus passif » des Asiatiques; ces deux mythes sont aujourd'hui abandonnés. Le caractère inachevé de beaucoup de diagnostics me tourmentait. Plus tard, pendant les quinze années où j'ai exercé la médecine en Asie chez les Chinois, les Malais et parmi les populations indiennes, je dus me défaire de nombreuses notions qu'on m'avait inculquées, après avoir commis mes propres erreurs, parce que je tirais mes traitements de livres au lieu de passer plus de temps à examiner le malade dans la totalité de son être. Et les erreurs, qui causaient parfois la mort de quelqu'un ou risquaient de le rendre infirme pour la vie restent à jamais dans la pensée du médecin comme une ineffaçable culpabilité. Les composants mentaux de toute maladie, les longues et profondes racines du mal qui résident dans le comportement, l'attitude, la réaction aux événements, dans l'acceptation ou le refus du malade placé devant la souffrance et la peur, l'échec et la tristesse, comme les composants essentiels de la joie et du bonheur... cela me frappait comme étant très important dans l'art de guérir; surtout peut-être en ce qui regarde les soins donnés aux femmes, et aussi aux enfants.

Dans les salles de gynécologie des hôpitaux, nous rencontrions fréquemment une maladie à laquelle le traitement appliqué était de nature non à la guérir mais à l'aggraver : le vaginisme, la crispation qui fait se refermer étroitement les muscles de la femme, refusant l'entrée au mâle. On opérait dans ce cas, pour élargir le passage, et après cela, pendant une semaine, on introduisait dans le vagin des tubes de verre en représentation du membre viril afin d'habituer la malade à l'acte normal des rapports conjugaux. Ayant moi-même souffert de vaginisme pendant les dernières années passées avec Pao, mais sans avoir recours à la gynécologie, je savais que cet état n'était pas inné mais acquis; et je savais qu'aucune intervention chirurgicale ne saurait supprimer l'irrésistible influence de l'esprit qui refuse l'assaut de l'organe mâle. Au contraire, la douleur et le traumatisme ne pouvaient qu'apporter un supplément de troubles psychiques. L'un de nos confrères consultants, gynécologue à l'hôpital Elizabeth Garrett Anderson le comprenait et murmurait à mi-voix, tandis que sa main s'enfonçait au cours d'un examen : « Un amant habile réussirait à rendre tout cela humide et souple. » Mais les interventions se poursuivaient. J'avais envie de confier à mes malades que j'étais comme elles, qu'une bonne explication avec leur mari, ou un acte de révolte pourrait accomplir des merveilles. Mais nous étions esclaves du système encore prédominant selon lequel « quelque chose se détraque, on le coupe ». Et l'aura de réticence entourant les problèmes sexuels, la pudibonderie générale étaient si puissantes qu'aucune de nous n'osait évoquer ces difficultés, même quand nous étions entre nous.

La vie durant la guerre se révéla sous un aspect qui lui aussi était engendré par les circonstances et non inné : les attachements passionnés entre femmes, allant parfois jusqu'à un degré inquiétant. Je ne compris vraiment ce qu'était cette « déviation » — qui n'est qu'une impulsion affective normale — que lorsque je fus entrée au Royal Free Hospital, qui était une école de médecine entièrement féminine. Tel était encore le préjugé contre la présence des femmes dans la médecine qu'on admettait très peu de femmes dans les services hospitaliers, dont certains même les excluaient. Le Royal Free avait derrière lui un long et splendide passé militant. Cela aussi m'attirait puissamment comme cela aurait attiré n'importe quelle femme venant d'Asie. Mais ce fut au « Free » que je compris soudain les accusations formulées par Pao, et leur bassesse, quand j'étais allée demander son aide à Margery Fry. Car un soir à l'hôpital (j'avais alors mon titre de docteur), tandis que je faisais mon stage d'interne en chirurgie, une infirmière, consciencieuse et compétente, vint dans ma chambre et me raconta sa vie. Elle s'était fiancée, mais se demandait si elle pourrait jamais s'adapter à la vie conjugale, car — me dit-elle — elle détestait les hommes; elle n'avait que des amitiés féminines et était tombée amoureuse de plusieurs de ses amies. Elle parlait sans s'arrêter, je crois que cela lui faisait du bien de parler, et peut-être ces discours prolixes ont-ils opéré un transfert dans ce qu'on appelle la normalité. Durant la guerre et l'après-guerre, tant d'hommes partis au loin : à l'armée, dans les camps, sous l'uniforme, l'homosexualité féminine paraissait plus normale que l'hétérosexualité; et sa contrepartie masculine tenait aussi une très grande place. L'obscénité hypocrite entourant l'amour physique, l'interdit prononcé contre toute discussion ou pensée normale concernant les rapports des hommes et des femmes, le sens du péché, l'hostilité engendrée chez les femmes par le système social, la ségrégation scolaire... on pourrait citer maint facteur de ce genre d'attachements. Aujourd'hui qu'ils sont presque normalement acceptés dans le contexte social, peut-être les troubles émotionnels épuisants qu'ils engendraient vont-ils enfin disparaître.

Après la première guerre mondiale et ses terribles massacres, beaucoup de femmes célibataires, et qui le resteraient, ayant pris goût à l'indépendance, ne souhaitèrent pas s'enchaîner par un mariage. Mais après la seconde guerre mondiale, il en fut autrement. Beaucoup moins d'hommes avaient trouvé la mort, et la plupart des jeunes filles se marièrent et furent ensuite plus ou moins heureuses le restant de leur vie.

Quant à moi, l'état de paralysie glacée où m'avait laissée Pao concernait les femmes autant que les hommes : mes amitiés se teintaient d'une hargneuse indifférence. Telle la Reine des Neiges, je savais que tout désir était mort en moi et cette certitude était une force, une étanchéité dont j'étais fière. Cette Sibérie connaîtrait-elle jamais le dégel ? Oh ! non, non, pensais-je, je ne veux plus être aussi sotte; la menace de l'amour, cet amour mort sans laisser de regret, que je sois délivrée, en cette saison d'été, de son aberration, et pour toujours. Je vieillirais dans la joie de ma force solitaire; les feuilles mortes tombant des branches feuillues n'éveilleraient pas mes regrets; que dure toujours l'hiver; je ne me laisserais plus jamais tromper, duper, entraîner dans les âcres couloirs d'une joie et d'un désespoir illusoires.

A la fin de 1948, j'avais fait une année d'internat en chirurgie au Royal Free Hospital; et maintenant j'allais soit rester en Angleterre et travailler dans les hôpitaux, soit retourner en Asie. Le premier parti était beaucoup plus facile à prendre et plus raisonnable que le second.

Car la guerre civile en Chine était en train de finir dans la tornade d'une triomphale révolution. J'étais enthousiasmée par les victoires de Mao Tsé-toung (n'importe quoi était mieux que le Kouo-min-tang); mais en même temps j'étais un peu inquiète, car personne ne savait ce qui allait arriver ensuite. La véritable folie commise alors par l'Amérique, folie qui a condamné à tout jamais les ambitions de ce pays, fut son choix d'assurer de son soutien total (en s'arrêtant tout juste à l'alliance officielle) quelqu'un qui était déjà pourri jusqu'à l'os, haï et rejeté par 85 p. 100 du peuple chinois : Tchiang Kai-shek. Pourtant, les énormes injections d'argent et d'armes se poursuivirent, et aussi le pillage car, dans leur désir de se procurer argent et armes, les Chinois vendirent aux Etats-Unis l'air au-dessus de leur tête, les mers et les fleuves de Chine et tous les privilèges commerciaux et si Tchiang avait vaincu, la Chine serait devenue une colonie permanente de l'Amérique.

L'introduction d'une armée étrangère en Chine, sous le prétexte d'aider le régime existant, ne fit que précipiter sa chute : elle polarisa le ressentiment et la haine, identifia l'Amérique avec Tchiang Kai-shek, eut sur les Etats-Unis eux-mêmes un effet traumatique en entretenant une illusion de toute-puissance, qu'il fallut expliquer en redondants termes de morale, et ce délire paranoïaque ne put faire avaler l'échec et la défaite qu'en criant bruyamment à la trahison.

La frénésie (il n'y a pas d'autre mot) d'activités américaines en Chine pendant la guerre civile ne peut donc s'expliquer qu'en termes d'un vaste plan de domination; car jusqu'au dernier jour, les mains avides et mercantiles des affairistes américains fouillaient dans les décombres, signaient des contrats, faisaient des plans destinés à monopoliser le marché, des projets pour inonder les villes chinoises de produits américains. Mais cela n'est pas ce qu'on racontait au peuple américain. Aujourd'hui, devant la guerre au Vietnam, point culminant de cette désastreuse politique de domination en Asie, les Américains commencent enfin à comprendre, en grande majorité, qu'on leur a menti pendant très longtemps.

A la fin de 1946, cinquante-sept divisions Kouo-min-tang totalisant 707 200 hommes avaient été entraînées et équipées par les Américains pour la guerre civile; et l'instruction d'agents secrets continuait. Treize armées du Kouo-min-tang comptant 473 000 hommes avaient été transportées pour se battre contre les armées Rouges, par des unités américaines navales ou aériennes; huit, sur ces treize armées et douze régiments d'ingénieurs et de techniciens, avaient été transportés par terre ou par air en Mandchourie, pour la campagne contre Lin Piao. Entre 1945 et 1949, l'Amérique entraîna, équipa et paya 850 000 hommes pour se battre sous les ordres de Tchiang Kai-shek...

Comme dans toutes les révolutions, la vague de sentiments antiaméricains partit de mouvements d'étudiants, dans toutes les villes principales de la Chine, en janvier 1947. La cause immédiate en fut le viol d'une jeune fille par un groupe de « Marines » à Pékin, mais ce ne fut qu'un incident parmi beaucoup d'autres. De vivantes images orales de la haine vouée aux Américains me furent données dans la suite par mon père.

« Ils pouvaient faire tout ce qu'ils voulaient, injurier les gens, rouer de coups de pied les coolies, les forcer à lutter à la course comme des bêtes. »

Et un ami retrouvé plus tard à Hong-Kong : « Les Américains intallaient un bordel partout où ils arrivaient. Ils constituaient (et se conduisaient comme) une armée d'occupation. Ils apportaient des quantités de choses qu'ils gaspillaient. Ils avaient trop de tout, et ils se faisaient de l'argent à vendre ces surplus. Les Marines vendaient des cigarettes, de la viande, des bas... certaines femmes les fréquentaient pour se procurer du rouge à lèvres, de la soie, des bas de nylon et de la nourriture. Ils ne payaient pas ce qu'ils achetaient, ils malmenaient quiconque leur déplaisait. Toutes les villes puaient. Tout le monde les détestait, même ceux qui leur extorquaient de l'argent. Armée d' « occupation ». Et les G.Is eux-mêmes savaient qu'ils étaient détestés : « Ces gens nous haïssent. D'ailleurs, pourquoi sommes-nous ici ? »

Les étudiants firent de grandes manifestations antiaméricaines : « Américains, go home ! » A Changhai, à Pékin, à Nankin, à Tien-tsin : « G.Is, go home ! »

Mais jusqu'à l'extrême limite, les Américains s'accrochèrent, ne se décidant ni à l'américanisation totale de la guerre civile en Chine, qui aurait exigé la présence d'un million de G.Is pour occuper quelques villes, ni à l'évacuation du territoire chinois.

En 1948, quand Tchiang partit pour Formose, il put emporter la valeur de 450 millions de dollars américains en lingots d'or; pour cette entreprise, les Etats-Unis payèrent 5,9 milliards. Et l'amertume de leur défaite conduisit aux « chasses aux sorcières » et à la tragédie de la période McCarthy en Amérique.

Je décidai de quitter l'Angleterre pour retourner en Chine, malgré tous les conseils contraires donnés par mes amis. Isobel Cripps pensait que mon projet était aventureux. Je lui expliquai que même si je ne pénétrais pas en Chine proprement dite, je voulais en être plus près qu'à Londres. Il y avait six ans que je vivais loin d'elle, et je commençais à être en proie au malaise et à l'inquiétude, car je n'avais pas passé mes examens de médecine pour vivre à Londres, dans la sécurité d'une bonne clientèle. Il y avait naturellement le problème de Yungmei. Miss Rendall, directrice de l'école Caldecott, était indignée. « Il y a une révolution, et vous voulez y entraîner votre enfant et la plonger dans les flammes de cet enfer. » Je me sentais troublée. Un des chirurgiens avec qui j'avais travaillé m'avait offert un excellent poste d'interne dans un autre hôpital. L'organisation Burroughs Wellcome me proposa un emploi dans son service de pathologie, parce que j'avais obtenu une mention de pathologie en même temps que de chirurgie. Je me rendis à cette interview et finalement refusai la proposition; et j'expliquai — avec de grandes difficultés car tout le monde voulait que j'accepte — que je retournais en Asie. Mon interviewer était exaspéré. « Vous ne pouvez pas continuer à jeter votre pain sur l'eau », me dit-il. Je refusai plusieurs autres offres.

En décembre 1948, deux jours après la fin de mon année d'internat, je fis mes bagages, allai chercher

Yungmei à l'école, pris (avec ce qu'il me restait des droits d'auteur de *Destination Tchoungking*) deux billets d'avion et au début de janvier 1949 nous partîmes pour Hong-Kong. Pendant mon année d'internat au Royal Free Hospital, j'avais reçu quelque chose comme deux livres par semaine, mais j'avais ma chambre et j'étais nourrie à l'hôpital.

Tandis que l'avion décollait en rugissant (et comme les voyages aériens étaient à cette époque romantiques et fascinants), je me sentais au terme d'une tâche accomplie, qui pouvait être mise de côté, livrée au sommeil sur la couche où reposent les souvenirs épuisés en compagnie des métamorphoses et des transformations de nos défuntes personnalités. Je pensai soudain à ce que j'étais dix ans auparavant, en 1939, quand je quittai l'Europe pour regagner la Chine en guerre. J'étais alors si pleine de candeur et de flamme, les yeux fixés sur la Chine — et j'y avais été si mal traitée... pourquoi allais-je de nouveau quitter la sécurité, la douceur, une carrière assurée, et en entraînant Yungmei cette fois — qu'allais-je faire ? Et d'où venait cet inexorable besoin de partir ? Allais-je me retrouver en enfer ? N'avais-je rien appris ?

Mais j'écartai cette pensée. Car j'avais appris quelque chose. J'étais beaucoup plus prudente, beaucoup plus méfiante, moins crédule à présent. Et, bien que je n'eusse jamais commis l'erreur stupide de croire que toute la Chine ressemblait à Pao, bien qu'une force enfouie plus profondément en moi que la sécurité et que l'amour me tirât en arrière, cette fois, je jouais sans risque. Je n'irais pas me jeter aveuglément dans la fournaise, mais je resterais au bord et j'observerais, j'attendrais et je verrais venir... D'après les dernières nouvelles que j'avais apprises sur l'ambassade de Chine à Londres, certains des diplomates achetaient des maisons et des restaurants, d'autres pliaient bagage, pour aller s'installer non pas en Chine mais en Amérique...

« Vous allez vous jeter dans la gueule du lion », me dit Cherry. Mais c'était faux. Je savais maintenant que la bonne volonté ne suffisait pas; que je fusse désireuse de « faire quelque chose d'utile » n'était pas écrit sur ma figure; que les chances de trouver pas mal de « Pao », fussent-ils cachés derrière des slogans marxistes, étaient assez grandes... Je ne croyais pas, même à ce moment-là, que la révolution est accomplie le jour précis où le pouvoir d'une clique est renversé... qu'allait-il arriver désormais ?

J'avais trop cru à la Chine en guerre, cru avec bien trop de romantisme; je m'étais persuadée qu'une juste cause ennoblit tous ceux qui la défendent. Et je savais maintenant que l'homme peut perpétrer des crimes monstrueux tout en proclamant de grands principes moraux... Cela allait-il recommencer ?

La Révolution venait de triompher militairement en Chine. Elle avait pour mission de balayer l'Ancien Régime et sa corruption, mais le ferait-elle ? Ou les anciens maux renaîtraient-ils sous de nouveaux visages et des dehors nouveaux ? Et qu'est-ce que la Révolution ? A ces questions, point de réponses, hormis ce que j'avais lu ou entendu dire de la Révolution Russe. Et cela ne m'incitait pas à croire que j'allais être bien reçue. Car j'appartenais, moi aussi, à l'Ancien Régime; j'avais été la femme de Pao, et un régime révolutionnaire serait-il assez scrupuleusement équitable; aurait-il — emporté par son impétueux ouragan balayant des centaines de millions de gens, secouant de vastes armées... prenant des villes avec leurs millions de citoyens — le temps de s'occuper de moi ? Dans l'énorme raz de marée qui en rugissant submergeait la Chine, dans la bourrasque qui déracinait tant d'institutions des années passées, unc personne isolée, insignifiante et ignorante seraitelle épargnée ?

Mais je ne pouvais envisager de « vivre en paix » en Angleterre tandis que la formidable Chine, tel le phœnix, renaissait sur les bûchers fumants de ce conflit de masse. Je ne pouvais pas. Du moins je serais sur le seuil, à surveiller et voir : je n'abdiquerais pas, je n'abandonnerais pas la Chine, je ne lui tournerais pas le dos...

Car la Chine n'était pas Pao, elle n'était pas la cruauté que j'avais vue et endurée, pas le méprisable régime de Tchiang et de son administration. La Chine était bien davantage : c'étaient les gens que j'avais vus, portant leurs fardeaux, suant, mourant de faim, combattant, se faisant tuer, par millions et millions... la Révolution était pour eux...

« Où allez-vous, madame ? »

L'hôtesse se pencha pour offrir un nouveau bonbon à Yungmei, attachée à son fauteuil.

« Hong-Kong, nous allons à Hong-Kong. »

Je tins Yungmei devant le hublot pour qu'elle voie passer au-dessous les champs plats de l'Angleterre. La côte, mer bleue festonnée de blanc, s'étalait dans le long scintillement du soleil d'après-midi. J'ouvris mon passeport et montrai à Yungmei sa photo de bébé; selon ce passeport, j'étais encore la femme de Tang Pao-houang. C'était encore un passeport diplomatique, valable jusqu'en 1951. Bientôt, en moins de cinq jours en comptant toutes les escales, nous serions à Hong-Kong, porte d'entrée de la Chine : Hong-Kong qui, bien que colonie anglaise, était chinoise. Là, Yungmei irait dans une école chinoise. Et là, j'observerais, j'attendrais et je prendrais des décisions, pour elle et pour moi.

ŒUVRES DE HAN SUYIN

Aux Éditions Stock :

DESTINATION TCHOUNGKING.
MULTIPLE SPLENDEUR.
... ET LA PLUIE POUR MA SOIF.
LA MONTAGNE EST JEUNE.
AMOUR D'HIVER.
TON OMBRE EST LA MIENNE.
LES QUATRE VISAGES.
L'ARBRE BLESSÉ.
UN ÉTÉ SANS OISEAUX.
LA CHINE EN L'AN 2001.
L'ASIE AUJOURD'HUI.
UNE FLEUR MORTELLE.

« Composition réalisée en ordinateur par INFORMATYPE SERVICE »

IMPRIMÉ EN FRANCE PAR BRODARD ET TAUPIN
7, bd Romain-Rolland - Montrouge - Usine de La Flèche.
LE LIVRE DE POCHE - 22, avenue Pierre 1er de Serbie - Paris.

ISBN : 2 - 253 - 00795 - 1

30/4168/8